북한사람들이 말하는
북한이야기

좋은벗들 엮음

정토출판

북한사람들이 말하는
북한이야기

편집자의 글

북한 사람을 만났습니다.
중국 땅에 비법 월경하여 한끼 식사를 구하는 꽃제비의 처지로,
아무 일자리라도 찾아 떠도는 처지로,
자신의 의술로 정착할 곳을 찾으려는 처지로,
교원 생활을 접고 생존을 구하는 처지로,
서로의 신분을 적당히 감추고
우리는 만났습니다.
단 며칠이었지만 남과 북의 사람들이 한 밥상에서 한솥밥을 먹으며
조금은 어색했지만, 많이도 슬펐지만
우리는 이야기를 나누었습니다.
1997년 가을-1999년 봄.
우리의 반쪽 사람들은 그렇게 살고 있었습니다.
지금부터 펼쳐지는 이야기는 삶입니다.
북한의 일부 지역의 이야기일 수도 있고 일부 사람의 이야기일 수도 있지만
우리는 그들을 통해 2천만 북한 동포를 느낍니다.

이 책은 아마도 남북 주민의 첫 교류서일 것입니다.

지금도 두만강 압록강을 건너 이국 땅을 정처없이 떠도는 북한 난민과 북한 내에서 어렵게 살고 있는 북한 사람에게 도움이 되고 무엇보다도 남한 주민들이 북한을 이해할 수 있는 작은 창구가 되었으면 합니다.

2000년 6월 좋은벗들

책머리에

조선의 백성 치고 가슴에 혈육의 죽음으로 멍이 박히지 않은 사람은 없을 것이다. 우리 공장에 다니던 150여 명 노동자가 가운데 30명 정도는 죽었다. 딱히 숫자는 잡을 수 없지만 동네에서도 매일 사람이 죽었다. 이전에는 사람이 죽었다면 무서웠는데 지금은 모두 대수러워 하지 않는다. 굶어죽었다고 말도 못 한다. 사회주의에서는 굶어죽을 수가 없다는 것이다. 그래서 병에 걸려 죽었다고 한다. 사고로 죽는 사람도 많다. 기차에 매달려 가다가 떨어져 죽은 사람도 많고, 자동차 사고로 죽은 사람도 많고, 견디다 못해 자살을 하기도 한다. 그런데 조선에서는 자살할 권리도 없다. 왜냐 하면 자살은 곧 나라와 제도를 배반하는 것이기에 자기의 친지들에게 피해가 돌아갈 수 있기 때문이다. 그래서 자살하는 사람들은 '나는 나라에 쓸모가 없는 인간이고 사회의 부담밖에 되지 않는다'는 식의 유서를 남기고 죽는다. 그러면 친척들에게는 피해가 없다. 제도와 당을 배반했다면 그의 직계 8대까지 연루되고 만다.

사람이 사는 데는 두 가지 식량이 있다. 생존의 식량과 정신의 식량이다. 생존의 식량은 말라버리고, 정신의 식량은 과복으로 소화불량 상태이다. 먹지 못해 죽어가도

신년사 관철, 공동사설 관철, 암기, 필기, 친필 말씀 집중학습, 정규학습, 회상기 등을 연달아 곱씹어 들이대니 송장 앞에 중이 염불하는 꼴이다. 먹지 못해 기진맥진한 로동자들은 졸고 있다.

우리 조선에는 집집마다 송시를 걸어 놓고 있다. 그게 뭔 줄 아는가?

백두산 마루에 정일봉 솟아 있고
소백수 푸른 물은 굽이쳐 흐르누나.
정일봉 탄생하여 어느덧 쉰 돌인가.
문무충효 겸비하니 모두가 우러르네.
만민이 칭송하는 그 마음 한결 같아
우렁찬 환호 소리 하늘 땅 뒤흔든다.

이 시는 김정일 동지 쉰 돌에 김일성 동지가 그에게 준 송시이다. 사회주의를 부르짖는 우리에게 이런 봉건적인 물건을 사회에 공개한다는 것은 수치가 아닌가 생각한다.

차례

1. 흔들리는 삶

무 산 할 머 니 와 의 만 남 · 14
조국 건설기/로고식당/탐사대 공인들이 먹을 것 때문에 싸우다
굶어죽는 사람은 얼굴이 새까맣다/장사를 하다/사람 살이

흔 들 리 는 삶 · 32
학창시절/처녀시절/결혼과 생활/직장생활과 육아/우물안 개구리가 장마를 만나다

식 량 배 급 체 계 · 66
일에 따른 배급량/쌀 수매과정/양정사업소/인민들에의 배급
지역간의 수급/비정상적인 배급/자체로 해결하는 식량

종 교 와 전 통 문 화 · 83
서양카드로 신수를 보다/벌이가 좋은 점집/남쪽의 꿈 해석서를 본다/전통명절

2. 몰락 그리고 변화

교 통 · 94
승인번호구역/열차 내의 검열원들/기차는 달리고 싶다/피난 열차
1호 도로/기름(휘발유) 빼돌리기/8 · 3차의 운영/10리도 못 가 발병이 나는 목탄차
운송수단이 된 공장기업소의 차들/비행장과 항구

우 리 는 살 아 야 만 했 다 · 107
함흥의 5대 공장이 멈춰서다/1995년/미로(米路)1994/금속장사를 하다
국정가격, 야매가격 그리고 나누어 먹기
개인무역/김일성 동지의 추모기간
공개 처형/북조선에 번지는 남한의 흔적들
새 것을 찾으려면 탁아소에나 가 보라

장 마 당 · 135
돈/농민시장/가만히 장사/장마당이 흥성한 까닭
고양이뿔 외에는 다 있다/꽃제비랩소디

외 화 벌 이 · 148
군중외화와 충성외화/외화벌이 단위의 경쟁/외화벌이로 들여온 식량의 유통/시장 주권 장악
일 못하면 외화벌이에서 쫓겨난다/한 외화벌이의 실종/가루작전

3. 더디가도 사람생각

혜 산 9 2 7 · 162
나의 가족/혜산으로 가다/국경을 넘다/장백/혜산 927
927의 하루일과/927 지도원들/손님들이 떴다/98 장례식

조 선 의 가 막 소 · 184
강택민에게 배급타러 간다네 /감옥에서 겪은 이야기/조선의 가막소/정치범 수용소
창평수용소/광복의 해/투하지역

군 인 천 하 지 대 본 · 222
군대의 배급/연애도 제대로 못 하다/인민군대에는 그런 사람이 없다/군인천하지대본

당 조 직 지 도 속 에 서 살 다 · 229
사회적 생명력인 조직생활/교원들의 조직생활/학생조직
군대의 조직/공장의 조직/농촌의 조직/인민반의 조직

4. 교시의 나라

고 참 탄 광 · 278
고참탄광/탄부들의 생활

공 장 이 야 기 · 304
교시와 생산/3대 혁명소조/공장생활
최근의 공장 분위기

전 업 국 · 332
철새와 같은 전력/사용료(전기세)/전업국 직원이 농사를 짓다

북 부 탄 전   이 야 기   · 339
산업의 동력인 탄전
전쟁포로가 탄광지대에 이주되다
탄광이야기

부 업 직 장   · 350
이루지 못한 설레임

협 동 농 장   · 357
첫 자유선거/농장의 규모/농장의 구성/작업구조
노는 날에도 전투하기 바쁘다/농민들에의 분배/김주석도 속다
농촌의 진료/흥분제 농장이야기/군대와 평양시민만 사람인가
농장에게는 돌아가는 게 있다/원래 때기밭에 주식은 심지 못한다

5. 의료체계

인 민 들 에 의   무 상 치 료   · 388
최근의 유행병/제일 처음 진료소로 간다/인민들의 구급차는 구루마

우 리 는   원 래   체 계 가   우 수 하 다   · 395
진료소와 종합진료소 /조선의 병원들/평양 적십자병원
남산·봉화 진료소/당조직이 세긴 세요/약초 채취/위생초소/진료와 응급환자
3-3, 15-15/식량정지/급수와 로임/의사들의 하루/의사들의 외화벌이
약국장 회의/파라티푸스/콜레라와 장티푸스/결핵, 파라감기
기타 질병/식량난 전의 질병/진단서 떼러 가다

6. 북조선 중학교

우 리 중 학 교 교 원 들 · 430
학교 건물 /행정 간부와 당 간부/로임과 진급과정/교원의 배급/교직원
교원의 일과/교원들의 조직활동/분과모임/가정방문
6년 담임제/교원수첩/교원의 방중생활/94년에 처음 장사에 나서다

잊 지 못 할 교 단, 학 생 들 · 448
반갑습네다, 선생님 /무엇을 배우는가/수업내용에 혁명사상을 응용해야 한다
재능개발/학생교복/담임 추천, 거수 선거/청년동맹이 하는 일

학 생 들 의 생 활 상 · 466
학생들의 하루/아줌마선생님이 만만
농촌동원/학생들의 문화생활

세 가 지 색 깔 의 미 래 · 478
진로교육이 따로 없다/지정표가 없으면 대학에 못 가다
군대와 사회/돈에 대해 환상을 갖는 아이들/엉덩이춤과 교양소
사랑문제는 예술적으로 풀어야 한다/남한 대학생들은 옷이랑 잘 입고 투쟁하네
우리에게는 혁명 전통이 있다/사는 이야기
교원들이 굶어죽다/그래도 가슴속엔 조국이 있다

1. 흔들리는 삶

무 산 할 머 니 와 의 만 남

흔 들 리 는 삶

식 량 배 급 체 계

종 교 와 전 통 문 화

무산할머니와의 만남

"어머니, 무엇이라도 먹을 것 좀 주십시오. 어머니 밥 좀, 밥 좀…"

조 국 건 설 기

남편이 1951년 조국전쟁에 나가서 부상을 입은 전상자여서 우리집에 대한 당의 배려가 많았다. 남편이 부상이 좀 심했다. 한쪽 다리가 불구가 되었고 폐에도 파편이 박혀서 몇 번 수술한 후에 집에서 요양하고 치료를 받았는데도 염증이 자꾸 재발했다. 병이 엄중하다보니 군당의 추천으로 평양까지 가서 1급 의사들에게 수술을 받았다. 그리고 1년 정도 요양을 하고서는 상처가 나았다. 야! 그때는 당과 수령님이 어찌나 고맙던지. 그 뒤로 남편은 불구의 몸으로 기계 수리하는 기술을 배웠고, 나는 직장에 배치받았다. 무산광산이었다. 김일성 수령님이 무산광산은 조선의 맏아들이라 했다. 그만큼 조선에서 그 중요성이 크다.

그때 광산제철소가 어떻게 됐었냐 하면, 채광장 꼭대기에 커다란 쇳돌이 있었는데 이게 쇳덩어리를 부수는 기계였다. 쇳덩이가 부서지고서, 부서진 쇠가 꼭대기부터 쭉 내려오면 마지막 공정이 '정처'이다. 고쇠, 중쇠 하는 것은 마른

걸로 부수는 것인데 고쇠에서 중쇠로 되는 게 끝이 나면 습식이다. 습식이란 물로 갈아내는 과정으로 쇠와 물을 섞어서 쇳돌을 돌린다. 그 쇳돌을 일본말로 '롯두'라고 한다. 나는 습식의 세 번째 공정에 배치되었다. 지금 생각해도 다시는 그럴 수 없을 정도로 일을 아주 열심히 잘 했다. 그래서 우리 기계에는 깃발이 자주 꽂혀 있었다. 승리깃발이다. 계획대로 100% 수행을 잘 해 내는 기계에 승리깃발을 꽂아 주었다.

    3교대로 근무했고 기계가 1시간이라도 멈춰 서면, 그 책임을 따져서 과오를 범한 사람을 총살까지 시켰다. 기계가 멈추게 되면 그만큼 생산에 있어서 입은 손해가 컸기 때문에 "왜 잘못됐는가? 이게 누구 때문에 이랬는가? 무슨 일 때문이었는가? 단순히 기계에 결함이 있어서 그랬는가? 고의로 그랬는가?"를 철저히 분석했다. 그래서 고의적이었으면 총살을 했다. 이때에 총살당한 사람이 좀 있었다. 그래서 늘 긴장했다. 나만 잘 해서 되는 게 아니라 내 작업 때 불상사가 일어나지 않도록 교대할 때도 전 작업인에게 인계도 잘 받아야 했다. 간혹 나쁜 놈들이, 인계할 때 결함이 있게 해서 다음 작업하는 사람이 골탕먹을 수가 있었다. 주로 기계 안에다 쇳돌을 집어넣은 채 시치미를 떼고 인계하는 것이다. 조국 건설기에는 나라적으로 긴장된 때라 아직 반동분자들이 다 처리되지 못하고 어디에 숨어 있다가, 기계를 마사지게(고장나게) 하려고 고의로 그랬다. 또 반동이 아니라 하더라도 이전에 불이익을 당한 적이 있어 원한이 있는 사람들이 복수하려고 그런 짓을 했다.

    나도 그런 일을 당한 적이 있었다. 기계를 잘 모르고 얼때기 같으니까, 내가 뭘 알겠는가 하고 그런 일을 했던 것이다. 우리는 기계를 여자 1명, 남자 1명이 같이 본다. 내 전 시간에 일한 사람이 아바이였다. 한번은 교대를 하는데, 기계는 자기가 다 잘 봤으니까 또다시 살펴볼 필요가 없다는 것이었다.

"박아바이 기계를 다 봤습니까? 사고날 게 없습니까?"

"아, 다 잘 봤지. 염려할 것 없다."

"그래도 난 다시 한번 살펴봐야겠습니다."

"아, 그럴 일 뭐 있나?"

"그래도 안 됩니다. 잘못되면 박아바이가 내 몫까지 책임지겠습니까?"

그러면서 기계를 다 살폈다. 특히 기계 안에 주입하는 기름통 메달을 다 점검했다. 그 커다란 기계에 주입되는 기름통이 큰 것 작은 것 여러 개였는데, 그걸 다 다시 들여다보았다. 그 기름통 안에 구리스를 넣고 그 위에 종이를 덮고 또 천을 덮은 뒤 뚜껑을 딱 닫게 되어 있다. 그렇게 되어 있기 때문에 사람이 일부러 무엇을 집어넣지 않은 다음에는 어떤 불순물도 들어갈 수 없다. 그런데 한 통을 보니까 덮여 있어야 할 천이 없었다. 그래서 그 속을 휘저어 보니까 쇳돌들이 나왔다. 거기에 쇳돌이 들어가면 기계가 돌지 못하고 마사진다.

"아바이, 이게 뭡니까?"

"아니, 난 잘 모르겠는데."

"잘 모르다니요?"

그리고 다른 곳을 보니까 또 커다란 메달 안에서 쇳밥이 나왔다. 그전까지는 기계가 잘 돌았는데 이런 것이 나왔으니 결국 내 작업시간에 사고가 나게 해놨다. 아바이는 계속 모른다고, 이상이 없었는데 어찌된 일인지 모르겠다고 잡아떼었다. 그래서 작업반장한테 찾아갔다.

"나 일 못하겠다."

"아니, 갑자기 왜 그러느냐? 무슨 일 때문인지 말하라."

"내 교대할 시간인데 누가 메달 안에다 쇳밥을 넣어 놨더라. 그럼 내 교대시간에 사고가 난다는 얘긴데 어찌 일하겠는가?"

작업반장이 직장장에게 말해서 내 전 교대시간 사람들을 데려다가 분석했다. 후에 밝혀져서 보니까 그 아바이가 한 일이라. 만주에서 왜놈의 앞잡이로 있었던 사람이었다. 일본이 망하고 나서 '한' 가에서 '박' 가로 성을 바꾸고 조선에 들어왔다가, 공화국을 만나서 위장해서 살아왔던 것이다. 그 아바이는 총살당하고 가족들은 어디론가 싹 데려가버렸다.

로 고 식 당

평양에서 수술을 받고 좀 나아지던 남편이 다시 앓기 시작하더니 1년을 앓고 죽었다. 그 1년 동안에 남편은 수리점에도 못 다니고 집에서 지냈는데 당에서 배급을 주기는 주지만 그렇다고 집에서 남편 병간호만 할 수가 없었다. 광산에 다니자니 너무 벅차 광산당위원회에 가서 사정을 말하고 식당으로 옮겼다.

광석을 채굴하여 불순물을 버리고 순 광석을 분리해 내는 선광장에는 여러 가지 공정이 많다. 여기 선광장의 로동자들에게 급식해 주는 곳에 배치를 받았다. 후방부 선광장. 아주 큰 직장이다. 몇만 명 되는 광산 로동자에게 밥을 해 주는 곳이니 얼마나 크겠어? 후방부지배인 밑에 책임자가 17명이 있었다. 이 부지배인이 여자였는데 나를 보더니 너무 약해 보인다고, 이만큼 많은 밥을 하는 곳에서 일할 수 없다고 했다. 나는 자신 있다고 했지만 경험이 없었기 때문에 마음 한쪽에 좀 자신이 없었고 결국 규모가 작은 곳으로, 현장식당으로 보내졌다. 광산일이라는 게 공정마다 여러 가지로 나뉘고 직공들이 많으니까 식당도 여러 가지로 나뉘고 규모가 제법 있다. 현장식당이란 돌 캐는 광산에 있는 식당이다. 그 중에서도 '로고식당'으로 배치되었다.

광산에서 광석을 캐자면 광석만 있는 게 아니고 돌로 쌓여 있으니까, 먼저 돌을 뽑아 가며 굴을 뚫어 가며 길을 내야 한다. 처음에 굴 입구와 길을 만든 다음에는 계속 광석밭이 나올 때까지 그 안쪽을 발파해 들어가는 것이다. 일이 힘들고 위험하다. 그런 일을 하는 사람들의 밥을 해 주는 식당이 로고식당이다. 1교대에 4백명의 밥을 해 주는 곳이었다. 그런데 로동자들은 갱내에 들어가서 일하기 때문에 기본 밥 이외에 영양제를 만들어줘야 한다. 영양제라는 게 돼지고기, 사탕가루, 쌀, 물고기 등으로 하루에 돼지고기 100그램, 계란 100그램, 기름 30그램, 사탕가루 30그램, 해어 60그램, 술 한냥(50그램)씩, 주는 양이 있다.

한번은 당에서 광산을 많이 개발하라고 재촉해서 급하게 광산개발을 실시한 적이 있었다. 갑자기 많이 개발을 하려고 하니 인력이 딸렸다. 그래서 황해남도 은율광산에서 지원하러 왔었다. 그 사람들은 전문적으로 돌을 뽑는다. 전문적이라 광석이 있는 곳까지 빨리 굴을 뚫는데 그 작업장은 특급이다. 급수가 높으니까 음식도 특급으로 제일로 잘 먹었다. 건설기 시절에는 생산전투가 많아 지원하러 온 경우도 있었고, 자연 우리도 일이 많았지만 그래도 좋았다. 이 사람들의 배급량이 900짜리였다.

그때는 일하는 사람 중에 배급량이 700짜리, 300짜리가 있었다. 그래서 사람도 700짜리 로동자, 300짜리 로동자라고 불렀다. 배급은 입쌀로만 주는 게 아니라 잡곡이랑 섞어 주는데, 일마다 주는 양이 있다. 700짜리라는 건 국가에서 주는 배급을 받는 사람인데 기본 로동자를 말한다. 하루에 700그램을 받는 것이다. 하지만 300그램 받는 것은 국가에서 주는 게 아니라 직장에서 주는 것이었다. 직장에서 주는 300그램을 먹으면서 따로 로임을 얼마 받는 임시 로동자였다. 그래서 그때는 식당에서 일하는 식모 중에서도 300그램 짜리가 있었고 700그램 짜리가 있었다. 700그램 짜리는 정식 식모였다. 700그램 짜리라는 것은 그 사람이 직장에서 일을 잘 하건 못 하건, 어쨌든 그곳에서 일을 해야 하지만 300그램은 하다가도 싫으면 그냥 그만둬버린다.

로고식당에는 나이가 제일 많은 아매가 전체 식모를 책임지는 방장으로 있었다. 1교대에 4명씩, 700그램 짜리 1명에 300그램 짜리 3명으로 해서 일을 했다. 1교대에 4백명 분의 음식을 만들어야 하니까 경험이 없던 나는 고생이 많았다. 300그램 짜리 식모 중에도 일을 잘 하는 사람이 있었다. 식당 경험도 있던 사람인데 원래 회령 사람으로 이혼하고서 자기 고향으로 돌아가기 위해 임시로 일을 하던 사람이었다. 처음에 그 사람한테 많이 배웠다. 그 여자는 특히 커다란 가마솥 밥을 아주 잘 지었다. 커다란 가마 7개가 걸려 있는데, 중국 가마였다. 곡식이 강냉이가 많으니까 무엇보다 밥을 잘 지어야 했다. 그런데 워낙 많은 밥을 하다 보니 밥짓기가 어려운 일이었다. 가마에 쌀을 넣고 끓는 물을 부어 끓인다. 우리는 밥을 삽으로 펐다. 1년이 되어 가면서 나도 밥을 잘 짓게 되었고 방장 아매도 나를 인정하기 시작했다.

전 남편이 죽은지 3년만에 중매로 해서 재혼을 했다. 우리 영감은 집에서 애보며 살림하라고 일을 못 하게 했는데 이 남편한테서 늦게라도 자식 둘을 얻었다. 전 남편 사이에서는 아이가 없었다. 아파 누워 있느라고 아이가 생길 틈이 없었다. 새로 만난 남편과도 한해 옳게 살았다. 광산에서 돌을 캐는 일을 하니까 남편이 폐병이 와서 몇 년 앓다가 그만 죽고 말았다. 그때 내가 직장은 나가지 않았지만 남편 직장에서 기본으로 300그램씩 배급이 나왔다. 나랑 애들한테 각각 300그램씩, 한끼에 100그램씩 해서 먹어야 했는데 100그램이면 밥 한 공기도 채 안 됐다. 갖고 있던 돈도 다 떨어져서 직장을 구해야겠는데 도무지 구해지지 않는 것이었다.

직장이 구해지지 않는 이유는 여자가, 그것도 결혼한 여자가 남자만큼 일할 수 없다는 것이었다. 남편 병수발을 하면서 3년 동안 직장을 구하러 다녔다. 군(郡)의 로동과 문이 다 닳았다. 남편이 다니던 직장에서 임시로 소개해 주어서

도로를 수리하는 곳에도 다니고 보일러 보는 일도 하고, 안 해 본 일이 없었다. 그러다 전에 다니던 무산광산에서 식당자리를 구해 주었다. 그래서 탐사대식당에서 식모일을 하게 되었다.

탐사대 공인들이 먹을 것 때문에 싸우다

탐사대는 지질탐사를 하는 곳으로, 어디에 광석이 많은지를 조사한다. 즉 광맥을 찾는 것이다. 탐사대에는 제대군인들이 많았다. 탐사대는 새로 만든 곳이라 사람들을 급하게 모으느라고 제대군인들을 대거 모아들였다. 지질탐사를 해야 광산을 만드니까. 그때 탐사대가 2백명이었다. 그전에도 탐사대가 있었는데 수가 적어서 탐사를 많이 못해 광산개발이 빨리 안 되니까 탐사대를 늘렸던 것이다. 야! 거기는 별 인간이 다 있었다.

탐사대의 배급은 기본으로 700그램을 줬고 800그램이나 900그램 짜리도 있었다. 700그램 짜리인 경우에는 한끼에 230그램 정도씩 주었다. 그래도 일이 힘드니까 배가 고픈데, 밥은 더 달라고 할 수 없으니까 반찬 좀 더 달라고 한다. 그때 식모가 더 못 준다고 하면 식판을 식모한테 던지기도 하고 서로 자기들끼리 싸움질하기도 하고, 맞고 우는 식모도 많았다. 그래서 우리 교대는, 밥은 정해진 양이 있어서 많이 못 주니까 누룽지를 주든가 반찬을 더 많이 퍼 주었다. 그리고 다른 교대에게도 그렇게 하라고 시키니까 로동자들이 그저 좋아했다. 그 후로 우리 교대에서는 싸움이나 말썽이 나는 일이 전혀 없었다. 나이든 식모에게는 로동자들도 "어머니, 어머니" 하면서 따랐다.

식량난이 온 뒤 탄광 사람들이 많이 굶어죽었는데, 특히 탐사대 사람들이 많이 죽었다. 탐사대가 2백명이었는데 1990년대 초부터 식량난이 오고서 5년 동안 그 식구들을 합해서 140명이 죽었다. 굶어서 다 죽었다. 탐사대 사람들은 고지식했다. 그래서 식량난이 오자 별 수단을 피우지 못하고 숱하게 굶어죽었다. 탐사대원 중에 상룡이라는 사람이 있는데 나를 붙들고 며칠을 굶었다면서 "어머니, 무엇이라도 먹을 것 좀 주십시오. 어머니, 밥 좀, 밥 좀…" 하더란 말이다. 그런데 줄 게 있어야지? 내가 회갑집에서 일해 주고 얻어온 떡을 주었더니 "어머니, 난 이제 죽어도 원이 없습니다" 했다. 그러더니 며칠 후에 죽었다. 그 애가 죽기 전에 머리에 상처를 입어서 누워 있었는데 그 상처에 쉬파리가 끓는 것이었다. 살아있는 사람한테 쉬파리가 알을 까서 구더기가 생겨서 그걸 떼 내고 씻어 주고 해야 했다. 아이구, 말로는 다 표현 못 한다. 야! 그런데 참 희한한 것은 사람이 죽는데 굶어죽은 사람은 얼굴이 새까맣더라.

상룡이가 죽었을 때 직장에서 국수 몇 단이랑, 술이랑 사들고서 왔는데 그 국수를 보니 내가 얼마나 목이 메이던지… 상룡이가 살아 있을 때 저걸 못 먹어보고서 그저 "배가 고프다, 배가 고프다" 하다가 죽은 생각이 나서……. 내가 상룡이 안까이(부인)한테 그걸로 사람들 대접할 생각 말고 가만히 가지고 있다가 국수는 식구들 먹고 술은 장마당에 나가 팔아서 양식을 마련하라고 했다. 그래서 그걸로 그 집식구들이 며칠을 살았다. 시체를 싣고 갈 차도, 구루마도 없어서 사람들이 메고 산에 올라갔다. 올라가서 직장 사람들이 차려온 꽈배기랑 놓고 제사를 지내고 왔다.

굶어죽는 사람은 얼굴이 새까맣다

꽃제비들이 역전 바깥에서 많이 죽는다. 역전 안으로 들어오면 역무원들이 기를 쓰고 쫓아 내기 때문이다. 그런 사람들은 집까지 팔아서 갈 데가 없고, 또 집에 가야 먹을 것도 없으니 역전으로 모인다. 어른도 있고, 젊은이도 있고, 부모 없는 어린애들도 있고. 역전에 가면 사람들이 많으니까 간혹 얻어먹을 수도 있다. 다른 데는 잘 모르겠는데 1997년도였다. 동림역에 갔을 때 보니까 하루에 6-9명이 죽는다고 했다. 내가 본 애들은 15-19살들이었다. 죽으면 거적에 둘둘 말아서 차에 싣고 가서 한 구덩이에 파묻는다고 했다. 역전에서 죽으면 거기 직일관(直日官)이나 직원들이 치워야 되니까 사람들을 계속 쫓아 낸다. 내가 죽은 사람을 많이 보았거든? 전쟁 때에도 보고 또 누가 죽으면 와 달라고 해서 보고… 그런데 굶어죽지 않은 사람은 얼굴이 새까매지지 않는데 굶어서 죽은 사람은 얼굴이 아주 새까맣다.

1997년 농촌에 장사하려고 기차를 타고 동림역에 내렸을 때, 역 바깥에 있는 변소 옆자리에 웬 얼굴이 새까만 젊은이들이 여러 명 쪼로록 앉아 있었다. 그리고는 눈도 빤히 뜨고 있는데, 꼼짝도 않고 앉아만 있는 것이었다. 그래서 내가 옆에 있는 아바이한테

"아니 저 젊은애들은 왜 저리 얼굴이 새까만가? 좀 이상하다. 왜 그냥 저러고만 앉아 있는가?"

하고 물었더니

"쯧쯧, 모르는가? 다 지금 죽어서 꼼짝 않고 있는 게지"

하는 거라. 그래 못 미더워 가서 확인해 보니까 글쎄 그 여러 명이 진짜 모두 죽어 있었다. 너무 기가 막혔다. 굶어죽은 거란다. 그 많은 젊은이가! 얼굴이 모두 아주 새까맣더라. 역전에 가면 하여튼 죽은 사람을 볼 수 있는데, 그 동림역에는 유독 많았다. 1996년과 1997년에 많이 죽었다. 중국에서 들어오는 쌀의 양에 따라 쌀값이 오르고 내리는 데 1997년에 90원-110원까지 올랐었다. 사람들이 그때 많이 죽었다.

풀이나 벼뿌리 같은 것을 우려먹고, 송기떡 해 먹고 뒤가 막혀 똥을 못 누어서 고생하는 사람도 많았다. 잘못되면 죽기도 하고. 송기떡 먹고 하도 당해서 요

새는 사람들이 그거 안 먹는다. 그리고 또 쑥떡을 먹고 죽은 사람들도 꽤 있었다. 왜 그런지, 하여튼 쑥떡 해 먹고 죽은 사람이 여럿이었다. 똥을 못 누는 사람은 비눗물을 풀어서 항문으로 넣어 준다. 고무호스 같은 것을 이용해서 비눗물을 넣어 준다.

배급을 정상적으로 안 준 게 1992년부터였다. 광산 가족들이 제일 많이 죽었다. 농사를 짓는 사람들이 아닌데 배급이 끊겨버리니까 방법이 없었다. 철광을 캐서 팔아먹어야 하는데 못 하게 했다. 그랬다가 너무 많이 죽으니까 광산에서 중앙당에 광석을 팔아 양식을 살 수 있게 해 달라고 호소했다. 그래서 1997년 봄부터 철광석을 팔아 식량을 해결할 수 있도록 했고 광산에서는 철광을 팔아 양식을 들여와서 배급해 주었다. 이후부터 광산 로동자들은 그나마 먹고 살았는데 일반 사람들은 먹을 게 없으니까 많이 죽었다. 겨울에는 그럭저럭 살았던 사람들이 봄이 되면 더 많이 죽는다. 겨울 동안에 얼었다 녹았다 하던 몸이 봄이 되어서 따뜻해지면 맥이 하나도 없어지면서 죽는 것이다.

우리는 밥이라는 게 없다. 그저 죽물이다. 죽에다 풀도 넣고 벼껍질, 강냉이대, 강냉이가루를 넣고 끓여 먹는다. 그런데 중국에 와 보니까 고양이한테 이밥을 먹이더라. 그걸 보니까 어찌나 고양이를 막 때려주고 싶던지……. 조선 사람들은 배가 고프니까 허리띠를 꽉 졸라매고 다닌다. 그러면 배가 덜 고프거든? 봄이면 모두 산에 가서 나물 캐고 약뿌리 캔다. 이 약뿌리를 중국에서 사 간다. 거기 사람은 그저 하루종일 먹을 거 구하러 다니느라고 한순간도 엉치를 바닥에 붙이고 있질 못한다. 어쨌든 부지런히 다녀야 굶어죽지 않는다.

1999년 봄에 환갑잔치하는 집에 가서 도와 주고 식량을 좀 구한 적이 있었다. 사람이 굶어죽어 나가도 잘 사는 사람들은 그런 거 한다. 가서 일해 주고 국수나 떡을 얻어오는데 그런 집에는 텔레비, 냉장고, 세탁기 등 없는 게 없다. 일본에서 들여온 것들이다. 이런 집은 밀수하는 사람들이다. 머리가 좋고 수단이 좋아서 골동품 밀수를 하는데, 아무튼 잘 산다.

장 사 를   하 다

내가 연로보장 받으면서 장마당에 나가 꽈배기장사를 했는데 식량난이 오기 전에도 장마당에서 먹는 것을 많이 팔았다. 그때는 나라에서 장마당을 하게 했다가 또 못 하게 했다가 그랬는데, 예전에는 한군데에서만 할 수 있었던 것이 이제는 이 골목 저 골목에서 팔고 그런다. 장마당에서 장사를 하려면 허가증 같은 것은 없고 자릿세를 낸다. 조그만 곳은 1원, 조금 나은 크기는 2원, 5원 그런다.

제일 빨리 장사하는 사람이 아침 6시이다. 사람들이 직장 가는 시간에 와서 사 먹는다. 쌀을 1킬로 사 먹자면 60-70원 있어야 되는데 꽈배기는 1, 2원밖에 안 하니 돈을 조금 주고도 배차게 먹을 수가 있다. 장사하는 시간은 따로 없다. 일찍 장사를 시작하고는 새까매질 때까지, 사람이 없을 때까지 한다. 장마당에서 하루 장사를 하면 국수 1킬로그램을 살 수 있는 정도가 벌린다. 한 40-50원이다. 장사 잘 하는 사람들은 150원, 200원 이상씩 버는 사람들도 있다. 국수 1킬로를 사면 둘이서 두 때를 먹을 수가 있다.

사람들이 내 꽈배기를 많이 사 먹었다. 내가 꽈배기장사를 했을 때는 1개에 1원이었는데 맛있다고 다들 사 먹었다. 지금은 꽈배기가 5원이다. 그 다음에는 탁주장사도 했다. 민주라고, 집에서 만든 술이다. 한 1년 동안 했는데 그것도 잘 팔려서 1년 동안 굶지 않고 잘 살았다. 막걸리는 고푸(잔) 하나에 2원씩, 한동이 들고 나오면 35-37원 벌었다. 아이구, 말도 마! 거기 사람들 타락해서 술을 많이 들 사 마신다. 쌀도 없지, 되는 게 없지 하니까 그저 먹고 죽자는 심정이다. 왜정 때도 살기 힘드니까 사람들이 절망해서 마약 맞는 사람들이 많았거든? 대학 졸업한 사람들도 아편을 많이 맞고 그랬다. 딱 그 식이다. 희망이 없으니까…….

장마당에서 양말이 1켤레에 80-90원 하니까 비싸서 양말은 거의 못 사 신는다. 헌 천으로 발싸개를 만들어서 신는다. 신발은 300원, 500원, 800원으로 여러 가지가 있고 웃옷은 입던 옷도 400원, 500원이고 바지는 입던 것, 엉덩이가 헤진 것이지만 200원이다. 된장은 한사발에 80원이고 간장은 파는 게 없다. 간장이 없으니까 사탕가루 100그램을 가마에다 넣고 바글바글 끓이면 그게 까맣게 된다. 그럼 거기에다 물을 탄 뒤에 소금을 넣는데 무슨 간장 맛이 나겠어? 그냥 간장 흉내만 내는 것이다.

봄과 가을에 파라티푸스가 계속 돌았다. 우리 아들과 아이들도 걸렸었다. 1달을 앓았다. 앓으면서 하는 말이 귤, 토마토, 사과가 먹고 싶다고 하는데 배는 안 먹더라. 꼭 보니까, 심한 사람은 장질부사 같은데, 증상은 열이 안 내리고 입이 바짝 말라들고 계속 춥다고 한다. 파라티푸스 약은 하루에 600-700원 들었다. 병에다 약 3가지를 타서 주사를 맞는다. 2병을 1번 맞는 데 7백원 한다.

사 람 살 이

• 가족

고부간에 갈등이 많다. 결혼하면 처음에는 시부모랑 같이 산다. 첫째랑 같이 사는 경우가 많지만 꼭 그런 건 아니다. 집안 형편에 따라 다른 자식들하고 사는 경우도 있다. 그래서 결혼하면 예전에는 시부모랑 한 집에 살았는데 요즘은 거의 결혼하자마자 곧 분가시킨다. 무산은 거의 대부분 따로 산다.

며느리들이 시부모한테 공손하지 못한 편이다. 예전부터 남조선 사람들은 공손한 편인데, 북조선 사람들은 공손하지 못했다. 시어머니랑 며느리가 소리지르고 싸우는 경우도 많다. 야! 어떤 집은 며느리가 시부모를 때리는 것도 있다. 조선 여자들 억세다. 고부간에 사이 좋은 게 많지 않다. 거기서는 부부끼리 문제가 있어서라기보다 시부모님 문제로 이혼하는 경우가 많다. 시부모랑 며느리 갈등이 심해지다 못해 그 이유로 여자가 시부모 때문에 못 살겠다고 갈라서는 것이다.

조선에도 세대간에 갈등이 있다. 다른 세대끼리는 잘 상대를 안 한다. 비슷한 연령대끼리만 얘기하고 지낸다. 그저 젊은 사람들은 제 지내는 거나 잔치 음식 차리는 예절을 모르니까 그런 거나 물으러 온다. 예전에는 아이들이 할아버지와 할머니들을 잘 따랐는데 요즘 어린애들은 못 먹다 보니까 딱 신경만 남았다. 괜히 조그만 일에도 신경질을 부리고 한다.

젊은 여자가 출산을 해도 먹을 게 없어서 제대로 못 먹이는데 먹을 걸 구하게 되면 미역국이랑 돼지고기를 먹였다. 아이는 주로 병원에서 낳는다. 미처 병원에 못 가면 집에서 낳고, 산모들에게 태를 먹인다. 병원에서 나면 태를 주지 않으니까 못 구하지만, 집에서 낳으면 그 태를 받아서 산모에게 먹인다. 태가 산모한테 좋다고 하더라. 그것을 물에 담구어 두면 태에서 피가 빠지면서 새하얗고 조그맣게 된다. 그럼 그걸 썰어서 사탕가루를 찍어 먹인다. 씹지 말고 그냥 삼키게 하는데 산모가 그걸 씹으면 이가 상할 수 있기 때문이다. 보통 경우에는 태를 묻지만 먹일 게 없으니까 사람들이 태를 먹이는 것이다.

우리들은 아들을 더 낳고 싶어한다. 그래서 아들 낳자고 계속 아이를 낳는 사람도 있다. 그런데 나이 들어 보니까 딸이 더 좋다. 나이 든 사람끼리 얘기해 보면, 며느리는 시부모보다 자기 친정부모를 더 챙긴다는 것이다. 그리고 무슨 얘기든 며느리한테는 만만하게 할 수 없지만 딸은 속상한 얘기도 털어놓고 하소

연할 수 있다. 며느리보다 나를 더 생각해 주고 잘 챙겨 준다. 우리 며느리도 보면, 무엇을 사면 자기 식구랑 친정부모는 챙기면서 나는 챙겨 주지 않는다. 나는 무엇이든 좋은 게 생기면 다 맏아들, 맏며느리를 줬는데 말이다. 그러나 우리 딸은 그렇지 않다.

• 잔치 상차림

조선에서도 환갑과 진갑 다 지내고, 생일도 지낸다. 같은 또래의 동네 분들을 모셔다가 음식상을 차려 드린다. 이때 떡과 고기, 술도 마련한다. 미역국은 생일날 안 먹고 여자가 애기 낳고 몸 풀 때나 먹는다. 일반 사람들 생일 때는 돼지고기와 육부치들, 물고기, 국수를 먹는데 주로 국수를 먹는다.

환갑 때는 굉장하다. 무산이 동해바다와 가까우니까 물고기를 구하기가 쉬워서 문어와 낙지(오징어)를 준비한다. 또 소고기는 안 놓더라도 닭과 돼지갈비 정도는 놓는데 재미있는 건 사탕가루로 별의별 걸 다 만들어 상을 장식한다. 사탕가루 8킬로그램이면 온갖 것을 예쁘게 만든다. 사탕가루를 달여 꽃사탕을 얼마나 멋있게 만드는지 모른다. 닭모양과 꽃바구니도 만든다. 찰떡도 만들고, 밀가루로 과자를 만들고, 국수도 낸다. 잔칫상과 같다. '환갑 축하'라고 써 놓고 여자들은 조선저고리 입고 남자들은 양복을 입고 환갑을 축하해 준다. 이 상은 자식들이 차려 주고, 사진도 찍는다. 방식은 결혼식과 같다. 풍년가나 양산가를 부르면서 춤도 추고 장고도 치면서 논다.

또 사람들을 오게 하여 음식을 대접하고, 초대된 사람들은 부조를 낸다. 환갑 맞은 아바이는 아바이 대로 또래 동무들을 부르고, 어마이는 어마이 대로 사람들을 부른다. 칠갑도 세고, 팔갑도 세고. 예나 지금이나 잘 사는 집은 대단하게 한다. 우리같이 없는 사람들도 조그맣게라도 환갑, 칠갑, 팔갑 등을 치뤘다. 옛날부터 내려오던 풍습이니까.

제삿상에는 밥이랑 국이랑 떡이랑 고기랑 과일이랑 놓고 술을 올린다. 그리고 제삿날에는 언성을 높이거나 싸우지 말고 머리랑 감아서 몸을 깨끗이 하라고 한다. 제사는 3년 되기 전에는 저녁 6시쯤에 먼저 지내고 그 다음에 밤 12시에 제사를 지낸다. 3년 지나면 밤 12시에만 지낸다. 제사를 지낼 때 음식을 놓는 순서가 있다. 홍동백서라고 해서 음식을 놓는 자리를 정해 놓는다. 위패도 없고 그저 사진만 앞에 놓는다.

절은 맏아들이 하는데 처음 제사 시작할 때 세 번, 중간에 세 번, 그리고 끝날 때 세 번. 그래서 옛말에 "없는 집 제사에 절만 아홉 번"이란 말이 있다.

• 진료체계

북한에서는 동마다 조그만 진료소가 1개씩 있다. 사람이 아프면 맨 처음에는 거기 가서 진찰을 받고 간단한 건 치료도 받는다. 그리고 거기서 치료 못 할 수준이면 커다란 군병원으로 간다. 우리 무산광산에는 또 광산병원이라고 커다란 병원이 있다. 거기는 광산 로동자만 치료 해 주는 곳이다. 지금은 병원이 다 소용없다. 약이 하나도 없다. 감기약도 없다. 자기 돈으로 약을 사 먹고 약을 살 돈이 없는 사람은 죽는 것이다. 옛날에는 군병원에서 나와서 예방접종도 다 해 줬다. 예방접종할 일이 있으면 모든 주민들에게 병원으로 오라고 했다. 오지 않은 사람이 있으면 명단을 적어 가지고 집집마다 찾아다니면서 다 예방접종을 시켰다.

의료체계는 호담당제를 한다. 의사 1명이 1개 인민반을 담당한다. 인민반은 한 30세대 정도 된다. 원래는 예방의학제 방침이라서 병이 나기 전에 먼저 의사들이 돌아다니며 병을 미리 막자는 것이다. 혹시 그 예방이 잘 되지 않아서 불의에 병이 났다 하면 자기 호담당의사한테 찾아간다. 의사들이 거의 매달 1번씩 집집마다 찾아다니며 검진을 한다. 불시에 병이 났을 경우 담당의사를 찾아가서 치료를 받고, 심할 경우에는 담당의사가 "나의 능력으로는 이 병의 진단을 내릴 수 없다" 하면 더 높은 급의 병원에 보낸다. 군병원, 도병원으로 올려보낸다. 높은 의료기술이 있는 사람들이 진단을 해서 쩔 건 째고, 약을 먹일 건 먹인다.

군(郡)에는 큰 병원은 1개밖에 없고 진료소가 많다. 시(市)에도 병원이 1개 있고 시는 또 구역으로 나뉘기도 하니까 각 구역에 병원이 있다. 그러니까 구역병원, 시병원, 도병원으로 이렇게 한 등급씩 높은 급으로 올라갈수록 능한 의사가 있다.

그전에는 암이 제일 무서웠다. 남자고 여자고 다 간암, 위암, 젖암(유방암)에 걸리는 게 제일 무서웠다. 암이라면 무조건 다 죽는다고 생각했다. 그렇지만 지금은 잘 먹지 못해서인지 결핵에 잘 걸린다. 시기별로 잘 걸리는 병은 봄날이면 감기, 여름이면 설사병, 가을에도 날씨가 변덕이 심해 감기에 잘 걸렸다. 예전에는 약도 좀 있어서 이로웠는데 1990년대부터는 어디서 나타났는지 콜레라, 장티푸스, 파라티푸스, 옴환자가 많이 생겼다.

• 민간치료법

전에도 그렇지만 지금 역시 병원에 약이 없으니까 가정 자체에서 민간치료법을 많이 쓴다. 인민들 전부가 민간요법을 쓴다고 봐도 된다. 위가 안 좋을 때는 삽지뿌리, 백출을 가루내서 꿀에 개어 먹으면 좋다. 기침이나 천식환자는 마가목열매를 쪄서 가루내어 꿀에 개어 먹으면 좋다. 심장이 나쁠 때는 삼지연에서 나는 열매가 있는데… 결핵환자에게는 마가목이 좋다. 관절이 안 좋을 때는 고추나무라고, 고추처럼 매운 나무가 있는데 그걸 쪄서 무릎관절에 붙인다. 그런데 그 약이 무척 독하기 때문에 세게 쓰면 피부가 다 무르고 상해 버린다. 허문 상처에는 배추를 약간 소금물에 절군 다음, 그것을 환부에 붙이면 새빨갛게 살이 새로 돋는다. 느릅나무뿌리를 찧어서 붙여도 환부가 빨리 낫는다. 간이 좀 나쁘면 메나리(미나리)를 뜯어다가 찧어서 그 물을 끓여 먹는다.

가정 자체에서 변함없이 이렇게 하는 것을 민간요법이라 한다. 나는 잘 모르겠는데 주변을 보면 자기 자체로 약을 달여서 먹는 사람들이 많다. 만약 위가 나쁘다 하면 삽주를 뜯어다가 자체로 가공해서 먹고. 조선의 정황이란 게 약이 없기 때문에 도라지랑 이런 게 다 약초 아닌가? 캐서 반찬도 해서 먹고, 삽주도 반찬해서 먹는다. 자체로 약초를 뿌리째 캐다 반찬으로 해 먹는 것이다. 메나리도 전에는 약으로만 쓰던 걸 요새는 묻쳐서 채로서도 먹는다.

무산에는 주로 광산만 있지만 농사짓는 구역도 있다. 옥수수와 콩을 심는데 농장 일꾼들은 1년에 400킬로그램을 기준으로 받는다. 1997년에는 농사가 잘 돼서 400킬로그램씩 나눠 가지고도 남아서 더 나눠 받았다. 요즘은 농장밭에 옥수수를 심으면 영글자마자 일하는 사람들이 모두 다 훔쳐간다. 분조장만 모르고 다 아는 일이다. 하도 그러니까 군인들이 보초를 서고 있다. 전에도 뙈기밭은 있었지만 못 하게 했다. 왜냐 하면 뙈기밭은 주로 농장이 있는 근처에 장만하는데, 농장 농사에 방해가 된다고 해서였다. 하지만 요즘은 예전처럼 하지 않고 뙈기밭농사를 짓게 하니까 집 주위에 텃밭을 일궈 놓는다. 자기집 울타리 주변에 텃밭은 옛날부터 일궈 왔고 농촌에는 텃밭이 많다. 마당이 있는 집에서는 모두 텃밭을 일궜다. 나도 작년에는 거기에다 메주콩, 강냉이, 파 같은 걸 심어 먹었다. 농민들은 직장 밭에 가서 일을 많이 하니까 자기 밭은 직장 가기 전에 아침에 돌본다.

중국 사람들이 말하길, 중국도 그렇지만 북조선도 사회주의라서 자기 게 아니라고 일을 열심히 안 한다고 하는데 그렇지 않다. 예전에 배급 나올 때는 다들 열심히 일했다. 꾀도 부리지 않고 얼마나 열심히 일했는지 모른다. 어쨌든 자기 계획량을 달성하려고 열심이었다. 힘든 일을 하게 되면 그만큼 배급을 더 주거나 영양제를 준다. 그리고 그때는 사람들이 일이 힘들다 어떻다 하는 생각도 안 했다. 아주 신나게들 일했다. 그런데 배급이 안 나오니까, 못 먹으니까 힘이 없어서 일을 못 하게 된 것이다. '배급도 안 나오는데…' 그러면서 일을 안 하는 것이다.

흔들리는 삶

개인적으로 조국을 생각할 때, 어떻게 말할까?

그렇게도 가슴속으로 소중했던 나의 조국이 못 사니까

중국에 와서도 비록 지척이 조국이건만 가고 싶은 생각이 없다.

학 창 시 절

• 내 조국은 우리 수령님의 조국이다

기억에 남는 시절은 인민학교 때부터이다. 인민학교는 7-10살까지 4년 동안 다닌다. 그때는 학교에서 배운 내용들만 암송하면 되었다. 1학년 때는 초보적인 교육을 배우다 인민학교 3학년부터 수령님의 혁명역사에 대한 강의를 세게 배웠다. 수령님 어렸을 때의 혁명활동과, 그 피 어린 과정에서 우리 조국을 찾아주셨다는 내용이다. 일제에게 빼앗긴 조국을 되찾기 위하여 "어린 나이부터 스물성상에 이르기까지 피 어린 자국을 헤쳐서 내 나라를 찾으셨다"는 이야기를 듣고서는 완전히 숭배심이 강화되어 '이런 수령님을 위해 내 한 목숨 다 바치겠다. 모든 것을 다 하겠다'는 생각이 들었다.

중학교에 올라가서는 아무래도 아이들 머리가 세간(세상)에 트니까 인민학교 때 배운 내용을 더 구체화시키고 깊이 있게 파고들어서 배운다. 인민학교 시절에는 "수령님께서 항일혁명 과정에서 몇 년도에는 무슨 당을 창건했다, 몇 년도에는 어떻게 일제와 싸웠다"고 알려 줬다면, 중학교 때에는 "당을 창건하기 위해서는 어떤 과정을 거쳤고, 언제 항일유격대를 창건했다. 무기와 군복을 입히기 위해서는 어떻게 했다"는 내용을 배웠다. 더 구체화됨으로 해서 머릿속에 '내 나라, 내 조국은 수령님의 조국'이라는 감정을 더 깊이 인식시켰다.

내가 어릴 때는 나라에서 배급도 주고, 공장과 기업소에서는 로임도 제대로 주었으며, 매해 4월 15일에는 학생들에게 교복도 무상으로 공급해 주었고 사탕과자도 주었다. 모두 그것을 받고 감격의 눈물도 흘렸고 생활도 괜찮았다. 온 나라가 다 '우리 장군님, 우리 수령님'에 대해서 한결 같은 마음이었다. 우리는 인민학교 시절부터 중학교까지 다 무료교육제이다. 교복도 무상으로 주고 따로 돈 한 푼 들지 않으니까 돈을 걱정하는 부모들이 없다. 또 당시에는 병원에 가도 무료로 치료해 주니 돈이란 것을 몰랐다. 약도 많았다. 그럴 때 우리가 교육받은 것은 "북조선은 이렇게 잘 살지만 남조선은 못 산다. 깡통을 차고 다닌다"는 것이었다.

중학교를 졸업하고 다닌 전문학교는 90분 수업을 하는데 강의 방식은 중학교 때와 똑같다. 수업 내용도 더 높은 급을 배우는 것이 아니라 중학교 때 배운 지식을 복습하는데 그것을 다시 구체화한다. 혁명역사라고 하면, "오늘 이 시간에는 수령님의 혁명역사를 배우겠습니다. 배울 내용은 ○○지역지 동맹을 무은 그 시기를 배우겠습니다" 이러면서 일제에게 빼앗긴 우리나라의 형편과 나라를 되찾기 위해서 수령님이 어떻게 활동을 하셨는가에 대해 말로 쭉 구술하다가 "자 이것은 적으시오. 필기하겠습니다" 하면 필기를 하고 마지막에는 선생님이 숙제를 낸다. "다음 시간까지 이번 시간에 배운 내용을 다 암송해 오시오" 한다.

중학교 때랑 똑 같다.

다른 과목도 다 비슷하다. 전문학교에 올라가서 설계 같은 것을 배운다고 한다면 중학교 때 제도과목에서 배웠던 것을 다시 공부하니까 신비로운 게 없다. 나는 3년 짜리 전문학교를 졸업했기 때문에 과학기술을 연구하는 이과대학이나 김일성대학에서 어떻게 강의하는지는 잘 알지 못하지만 대학을 필업한 사람들도 이야기하는 것이 다 같다. 그저 교육방식은 하나의 체계로 다 비슷하다.

학생들에게도 개인부담이 있다. 우리는 앉아서 공부만 하는 것이 아니라 혁명전적지 답사를 간다. 혁명전적지가 많은 곳으로 혜산을 꼽을 수 있다. 항일유격대가 혜산의 삼지연 연못가에서 나라를 되찾기 위해 어떻게 투쟁했는지, 일제가 닦아 놓은 관부경비도로로 수령님의 군대가 보무도 당당히 건너 지나갔다는 따위들이 전부 혁명전적지이다. 이런 곳을 견학하러 간다고 하면 개인들이 돈을 쓴다. "자, 혁명사적지 견학이랑 가는데 무엇무엇을 준비하라"고 한다. 혁명전적지 답사도 공부를 잘 하는 학급 중에서 뽑혀 가는데 한 15일 정도 다녀온다. 전적지에 가면 답사 숙영소에서 밥을 먹게 되는데, 그래도 배가 고프니까 개인적으로 음식을 사 먹게 되고, 개인 돈이 든다.

이 외에도 과제라고 해서 개인부담이 많다. 학교에서 "농촌을 지원한다" "군대에 지원한다" "각 학생들은 무스그 내라" 하면 다 개인 돈이 나간다. 학급간부가 "사회주의 농촌에 곡괭이, 호미를 지원한다"고 한다. 뭐가 있어야 바치지? 어쩔 수 없이 돈을 구해서 바친다. 예전에도 다 그렇게 했다.

중학교를 졸업하면 골이 좀 비상한 사람들은 대학을 보내서 인재들을 육성하는데, 말이 그렇지 실제 골이 비상한 사람들은 다 전문학교로 가고, 자식들에게 관심이 높은 권력 있는 집 자식들이나 대학으로 간다. 대학에 가서도 나라적으로 인재를 뽑아서 외국으로 나가는 길이 있으면 이런 사람들이 나가는데, 골이 비상해서가 아니라 아버지가 권력이 있기 때문이다. 승용차를 타고 다니는 그런 급에 있으면 된다. 나는 몇 번이나 대학으로 가려고 하다가 일이 잘 되지 않아서 전문학교에 들어갔다. 공부할 때는 나라에서 장학금을 본인에게 주고 무료로 공부시키지만 그래도 개인들이 부담하는 양이 더 많았다.

- 로동자의 로임으로는 대학을 못 보낸다

어떤 아주머니의 딸 이야기이다. 그 애의 무용 기량이 높아 1989년 제13차 청년학생축전 때에 주요 배우로 선택되었다. 축전이 끝난 다음에 평양에 있는 무용대학으로 뽑혀 올라갔는데, 요구 조건이 어찌나 많고 돈이 많이 드는지, 그 아주머니가 "우리 같은 막로동자는 딸이 아무리 기량이 있어도 대학에 못 보낼 것 같습니다" 하고 단박에 거절했다. 막로동자가 아무리 로임을 잘 받는다 해도 그것 가지고 어디 코에다 바르겠는가? 1달 살기도 힘든 로임인데 아이를 무용대학까지 졸업시킬 돈이 어디 있겠는가. 로동자의 자식은 대학에 가기는 가도 경제적으로 딸려서 도로 내려온다. 학비가 무료라 해도 수준 높은 자식들이 오기 때문에 딸린다. 대학 공부를 시킨다는 것이 보통 일이 아니다. 1달에 안 쓰는 사람이 2천원 정도 든다. 책 같은 건 무료로 주니까 공부할 때 자기가 쓰기 탓이지만 돈이 없어서 고통받는 사람들이 많다. 그렇기 때문에 좀처럼 부모들이 대학 보내는 것을 안 좋아한다. 그저 돈이나 있는 사람들이 대학에 가서 공부하기 좋다.

나는 전문학교에서 기계 계통을 배웠다. 기계단과대학, 농촌기계전문학교, 화학전문학교, 의학전문학교 따위가 다 전문학교에 속한다. 기계는 여러 가지 과가 있는데 용해, 설계, 용접 등이다. 자기가 배운 지식이 사회에 나가서 산지식으로 되야 하지만 현실은 그렇지 못하다. 군(郡)로동과의 배치지에서 졸업생들을 사람에 맞게 딱딱 배치해야 되겠는데, 나는 그 배치지가 내가 배운 전공이 아니었다.

　우리 때는 영어를 잘 하는 사람이 참 많았다. 골이 비상하고 다른 건 하나 못해도 영어만 잘 하는 사람도 있었다. 그런데, 바탕이 로동자 가족이어서 산지식을 써 먹지 못하고 로동 속에 파묻히고 말았다. 재능이 있는 사람들은 로동자 가족이든 뭐든 상관없이 당에서 키워 준다고 했는데 그것이 한두 명 본보기로 내세울 뿐이다. 또 어디 기업소에서 재능 있는 사람을 쓰자고 해도 기업소 사람도 힘이 없다. 졸업 후의 진로가 자기가 가고 싶은 데로 간다고 하면 좋은데, 자기의 의사와는 상관이 없다.

　조선에는 인원뽄투가 있다. 인원뽄투라는 게 "인원이 몇 명 요구된다"는 것이다. 중학교를 졸업하고 내가 교원대학에 가고 싶다고 가는 것은 아니다. 교원대학에서 각 중학교에 인원을 배정한다. 만약 교원대학에서 우리 중학교에 10명을 배정했는데 지원자가 1백명이라면, 이 1백명이 다 교원대학에 가는 것 아니다. 배정된 10명만 가는데 다 힘이 있는 사람들의 자식들이 우선적으로 간다. 나머지 90명은 가고 싶어도 못 가고 다른 데로 시험을 쳐서 가거나 사회로 나간다. 함남의 경우 대학이나 전문학교 진학률이 한 10%나 될까? 돈도 부담이 되지만 학교에서 인원을 제한한다.

　졸업 학년에 보면 주로 여자들은 사회로 나가고 남자들은 군대에 많이 나간다. 우리는 남자들이 군대에 가기 전에는 어리게 보다가도 군대에 가서는 세계관이 섰다고 한다. 인간이 인간을 귀중히 여길 줄 알고 인간을 위해 자기 한 목숨 바칠 줄도 안다는 것이다. 그러니까 "군대 갔다 와야 사람이 된다"고 한다. 왜 그런가? 그런 힘든 데서 사람이 단련되어야지 앞으로 사회에 나가서도 사람 귀한 줄 알기 때문이다. 또 간부가 될 수 있는 가장 큰 바탕으로, 군대 복무기간에 당원이 되어야 한다. 당원이 되기 위한 목적으로 다 군대에 나간다.

처 녀 시 절

• 다시 못 올 그 시절

처녀 때는 아무래도 재미있는 시절이다. 낭만에 넘쳐서 모든 것에 나밖에 없고 동무들과 놀기도 잘 했다. 우리는 같은 또래 아이들과 주로 영화관에 가고, 체육대회가 있다면 체육경기도 같이 했다. 휴식날에는 음식을 싸 가지고 경치 좋은 데 가서 먹는 게 재미였다. 여름이면 해수욕도 하면서 조개죽도 쑤어먹고 항상 웃음이 넘쳐서 살았다. 그리고 공부할 때나 시험 칠 때는 "내가 너보다 더 높은 성적을 따겠다"는 야심으로 밤이 가는 줄 모르고 공부도 하고 "너가 이런 아름다운 소행을 하면 나도 요렇게 아름다운 소행을 하겠다" 하면서 서로 경쟁을 했다.

이런 것은 학교과목으로 있는 것이 아니라 스스로 마음에서 나오는 아름다운 소행이다. 우리는 그것을 '공산주의 미풍'이라고 한다. 인민군대에 나가서 청춘시절에 앞을 못 보거나 하반신 불구가 되었다면 이 사람들도 장가를 가야 하는데 누가 그런 곳에 시집가겠다고 하겠는가? 그래서 나라에서는 인간이 인간을 도와 주는 면에서 "스스로 하자" 하고 호소한다. 거기에 감동된 처녀들이 영예군인을 찾아서 한 평생을 바치기로 약속하고 그들 일생의 길동무가 되어서 사는 것이다. 또 하나는 인민군대에 자기 재산을 바치는 것이다. 군인들을 위해 자기 집에서 기른 닭, 돼지를 무상으로 지원한다. 전에는 '공산주의 미풍대회'라고 해서 몇 년에 1번씩으로 굉장히 크게 열렸고 미덕들이 많았다.

미풍대회의 참가자를 보면 한 처녀가 고독하게 누워 있는 남자의 마음을 풀어주겠다고 하며 자기를 희생하는 것이 있었고, 또 갑작스런 사고로 피가 요구된다고 하면 자기 피를 뽑아 주는 사람, 대학공부를 하다 그 안에서 갑자기 환자가 생기면 대학생들이 자진해서 "자기 피를 뽑아달라"고 하는 사람들이 나왔다. 그런 대회가 열리는 목적은 이렇게 모범적인 사람이 많지 않으니까 이런 사람들을 우상화하여서 "모두 따라 배워라" 하는 것이다.

"정치가 어땠소?" "잘 살고 못 살고 하는 것이 정치에 관계된다" 이런 소리를 입밖에 하면 다 보위부에 잡혀가기 때문에 우리 처녀 때도 그런 소리는 생각도 못했다. 오로지 '내 나라, 내 조국에서 정치하는 것이 제일이다'는 감정이었다. 그저 지금 평양에서는 처녀들이 어떤 옷이 추세다, 이런 것이 기본 화젯거리였다.

나는 전문학교를 졸업하고 물고기공장에 지정받았다. 원래는 교원을 하고 싶었고 성적도 괜찮았지만 나에게 교원대학의 자리를 안 주었다. 우리는 중학교 졸업하고 남자들이 군대에 많이 가기 때문에 사회에서 여자들의 노동이 세다. 남자에 못지 않다. 사회 전반에 한 80%는 여자라고 할 수 있다. 사회적으로 볼 때 남자들은 대개가 제대해 오면 탄광, 광산으로 배치를 받고 우리 같은 직업은 다 여자들이 한다.

내가 만약 물고기공장에 들어갔다 하면 평생 그 일을 해야 한다. 혹 자기 의사에 따라서 다른 일을 할 수도 있지만 아예 다른 곳으로 가기는 어렵다. 무슨 말인가 하면, 물고기공장 안에 냉동직장, 가공직장 등 여러 개의 직장이 있으니까 이 직장에서 저 직장으로 돌고돌고, 이렇게 이동하기는 헐한데 완전히 다른 공장기업소로 옮기려면 간부들한테 뇌물을 고여야 한다.

그때는 배들이 만선을 알리며 계속 들어왔다. 밤낮없이 물고기전투를 벌였다. 고기를 다듬어 냉동시켜서 중국에도 수출하고 인민들에게도 공급하였다. 중국에 명태를 주고 쌀이나 강냉이를 들여오는 것이다. 물고기가 들어오면 고기를 50킬로그램씩 판대기 모양으로 냉동한다. 냉동된 판대기가 벨트 콤베어를 타고 오면 둘이서 그걸 적재한다. 장화를 신고 고무장갑을 차리고 적재를 하지만 냉동거리니까 춥다. 장화를 다 닦고 빵통에 올라가서 1통에 60톤이면 60톤, 70톤이면 70톤을 적재했다. 하루에 7, 8개통씩 싣는데 거진 여자들끼리 다 한다. 빵통은 열차 칸처럼 생긴 것으로 '수출빵통'이라고도 한다. 그때가 제일 안 잊혀진다. 로임도 많았다. 1달에 1백원 넘게 주었는데 자기 혼자서 다소나마 살 수 있었다. 일을 잘 하면 손목시계, 세제, 머릿수건 같은 것도 주곤 했다.

일은 하루에 8시간 한다. 물고기를 썩히지 않고 얼리려니까 주야 교대로 일을 한다. 1개 작업반이 30명 좌우였다. 내가 1주일 동안에 낮근무라 하면 그 다음 1주일은 저녁근무, 또 그 다음 1주일 동안은 밤근무를 한다. 8시간 동안 3개조가 바꿔가면서 1주일씩 한다. 그때는 시간이 어떻게 가는 줄도 몰랐고 재미있었다. 그런데 1990년대 초부터 고기가 없고, 고기가 없으면서 쌀(배급)도 안 나왔다. 물고기가 없는 건지 못 잡는 건지는 잘 모르겠는데 바다에 고기가 없다고 했다. 현실적으로는 기름이 없어서 배가 못 나가는 것도 있지만 바다 밑에 자원이 풍부하지 못하다는데, 어떤 현상으로 그렇게 됐는지 모르겠지만 그 많던 정어리, 명태가 보기 힘들었다.

점심시간은 1시간이지만 기계가 돌아갈 때는 시간에 관계없이 일했다. 교대로 밥 먹으면서 일했다. 일이 4시에 끝나면 집에 갔다. 학습이나 강연이 있으면 거기에 참가하지만 일이 너무 힘드니까, 일이 끝나고서 탁 맥을 놓으면 꼼짝 못 한다. 그렇게 힘든 일이 있을 때는 학습이나 강연에서 빼주고 충분한 휴식을 주었다. 학습은 1주일에 1번 하고 강연도 1주일에 1번 했다. 조직생활이라는 게 많다.

- 2월 16일의 기억

2월 16일을 계기로 해서 문답식으로 공장 내의 경연도 있었고 공장끼리의 경연도 있었다. 위에서 제강(주제)이 내려온다. 만일 "당의 유일사상 체계에 대해서"라고 한다면, "당의 유일사상은 무엇인가?" "김정일 동지는 어떤 분이신가?" "수령님의 후계자란 무엇인가?" 하는 두꺼운 책이 내려온다. 그것을 토 하나 틀리지 않게 다 암송을 해서 경연을 한다. 유일사상 체계의 확립을 위해 분위기를 세운다는 의미에서 하는데, 이것이 '통달경연대회'이다. 거기서 우승하면 군끼리, 도끼리 경쟁해서 사람들에게 상품도 주고 표창도 주고, 그게 재미있다. 경연에는 모두 골이 비상한 사람들로 묶어져서 하기 때문에 누가 이기는가, 어느 조가 이기는가, 우리 조를 대표해서 누가 나가서 어떻게 하면 이기겠는가에 관심이 많다.

통달경연대회에서 보충 질문도 하는데, 예를 들어서 "수령님의 후계자는 어떤 사람이 돼야 하는가?" 이렇게 하면 "수령이 지닌 품모를 완벽하게 지닌 사람, 제1수령과 같은 그런 사람이 수령의 후계자가 된다. 우선 수령의 충신, 효자가 될 수 있는 그런 사람이다. 우리 김정일 동지는 이와 같은 수령의 후계자 품모를 완전히 지녔다고 보면서 후계자로 추대한다" 이렇게 한다. 이 보충 질문은 제강에서 나오는 것 중에 하는 게 아니라 따로 다른 책에서 연구해서 질문을 뽑는다. 자기가 그만한 지식이 있으면 합격인 거고, 못 하면 점수를 띄운다.

4월 15일 생일 때는 어떻게 하는가? 수령님 업적에 대한 통달경연대회를 한다. 항일혁명 투쟁의 피 어린 장구한 나날, 어떠한 과정을 통해서 오늘날과 같은 사회주의 낙원을 펼치셨는가? 이걸 쭉 엮어댄다. 또 수령님이 매해 인민들 앞에 신년축사를 하는데 그것도 통달경연대회가 있다. 토 하나 틀리지 않게, 딱 수령님께서 인민들 앞에 하신 음성대로 하는 게 있다.

연단에 나서면 많은 사람들이 자기 얼굴을 보고 마이크를 앞에다 놓고 그대로 싹 하는데, 그 처녀 때의 열정, 그 기백은 아직도 잊혀 아니 지고… 이제는 다시 그런 시절이 못 오겠지? 지금에 와서는 그 시절은 상상하지도 못 하고 그저 밥을 빌어먹으러 이 중국땅까지 왔다고 생각하니까, 정말 형편이 환경의 지배를 세게 받는다.

- 세금이라기보다 로임에서 공제하는 게 있다

전에 로임을 받을 때는 종이에다 내 이름을 쓰고, 6월달 로임이 150원이다 하면 150원이라고 써서 주었는데 거기에 공제하는 게 많았다. 세금이랑 있는데 세금이라기 보다도… "북조선에선 세금이란 말이 없어진 지 오래다" 이렇게 말하기 때문에 세금이라는 말은 안 쓰는데, 우리 수령님의 탄생일을 맞이하여 무슨 꽃송이를 만든다 하면 "꽃송이 값이 얼마요"라고 제해 내버리고, 또 잔칫집이 있다고 할 것 같으면 잔칫집에 얼마, 같은 직장인의 결혼식 부조에 얼마 냈다고 뚝 잘라 내버린다. 이런 것은 작업반에서 알아서 공제한다. 어린이 보조금이라는 것도 있다.

로임 공제는 의무적이다. 한 달마다 항상 공제하는 게 있다. 그런 보조금을 얼마했다고 투투둑 짜르면 한 그저 80-90원을 쥔다. 어찌나 공제하는 게 많은지 어떤 때는 크다만 종이 1장이 보조금 내용으로 다 찰 때도 있었다. 그렇게 해서 80원, 90원 쥐면 본인 맘대로 신발도 사 신고 화장품도 사서 썼는데, 로임 받던 세월도 오래 전 일이다. 앞으로는 로임을 쥐어 못 볼 것 같다. 처녀 때에는 계속 쥐어봤는데 이제 공장기업소에서의 로임이란 게 너무나도 막연한 상태이다.

결혼과 생활

- 동정이 번져져 결혼을 하다

청춘남녀 사이에는 사랑이 있다고, 노동 속에서 우리 남편을 만났다. 나이가 들어 결혼할 때가 되어 만났는데, 그것이 사랑하자고 한 것이 아니라 동정에서 시작되었다. 그전에는 동정이 곧 사랑으로 된다는 것이 무슨 소리인가 했는데, 일하는 과정에 남들보다도 더 많이 일하고 성실한 남편의 모습에 동정이 갔다. 그리고 차츰 사랑으로 번져졌다.

사람의 결혼생활은 결코 처녀시절 그 연애로만 머무르는 것이 아니라, 가정생활에서의 애로 되는 점들이 많아진다. 또 좀 살자하니까 나라에서 배급도 안 주고 기관기업소에서 로임도 안 주고, 살아가기가 힘들었다. 남편은 "장사라도 해야 되겠다" 하는데 사람이 너무 순박하고 고지식해서 장사를 못 했다. 사람이 성실하니까 지금은 일용작업에 가 있다. 일용작업이란 혁명사적지를 건설할 경우, 거기에 필요한 고급 돌을 캐는 일이다. 1호 공사라 해서 다른 곳에는 배급을 안 주어도 그곳에는 배급을 준다. 배는 고프지만 다소 먹고라도 살게끔 되어 있다.

부부끼리 호칭은 서로 애 이름을 부른다. 아이가 상범이면 '상범아버지' 하고 부르고, 남편은 자기 아내를 '상범이' 라고 부른다. 동무라고 부를 때는, 혹시 갓 결혼했거나 신혼시절에 아이가 없을 때에 부른다. 어떤 사람들은 제 아주머니를 부르는데 '여' '야' 이렇게 서투른 말씨로 부르기도 한다.

우리도 부부싸움을 한다. 지금 시절은 뭐가 없으니 곤란하지 않은가? 없는데서 자연히 신경질이 나서 부부싸움을 하는데 부부싸움을 하면 무섭다. 식량난 전에도 살기는 좀 바빴지만 그때는 의견이 서로 맞지 않아서 싸웠다. 나도 우리 남편과 몇 번 다툼질을 해 봤는데, 남편이 직장에서 일이 생겨 신경질이 났을 때 싸웠다. 어떤 건가 하면, 오늘 남편이 직장에서 학습을 해야 하는데, 깜박하고 책을 못 가져가서 다른 사람을 시켜서 집에다 알려준다. 남편은 일을 하니까 집에 다녀갈 시간이 없으니 내가 책을 갔다 줘야 하는데, 그러지를 않았을 때 저녁에 와서 신경질을 낸다. "학습노트를 왜 가져오지 않았는가? 그래서 학습에 못 참가했다"는 식이다. 집에 있는 나는 나대로 제 할 일이 바빴기 때문에 남편 말에 반박이 나가면 서로 의견이 맞지 않아서 싸움이 일어난다. 싸움할 때는 무섭다. 막 때리고 치고 하는 것을 우리 마을에서 많이 봤다. 대체로 여자가 맞는다. 그러나 여자도 괘씸한 생각이 드니까 센 여자들은 같이 때리고 뭘 던질 때도 같이 던진다.

가정 내에서 또 어떤 게 있는가? 며느리가 어떤 때는 시어머니를 속이는 경우가 있다. 쌀 한 말을 사 오라고 했는데 여덟 대를 사 왔다, 이러면 두 대는 며느리가 슬쩍 자기 사욕을 취한 것이다. 시어머니가 그걸 알고 며느리한테 막 욕을 하면 둘이 싸움이 난다. 또 시어머니가 하라는 대로 며느리가 하지 않았을 때 시어머니는 자기 눈밖에 나니까 언성이 높아진다. 가만히 앉아서 오손도손 해결할 수 있는 문제도 이해 정도가 낮으니까 확 곤다. 사람의 인식관계이다.

식량난 전에는 시부모와 같이 사는 데가 많았다. 그리고 집안 일은 여자가 다 한다. 남자는 땔나무, 망치질 등을 하고, 여자는 밥하고 빨래하고 세대주 공대하고 직장에 잘 나가게끔 받침도 해 준다. 돈 관리도 여자가 하는데 시어머니랑 같이 있으면 시어머니가 한다. 재산은 부모가 데리고 있는 아들이나 맏아들이 다 갖는다. 시부모들은 제 힘이 늙고 모자라니까 아들을 데리고 있는데, 그저 부모를 끼고 있는 맏아들이 제일 세다. 재산도 갖고 또 동생들한테 말도 떳떳하게 하고, 동생들은 부모를 거두니까 수고한다고 다 존경한다. 그래도 부모를 모시는 당사자들은 시부모를 모시기보다는 둘만 있고 싶어한다. 지금은 부모가 굶어 죽는다 해도 아들이 안 돌봐줄 정도로 세상이 흉흉하게 되었다. 전에는 좋은 부모들도 많고 효자들도 많았다.

어떤 집들은 가정적인 문제로 싸움해서 사회질서를 흐리게 하는 경우도 있다. "두 부부간에 이혼한다" 이러면 가정적인 문제이다. 또 인간생활이기 때문에 "남편이 딴 여자를 본다", 이럴 땐 여자가 괘씸한 마음이 들어서 남편이 다니는 공장에 가서 문제를 제기한다. 그러면 그 문제가 상정되어 남편이 속해 있는 조직이나 단체의 회의 때 비판을 받게 되어 있다. 사람들 앞에서 딴 여자 본 것을 비판받으면, 남편은 사람들 앞에서 망신했다고 아주머니를 때린다. 이렇게 가정적 문제가 제기되면 사회적으로 질서가 흐려진다. 인간생활이니까 있을 수 있는 일이다.

우리도 중국처럼 남녀평등권이 있어서 남자와 여자가 똑같은 권리를 가지고 있고 사회적으로도 실시한다. 그런데 중국에 와서 비교해 보니 조선 여성들이 남편 공대를 잘 하는데도 남자는 그렇게 잘 하지를 않고 좀 권세를 피운다. 남자들은 나이 많은 분들한테 "이 간나, 저 간나" 쌍말을 하고 때리고, 자식이 부모한테도 그렇게 하는 예절없는 현상이 드믄 있다. 부모들도 예절이 없다고 욕은 하지만 "그렇게 돼먹은 거 어떻게 하겠는가?" "너는 그렇게 살다가 죽어라" 하고 내버려둔다. 나도 전에는 남자들이 쌍말하는 걸 "남아다운 패기다" "남자라면 저쯤 만한 패기가 있어야 한다"고 생각했는데 중국에 와서 남조선 사람을 얼핏보니 생각이 달라진다. 그들의 예절 바른 말, 한마디 오가는 인사말에도 너무 감동했다. 우리가 아주 살뜰히 말한다 해도 말하는 게 아주 무뚝뚝하고 예절이 없는 것처럼 느껴져 어쩔 바를 모르겠다.

• 청춘과 사랑

　여자들 화장품에는 피아스, 분, 크림, 살결물, 입술연지, 눈썹먹도 있고, 속눈썹 그리는 것도 있다. 우리는 화장을 아주 고상하게, 남들이 보기에 아주 좋다 할 정도로 한다. 너무 빨갛게, 꺼멓게, 새하얗게 바르지 않는다. 조선의 미덕이 나게끔 동방예의지국으로 살짝살짝 한다. 1980년대에도 국영상점에 있는 배급 화장품의 질량이 낮아서 처녀들이 안 사 갔다. 비싸긴 해도 장마당에 있는 고급 화장품을 샀다. 장마당에 나오는 화장품들은 주로 중국에서 만든 것이었으며, 조선에서 만든 화장품 중에서 신의주산인 인삼분이나 인삼크림이 괜찮았다.

　여자들은 보통 1달에 1번씩 미용실을 가는데 아주 눅은 값으로 했다. 미용사들은 일정 액수만 국가에 넣고 나머지는 자기가 버는 것만큼 가져가는 반 유급이었다. 지금은 미용실 운영을 개인적으로 하니까 값이 조금 올라갔다. 국가에서 지정한 일터에 나가 일해도 보수가 차려지지 않으니까 자기 집에서 약을 비싸게 사서 머리를 해 준다.

　여자들이 머리를 하는 때는 거울을 보고 머리가 미를 돋구지 못할 때에 미용실을 찾아가간다. 그리고 나서도 마음에 맞지 않으면 1주일 있다가 다시 할 수도 있다. 이때도 돈은 낸다. 처녀들이 공장에 다닐 경우에 머리를 해야겠다고 책임자들에게 얘기하면 시간을 준다. 이게 다 문화적 수위를 높이는 것이기 때문이다. 처녀들은 미용을 할 때 머리를 길게 해서 뒤로 꽁지고 (따는 게 아니라 그냥 묶어서 핀을 꼽는 거) 앞에는 살짝 파도식으로 살린다. 중년 부인들은 카트머리로 쳐내고 딱 달라붙게 굽실굽실 파마를 한다. 아주 늙은 할머니들은 동비녀 같은 걸로 쪽을 진다.

　옷차림은 어떠한가? 여자들은 바지를 주로 입지만 행사 때는 치마를 입고 다닌다. 치마는 계절마다 색깔이 다르다. 여름철에는 흰치마, 빨간치마, 파란치마를 입고 다닌다. 바지는 흰바지나 빨간바지는 안 입는다. 자본주의 풍, 수정주의 풍이라고 욕을 먹기 때문이다. 가을과 겨울에는 회색을 주로 입고 까만색을 입는다. 한복은 처녀들이 행사 때 입는다. 또 평상시에는 안 입다가 명절날에 시집간 아주머니들과 나이 든 분들이 한복을 입고 거리를 다닌다.

몸파는 여자들은 1989년 제13차 청년학생축전 때 생겨났다. 외국인들이 처음으로 많았다. 청년학생축전 때 온 외국인들은 달러를 많이 가지고 와서, 그 돈으로 동방의 여자들과 자보겠다고 했다. 그때 여자들이 하룻밤 자고 달러를 몇 푼 받은 것 같은데, 그것 때문에 나라 망신시켰다고 당에서 야단이었다. 비판도 세게 받았다. 그러나 여자들이 다 몸을 판 게 아니라, 안내원들이라든가 외국인과 가까이 한 여자들이 순간, 달러에 매혹되어서였다. 그때부터 여자들이 몸을 팔기 시작했고, 살기 힘든 여자들은 "몸이라도 팔아서 생계를 유지하겠다"고 말하기도 했다.

지금 인기 있는 직업은 아무래도 물건이 많이 생산되는 곳이다. 양복지, 사탕, 과자, 술 등 먹는 부분이나 입고 쓰는데 필요한 물건을 생산하는 기업소의 간부들이 힘이 있다. 제일 힘이 없는 게 뭐인가? 교원, 의사이다. 한마디로 인테리들인데 이 사람들은 그전에도 힘이 없었다. 그래서 과학이 발전되지 못했는지? 수출하는 데, 외화하는 데, 이런 곳은 돈도 많이 벌고 특제품도 좋다. 식당 접대원의 경우도 처녀들의 일로서는 깨끗하다. 이런 곳은 자기 의사가 있어도 힘이 받침이 되어야 간다. 남자들이 좋아하는 여자들은 인물과 몸매가 곱고, 직업적으로는 부기원이나 접대원처럼 헐한 일을 하는 여자들이다. 또 써클(선전대)처럼 대중 앞에 많이 나서는 여자들이 주로 인기가 있지만, 진짜 사람됨은 로동 속에서 단련된 인간들이 더 아름답고 고상하다. 실제로 봐도 그런 사람들이 더 깨끗하다.

여자는 남자가 일하는 모든 곳에 다 들어간다. 남자와 똑같은 권리를 가지고 사회의 모든 직책에 들어가 있기 때문에 한마디로 남녀평등권이 보장되었다. 청춘남녀가 함께 일하기 때문에 흥겹고, 부분적으로 힘든 데는 남자들이 나선다. 항상 청춘의 낭만이 넘치게 작업조직을 한다. 그래서 남녀간에는 주로 가까이 일하면서 맺어진다. 어제까지도 둘이 "야, 자" 하면서 놀던 사람들이 오늘에 와서는 부부간이 될 때, 보기가 웃겨서 놀려 주기도 한다. 연애를 할 때는 공원과 극장을 많이 간다. 거기는 사람들이 붐벼 눈길이 덜 가기 때문에 둘이 다니기가 자연스러워서 연애하기에 좋다.

결혼하기 전에 잠자리를 갖는 것은 사회적으로 비난을 받기는 하지만, 아기를 가지면 빠른 시일 안에 결혼한다. 아이를 가지면 처음에는 여자 몸에 나타나지 않지만, 몸에 나타날 때까지 남자가 처리하지 않으면 비난을 받는다. 어떤 여자들은 "내일 모레가 해산 날이다"라고 딱 찍어 놓으면 오늘 상을(결혼식) 받고 그날 저녁에 몸을 풀기도 한다. 그것은 부모들이 다 확인한 것이기에 일없는데, 여자가 아이를 배었는데도 남자가 싫다는 경우에는 남녀가 사회적으로 비난을 받는다. 하지만 남자는 크게 일없다. 옛날부터 남자 수위는 석 달을 못 간다는 말이 있지 않은가? 여자는 힘들다. 그러니 여자는 아이를 떼어 버린다.

연애를 하다 애가 생겨서 문제가 되면 조직적으로 문제를 세우고 비판해 주고, 무조건 살게 만들려고 한다. 사회주의는 서로가 살게끔 하자는 게 기본 목적이니까 최악의 경우에도 살게끔 교양을 주는데, 강제로 살라고는 못 한다. 비판 무대에 올리고 욕하고 해도 안 되면 여자한테 처리하라고 한다. 그러면 여자는 아이를 떼어버린다. 그러니 얼마나 고통스럽겠는가? 미리 막자고 해도 우리는 아기를 못 배게 하기 위해 약을 먹거나 하는 것이 없다. 오직 하나의 방법이란 게 고리를 해 넣는 방법인데, 처녀가 어떻게 고리를 해 넣는가? 우리같이 결혼한지 오래된 사람도 이제 가서 고리를 하자면 사람들이 욕을 하는데? 부인들보고는 고리는 아이 낳고 6개월 안에 처리하라고 한다. 그렇지만 아이 낳고 6개월 안에 그런 처리를 하기가 어렵다. 이일 저일 하자면 큰 문제가 아니라고 소홀히 여긴다.

고리는 아이를 못 배게 하는 기구이다. 약한 쇠줄 같은 거를 용수철처럼 돌돌, 촘촘하게 꼰 것으로 전체 모양은 동그랗다. 그래서 고리라고 하는지. 이 빈원 안에는 다시 거미줄처럼 쇠줄을 쳐 놓았다. 쇠라서 부작용으로 고생하는 사람이 있다.

- 피임과 출산

원래는 아이를 낳은지 6개월 안으로 고리를 해 넣고, 아이를 하나 더 보겠다 하면 2년 내지 3년 지나서 고리를 뺀다. 병원에 가면 본인의 의사에 따라 빼준다. 대체로 보면 아이를 둘까지 놓고 안 놓기 때문에 고리를 넣으면 그 뒤에 빼지 않는다. 1980년대에는 당에서 아이 낳는 것을 좀 제한했는데 지금은 나라에서 아이를 낳으라고 한다. 나라에서 권장한다고 해서 자기 살기도 바쁜데 누가 아이를 낳겠는가?

아이를 가졌다고 하면 먼저 병원에 가서 확인한다. 진료소에 가서 조산원이나 의사한테 검진을 받는데, 기계로 하는 것이 아니라 산모를 반듯하게 눕혀 놓고 손으로 배를 재보고 한다. 아이가 몇 달인지 알고 아이가 건강하다고 하면 마음에 안정감이 들게 되고, 준비를 한다. 어머니 뱃속에서부터 든든해야 하니까 약도 먹는데, 약은 피 순환이 잘 되고 피가 보충되라고 사탕가루를 주로 많이 먹는다. 달리 특수한 것은 먹지 않는다. 예전에도 돼지고기, 소고기를 먹을 수 있는 조건이 안 되니까, 있는 사람은 먹고 없는 사람은 먹는다. 못 먹은 사람이 아이를 낳으면 뼈에 가죽을 씌워서 낳는다. 있는 집은 아이를 놓은 다음에 꿀 먹고 달걀을 풀어 먹고 미역장물에다 돼지고기를 썰어서 먹고 잉어곰죽도 먹는다.

아이 낳을 준비를 한다는 것은 산모의 자기 준비이다. 걸레(생리천) 등 여자가 자기 위생을 준비한다. 아이를 놓으면 피를 많이 흘리니까 빤쯔로부터 걸레가 몇 개 되어야 한다. 피는 훨훨 내려오는데 자기가 씻지 못하고 부모나 이웃들이 씻어 주어야 되기 때문에 걸레가 많이 있어야 자기 위생이 정확하다. 조선에서는 위생지(생리대)라는 게 많지 못하니까 헌 이불을 뜯어서 한다. 수술해서 낳는 경우는 골반이 작아서 산모가 위험할 때 의사들이 합의해서 한다.

일상생활에서 아이를 많이 받은 사람들이 있다. 병원의 조산원보다 능한 기술을 가진 사람들이 아이를 받아 주는 경우가 있는데, 그 사람도 조산원이라고 한다. 이런 사람한테는 아이를 낳은 집에서 고맙다고 인사를 잘 차린다. 한끼 식사를 잘 해서 대접하든가 쌀이나 돈, 그 외에 부족한 물품을 갖다 준다. 대체로 집에서 노는 여자들이 집에서 애를 낳는데, 친정어머니나 시어머니, 아니면 옆집 아주머니가 돕는다. 애 받아줄 사람은 가뜩하다. 친정어머니가 산파자격이 있으면 집에서 낳는 것이 훨씬 안전하다. 집에서 아이를 낳으면 그 태를 산모가 먹고 건강해진다는 게 있다. 병원에 가면 그 태를 다른 데 쓴다고 주지 않으니 산모들이 먹지 못한다. 대개 첫 애는 병원에서 낳고 둘째 아이부터는 집에서 낳는데 왠일인지 병원에서 애를 낳으면 쳇병이 온다.

직장에 다니는 부인들은 꼭 병원에 가게 되어 있다. 진단서를 받아야 하기 때문이다. 애 낳고 집에서 쉬면서 직장진료소의 진단서를 떼 가야 한다. 우리의 의료체계가 그렇게 되어 있다. 직장에 다니는 아주머니가 병원에서 아이를 안 낳으면 진단서를 안 준다. 이 진단서가 없으면 직장에 가서 식량정지를 뗄 수가 없고 그러면 병원에서 밥을 타 먹을 수가 없다. 나중에는 그 기간만큼 배급도 탈 수 없고 로임도 나오지 않는다. 직장이나 살고 있는 마을의 진료소에 산부인과가 있지만 해산실이 없다. 구역병원에 가야 해산실이 있다. 우리는 산전 산후 75일씩을 쉬게 해 주니까, 남자들이 하는 말이 "만드는 건 남자들이 힘들이는데 여자들이 많이 노는군" 하고 우스갯소리를 한다.

아이를 낳으면 깨끗한 면보자기에다 싸 놓고, 다른 건강하게 자란 아이의 옷을 입힌다. 그래야 아이가 잘 자란다고 하는 옛날 풍습이 있어서인지 그렇게 한다. 베개는 입쌀을 넣어서 조그맣게 해서 만들어 주고 그 안의 입쌀은 돌 때에 빼서 아이에게 밥을 해 준다.

아이를 놓고서 백날이 지나면 백날 잔치를 해 준다. 아이한테 상은 안 차려 주고, 그저 옷을 한 벌 사서 입히고 사진을 찍어 준다. 아는 사람들 불러다 음식을 대접할 수도 있고, 사람들은 오래 살라고 실을 사 오기도 한다. 1년 되면 돌잔치를 한다. 꼬까옷 입히고 상도 차려 주고, 상에 돈, 주판, 연필, 칼, 권총, 활, 실을 놓고는 아이보고 집게 한다. 연필을 쥐면 공부를 잘하고, 돈을 쥐면 잘 산다. 칼이나 활을 쥐면 그런 것을 잘 다루게 된다 하고, 실을 쥐면 명이 길고 바느질도 잘 한다고 한다. 꼬까옷 입히고 머리에는 쓰개도 씌우고, 사람들이 와서 옷이나 돈을 주고 간다. 음식을 결혼식 상처럼 크게 차리고 그 앞에 아이를 놓고 사진을 찍어 준다. 동무들, 형제들도 다 청해 음식을 대접하는데, 들어올 때 애기 옷을 가져오는 사람, 돈을 부조하는 사람, 아이 놀이감을 가져오는 사람… 다 아이를 위해서 복종한다. 그렇게 아이가 탄생한 한 돌을 잘 차려 주고 앞으로 건강하게 잘 자라기를 축원해 준다. 그것이 하나의 법, 관례이다.

달거리를 할 때, 엄마한테 교육받는 것은 없고 중학교 실습시간에 선생님께서 가르쳐 준다. 달거리가 시작되면 이제 여자로서 사람이 됐다는 것인데, 위생적으로 어떻게 지켜야 되는가만 알려 준다. 이 달거리가 다른 한 인간을 잉태하기 위한 시점이라는 건 안 알려 준다. 그건 말하기가 무엇 해 한다. 선생님들도 뻔히 아니까 학생들 앞에서 "자, 동무들이 달거리하기 때문에 남자들과 주의하시오"라고는 하는데, 왜 주의해야 하는지 구체적으로 까놓고 말하지는 않는다. 열 여섯, 그때쯤 달거리에 대한 것이 책에 나온다. 아기가 잘 서는 기간, 잘 안 서는 기간, 임신을 계산하는 방법이 나오기 때문에 선생님은 "그 책을 다 읽어 보시오"라고만 한다. 우리는 그걸 다 읽어 보고 자체로 안다.

부부간의 성관계도 비밀이기 때문에 절대 밖에 나가서 말하지 않는다. 부부간의 잠자리를 말하는 사람은 머저리로 '자기 남편을, 아내를 망신시킨다'고 생각하기 때문이다. 중국에 와서 보니까 "남녀가 노는 장면이 록화기랑(비디오) 있다" "성관계가 세계적으로 흥밋거리이다" 하는데 우리 북조선에서는 그런 것을 금지하기 때문에 한 번도 보지 못했다. 그런 소리는 조선에서도 듣긴 들었지만 그래도 '차마 그러겠는가?' 하고 생각했는데 진짜 세계적 추세가 그런 것 같다.

- 결혼식 풍경

결혼식은 남자와 여자네 집에서 똑같이 한다. 색시집에서는 결혼식 전날에 잔치를 먼저 치르고, 결혼식 날은 신랑집에서 그 동네 잔치를 치른다. 결혼식을 치르고 친척들 집에 인사하러 다닌다.

결혼식 날에 남자네 집에서 여자네 집에 올 때는 웃식군이라고 하여 여자를 모셔가는 사람 몇이 같이 온다. 옛날로 치면 가마를 메고 가는 사람들이다. 남자와 가장 가까운 사람들이 같이 온다. 남자집으로 갈 때에는 여자와 가장 가까운 사람들이 같이 갔다가 남자집에서 한 상 잘 먹고 놀다가 온다.

결혼식 때, 동무들이 세게 논다. 동무들이 일어나서 신랑신부를 축하해 준다. 앞으로 행복하게 살기를 바라면서 노래를 부르고 조선 춤도 춘다. 춤은 주로 '돈돌라리'를 부르며 춘다. 함남도에서 나온 노래로 "돈돌라리 돈돌라리 돈돌라리오 봄에 산천에 돈돌라리오"라고 부르는데, 예로부터 우리 민족이 낳은 민요이다. 엉치를 삐죽삐죽 거리며 추는 디스코도 춘다. 일본 영화에 디스코를 막 추는 것이 있지 않은가? 아무튼 여러 가지로, 어떤 방법과 수단을 가리지 않고 그날은 신랑신부를 기쁘게 해 주는 놀이를 한다.

• 혼수

결혼을 하게 되면 함남도에서는 남자들이 이불 한 채를 하고 여자는 이불 두 채 내지 세 채를 하는데, 일체 가정적인 모든 것은 대부분 여자가 준비한다. 이불 세 채, 베개 9개, 요 세 채, 이불장, 밥상, 수저, 가마솥 등을 준비한다. 시부모한테 드리는 것은 옷감과 이불이 있고, 친척들한테 주는 것은 옷감인데 양복지로 한 벌 감을 준다. 그릇, 식장, 소래, 이불장, 양복장 이런 것도 여자가 힘이 있으면 여자가 준비하지만, 남자가 힘이 있으면 혹시 남자가 가져올 수도 있다. 재봉기, 텔레비는 힘이 있는 쪽이 가져온다. 남자 부모님들한테 양복지 1벌씩 드리고, 시형이 있다면 양복지 드리고 여동생이 있다면 치마, 화장품, 남자 동생이 있다면 와이셔츠감도 준다. 여자 부담이 많다.

남자는 여자에게 뭐를 주느냐? 신랑은 새색시 옷감을 해 주고 집을 마련한다. 잔치 치르는 비용은 서로 각자 집에서 잔치를 치르니까 각자 집에서 알아서 한다. 남자는 결혼식 전의 약혼식 때와 여자가 첫날 입을 옷감, 옷들도 주고 화장품과 돈도 한 1천원 정도 주는데, 없는 집은 한 300-500원 정도 준다. 여자나 남자는 서로 첫날 입을 옷을 입고 사진을 찍는다. 보통 혼수비용은 여자가 한 6천원 정도 든다. 조선의 양복지는 질량이 낮기 때문에 주로 일본 것이나 중국 것을 산다. 그러니 양복지를 1벌 사자 해도 1천원 정도가 든다.

• 이혼

지금은 그렇지만 예전에는 부부간에 결혼하면 무조건 아이를 희망했다. 그래서 자식이 없는 것 때문에 이혼을 할 수가 있다. 부부간에 성생활을 못 하거나, 두 사람 중에 아무 쪽에서나 아이를 보지 못했을 때, 여자와 남자가 갈라진다. 둘째는 부부가 서로 딴 남자 딴 여자를 봤을 때이다. 남자가 다른 여자를 봐서 여자가 안 살겠다고 하는 경우는 이혼할 수 있는 형편 중에서 제일 간단하다. 때문에 혹시 부부간에 의가 맞지 않으면, 다른 여자를 좋아하기 때문에 난 안해와 안 살겠다고 연극을 꾸미는 예가 많았다. 셋째는 정치적으로 걸려들었을 때, 여자가 싫다 하면 이혼을 해 준다.

아이를 안 가지겠다고 약을 먹고 이런 건 없다. 혹시 아이를 하나 놓고 고리를 해 넣는다든가 하는 건 있지만, 그건 부부간에 다 합의한 조건에서이다. 북조선의 여자들은 가정을 이루면 아이는 꼭 한둘 있어야 한다고, 자식에 대한 욕심이 많다.

가정들을 볼 때 서로 부화해서 이혼하는 경우가 많다. 이혼이 제기되었을 때, 여자가 무조건 안 살겠다 하면 안 살리고, 여자가 그래도 살겠다 하면 살린다. 여자 말을 많이 듣는다. 이혼율은 그렇게 많지는 않은데 그래도 생활이니까 있다. 우리는 결혼은 제 마음대로 하지만 이혼은 제 마음대로 못 한다. 일단은 다 살아라 이거다. "공산주의 사회로 되자면 모든 사람들이 다 화목하게 잘 살자" 이게 목적이다.

헤어졌을 때 재산은 제가 가지고 온 건 제가 가지고 가고, 결혼 중에 같이 번 것은 아이를 가진 쪽에서 더 가진다. 아이는 여자가 가지고, 아이가 자랄 때까지 남자가 비용을 댄다. 그런데 대체로 아이가 남자의 핏줄을 가지고 태어났다 해도 여자의 몸에서 난 것이라 모성애 때문에 여자가 다 키운다.

이혼했다가 다시 시집을 갈 경우에 초혼 때처럼 상을 받지는 않는다. 사람이 일생에 나서 1번 상(잔칫상)을 받았기 때문에 2번 다시 상을 받지 않고 그냥 친척, 가족들이 한데 모여서 행복을 축원한다.

여자들은 예전이나 지금이나 남편에 대한 기대보다도 자식 하나를 바라보고 산다. 남편이 나에게 잘못 해 주어서 그런 것보다도, 하여간 자식을 놓은 다음부터는 모든 정이 다 자식한테로 간다. 뭐 하나가 생겨도 남편보다 아이를 먼저 생각하지만 남편은 나를 더 생각한다. 나도 감정을 가진 사람이기 때문에 중국에 있으면서도 진하게 오던 남편의 사랑이 가끔 생각난다. 남편은 사람이 아주 순하여 아무리 자기 아주머니(아내)라도 큰소리 한 번 칠 줄 몰랐다. 부부싸움을 하면 자기가 먼저 쑥 바깥으로 나간다. 방에서는 계속 감정이 나니까 밖에서 한 시간 있다가 쑥 들어와 자기 볼 일을 본다. 가끔 다른 사람들과 대치할지라도(비교할지라도) 남보다도 괜찮구나 한다.

• 이웃과의 싸움

이웃과 싸울 때는 사이가 맞지 않아서이다. 내가 뭘 빌려 왔다가 제때에 가져다주지 않아 상대방의 오해를 사서 싸운다던가, 개체집이면 울바자를 하는데, 그 바자를 우리집 쪽으로 더 내왔다느니 해서 싸운다. 각자 품성이 다르니까 어떤 집은 싸움을 해도 금방 풀어지지만 영원히 말 안 하는 집들도 있다. 나의 화해의 방법으로는 싸움 뒤끝에 조용히 혼자서 싸운 일들을 생각하고서 '내가 이런 면에서 너무 지나쳤구나. 내가 먼저 가서 잘못했다고 말해야 되겠구나' 해서 "이번 일은 이케 됐는데 내가 먼저 성미를 내서 안 됐어요" 한다. 그러면 상대도 감촉이 되기 때문에, "사람이 살아가면서 다 있을 수 있는 일이다. 순간의 오해를 사서 일어났는데 앞으로 이카지 말자" 한다.

혹 이웃끼리 서로 꼬는 경우가 있다. 한쪽이 잘 살고 한쪽은 못 산다 그러면 못 사는 집이 잘 사는 집에 심술을 낸다. "그 집이 어떤 방법, 어떤 식으로 사는지 모르겠는데 쓰임새를 보니까 그 남편 수입과 지출이 맞지 않는 것 같다…" 우리는 그전에도 장사를 하지 말라고 했으니까 "저 집은 당에서 장사하지 말라고 했는데 장사해서 잘 사는 것 같다"고 동사무소에 가서 고해 바친다. 그러면 안전부에서 사람들이 내려와서 "동무, 당에서 장사하지 말랬는데 왜 장사하는가? 장사라는 게 다 자본주의적 근원이다" 하고 비판을 받는다. 그 안전부 앞에서는 "잘못했습니다. 고치겠습니다" 하고 나오지만 누가 꼬했는가를 어떤 방법을 통해서든 알아 낸다. 나중에 보면 옆집이나 가까운 이웃에서 남이 잘 사는 걸 배 아파하면서 꼰 것이다.

북조선에서는 사상적으로 잘못되면 무조건 들어가니까 혹시 사상적으로 꼬는 것도 있다. 나는 로동자가 돼서 잘 모르겠는데 사상적으로 꼬는 건 주로 간부들끼리 술좌석에서 말을 오바했다거나, 오만 걸 다 흠을 잡아서 꼬는 경우가 있다.

부모형제끼리 싸우는 때는 주로 경제적으로 부족할 때 서로 싸운다. "나에게 뭘 사달라" "안 사 주겠다" 이러면 속도 상하는 것이다.

눈물이 나는 경우가 종종 있다. 아버지가 없었을 때, 사망됐을 때, 다시는 보지 못할 아버지를 그리며 눈물이 난다. 또 이웃의 동무와 싸움을 했을 때 모든 면에서는 다 이기는데 동무들보다 경제적으로 부족해서 "나는 이렇게 잘 살지만 너는 못 산다"는 식으로 모욕을 당했을 때 눈물이 나온다. 그리고 나의 생활에서 눈물을 세게 흘린 건 우리 수령님 서거했을 때였다. 그때 우리 인민들 모두 눈물

흘린 건 그 누가 눈물을 강짜로 흘려라 해서 흘린 게 아니다. 우리 수령님을 그리면서 모두 눈물을 흘렸다. 이제는 울어본지도 오래다. 울 정신도 없고 그저 살기 바쁘다.

직장생활과 육아

• 방 두개, 살림 셋

결혼하면 주택은 남편이 다니는 공장의 주택부에서 집을 짓고 배정한다. 집터를 받아서 공장 사람들이 지어주고, 자재는 공장에서 대는 것이다. 한 동에 몇 세대로 해서 아파트면 아파트를 짓는다. 집을 지어주면 비좁은 집에 살던 사람들은 큰 데로 옮기고 좁은 집은 새살림하는 사람들이 들어간다. 지금은 부지가 없고 자재가 없어 집을 못 준다.

집을 짓는 일은 공장 로동자들이 다 한다. 전문단체가 있어서 거기에 기술적인 방조만을 요구한다. 1개 공장에서도 건설반이라는 게 있다. 25명 정도 되는 건설반이 1개 작업반으로 있어서 집을 짓는데, 각 직장의 작업반마다 사람들을 몇 명씩 뽑아 합동해서 일을 한다. 여자들도 동원이 되는데 여자 중에는 미장이나 온돌을 잘 하는 사람이 있다. 재간둥이가 많다. 보통 5층짜리 건물을 짓는다. 남자는 사회적으로 60세까지 일하고 여자는 55세까지 일하면 연로보장금이 나온다. 늙어서도 국가에서 돈을 주고 그렇게까지 일을 하면 집은 자기집으로 된다. 영구 임대이다.

사실 그전에도 말로는 집을 준다고 했는데 누가 살다 나간 오막집 같은 것을 주었다. 또 집 배정이 늦어서 한집에서 보통 두세 집이 사는 경우가 많았다. 한집에 방이 두 칸 정도인데 여기서 세 살림이 사는 것이다. 남편과 시동생이 결혼하고서 아버지, 어머니와 같이 사니까 세 살림이다. 집 배정을 못 받고 같이 사는 경우가 많으니까 남자들이 싫어한다. 아버지 어머니가 보초를 서는 셈이고, 시동생과 그 색시가 있으니 생활적으로 구속되는 게 많다. 그래서 보통 형들이 동생네에게 윗방을 양보해 준다.

우리 시동생 같은 경우는 제대군인으로 대학에 가서 결혼하게 되었는데, 집이 없어 여자네 집에 얹혀 있다. 보통은 졸업하고 결혼하라고 하는데, 대학 다니다가 결혼한 사람은 제대군인이다. 군대에 안 갔다오고 바로 대학 다니는 애들은 결혼을 못 하게 되어 있다. 퇴학당한다. 여자도 그렇고 남자도 그렇다.

졸업하고 직장을 배치받으면 주택을 배정받는다. 대학생들이야 졸업하고 직장배치를 받으면 막로동자는 아니다. 직장이 없는 사람은 결혼을 해도 집을 못 얻는다. 남편 다니는 공장은 로동자가 몇천 명이었으니까 주택부가 있었는데 조그마한 공장의 경우에는 자체적으로는 주택부가 없다. 이런 경우에는 그 공장이 도(道)급인지 군(郡)급인지에 따라서 다르다. 공장이 군급이라 하면 군주택부에서 다 짓는다.

- 탁아소

아이는 젖을 뗐다 하면 밥을 먹인다. 우리는 우유가루가 없다. 조그만 애들한테 강냉이를 먹였다가는 체해서 큰일나니까 입쌀죽을 먹인다. 그러다가 입쌀을 좀 질다 싶을 정도로 해서 먹인다. 그 다음에 되게 먹이고, 그 다음은 쌀 5에 강냉이 5로 밥을 먹인다. 그리고 옥수수도 먹이고 잡곡밥도 먹인다. 5대 5의 밥을 먹이는 게 3살 정도이다. 어쨌든 이빨이 나면 그때부터는 아무거나 먹인다.

탁아소에 다니는 나이는 엄마가 일 나가면 바로 간다. 산후 75일이 지나면 바로 엄마가 다니는 직장의 공동탁아소에 맡기는 것이다. 그렇게 맡겨 두고서 젖을 먹이는 시간이 따로 있다. 엄마가 젖먹이는 시간에만 와서 젖을 먹이는데, 간단하다. 보육원이 있어서 거기서 애 오줌 누이고 기저귀도 갈아준다. 탁아소에서 밥 먹는 애도 있는데 이런 애들은 좀 큰애들이다. 아침은 집에서 먹고 오고, 엄마의 근무시간에 따라 아이들이 있는 시간도 달라진다. 우리가 3교대이긴 해도 부인들은 밤근무를 잘 안 한다.

아침에 아이를 맡긴다고 했을 때는 7시에는 작업장에 들어가야 되니까 그 전에 맡긴다. 3교대라 야간 교대에 맡길 때도 있다. 직장에서 탁아 인원이 많이 들어오는 데는 야간보육원이 따로 있다. 야간에는 애들도 많지 않기 때문에 근무자로 경비병 아주머니 2명이 있다. 남자들이야 야간에 해도 말이 없는데 엄마들, 특히 애기 엄마들 같은 경우는 힘든 일에서 제외시켜 준다. 직장이 낮일만 하는 직장도 있고 3교대하는 직장도 있다. 3교대의 경우는 힘들어서 서로 안 하려고 한다.

• 유치원

본래 유치원도 다 이밥을 주게 되어 있다. 지금은 집에서 싸 오거나 먹을 게 없는 집은 아이를 유치원에 안 보낸다. 유치원을 오는 아이들은 제 발로 걸어오기도 하고 부모가 데려다주기도 하고 직장 가는 길에 떨구기도 한다. 엄마가 퇴근할 때 들리지 않아도 제 발로 집에 온다. 유치원도 오고가는 시간이 있다. 아침에는 7시 반까지 갔다가 5시까지 있는다. 집에 갈 때는 유치원 선생들이 줄을 세워서 문앞에까지 데리고 나와서 집에 보낸다.

유치원은 군데군데 뭉쳐 있다. 애들을 그렇게 편성시킨다. 이때부터 집단생활을 하게 하는데 유치원의 위치는 공장 안의 정문 앞에 있기도 하고 동네 안에 있기도 하다. 공장 안 다니는 사람의 아이들도 동네유치원으로 보내야 한다. 탁아소, 유치원은 돈 드는 게 없다. 탁아소는 엄마가 직장에 안 다니면 안 보냈는데 유치원은 의무이다. 대신 전염병 환자들과 불구는 안 보낸다. 이런 아이는 소속만 어느 유치원이 되고, 집에서는 아이가 밖에 나가보았자 놀림만 당하니까 내보내지를 않는다. 대신 집에서 부모들이 아이를 교양한다. 부모들이 다 고중까지 졸업했기 때문에 교육기술이 있다. 장애인 학교가 시에 하나씩 있는데 먼 곳에 있는 사람은 기숙사를 이용해야 한다.

우물안 개구리가 장마를 만나다

이자놀이가 1990년부터 생겼는데 이게 상당히 무섭다. 그전에 이자라는 건 자본주의 사회에서 하는 것으로만 생각됐는데 북조선에서도 이자라는 게 생겼다. 이게 무서운 것이니까 중앙에서 막자고 했는데도 막지 못했다. 사람마다 다르지만 1천원 당 3백원까지 이자가 붙는다. 1달이면 1달의 기한이라는 것이 있다. "내 돈 1천원을 1달 동안 쓰고, 날 3백원 달라"고 하면 이자 돈까지 1천 3백원을 줘야 한다. 그러나 이자를 꾸어가는 사람들은 대부분 돈이 없는 사람이기 때문에 그 1천 3백원을 1달 있다가 주기는커녕 일전 한푼도 못 준다. 못 사니까 자기가 다 먹어 치워버리던가, 혹시 장사하다가 먹지도 못 하고 통상을 만난 사람들도 있다. 이런 사람은 생돈을 게워내야 하니 가슴만 친다.

그 이자 때문에 집을 팔고 가산을 판다. 어지간하면 안 팔겠는데 돈을 준 사람은 계속 독촉한다. "돈을 달라, 돈을 달라", 안 주면 때리고 "자, 어느 날까지 안 주면 가산이고 뭐고 들고 가겠다. 집을 내 힘으로 팔겠다"고 한다. 비록 이 집은 내 집이지만 이자 돈을 못 물어 주니까 집을 달라 하면 무조건 주게 되는 것이다. 집도 시내를 끼고 있어야지 팔리지 농촌의 집은 팔리지도 않는다.

이런 현상이 수령님 살아 계실 때도 있었다. 그때는 가만히 했는데 지금은 더 공개적으로 한다. 돈 없는 사람들이 불쌍하다. 돈 있는 사람이 호통친다. 법기관에 신소를 해도 풀어 주지 못한다. "너희들이 개별적으로 한 문제는 개별적으로 처리해라"고 한다. 국가도 돈이 없고 못 살기 때문에 못 풀어 준다. 이 이자로 망한 사람이 정말 많다. 어느 누구도 이걸 해결해 줄 방도가 없기 때문이다.

수령님이 계실 때 우리 인민은 참, 모두 좋은 인민이라는 말씀이 계셨다. 그런데 그렇게 나라 상황이 안 좋아도 누군가가 시위 투쟁하겠는가? 인민들을 발동시켜 반대 투쟁할 사람도 하나도 없고, 그저 묵묵히 "위에서 배급을 주면 좋고 아니 주면 내 굶는다"는 소박한 마음으로 살아왔다. 나도 조선에서 장사를 해봤지만 장사는 잘 되지 않고 맨 팔겠다는 사람이다. 개 중에 사 먹는 사람이 있지만 돈도 모두들 떨어지고, 몇몇 잘 사는 사람한테로 돈이 딱 몰려있다.

북조선에서 듣기로는, 동구라파 나라가 자본주의로 복귀되면서 사회주의 나라들이 서로 교류하고 협조하던 체계가 마비되면서 나라가 어려워졌다는 것이다. 사회주의 시장에서는 먼저 꿔다 쓰고 후에 갚기도 하고, 원유도 당겨쓰다가 생산이 돌아가서 훗날에 갚았는데 이게 다 마비되었고, 결정적으로 미국의 경제봉쇄정책에 의해서라는 것이다. 그러나 중국에 와서 들은 소리를 합쳐보니까, 결국 아무리 그래도 사회주의 국가가 자본주의 시장을 뚫고 들어갈 힘이 없었기 때문에 오늘과 같은 마비상태로 들어갔다고 본다. 비록 사회주의 나라들의 협조관계가 끊어졌다 해도 우리 경제가 자본주의 시장을 뚫고 들어가 올라 타앉을 그런 힘만 있다면 능히 되살아 날 수 있었을 것이다.

내 인생에서 가장 잊지 않은 일이 있다면, 1994년도 수령님의 서거와 관련되어서 큰 충격을 받았던 것이다. 우리는 그때까지 "남조선보다 북조선이 더 잘 산다. 왜 그런가? 우리는 위대한 인간을 모시고 있기에 이 세상에 무서울 것이 없다"고 교육을 받았기 때문에 그렇게 알고 있었다. 그런데 그러한 위인이 하루 아침에 서거하였다는 것이 온 나라에 전했을 때 모두가 눈물을 흘렸다.

    1994년도, 그때도 배급은 안 주었지만 인민들이 각쓰고 태연했다. 배급은 안 주어도 우리식의 사회주의를 지키겠다는 열의는 정말 높았다. 1994년이 지나서도 계속 배급을 안 주니까 사람들이 각성이 더 되어, 위에 손을 내밀 게 아니라 자체 힘으로 살아야겠다고 생각했다. 그러자면 돈이 있어야 되었다. 장사를 할 때도 돈이 있어야 되고, 어디 가서 어떻게 하자 해도 돈이 있어야 했다. 그때부터 굶어죽는 사람이 나타났다. 굶어죽는 사람도 직접 보고 길가에 쓰러져 일어나지 못하는 사람도 직접 본 이상 그때부터 나의 생각이 달라졌다. 수령님 있을 때부터 김정일 동지를 후계자로 모셨지만 그저 위대하고 떠받들기만 하지 인민들에게 베풀어 주는 건 하나도 없다. 우리는 이걸 당당히 소리를 못 내기 때문에 모두 속으로 생각하고 있다.

    처음 중국에 다녀온 사람들이 은밀히 이야기하는 게 친척이 없는 사람들도 중국으로 가서 돈을 벌어오든지 빌어온다고 했다. 남편에게 그 이야기를 의논했다. 우리야 중국에 친척도 있으니까 그들보다는 훨씬 나은 조건이었다.

    "남들이 다 가는데 나는 못 가겠는가. 사람이 나가서 인생에 한 번 죽겠지 두 번 죽겠는가?"

    이런 뱃심도 생겼다. 그래서 건너왔는데, 처음 들어간 조선족 집에서 친척을 찾는다고 며칠 있게 되면서 여러 가지 생각이 들었다.

    "북조선은 망했다. 공장기업소가 돌아가는 게 있는가?"
하며 조선을 비방했다.

    그 소리를 들으니까 처음에는 무서웠다. 40년 가까이 살면서 한번도 들은 적이 없는 그런 비난의 목소리, 너무도 직접적으로 하는 말을 들으니까, 그들에게 물어 보고 싶은 생각도 많았다.

"이제까지 김일성이 우물안 개구리 정치를 했기 때문에, 사람들을 가두어 놓아 아무것도 모른다. 이제 장마가 들어 물이 불어나서 하나 둘 중국에 와서 다소나마 눈이 트이기 시작했는데, 아직도 멀었다."
하며 주인댁에서 안타까워 손바닥을 막 치며 우리를 이해시키는 것이었다.

'이것이 무엇인가? 이들이 말한 소리도 일리가 있다. 좀 더 알아보자.'
그래서 내가 얻은 결론은,
'우리가 너무나도 세상이 어떻게 돌아가는지도 모르고 살았다'
는 것이다.

조선 안에서 배겨 있다가 바깥으로 나오니까,
'인간이란 이렇게 사는가 했는데 중국에 와서 보니 그렇지 않다. 인간이 사는 수준이 아주 높다. 우리 인민들이 정말 불쌍하구나, 이 세상에서 가장 불쌍한 것이 북조선 인민이다. 다른 민족은 아주 잘 사는데 우리는 굶어죽는 데도 앉아서 사회주의만 부르짖는가'
라는 생각이 들었다.

그런데 이런 말을 북조선에 가서 하면 잡혀 꽁겨간다. 사회주의 영상을 흐리게 했다고 잡혀간다. 그리고 여기 와서 조국의 많은 사람들이 인신매매로 장사 물건짝이 되어서 팔려가는 걸 볼 때마다 조국이 못 살아서 그렇다고 했을 때, 빨리 우리도 잘 살아야겠다는 생각이 들지만, 남들과 같이 어떻게 하면 잘 살겠는가?

또 조선족들이 "남조선이 앞섰다. 중국도 남조선을 따라 가려면 멀었다. 중국에서도 돈벌이하러 남조선에 간다" 이런 소리를 들었을 때 '이게 무슨 소리인가? 이것이 거짓이 아닌가? 우리를 유혹하려는 거짓말이다. 믿어지지 않는다'

이랬다.

　우리가 알고 있기로는 남조선은 미국의 식민지, 미국의 노예로 예속화정책에 말려 들어간 나라이다. 경제도 그닥 발전되지 못했고 남조선에는 미국 사람이 많고, 미국의 발 밑에서 하라면 하라는 대로 한다. 그러나 내 나라 북조선에서는 내 마음대로 사는 자주성을 가진다. 이런 자부심을 가지고 살았다.

　"미국의 노예정책에 의해 남조선 여성들이 미국 사람들한테 시집가서 아이를 낳아 예로부터 한 강토 하나의 핏줄이던 조선 민족이 미제에게 짓밟혔다" "하나의 핏줄이 갈라져서 남조선은 조선 민족이라는 핏줄이 없고, 미국과 합자한 그런 후대들이 많이 태어났다"고 알고 있었는데 아직까지도 안 믿어진다. 조선족들이 하나같이 얘기하는 게 일본과 남조선이 비등이 나간다는 것이다. 북조선에서 "일본은 경제강국이다. 모든 물품은 일본산제가 제일이다" 이런 소리를 들었는데 그런 일본과 비등이 나간다고 하니까 생각되는 점이 많다.

　나같이 당의 유일사상 체계에 대해서 환한 사람이 중국에 와서 다시 턱 뒤집어서 알게 되니까 생각이 많고… 조선에 가서 이런 소리를 하자 해도 아무한테나 막 못하고, 딱 의리가 있고 통하는 사람들끼리만 해야 한다. 아는 것이 힘이라고 하는데, 아는 것을 표현 못 하는 그 괴로움도 더욱 더 크다. 조선에 가서도 이러저러한 말을 하면 속이 시원하겠는데, 과학적이고 사실적인 소리를 알면서도 말을 못 하고 끙끙 앓아야 한다. 우리 방송에서 나는 소리도 다 거짓말이라 생각하니 더 괴롭다. 차라리 모르면 모르는 대로, 북조선에서 교육받은 것이 옳다고 생각하면 일없겠는데…….

　지금 생각해 보면 너무나도 속아 살았고 많은 사실을 모르고 살았다. 왜 북조선에서는 이런 사실을 인민들에게 알려 주려고 하지 않는지? 앞으로 세월의 흐름에 따라 꼭 옳은 것은 옳다고 판결 짓게 마련인데… 그런 걸 생각을 할 때마다 조선에서 헐벗고 굶주리면서도 꽃제비들이 장군님을 우대하는 것을 보면, 야! 정말 아이들이 머저리가 돼서 그런지, 너무 똑똑해서 그러는 건지 모르겠다. 꽃제비들이 저희들은 비록 굶어죽어도 노래 하나 부르는 것을 보면 김정일 장군님에 대한 숭배심으로 머리가 꽉 차 있다. 함흥의 꽃제비들이 지은 노래인데, 이 노래를 듣고 그 함흥 역전의 사람들이 몽땅 울었다. 그 노랫말이

> 아버지란 그 이름 부르고 싶었어요.
> 잠잘 때도 남몰래 눈물도 흘렸어요.
> 우리 아버지 김정일 장군님.
> 아버지 아버지 우리 아버지.
> 부모 없는 아이들을 고아라 하였지만
> 햇빛 안고 사는 우린 고아가 아닙니다.
> 우리 아버지 김정일 장군님.
> 아버지 아버지 우리 아버지.

그 꽃제비 아이들이 50년 동안 내려오던 사상이 그렇게도 중요한지, 이런 노래를 부르며 벌벌 떤다. 이 노래를 들을 때 역전 안의 모든 사람들이 다 울고 객실에 앉은 사람도 모두 생각이 깊어졌다. 자기한테 밥 한 그릇, 돈 한 푼 주지 못한 장군님이라고 하지만 그래도 우상화하면서 부르고 또 부른다.

개인적으로 조국을 생각할 때, 어떻게 말할까? 그렇게도 가슴속으로 소중했던 나의 조국이 못 사니까, 중국에 와서도 비록 지척이 조국이건만 가고 싶은 생각이 없다. 그 조국에 남편과 자식이 없다면 진짜, 가자는 욕망도 없고 갈 것을 단념할 것이다. 거기에 남편과 부모와 자식이 굶어죽는다고 생각했을 때 한걸음

에 달려가서 그들도 모두 이 땅으로 데려오고 싶지만 그것이 비법 월경이기 때문에 함부로 데려오지 못하는 게 안타깝다.

식량배급체계

엄밀히 말하자면, 굳이 간부들의 비리가 아니더라도 북조선의 정상적인 배급은 아마 1970년대 말까지였을 것이다. 물론 최초에는 옥수수밥이라도 배불리 먹었기 때문에 식량난이라고 생각지 않았다.

일에 따른 배급량

배급은 9급수로 나눈다. 나이별, 직업별로 1일 1명에게 배당되는 곡류의 양이 있다. 9급은 100그램으로 갓난아이에게 나오는 배급량이다. 8급은 200그램, 2-4세의 아이에게 주는 양이다. 죄수들에게 주는 양이기도 하다. 7급은 300그램, 유치원생과 연로보장이 된 나이든 사람이나 집에서 노는 부인을 비롯한 부양가족에게 주는 양이다. 6급은 400그램, 인민학생에게 주는 양이다. 5급은 500그램, 중학생에게 주는 양이고 4급은 600그램, 대학생이나 연로보장 중에서도 공로자들이 받는 양이다. 3급은 700그램, 일반 로동자들이 받는 양이고 2급은 800그램, 탄광이나 광산의 갱내외의 운반공, 중장비를 다루는 사람들로 힘든 일을 하는 로동자에게 주는 양이다. 마지막으로 1급은 900그램으로 탄광이나 광산의 막장에서 직접 탄이나 광석을 캐는 중로동자들과 각 공장기업소의 유해 직장에서 일하는 로동자들이 받는 양이다. 각 사람마다 자기가 배급을 타는 날짜와 카드번호가 있다. 배급을 탈 때는 자기가 다니는 기관기업소에서 배급표를 준다.

만약 어떤 로동자가 600그램이라 하면 실제 타는 양은 530그램씩이다. 애국미, 절약미 등 개인의 반달치 배급량에서 2-3일 정도의 양을 떼갔다. 1980년대에는 자기 배급량에서 10% 떼던 것이 시간이 지나면서 20%, 지금은 30%까지 뗀다. 식량을 겉곡이나 통옥수수라도 주면 이것을 정미하면 자연 감소되는 50그램의 양이 또 있다.

인민들이 식량배급을 받을 수 있는 증서에는 배급표와 배급카드가 있다. 배급카드에는 세대별로 1년간 보름마다 받는 배급량을 기재하게끔 되어 있고, 보름마다에는 반달치의 배급량이 기재된 배급표를 받는다. 배급카드가 있어야 지난 한 해 동안 인민들이 소비한 쌀의 수치가 나오고 또 다음 해에 필요한 식량의 양을 예상할 것이 아닌가? 우리는 직장을 무단결근 하는 날 수 만큼의 배급눈깔을 떼고 지각 세 번을 하면 하루치의 배급눈깔을 뗀다. 배급량을 뗄 때에 자기가 세대주이면 자기의 배급량만 떼이고 나머지 식구들의 양은 그대로 나온다.

원래 일상에 필요한 물건들도 모두 배급하였다. 식료공급카드라고 해서 주민들에게 배급카드를 주는데, 그 안에는 천, 담배, 술, 치분(가루로 된 치약), 비누 같은 것들이 기재되어 매월 배급을 받을 수 있었다. 1990년대 들어서면서 이러한 물건들은 거의 배급이 되지 않고 있다. 명절이 되면 이러한 물건들을 조금씩 배급하지만, 양이 적다. 그러니 일용품도 장마당에 가서 구입해야 되는데 장마당의 물건은 값이 비싸기에 보통 사 쓰지 못한다.

쌀 수매 과정

배급을 하기 위해서는 국가가 각 농장에서 쌀을 수매한다. 수매가는 해마다 조금씩 다르다. 입쌀의 경우는 킬로 당 45전 정도에 수매를 하고 로동자들한테 배급을 할 때는 8전으로 아주 싸게 배급을 해 준다. 그만한 손해를 국가가 안는다. 농장에서 생산된 쌀의 수매는 양정에서 담당한다. 농장과 양정의 연계는, 양정사업소에서 각 농장에 수매원들을 파견하여 쌀을 수매하게끔 한다. 수확은 예상수확량을 정해서 생산에 들어가고, 수확해서 들어 온 곡식은 작업반에서 탈곡하여 양정사업소로 수송, 저장한다.

탈곡을 하면 양정사업소에서 보통 1개의 농장에 1명의 수매원을 파견한다. 이 사람이 와서 각 작업반에서 식량 측정한 것을 확인한다. 농장의 생산물을 어느 도시에다가 공급해 주어야 하니까 그 농장의 총 생산량을 파악해서, 이 쌀을 어디에 얼마를 가져가고 생산한 농민들에게는 얼마를 준다고 서로 합의를 보아야 한다. 이렇게 서로 확인하고 수표(싸인)한다.

수매원이 농장에 와서 확인이 끝나면 양정사업소에 알려 준다. 그러면 양정사업소에서 기차로, 자동차로, 달구지로 수확물을 실어 나른다. 군(郡)내의 모든 농장에서 생산된 것은 일단 군양정사업소에 집결되니까 창고가 공장 정도로 크고, 여러 개이다. 여기서 옥시와 벼를 찧고 정미해서 옥시는 강냉이쌀로 만들고 벼는 입쌀로 만들어 놓는데, 정미는 이 양정사업소에서 하고 농장에서는 탈곡까지만 한다.

양정사업소는 군에 1개밖에 없지만 지역이 넓고 산이 많은 군(郡)의 경우는 양정사업소를 2개 쓴다. 하나는 부속양정사업소로 운영한다. 식량공급을 해 주는 부문에서 양정사업소가 제일 큰 단위이다. 보통 한 3백명 가량 된다. 수매원이 20-30명 정도이고, 수매 들어온 것을 관리하고 창고에 나르는 사람, 정리하는 사람, 정미하는 사람, 운반하는 사람, 창고에 보관하는 사람, 국수 만드는 사람 등이 있다. 배급의 종류는 입쌀, 옥시쌀, 국수, 이렇게 세 가지를 주는데 국수 같은 경우는 이것을 만들어 주는 조합원도 있다. 종업원 수가 많다. 또 각 배급소에 나가 있는 배급소 공급원이 있다. 이 사람들도 양정사업소에서 파견한다.

협동농장들은 양정사업소를 통해 생산량을 국가에 납부하고 농민들의 배급은 농장 작업반에서 직접 분배를 받는다. 이때는 국가계획, 그러니까 생산을 계획한 것만큼 %를 환산해서 분배한다. 도시의 각 배급소는 양정사업소에서 식량을 받아다가 인민들에게 공급한다. 지역별로 보름이나 한 해 동안 나가는 식량 기준이 있기 때문에 이를 놓고서 공급을 한다.

양 정 사 업 소

배급소는 몇 동에 1개씩, 시 같은 경우는 10개 가량 된다. 이 배급소에서 인민들에게 직접 배급을 하는데 주식에는 입쌀, 강냉이쌀, 국수, 보리쌀, 콩들이다.

인민들이 배급표를 받는 과정은 이렇다. 1개 기관기업소 식량 취급자는 직장원들에게 배급될 양을 집계해서 해당 시·군행정위원회 양정과에 배급표 교

3급 700g 11월 상순	상(순)	700g	상(순)	700g	상(순)	700g	상(순)	700g	상(순)	700g
	3급	11	3급	11	3급	11	3급	11	3급	11
〈도,시,군의〉 식량 량정과	상(순)	700g	상(순)	700g	상(순)	700g	상(순)	700g	상(순)	700g
	3급	11	3급	11	3급	11	3급	11	3급	11
	상(순)	700g	상(순)	700g	상(순)	700g	상(순)	700g	상(순)	700g
	3급	11	3급	11	3급	11	3급	11	3급	11

〈배급표〉

부신청을 한다. 그러면 양정과에서는 배급표 교부신청서를 검토한 후에 해당 행정위원회 양정과의 직인을 찍고, 배급표를 교부한다. 그리고 나서 양정과에서는 각 배급소마다 보내지는 식량의 양을 조절하는 양정사업소에 지시를 한다. "어느 배급소에는 배급표가 몇 개 나갔으니까 그만한 킬로그램을 보내라"라고 하는 출고 배당을 한다. 각 배급소에 식량을 보내면 배급소에서는 기관기업소들이 작성해서 나눠준 배급표를 보고서 인민들에게 배급을 해 준다.

배급소에서 인민들에게 식량을 내보내고 받은 배급표는 다시 양정사업소를 통해서 양정과로 올려보내진다. 양정사업소에서 배급소로 나간 총 식량의 양이 있고 배급표의 눈깔에 의한 실제 출고량이 있다. 직장을 다니면서 무결(무단결근)을 했거나 지각을 해서 배급눈깔을 짤리는 사람도 있을 것이고, 죽은 사람도 있으니까 배급소에는 남는 식량이 있을 수가 있다. 이렇게 배급표를 출고해서 다시 양정과로 들어오게 되면 식량 출고량을 위에 보고한다. 그리고 다시 양정과에서 다음 보름치의 배급눈깔을 작성한다. 이때에 다음에 출고 배당을 할 양에서 그전에 이 배급소에 남아있는 식량을 따져보고 "이 배급소에는 저번 달에 이만한 식량이 배급되었으니까 요만한 식량이 남았을 것이다" 해서 다음 출고 배당을 할 때는 그만한 식량을 공제하고 준다.

배급눈깔이라는 것은 나의 배급 급수에 따른 배급량이 표시가 된, 15장으로 나오는 배급표 하나하나를 가리킨다. 3번 지각하면 1장을 뜯어내고 2번을 무단결근하면 2장을 뗀다. 내가 세대주이면 가족들의 배급표는 다 내 직장에서 나온다. 내 부양가족으로 부인과 아이, 연로보장인 부모님이 있으면 거기에 따른 배급량이 표시된 배급표가 다 따로 나온다. 배급표를 타서 부인에게 주면 배급소에 가서 배급을 타 온다. 배급을 타는 것은 주로 여자들이나 어머니들이다.

인민들이 배급을 타 먹고 바친 배급표가 양정과까지 가면 다시 반달치의 배급표를 작성하기 위한 과정이 시작된다. 진달래구가 있다고 하면, 그 진달래구의 각 단위의 식량 취급자들이 배급표를 달라고 양정과로 온다. 각 단위별로 배급표를 담당하는 사람들이 학교는 경리, 직장이나 기업소는 통계원이나 부기원이 있다. 이 사람들이 식량 취급자로서 배급표를 받아오고 또 나누어 준다. 배급표에는 각 사람의 배급 급수가 찍혀 있는 15일의 배급눈깔 15장이 있으니까 각 직장의 통계원이나 부기원들이 직장 로동자들의 출근일수를 장악하여 배급표의 눈깔을 뗀다. 나는 1990년 초에 무단결근을 좀 했기 때문에 눈깔을 떼여 권총 모양이 된 배급표를 자주 받았었다. 그래 "내 권총 타 왔다"는 말도 있었다.

배급표는 단위별로 개인한테 주기도 하고 따로 배급소가 있는 큰 공장 같은 경우에는 그 공장배급소에서 바로 배급표를 타고 배급을 받는다.

내 배급 급수가 3급으로 700그램인데 3일치의 눈깔을 뗐다고 하면 12일×700그램은 8,400그램으로 8.4킬로그램이다. 그리고 우리 가족이 내 안해가 집에서 노는 부인이고 아이가 하나라고 하면 안해는 부양가족이니까 7급이다. 15×300그램은 4,500그램, 즉 4.5킬로그램이다. 딸아이가 인민학교 학생이니까 6급으로 15×400그램은 6,000그램, 즉 6킬로그램이다. 그럼 우리 가정 세식구의 반달치 배급량은 18,900그램인 18.9킬로그램이다.

이 반달치 18.9킬로그램을 배급받으려면 출표창구에 우선 배급표와 돈을 내야 한다. 쌀값이 국정가격이니까, 값이 눅다. 출표창구에서 배급표를 확인하고 배급카드를 주는데, 이 1세대의 배급카드에 탈 수 있는 배급량을 적는다. 이것을 가지고 공급출구에 가면 거기서 쌀이나 국수를 배급카드에 적혀 있는 만큼 달아서 주고 배급카드는 다시 출표에 되돌려져 보관된다.

배급표는 다시 양정사업소에서 군의 양정과에 들어간다. 그래야 배급표와 배급량이 서로 맞는지 확인된다. 5천명 분을 실어 보내고 다시 5천명 분의 배급

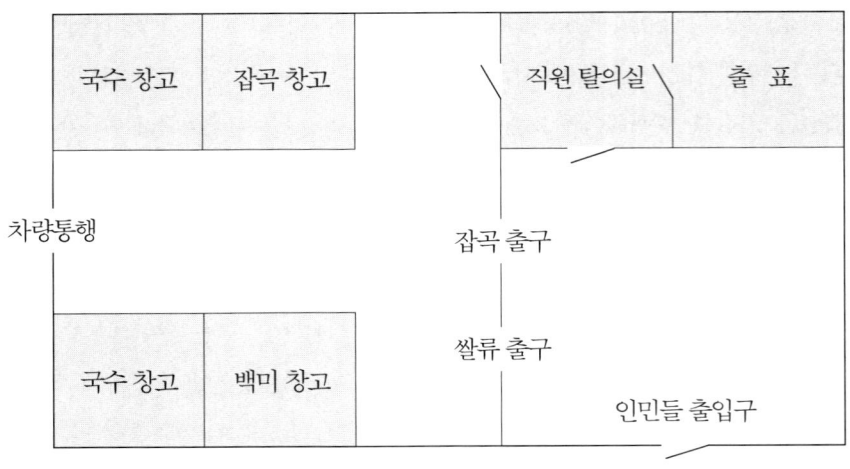

〈배급소〉

표가 되돌아와야 정상적인 배급이 된 것이다. 혹시 배급표를 분실한 사람, 또 남의 배급표를 도둑질해서 더 타 먹는 경우를 없애기 위한 것이다.

보름에 1번 배급을 탄다고 해서 양정이나 배급소에서 일하는 사람들이 평소에 노는 것은 아니다. 1명에게는 배급표를 보름에 1번씩 주지만, 하루나 이틀 만에 많은 인민들의 배급을 다 못 주니까 "너네 1백명은 1일에, 너네는 1백명은 2일에 오너라"는 것이다. 만약 우리집이 3일 날이면 또 보름이 지난 다음 18일 날에 탄다. 그래서 15일을 기준으로 해서 상순에는 10일 전까지, 그 열흘 동안 날짜별로 각 사람마다 배급을 다 공급한다. 나머지 5일 동안은 사람들에게서 돌려 받은 배급표를 양정에다 갖다 받치고, 다시 다음의 배급 식량을 타다가 그 배급소에 저장하고서 이에 따라서 16일부터 배급을 재개한다. 양정에서 쌀을 배분하는 것은 중앙농업부에서 지정해 준다.

예전에는 쌀을 찾으러 가지 않아도 거기서 도나 시로 보내 주었는데 요즘은 위험하니까 직접 가지러 간다. 배급소는 보통 1개 구(區)에 2-3개, 국영농장이 있는 리(里)에는 1개라고 볼 수 있다. 이 리가 좀 큰 곳은 배급소가 2개 정도이다. 보통 배급소의 직원은 3-5명 어간(사이)이다. 쌀을 실어오는 것은 양정사업소에서 배급소로 운반해 주는 사람이 따로 있다. 실어주고 내다주고 하는 사람이 다 있다. 경성읍에 있는 양정사업소가 경성군에 있는 각 배급소까지 구석구석 다 실어다 주도록, 원래는 체계가 그렇게 되어 있다.

인민들에의 배급

협동농장의 농민들은 작업반별로 탈곡장이 있어서 여기에서 배급을 바로 탄다. 로동자가 15일을 기준으로 해서 배급을 탄다고 하면 협동농장의 농민은 1년 배급을 한번에 준다. 그 배급량은, 만약 내가 속한 작업반에서 1년 농사한 것이 계획량에 60%밖에 못 했다 하면은 배급량도 60%를 준다. 이것을 가동수치라고 하는데 계획량을 얼마만큼 했느냐 하는 것이다. 우리는 계획생산이니까 농사를 시작하기 전에 계획을 잡아 놓은 게 있다. 계획량에 못 미치면 그만큼 배급량이 줄어든다. 만일 계획량을 완수하여 100% 가동하면 "겉곡으로 360킬로그램을 타야 된다. 그리고 정미를 200킬로그램 타야 된다" 하는 것이 있는데 대체로 겉곡으로 분배를 준다. 옥시는 통알로 준다.

작업반별로 배급을 할 때 통계원하고 작업반장이 다니면서 내가 일한 것에 따라서, 그리고 작업반이 한 계획에 따라서 %를 계산해서 배급을 한다. 100%일 때 360킬로그램이라고 하면, 60%면 그저 한 200 몇 킬로그램 될 것이다. 가을에 수확물이 나오면 아무래도 만든 사람인 농민이 먼저 먹게 마련이다.

공장기업소의 경우, 직장마다 통계원이 있어서 직장원들의 출근 상황을 파악해서 공장로동과의 정량원에게 준다. 모든 공장근로자의 배급카드는 공장로동과에서 총 관리를 한다. 공장로동과에 직장별로 각각 맡아서 출근 상황을 점검하는 정량원이 있다. 이 사람이 자기가 담당한 직장원들의 출근 상황을 보고 작업 정량을 계산하는 것이다. 그러면 각 직장의 통계원이 와서 그것을 식량과에다 제출한다. 로동자들이 식량과에 자기 배급표을 타러 오는데, 오게 되면 "너는 무단결근 1일에 지각을 3번 했기 때문에 눈깔을 자른다" 하고 눈깔을 그만큼 잘라 내고 배급표를 준다.

군대의 배급은 군(郡)양정사업소가 그 지역에 주둔한 군대에게 공급하게 되어 있다. 군부대는 리나 구역의 배급소에 종속이 안 되고 직접 양정사업소에서 받는다. 왜냐 하면 기준이 다르기 때문이다. 군대도 배급의 기준이 있다. 예를 들면 누구는 입쌀만 800그램, 무슨 보병은 700그램, 이렇게 기준이 다르게 되어 있다. 군부대의 중대마다 사관장이라는 것이 있고 대대마다 식량경리원이라는 게 있다. 1개 사단을 1만명 정도로 보는데, 주둔하는 규모는 대체로 연대로 한다. 연대라 할 때는 한 3천명이다. 연대에는 식량부가 있다. 양정에 연대별로 식량부의 사람이 와서 식량을 타다가 각 중대에다 배급을 한다. 연대 안의 정보중대, 보병중대, 포병중대, 공병중대 별로 식량을 분할해 주는 것이다. 양정사업소는 연대와 직접 연결하고 연대가 각 부대에 나눠 준다. 기본 전제 단위는 중대 단위이다. 그래서 중대에서 타 가는 것이다. 일반 보병 같은 경우는 대대에서 타 간다.

한 부대의 인원이 대충 정해져 있으니까 매년 나가는 배급량도 정해져 있다. 어느 정도인지의 예상치가 있는 것이다. 이만한 농사가 된다 하는 예상 수확고가 있고 이만한 백성이 어느 만큼 먹는다 하는 예상이 있다. 군대나 백성에게 나가는 예상량이 있는데도 왜 그런지 자꾸 오차가 나서 지금 이 모양이다. 평상시에는 그저 배급을 타 가라고 하면 타 가게 되어 있었다. 그런데 지금은 식량이 없으니까 누가 먼저냐 하는 게 문제이다. 지금은 군대가 먼저 식량을 가지고 간다. 수확을 하면 농장작업반의 탈곡장에 곡식을 실어가서 10톤이면 10톤을 탈곡을 한다. 거기서 농장 분배를 풀고 그 나머지는 얼마 안 되니까, 군대에서도 실어가고 살기 바쁜 기업소에도 준다.

지금은 농민들이 제 먹을 식량도 못 짓는다. 그 정도이니 양정으로 식량이 갈 엄두도 못 낸다. 지금 농민들은 조금이라도 빨리, 먼저 배급을 타는 게 문제이다. 군인들이나 도둑들이 밭에서 뜯어 가고, 힘있는 사람들이 탈곡장에서 뜯어 가고⋯ 나중에는 군(郡)에서 농민들에게 못 준 나머지 식량을, 여름에 밀가루로 대신 주겠다, 국수로 주겠다는 적도 있었다. 그러나 여름이 되어도 약조한 식량은 주지 않는다. 그러니 힘이 있는 단위들이 서로가 먼저 제 것을 타자고 하니까 양정사업소와 배급소가 안 돌아갈 수밖에 없다.

지 역 간 의   수 급

양정사업소 안에 정미소가 있고 국수를 만드는 곳도 있다. 국수는 옥시로도 만들고 밀로도 만든다. 밀은 함북지방에는 없고 타 도에서 가져온다. 양강도의 5호농장 같은 곳에서는 밀만 심는데, 거기에는 논이 없으니까 입쌀 아니면 옥시를 갖다 주고 밀과 교환한다. 그전에는 그런 체계가 되어서 인민들에게 옥시 국수도 주었고 밀도 공급하였다.

북쪽은 옥시가 많고 밑에, 즉 황해도 쪽에는 입쌀이 많다. 전에는 이것을 서로 교차하는 방법으로 지역간의 식량수급을 연계했다. 밑의 지방은 벌도 넓고 노력투하라고, 국가가 투하하는 기계가 많으니까 농사를 많이 지었다. 수확물이 나오면 그쪽의 농민, 로동자들에게 분배하고서 남은 식량을 가지고 나라에서 평균을 잡았다. 그래서 "기차 수송을 해서 식량을 북부지방으로 보내라" 하면 북쪽에서는 그걸 받아서 먹고는 했다. 또 북쪽에는 탄광이 많으니까 탄광에서 생산하는 탄을 국가가 앞쪽(황해도 쪽)으로 보내라 하면 보내 준다.

하나의 탄광이 딱 지정된 어느 농장에서 식량을 받아 먹으라고 한 것은 식량난이 있고부터였다. 그전에는 국가에서 지역별로 수급을 했는데 지금은 아예 1개의 농장과 1개의 기업소가 서로 연계를 이루어 식량과 연료를 교환하는 식이 되었다. 지금의 난리 통에 이쪽저쪽 먹여 살려야 하니까 복잡하다. 청진시에서도 인민은 못 먹어도 제철소는 살려야 하니 "제철소 너네는 차로 황해도 옹진에 가서 쌀 배급을 받아서 배급을 풀라" 이렇게 한다. 위에서 그렇게 하라는 것이다.

양정사업소는 식량이 없어 공급을 못 하니까 마비상태에 들어갔고, 그러니 발언권도 없다. 양정사업소에 식량이 들어와야 권한이 있고 발언권이 있는데 식량이 들어오지 않은 이상에야 양정사업소가 나서서 할 일이 없는 것이다. 쌀 생산량도 부족하고, 군대니 어디니 해서 가져가 버려 양정으로 들어갈 쌀이 없다. 제철소같이 규모가 큰 곳은 일을 해야 하니까 기업소 내의 식량부가 직접 가서 타 온다.

식량난 전에는 황해도는 함북도 어디를 맡는다 하면 황해도 쌀을 함북도가 실어왔다. 정상적으로 쌀을 실어오고, 2호 창고(유사시의 예비 식량창고)가 다 찼으니까 군량미들도 정상적으로 들어갔다. 그때야 서로 분쟁이 있을 리 없었다. 열차가 잘 뛰고 해서 열차로 실어 날랐고 각 도의 양정과에서 쌀을 수거해서 각 배급소에 돌렸었다.

비정상적인 배급

옛날에는 간부들이 쌀을 빼돌릴 데가 없었고 또 하기도 힘들었다. 대체로 돼지고기, 기름 등은 부식물에 들어가니까 이런 것은 힘있는 사람들이 국정가격으로 배당보다 많은 양을 사다 먹는 정도였다. 이런 돼지고기 같은 것을 많이 먹으면 곡류 음식을 적게 먹는다. 또 당과류가 많이 있었다. 사탕가루이다. 이런 것을 상점 뒷문으로 빼서 국정가격으로 사 먹는 것이 간부들이 배를 채우는 주요한 요소였다. 부식물을 많이 먹으면 어쨌든 쌀이 절약이 된다. 옛날에는 그랬는데 최근에는 배급소 체계가 헝클어졌다.

1995년 초에 이미 정상적인 배급이 아니었다. 엄밀히 말하자면, 굳이 간부들의 비리가 아니더라도 북조선의 정상적인 배급은 아마 1970년대 말까지였을 것이다. 1980년대부터 북조선의 배급은 비정기적이었다. 20여 년의 역사가 있다. 물론 최초에는 옥수수밥이라도 배불리 먹었기 때문에 식량난이라고 생각을 하지 않았지만 지금 중국의 생활에 비교해 보면 이미 그때 심각한 식량난이 시작되었다고 봐야 한다.

식량의 가격을 보면, 쌀 1킬로그램에 국정가격은 0.08원으로 8전이었던 것이 1997년도 시장가격은 70-80원, 통옥수수는 0.04원인데 시장은 50-60원, 수수는 시장가격이 40원, 감자는 국정가격이 0.04원인데 시장은 15-25원이다. 이때 배급표 15일치가 약 50원 좌우에 팔렸다. 이 가격은 지역이나 시기마다 다른데, 어떤 사람들은 양정사업소 혹은 관계 부문 간부들과 결탁하여 그 배급표를 가지고 배급을 타내 온다.

1994년 정도부터 조선의 많은 가정에서 못 탄 배급표의 양을 합하면 1-2톤씩 된다. 이렇게 배급이 밀리니까 배급표를 그때그때 쓰지 않으면 폐지나 다름없다. 백성들은 타지 못하는 배급표를 10원이고 20원이고 간에 팔아서 한끼라도 해결하려고 했다. 이때 팔고사고 하는 배급표는 당월의 배급표이다. 시일이 지나면 팔려고 해도 사는 사람이 없다.

    배급 비리의 가장 흔한 방법이 지도일꾼이 다급한 일반 인민들에게 배급표를 1킬로그램 당 10전 정도의 가격으로 사 모은다. 그래서 배급소에 쌀이 들어오면 우선 배급을 받고, 그 배급받은 식량을 친척을 통해서 장마당에 내다 팔아 500-800배의 이윤을 얻는다. 이런 현상이 많이 일어난다. 이럴 경우 배급표상으로는 모든 인민들에게 분배되는 것으로 기록되지만 실제로는 장마당으로 나가게 되는 것이다. 또 배급표를 팔려고 해도 배급되는 쌀이 들어와야 팔리지 배급이 없으면 전혀 팔리지 않는다. 국경 쪽에는 배급표가 입쌀은 1킬로그램에 10전, 옥수수 6전, 수수 6전에 팔렸다.

    또 지금은 배급체계가 어떻게 헝클어졌는가? 쌀이 없어 양정에 식량이 안 들어오니까 공장별로 배급소를 따로 만들어 놓고, "공장별로 너네 수출하는 것으로 쌀을 들여다 먹어라" 이렇게 됐다. 각 공장이 중국과 외화를 해서 쌀을 가져오게 되니까 그 공장에서 배급을 다스린다. 식량이 들어오면 더러는 배급소로 넘겨 주고 간부들 몫으로 많이 뗀다. 지배인이면 지배인한테 몇 킬로그램 해서 옛날에 못 타 먹은 것까지 다 가져가고 또 당비서 밑에 넣어 주고, 한마디로 힘있는 사람들한테는 쌀이 쌓인다. 부정축재가 많다. 외화벌이 해서 가져온 식량은 중앙에서 모르기 때문에 떼어먹기가 쉽다. 쌀이 절차를 밟아서 중앙으로부터 공장의 배급소로 나갈 때는 체크가 되기 때문에 간부들이 빼돌리기 힘들어서 못 빼돌린다. 지금은 단위별로 자급자족하는 게 많으니까 간부들이 해 먹기 좋다.

    중앙의 공업부에서 "○○ 외화벌이를 이만큼 너에게 주겠으니 그걸로 외화해서 신의주에 가서 쌀을 사 와라(들여와라)" 하는 임무를 준다. 그래서 신의주로 가 외화벌이를 해서 쌀을 받아 온다. 들여온 쌀이 로동자들에게 10일치밖에 공급을 못 하는 양이라 하면, 10일치에서 8일치 정도 공급해 주고 나머지는 간부들 몫으로 나누어 준다. 외국에서 들어오는 쌀들, 유엔에서 들어오는 쌀 같은 것들도 외화벌이에다가 준다. 외화벌이가 그걸 받아 쥐고서 떼어먹는데, 전체를 떼먹으면 자기가 잘못되니까 더러는 배급소에다 넣고 나머지는 개별적으로 장마당에 내다 판다.

유엔에서 얼마 받았다고 하는 보고체계가 흐트러졌다. 10톤 받았는데 5톤 받았다고 거짓말하고 나머지는 따로 챙기는 것이다. 지금은 보고체계가 없기 때문에 외국에서 10톤이 들어 왔으면 10톤이 어디 갔는가 하고 중앙(평양)에서 시비하는 사람도 없다. 청진항으로 쌀이 들어오면 평양까지 못 가고 청진에서 다 없어진다. 평양에서도 외국에서 식량이 들어오는 것을 알기는 안다. 유엔에서 얼마 들어왔다고 얘기는 하는데, 체계를 잡지 못하니까 어쩔 방법이 없는 것이다. 간부들이랑 힘있는 사람들이 서로 얽혀서 다 해 먹는데? 식량을 외화벌이에 넘기는 과정에서도 서로서로 다 얽혀 있다. 그렇다고 해서 "평양까지 보낼 필요 없이 너희가 청진에서 받아서 배급소에 넣어 알아서 분배해라"라고 하지는 못한다. 왜? 어쨌든 식량의 공급체계는 국가에서 틀어 쥐어야 하는 것이기 때문이다.

외화벌이들은 자기 손에 들어간 쌀을 배급소에 넣지 않고 빼돌려서 장마당으로 돌리거나 간부들에게 많이 고인다. 쌀로 고이기에는 부피가 많이 나가니 대체로 쌀로는 안 고이고 돈으로 지원사업을 많이 한다. 뒤에서 많이 고인다. 돈을 1만원이면 1만원씩 밀어 넣어 주면 간부들이 외화벌이 하는 사람들이 일을 하는 데서 눈을 감아준다. 그러면 이 사람들이 비법 활동하기도 좋고 부정축재도 한다.

구호식량이 들어가면 군(郡)당원과 보위부가 먼저 배급을 탄다. 아무래도 간부들을 먼저 주게 되어 있다. "간부들이 배고파 배급을 타는 건 없다. 또 간부들에게 미공급이란 것도 없다"라는 말이 있다. 이 말이 무엇이냐? 한 번은 감자 배급을 몇십 톤이 들어왔다. 각 집마다 5킬로그램씩 준다고 해서 감자 배급을 탔는데 그 다음날 장마당에도 감자가 마대들이로 가득 나와 있었다. 어떻게 된 일인가? 이것은 목격한 사람이 있다. 일반 사람들은 5킬로그램씩 탔는데 간부들은 배급소 뒷문으로 자기 배급카드에 100킬로그램이면 100킬로그램, 적혀 있는 식량 배급량을 다 타 먹은 것이다. 들어온 감자를 놓고 보면 일반 백성들에게 평균적으로 10킬로그램씩 다 골고루 줄 수 있었다. 그런데 백성들에게 5킬로그램씩 주고 안전부의 간부들이 100킬로그램씩, 200킬로그램씩 갖고 가서는 이것을 다시 장마당에 돈을 받고 파는 것이다.

이런 현상은 배급소에 압력을 넣어서 배급을 타내는 거니까, 무조건 권력에 의한 것이다. 또 그렇게 안 했다가는 배급소에서 쫓겨나간다. 배급소에서 일하면서 그나마 배급이라도 타 먹던 사람이 거기서 쫓겨나면 어떻게 하겠는가? 꽃제비가 되는 것이다. 혹 안전부에서는 "배급소 책임자 오라"해서 그 책임자가 오면 "야, 너네 배급 공급 이렇게 하면 되나? 비법이야. 이거 걸린다고. 걸리면 어떻게 돼?" 그러면 소장은 "그럼, 간부들이 와서 자꾸 조르는 걸 어떻게 하겠는가?" 이렇게 한다. 또 이 배급소 사람도 자기 것을 다 타 먹고서 힘이 없어서 배급을 타 먹지 못한 사람에게 배급을 타 줄테니 식량을 절반씩 나눠 먹자는 경우도 있다.

공화국 자체가 없는 식량을 충당시키지 못하니 공민들은 명절에 기껏해야 1-2킬로그램의 식량을 탄다. 어쩌다 중국에서 식량이 들어왔다고 하면 배급소에 실어가서 명절에 5킬로그램 정도 준다. 어떤 때는 명절에 1인당 하루치인 1킬로그램씩 준 적도 있다. 우리집 식구가 4명이면 원래 4킬로그램에서 제할 거제하고 2~3킬로그램 준다.

군(郡)에서도 어쩌다 받는 배급할 쌀을 구해 오는 방법이라는 게, 군급 간부가 어디 가서 빌어오는 식이다. 그전에 나라가 험상하지 않았을 때, 석탄이면 석탄, 광석이면 광석을 주고 황해도 쪽에서 쌀을 꿔오고, 또 방법적으로 다른 것을 주고는 했다. 그러나 지금은 광산이나 제철소 같은 공장은 돌아가지를 않으니 강재(철판)를 농장에다 줄 수도 없고 농장에서도 별 소용이 없기 때문에 광산이나 제철소는 식량을 빌어 오기가 더 힘들다. 그래서 나라 정무원의 식량부에서는 광산이나 제철소에 우선적으로 보장해 주라고 해서 보장을 좀 받을 뿐이다. 전에는 중국에 강재도 팔아먹으면서 쌀을 충당하는 방법으로 했는데 그것도 지금은 다 와해되고 말았다. 제철소까지 다 섰다.

자 체 로   해 결 하 는   식 량

탄광에서 중국과 외화를 해서 중국에서 식량이 넘어왔다고 한다면 양정과를 통해서 탄광의 배급소로 바로 간다. 쌀을 양정사업소에까지 실어 갈 필요가 없고 군의 양정과에 명세서만 넘기면 된다.

탄광이 국경변에서 구한 트럭으로 중국에 가서 쌀을 실어오면, 교두물자 공급소라는 것이 남양역 철도 옆에 있는데, 그곳에 식량을 부린다. 그러면 탄광 대표가 쌀을 이관받는다. 이 식량이 국가무역으로 들어온 것이라고 해서 군(郡)양정과가 어떻게 해 보려고 하지 않는다. 이럴 때는 양정과에서 "야, 너네만 10톤을 다 먹겠나?"고 하면서 1톤이든지 5톤이든지 달라고 해서 자기네가 필요가 있는 곳에 조달해서 쓴다. 그러나 탄광에서 그 10톤으로도 다 모자란다든지, 또 군 양정과에서 이건 무조건 탄광에 가야 된다든지 할 경우는 10톤의 식량이 다 탄광으로 간다. 이런 경우는 탄광에서 온 사람이 똑똑해야 한다.

탄광에서 자체적으로 석탄을 중국에 내보내고서 식량을 들여왔다 하면, 여기저기서 달라고 한다. 그럴 때면 "너네가 만약 이 10톤을 우리에게 다 안 주면 다음 번에 식량을 다시 빌리지 못한다. 식량을 다 주면 또 다시 무역해서 얻을 수 있지만 이번에 안 주면 우리는 다시 무역할 수 없다" 이렇게 위협한다. 그런데 군당처럼 힘이 센 곳에서 달라고 하면 어쩔 수가 없다. "야, 너 경성군에 살면서 경성군 사람의 말을 안 듣는가? 책임비서가 딱 쓰자는데?" 이러면 경성 사는 백성으로 하늘 같은 사람이 달라는데 안 줄 수가 없다. 또 중국과 무역하려면 당의 비준을 받아야 하기 때문에 무역해 온 식량을 주게 되어 있다. 보위부에서도 좀 달라고 하면 로동자는 말 못한다. 아무래도 로동자이기 때문에 당비서 등이 압력을 가하면 안 줄 수가 없다. 자기 혼자 다 먹지 못한다. 이렇게 조잡하게 되어 있다. 그러니 외부 사람이 지원 식량의 배급 상황을 보자고 해도 볼 수가 없다. 당에서 못 보게 한다.

지금은 가을이 되면 밭에서 다 가지고 가고 탈곡장에서도 다 가지고 간다. 군대에서 와서 가져가고 보위부에서 가져가고 어디에서 가져가는 통에 백성들에게 배급해 줄 양정사업소에서는 가져 갈 게 없다. 힘있는 사람은 배급을 타고, 도둑놈은 도둑질 해 먹고, 밭에서 다 없어지는데 그거 뭐, 무슨……

종교와 전통문화

생활하다가 어려운 일이 있으면 팔자 탓이 아닐까 생각하고,

'이것도 내 팔자구나' 하고 명심하다가, 혹시 가정이 나아질까 한가닥 희망을 가지고 살아간다.

'행여나' 이 생각을 가지고 산다.

서 양 카 드 로   신 수 를   보 다

　종교라는 것은 하느님 믿는 사람이겠지? 종교가 기독교이고 뭐고, 잘은 모르지만 다 하느님 믿는 거겠지? 그러나 보지 못하고 듣지 못한 사람들은 모른다. 우리 영화를 보면 하느님 믿는 장면이 많이 나온다. 하느님께 기도드리고 촛불 켜 놓고 염불외우고, 이런 것을 영화에서나 보고 '중이란 저렇구나' 생각한다. 우리는 혼자서 돌아앉아 말하는 것을 보고, 남이 듣지도 않는데 말한다고 하여 "중이 염불 외듯 외운다"라고 말한다. 영화에서 서낭당도 보고 또 하느님 믿는 여자, 그러니까 무당, 또는 뭐뭐 해 달라고 빈다는 절간도 본다. 영화에서 보면, 지주를 골리려고 독안에 들어가 "이놈아, 네 죄를 아는가?" 하면 하느님인 줄 알고 막 비는데, 그런 장면을 보고 '서낭당은 저렇구나, 무당은 저렇구나' 생각한다. 그래서 사람들이 다 하느님 믿는 사람들로 안다.

　하느님이 없는 데도 하느님을 믿는 것을 보면서 '행여나' 하는 생각에서 그

렇지 않겠는가 하고 생각한다. 내 애가 앓고 있는데 돈도 없지, 약도 없지, 먹일 거도 없지 할 때는 부모 심정으로 물이라도 떠 놓고 하는 것이다. 나도 안타까울 때는 '물이라도 떠 놓고 하늘에다 빌면 소식이나 없겠는가' 하고 행여나 하는 생각이 든다. 이걸 믿어서 팔자가 순간에 고쳐지는 것은 아니지만 안타까운 마음에 어떻게라도 해 주고 싶은 심정에서 하는 것이다.

점을 보고 와서 가만히 생각해 보면 '야, 신통하구나' 하는 인식을 가진다. 생활에서 일이 잘 되지 않았던 거를 생각하게 되고서 점을 쳐서는 일이 잘 되어 가는 것 같기도 하다. 주패로(서양카드) 하루 신수를 떼어보면 '야! 오늘 '눈물' 나왔구나, 무슨 일 있겠다' 이렇게 생각하다가 그날 무슨 일 있었다면 '야! 그것 맞구나', 이런 과정이나 결국 같다. '눈물'과 '소식'이 나오면 '오늘 길을 나서면 나쁜 일은 없겠다. 좋은 눈물 나오겠다' 이렇다. 주패 치는 거나 점쟁이한테 물어보는 거나 방법상은 서로 다르지만 성질은 같다.

일이 잘 안 된다는 것은 이렇다. 내가 이번에 청진에 가서 장사를 하는데 1천원 가져갔다가 8백원밖에 못 벌면 안타깝다. 그럴 때 일이 안 된 것이다. 또 장사하고 살아가다 아이가 아프다든지 할 때, 남에게 악한 일을 한 것도 없는데 일이 안 된다고 한다. 남편이 애를 먹이는 거, 살아가기 어려운데 술마시고 돌아다니고 노름하고 바람도 피우고, 마음 상하게 하는 일이 많아 속상하니까 일이 안 된다고 그런다. '먹을 것을 못 먹고 사니 사람들이 모든 게 약해져서 이렇게 되었구나' 하지 않고 '어째 일이 이렇게 안 되는데 혹시 다른 일이 있지 않겠는지?' 한다. 애가 아플 때, 장사가 안될 때, 가정이 파괴되고 남편이 애를 먹이고 이러면 '팔자가 아닌가, 조상묘가 잘못되었나' 생각하다가 누구는 가서 점을 봤는데 일없다는 소리 들었다고 하면 자연히 그리로 쏠린다.

내가 인민학교 3학년 때에는 산에 가도 절이 많았다. 파랗고 노란 천을 매

달아 놓고 눈을 부릅뜬 무섭게 생긴 그림이나 조각이 앉아 있었다. 그런데 다 없어졌다. 왜 없어졌는지는 모른다. 1970년대 중반까지만 해도 산에 가면 있었다.

무당하고, 점치는 것하고 다른 것인가? 우리는 울긋불긋한 옷을 입고, 방울 흔들고, 그런 것은 없다. 서낭당, 그런 것도 없다. 그런데 늙은이들은 아무래도 우리하고는 다른 게 있다. 산에 나무하러 가서 밥을 먹을 때도 우리는 배고프면 바로 밥을 먹는데, 밥을 덜어다가 "중얼중얼 '고시레'" 한다. 우리는 왜그런가? 하고 생각하는데, 지금 생각하면 그런 것 때문인지.

벌이가 좋은 점집

점 보러 다니는 데는 남녀노소 차이가 없다. 아이들이야 안 보지만 다들 생각이 같다. 점보는 사람이 장마당에서 음식장사 하는 것보다 낫다. 사람들이 점보러 갈 때는 10원을 가지고는 안 간다. 10원 해 봐야 중국 돈 1원만한데? 1백원 정도씩은 가지고 간다. 어쨌든 장마당에서 장사하는 것보다 수입이 낫다는 소리이다. 거기에 가는 사람은 자기가 바라는 일 때문이라도 돈을 많이 주려고 한다. 그러니까 이전보다 보는 사람도 많고, 점치는 사람도 많이 늘어나고……

종교를 믿는 사람이라고 해 봐야 세월이 박하고 하니까, 돈 좀 있으면 점과 관상을 본다. 이런 걸 보는 사람들이 많이 늘어났다. 우리 마을 사람도 모이면 "우리집의 어려운 것이 무엇인지를 누가 잘 맞추더라" 하면 그 말을 듣고 사람들이 돈 50원, 술, 담배라도 들고 점을 치러 간다. 어떨 때 가끔 맞추면 신통하다. 나도 한편으로는 옳다고 믿는다. 하느님 믿는 거와 같다. 우리나라는 미신을 믿지 말라고 하지만 생활하다가 어려운 일이 있으면 팔자 탓이 아닌가 생각하고, '이것도 내 팔자구나' 하고 명심하다가, 혹시 가정이 나아질까 한가닥 희망을 가지고 살아간다. '행여나' 이 생각을 가지고 산다. 나도 그런 사람을 찾아가 봤지만 실은 괜한 짓이다. 그러나 장사 갔다가 일이 안 되면 한번 찾아가서 빌어봤으면 하는 생각이 든다. 하느님 믿거나 불공드리고 그렇게… 청진 가니까 배타고 바다 나갈 때 신수보고 떠난다는 말이 오갔다. 직접 본 일은 없지만 들은 것에 의하면 맞는 거 같다.

요즘은 간부들이나 입법기관 사람들도 많이 보러가는데 그런 사람들은 살아가는 데에 그렇게 답답해하지 않는 데도 점을 보러간다. 도당(道黨)에 있다 하면 필요한 쌀이나 부식을 도당에서 국정가격으로 다 해결할 수 있다. 사람으로써 목숨을 유지하려고 살아가는 사람들도 아니고 살만한 사람들인데도 점집을 간다. 그런 거로 봐서는 더 잘 살려고 그러는 건지? 앞으로 자기 운명 문제를 가지고 갈 수도 있고, 편안하니까 호기심으로 갈 수도 있고. 그러나 우리 같은 무산자들은 그게 아니다.

점을 치는 사람들이 구역에 1명씩 있고 동마다 1명씩은 다 있는 것 같다. 배급이 끊기면서 점치는 사람이 많이 늘어났다. 배급이 끊기기 전에도 그런 사람이 좀 있었다. 1980년대 들어서면서, 늙은이들이 말하기는 그전에도 다 있었다는데 내 알기로는 1980년대부터 사회적으로 많이 나타났다. 그런 사람들이 주패나 화투로 사람을 홀린다. 사회를 혼란시키고 사람 정신상태를 마비시키고… 될 수 있는 일을 안 되게 만들 수도 있고 못 되는 일도 잘 되게 할 수 있으니 사람들 마음이 그리로 쏠리게 한다. 점을 치는 사람은 내놓고 사람들을 오라고 하지 않는다. 보는 사람도 숨겨 주고 비밀로 보러 다닌다. 주로 장사하는 사람들이 많이 본다. 그저 살아가기 바쁘니까 보러 간다.

당에서는 당의 부름은 하나인데 미친소리 잡소리로 사람들 정신상태가 흐려진다고 점치는 것을 통제한다. 그런 사람들은 점을 치다가 잡혀 들어가 심하게는 징역까지 산다. 이런 경우 죄과에 따라서 다르다. 아이들이 앓게 되면 낫게 하기 위하여 찾아가서 "어떻게 해라"는 이야기를 듣고서 아이가 나을 때도 있다. 부모로서는 그게 고마워서 집안 대들보라도 팔아줄 정도이다. 그래서 이 물건 저 물건 받아 먹고 사람 정신 흐리게 하고, 그 죄과를 크게 본다. 죄과에 따라 1년 짜리 교양소에 갈 때도 있고 돈 좀 먹이면 묵과될 수도 있다.

점치는 사람 중에 돈을 많이 요구하는 사람도 있고, 또 양심적으로 하는 사람도 있다. 안전원은 어느 집에서 점을 치는지 아니까 점을 치다가 잘못되는 사람도 있지만 간부들도 찾아가는 수가 많으니 크게 별 일은 없는 것 같다. 직접 보지는 못 했는데 점보는 사람들이 안전원에 돈을 먹이기도 하는 것 같다.

남쪽의 꿈 해석서를 본다

사람들이 종교에 대해서 여태까지 아무 생각이 없었다. 지금은 미신을 믿고 점치거나 관상 보거나 사주팔자를 보고, 남쪽에서 건너온 꿈자리 해석하는 책이… 그런 책이 들어온다. 어디서 들어오는지 그건 모르겠다. 그런 책을 보는 사람이 있으니 사람들 생각이 달라진다. 그런 게 세상에 어디 있나 하다가 자꾸 들으면 생각이 자연히 돌아간다. 나중에는 '야! 신통하게 맞추는구나, 미신이 없다는데 있구나, 있지도 않고 없지도 않구나' 하고, 이제까지는 없다고 생각했는데 차차 생각해 보니 있다고도 생각된다. 다른 사람들 생각이나 내 생각이나 수준 상태가 다르다 뿐이지 생각은 같다. 나이 드신 분들은 더 믿을 것이고 젊은 사람들도 처음에는 "그거 다 개소리다" 하다가 살면서 힘드니까 차차 믿는 경우도 있다.

중국처럼 종교의 자유가 있다면 믿을 거 같다. 사람이 환경의 지배를 받는데 우린 어려서부터 교육을 받았으니까 이렇게 산다. 조선땅에 살려면 여기에 호흡을 맞추고, 생활풍습도 같고, 환경의 지배를 받으며 사니까 믿을 것 같다. 그러니 점을 보러 다니고 그렇다. 1993년인지 1994년인지 1번 점을 본 적이 있는데 신통했다.

나이, 생년월일을 들이대면 점을 치는데 그런 사람들은 흔히 "신이 돕는다"고 말한다. 점을 치는데 그 사람이 막 떨면서 점을 치는 것을 보면, 어떤 건 맞고 어떤 거는 맞지 않고 이런다. 뭐를 써 주는 것은 없고 말로 한다. 우리는 점치는 사람을 보고 "점치는 사람"이라고 하고, "점을 친다" "구환을 본다" 이렇게 얘기한다. 손 눈금도 많이 보고 점도 치고. 손 눈금은 전문으로 보는 사람이 있다. 자기 표시로 돈을 20원씩 50원씩 주는데 점을 치는 사람들도 자기가 하는 로동이 있다.

금년(1998년) 2월에 중국에 왔다가 걸려서 남양구류장에 들어 갔었다. 거기에 20살 된 처녀가 있었는데 이 처녀가 구류장에 앉아서 사람들을 한 번 보고서는 딱 맞추는데, 귀신같더라. 내가 몸에 숨긴 돈까지 딱 맞추고 같은 방에 있던 사람들도 어떻다 어떻다 맞추는데, 그때 내가 집을 떠난 지 3개월이라 걱정이 많았다. 그 처녀애가 나보고 하는 소리가 집에는 아무 일 없고 애들도 다 무사하다고 하면서 청진에 가면 장사로 돈 좀 벌 거라고 했다. 아직 돈을 마련하지 못해서 청진에 나가 보지를 못 했다.

우리는 애 이름 지어주고 돈 받고 이런 데는 없다. 우리 조선에는 지어서는 안 되는 이름이 있는데 일성과 정일이다. 어떤 사람이 생각이 모자라서 자신의 아들 이름을 정일이라고 했다가 당에서 욕먹고, 결국 이름을 고쳤다는 얘기가 있다. 우리 인민들 사이에는 아이 난 집에 다른 사람은 다 와도 상제만은 오지 않는다. 아이를 낳아서 한 달까지 그렇게 한다. 또 길 떠날 때 바느질을 하지 않는데 바느질을 하면 일이 까다롭게 된다는 것이다.

전 통 명 절

• 명절과 국경일

우리의 명절은 1월 1일, 김정일 장군 탄생일인 2월 16일, 김일성 원수님 탄생일인 4월 15일, 해방일인 8월 15일, 공화국 창건일인 9월 9일, 당창건일인 10월 10일, 김정숙 동지 생일인 12월 24일이다. 김정숙 동지 생일날은 전에는 안 쉬었는데 1997년부터 쉬게 되었다. 추석은 음력으로 쉰다. 1월 1일과 2월 16일, 4월 15일은 이틀씩 쉰다. 민족 최대의 명절이다. 조선민주주의 인민공화국 창건일과 조선로동당 창건일은 하루를 쉬는데 10년 주기로 되는 때에는 이틀을 쉰다.

그 외에 추석 때, 단오 때 쉰다. 단오 때는 그저 하루 쉬는 걸로 한다. 단오명절이라고 단오놀이를 하는 것도 아니고 놀이를 유쾌하게 하는 것도 없다. 우리는 옛날 풍습도 잘 모르고, 그런 것을 우리는 잘 배양하지 않는다. 텔레비나 보고 그런다. 텔레비에서는 설이나 추석 명절에 대한 놀이도 이야기해 주고 하는데 우리가 실질적으로 놀지는 않는다. 놀 줄도 모르고.

• 놀이문화

일요일에 노는 사람이야, 백만장자들이나 모여 논다. 그전에도 그렇다. 중국은 명절이 아니라도 운동 삼아 오락 삼아 노는데, 우리는 그런 게 없다. 혹시 결혼, 환갑, 생일이 있고 사람들이 모일 일이 있을 때에는 돈이나 조금 있는 사람들이 모여 논다. 우리도 인간이기 때문에 정서적인 생활도 해 보고 싶고, 남이 노래 부르면 노래도 부르고 싶고, 춤도 추고 싶고, 오락도 즐기고 싶지만 그것도 마음이 내켜야 하는 것이다. 그런 데 휩쓸릴 필요도 없고 그런 여건을 조성하지도 않는다. 장사해서 하루하루 벌어서 먹고 사는 데에 신경을 쓰다 보니 명절이라고 노는 일이 없다.

배급이 끊기기 전에는 무슨 날이면 모여서 노래할 때는 노래 부르고 춤도 추고. 동무, 동생, 형제가 결혼식을 하면 그런 좌석에 앉아서 무슨 도망치겠는가? 그런 자리에서나 노래 한 마디 부르지 일부러 놀음판을 벌리지는 않는다. 평상시 생활이 풍족하면 저녁마다 모여 앉아서 노래도 부르고 좋은 애기도 할 수 있지만 먹을 게 없는데 무슨 노래가 나와? 지금은 말할 것도 없지만 그전에도 그리 편안한 날이 없었다. 그래도 놀 때 일어나 노래하려면 그냥 떨린다. 노래는 다 아는데 그런 장소에 일어나 불러본 일이 없으니 목소리가 떨린다. 노래는 주로 혁명가를 부르고, 김정일 장군 노래, 그 외 생활적인 노래가 많다. 여기 연변 노래처럼 사랑한다거나, 임격정 노래, '사랑 사랑 내 사랑'에서 나오는 노래, 그 외 옛날 영화에서 나오는 노래가 많다. 꼭 김정일 동지의 노래만 있는 게 아니고 생활적인 노래도 많다.

생활적인 노래는 부르고 싶지 않아서 안 부르는 게 아니라 그런 노래를 부를 시간이 없다. 거기 모여 앉아 한가하게 노래 부르고 춤추고, 이럴 시간이 없다. 모여 앉아 노래도 불러보고 아이들도 '쎄쎄쎄' 노래라도 부르면 좋지만 그런 여유가 없다.

• 설날

그전에 양력설에는 김일성 수령님 동상이나 기념탑에 가서 기관별로 꽃다발을 만들어 참배하고, 개인별로도 꽃다발을 만들어서 참배했다. 1월 1일에 꽃다발을 올리고 이튿날은 쉬고, 1월 3일은 첫 전투하는 날이다. 그때 충성 맹세를 한다. 1, 2일은 쉬는 날이다.

설날에는 찰떡, 밥을 하고 돼지고기를 해서 먹으면 아주 잘 세었다고 한다. 추석 때도 같다. 중국에 와서 보니까 정월 보름 때는 무슨 음식, 설 명절에는 무슨 음식을 먹는다 하는데, 조선에는 그런 게 없다. 조선 전체가 다 같다. 송편, 찰떡, 설기떡… 설기떡이란 게 찹쌀하고 입쌀을 섞어서 허옇게 부실부실하게 만든 것이다. 추석이나 명절이나 다 같은 음식을 먹는다. 찰떡, 송편을 먹어야 명절을 셌다고 한다.

설 때는 나이 많은 분들한테 나이 어린 사람들이 찾아가서 인사를 한다. 아이들은 "새해를 축하합니다. 할아버지, 새해 만수무강하십시오" 이러면 할아버지는 너무 기특해서 돈도 주고 "너네도 새해 건강하게 잘 자라라" 이렇게 하신다. 또 나이가 좀 더 먹은 사람들은 술이랑 가지고 가서 한잔 부으면서 새해를 축하하고 새해 복 많이 받기를 축원하는 인사가 있다.

- 2·16과 4·15

2월 16일, 4월 15일은 동상에 가서 꽃다발 올리고, 그때는 꼭 행사를 한다. 당일 행사날이 아니더라도 평소에도 동상에 가는 사람도 있고 상업부문, 교육부문 등 자기 기관끼리 가기도 한다. 명절 때는 국가행사로 들어간다. 전에는 행사 끝나고 공원에 갔는데, 공원시설이 온전한 게 없으니 풀밭에 앉아서 음식이나 나누어 먹고, 끼리들 모여 노래도 부르고 어울려 놀았다. 그리고 집에 가서 텔레비 보고 동무들끼리 사진도 찍는다. 이제는 사진도 비싸니까 사진 찍어 본지도 까마득하다. 있던 텔레비도 살기가 바빠서 다 팔아버렸다. 전에는 텔레비를 보면 명절에는 경축 음악회도 하고, 대회도 하고 설맞이 공연도 하고 그랬다. 이 날은 아이들도 선물을 탔다. 무상으로 당가루를 주고 교복도 무상으로 주었다.

아이들이 텔레비를 많이 본다. 어른들은 꼬니(윷놀이식 오락)를 하는데 남자들은 주패를 많이 한다.

- 추석과 한식

추석, 한식 때 제를 지낸다. 한식에 산에 눈이 없으면 산에 가고 산에 눈이 있을 때는 집에서 제사를 지낸다. 할아버지, 증조, 고조 할아버지 제사도 추석 때 한다. 한식과 추석 때 벌초도 한다.

추석에는 통행증 없이도 다른 지방으로 이동할 수가 있기 때문에 열차를 타고 늦게라도 오기는 온다. 못 오면 못 오는 데로 자기 집에서라도 지냈다. 차가 정상적으로 도착해야 되는데 추석에는 열차가 복잡하니까 그렇게 안 된다. 전에도 추석이나 단오에 벌초를 하기는 했는데 나라에서 1980년 후반에 휴일로 지정을 해서 놀게 되었다.

온 가족이 1년에 모이는 날은 추석하고 설하고 그 외에 부모들 생일날이다. 지금은 세월이 박하니까 먼데서는 오지 않고 가까이 사는 자식들이 나와서 생일을 차린다.

2. 몰락 그리고 변화

교 통

우 리 는 살 아 야 만 했 다

장 마 당

외 화 벌 이

교통

기차 빵통 내에 사람이 꽉 차니, 사람들이 빵통 꼭대기에도 탄다.

빵통 위로 전기선이 있는데, 고압이니까 거기 앉아 가다 잘못하면 죽는다.

젊은 사람이 전기에 감전되어 새까맣게 타고 피가 다 빠져 즉사했다.

그렇게 죽은 사람이 얼마나 많은지 모른다.

승 인 번 호 구 역

승인번호구역에는 개성시, 자강도 만포시, 양강도 혜산시, 그외 어디, 어디가 있다. 승인번호구역이 되면 아무나 그 도시에 못 들어간다. 평양에서 지방에다 승인번호를 매기는데 혜산 사람이 평양에 올라가겠다고 하면 위에서부터 번호를 매기고 그 번호에 한해서만 증명서가 나온다. 이처럼 승인번호구역은 허락을 받아야 들어갈 수 있다.

양강도에서는 혜산, 보천, 삼지연, 운흥, 풍산이 승인번호구역이지만 원래 운흥군은 승인번호구역이 아니었다. 양강도의 기차연선이 길주 – 백암 – 운흥을 거쳐 혜산으로 들어온다. 여기서 혜산, 위연, 검산은 승인번호구역이지만 운흥군은 승인번호구역이 아니다. 검산 전에 있는 포안리에서 대오천까지는 운흥군에 속해 있다. 그래서 앞지대의 사람들도 운흥에 발을 붙였다가 대오천에서 검산, 위연, 혜산까지 다니는 통근차로 혜산에 쉽게 들어왔다. 혜산에서 단속에 걸린다고 해도 운흥, 대오천까지 왔다가 혜산시에 놀러간 것으로 하면 되었던 것이다. 사람들이 이렇게 비법으로 운흥을 통해서 혜산에 들어가니까 운흥군도 승인번호지역에 들어가게 되었다. 양강도에서 승인번호지역 아닌 게 별로 없다. 승인번호지역이 아닌 게 풍서와 백암이다.

승인번호지역으로 지정하는 이유는 여러 가지라 다 모르겠지만 대체적으로 군수지역이 많은 곳이다. 그리고 수도, 국경연선, 분계선 지역이 승인번호지역이다. 풍산 같은 곳은 기차연선이 가깝다. 함남도 덕성, 북청과 가깝다. 거기서 한길 내어 들어오는 것이 양강도에서 풍산 나가는 것보다 빠르다. 그 연선이 가까우니까 풍산이 승인번호지역이 되지 않았는지, 승인번호지역이 많다. 온성, 회령, 나진, 선봉, 전거리, 이게 몽땅 승인번호지역이다.

예전에는 갈 수 있는 지역과 못 가는 지역이 구분되어 있었는데 지금은 각

〈혜산 일대〉

지역에서 교차적으로 승인번호가 되어 있다. 즉, 자기가 사는 지역에서 갈 곳과 못 갈 곳이 있는 것이다. 내가 사는 개성시에서 갈 수 있는 곳과 없는 곳이 있다. 예를 들어 황해도 쪽에서는 함경도 쪽으로 오는 데 제한이 있다는 것이다. 나라에서는 1990년대 이후에 식량을 구하러 다니는 사람이 많아지면서 여행을 더욱 통제했다. 또 전염병이 많이 돌기 때문에 사람들을 제한하기도 했다. 지금은 승인번호지역이 아닌 게 거의 없다.

전에는 승인번호지역에 들어가려면 동사무소나 소속 공장에 신청을 하면 안전부의 비준을 받고 군 2부에서 여행증명서를 교부하는 과정에서 실제로 알아본다. 내가 어디에 친척이 있어서 가겠다고 하는 것이니까 '이런 사람이 간다고 하는데 실제로 친척이 있는가' 하는 것이다. 친척이 있으면 번호를 떼어 주게 되어 있다. 지금은 생활적으로는 그렇지 않다. 미리 전에 승인번호를 가지고 있다가 목적하는 데로 간다. 수완 있는 사람은 여러 지방을 다닐 수 있는 증명서를 뗀다. 형식이다. 지금은 이 승인번호를 빨리 뗄 수 있다. 하루만에 된다.

담배 1타스가 4백원이다. 지난 번에 둘이서 담배 1타스를 먹이고 청진에 갔다. 돈 안 들이면 증명서를 못 떼고, 어디를 갔을 때 애를 먹는다. 그래서 이번에 신포에 갈 때 꼭 증명서를 떼어서 가야겠다고 마음먹고 있다. 안전부에서 증명서 떼겠다는 사람을 통제하면서, 증명서를 1백장이면 1백장으로 제한한다. 이렇게 제한한다고 해도 증명서 1백장이란 것이 그전에 미리 다 나간다. 힘없는 사람들은 증명서를 못 떼니까 할 수 없이 5배씩 돈을 내고 열차에 오르는 수밖에 없다. 또 요행수를 바라고 간다. 그런데 증명서 안 떼고 차에 올라 발각되기라도 하면 "이 간나, 저간나" 하면서 끌려다닌다. 그게 듣기 싫어서라도 돈을 어떻게 하면서라도 증명서를 떼고 간다.

열차 내의 검열원들

열차 안에는 군인을 검열하는 경무관, 차표를 검열하는 여객전무, 증명서를 검사하는 열차안전원, 차를 검열하는 검차원 등이 있다. 차가 출발하면서 열차안전원이 증명서를 검열한다. 그리고는 짐검사를 한다. 증명서 검열도 한 번 하는 게 아니라 하고, 또 하고, 사람이 많으면 그 숱한 사람을 다 못 하니까 짐이 이상하거나 하면 내려서 데리고 간다. 나도 한번 단속이 되었는데 그때 담배가 배낭에 22타스가 들어 있었다. 그래 할 수 없이 담배 1타스 주고 나왔다.

지금 북쪽에서 열차 사고가 세게 나니까 안기부에서 레일 못을 뽑아 놓아서 열차 사고가 났다고 말하는 사람도 있다. 철로 사고를 보면 대체로 침목을 깔고 레일과 못으로 박았는데 기차가 가면 흔들려서 못이 빠지기도 한다. 침목에 못이 빠져나와도 그거 박아 놓는 사람도 없고 동원 나가서 박아 넣자고 해도 공급이 없으니 못 한다. 철도 보수를 하려면 슬슬 할 수밖에 없다. 레일 못이 빠져 있고 안전상태가 불량하니 그거 본 사람은 기차를 탈 생각이 없어진다. 지나가면 아찔하다. 지나는 기차가 한 뼘 정도 흔들린다. 레일이 낡아서 바꿔 놓아야 되는데 레일 양쪽의 직각이 깎여 무뎌져서 그걸 뽑아 반대쪽으로 돌려 놓는 데도 그쪽도 깎여버렸다. 레일이 직각으로 되지 못하게 닳았으니 기차 바퀴가 빠지기 수월하다. 또 열차 정비를 하지도 않는다. 열차가 부숴졌다고 자지 않고 밤에 나와 고치는 사람도 없고 레일이 망가져도 보수공사를 하지도 않고 어느 누가 철도 보수에 동원되어도 배고픈 데, 해머질하는 사람이 있겠는가.

기차는 달리고 싶다

기관차 대가리가 없어서 기차가 못 다닌 경우가 많다. 대가리가 있어야 빵통을 끌겠는데, 빵통은 많아도 대가리가 끌어야 다니지? 대가리가 없으니 못 다

난다. 물론 우리는 전기기차이니 전기 사정과 관련이 있다. 지금 다니는 것은 기관차 대가리를 수리해서 악전고투로 다닌다. 가다가도 정전되어 서고, 가다가도 고장나서 서고, 결국 기차 대가리 1개가 빵통들을 끌고 출발지에서 목적지까지 가야 되는데, 그게 아니다. 예를 들어 함남도 길주에서 고원까지 가자 하면, 길주에서 단천까지 대가리가 한번 뛰면, 그 대가리가 돌아와 다른 빵통을 끌고 가는 그런 판이다. 배급 끊기기 전에도 기차라는 게 정상적으로 열차시간표 대로 못 다녔다. 연착, 미정, 계속 그랬다. 기차 노선에서 떨어진 곳이 많아서 기차 타려고 해도 200리씩, 250리씩, 300리씩 걸어온다. 이 구간에 자동차들이 다니는 게 있기도 하는데 멀리 가려면 무조건 기차를 타야 한다.

　사람들이 많이 이용하니까 모든 것을 줄여서라도 기차는 뛰어야 된다고 한다. 운수수단이 끊어지면 우물안 개구리처럼 죽으니 기차가 뛰어야 되는데, 예전에 20일간 기차가 안 들어오니까 역전마다 사람으로 넘쳤다. 바글바글 했다. 열차가 24시간이라도 지나가면(연착되면) 안 되는데 20일이나 뛰지 않았으니, 국가나 사람들한테 얼마나 혼돈인가? 그때 장사하러 떠난 사람들이 다 길에서 고생했다. 다른 부분의 전기를 다 줄이고 기관차를 움직인다 해도 힘들다. 전기기관차공장에서 기관차 대가리를 생산한다 해도 그 안의 내부 부속품은 수입해야 된다. 부품이 없어서 보수하는 데도 시간이 걸린다. 원래 청진에서 혜산까지 정시에 가면 아침에 떠나 저녁에 가겠는데, 가다 서고 한다. 자동차로 다닐 때도 여러 사람이 타니까 바로 오지 않고 둘러서 오거나 또 운전사 마음대로 쉬기도 하고 이리저리 하니 시일이 좀 걸린다.

　기차로 다니는 길은 혜산–평양, 혜산–해주, 혜산–만포, 그전에는 조금씩 다녔는데 지금은 거의 힘들고 며칠만에 들어왔다가 나간다. 해주까지 제일 멀리 갈 때에 정시에 출발해서 정시에 도착한다고 하면 바로 다음날 도착해야하겠는데, 그게 며칠이 걸린다. 지금은 만포는 안 다닌다. 평양에서 자강도를 가려면 혜산으로 돌아가야 된다. 자강도는 철길이 있어도 기관차가 다 부서져서 안 다닌다. 그래서 자강도 사람들이 혜산에서 보기 힘들다. 차로 자강도에 들어가서 장사하는 사람들이 있는데 자강도 사람이 그 차로 넘어오자고 해도 돈을 내야 하니까 꽃제비들은 엄두도 못 낸다. 1996년도에 자강도 강계에 갔었는데 그때 벌써 함흥보다 형편이 어려웠다. 자강도는 군사시설이 많고 감시가 심하여 이동이 어렵고 기차가 들어가지 않는다.

피 난 열 차

기차 빵통 내에 사람이 꽉 차니 사람들이 빵통 꼭대기에도 탄다. 빵통 위로 전기선이 있는데, 고압이니까 거기 앉아 가다 잘못하면 바로 죽는다. 수백 명이 죽었다. 우리가 혜산으로 들어오는 날에도 선로가 좋은데 차가 서는 것이다. 나가보니 젊은 사람이 전기에 감전되어 새까맣게 타고 피가 다 빠져 즉사했다. 그렇게 죽은 사람이 얼마나 많은지 모른다.

창문으로 오르려면 힘이 없어 올려달라고 하면 개새끼들이 올려주냐? 오히려 막 욕을 한다. "삼촌 좀 올려줘" 하고 발을 동동 구르며 사정하면 "담배 있소?" "담배 있소" 해서 올라가서 담배 주고 먹을 것 주고, 나는 굶고서라도 집에 가야 되니까 할 수 없이 주고 올라탄다. 빵통 안에서는 어떻게 있느냐? 양쪽 의자가 등을 맞대로 붙어 있는데, 양쪽 다 앉고 설 자리도 없이 빼곡이 서 있어도 모자라니까, 의자 맞대어 있는 한 뼘도 안 되는 의자 꼭대기에 쪼그리고서 앉아 짐을 틀어쥐고 혜산까지 간다. 기차에서 내리면 발이 퉁퉁 붓는다. 어떤 사람은 함흥에서부터 한쪽 다리를 들고 계속 온 사람도 있다.

기차 대가리 하나가 빵통 6-7개 정도 끌고 다니는데, 간부들이 타는 상급차

1칸과 상급 침대 1칸, 돈 있는 사람이 타는 일반 침대 1칸, 화물차 1칸, 식당 1칸, 구호 화물이라고 당 중앙에 올라가는 지방 특산물을 싣는 1칸, 일반차 2칸 정도이다. 일반 인민들은 일반차 2칸에 다 매달려 다니는 것이다. 대신에 기차 꼭대기는 괜찮다. 화물 칸이나 식당 칸 위에도 다 탈 수가 있다. 빵통 안에서는 다른 칸에 탔다가는 맞아 죽는다. 기차 지붕으로 올라가다가 사람들이 어디까지 타느냐 하면 승강기 계단에도 매달려 간다. 그러다 떨어져 죽으면 할 수 없는 것이다. 빵통 위에는 전쟁 영화에서 보는 것처럼 인민들이 빼곡이 앉았다. 전기선이 바로 위에 있으니 다 앉고 누워서, 빵통 하나에 한 30명 정도 올라갈 수 있을 것이다. 기차라는 게 둥글게 생겼지만 올라가 보면 위에는 편평하다. 겨울 같은 때는 더러는 얼어죽고, 떨어져 죽고, 그래도 기차는 가긴 가야 되니까.

지하철은 평양에만 있고 승용차는 국가에서 고급 간부에게 무료로 배차한다. 로동자들은 주로 많이 걸어다니고 돈 있는 사람은 자전거를 타고 다닌다. 직장이 먼 사람은 무궤도를 타고 다니고 무궤도(버스)는 아침 출근시간 7시-8시까지, 저녁 퇴근시간 5시-6시 사이에 운행하고 낮에는 안 움직인다. 이때 안내원이 돈을 받는다. 그러나 이것도 옛날 이야기이다.

1996년 말부터였는데, 1997년 들어서면서부터 기차가 제대로 다니질 못했다. 식량을 구한다고 많이 다녀 보았다. 기차 노선은 다음과 같다. 내가 기차 노선을 제대로 기억하는 게 있고, 제대로 기억하지 못하는 게 있다. 먼저 기차 노선을 정확하게 기억하는 것부터 말하겠다.

1호차. 평양 - 두만강 / 2호차. 두만강 - 평양 / 3호차. 평양 - 금골(검덕) / 4호차. 금골(검덕) - 평양 / 9호차. 평양 - 혜산 / 10호차. 혜산 - 평양 / 13호차. 평양 - 무산 / 14호차. 무산 - 평양 / 15호차. 평양 - 온성 / 16호차. 온성 - 평양 / 29호차. 신의주 - 청진 / 30호차. 청진 - 신의주.

호차 이름을 정확하게 기억하지 못하는 기차 노선은 평강-평양 / 함흥-만포 / 신의주-평양 / 만포-장연 / 해주-만포 / 해주-남포 / 철란(은율)-평양 / 해주-은빛 / 혜산-만포. 이게 한두 개만 빠진 조선공화국 기차 노선의 98%를 댄 것이다.

1호차-14호차까지가 급행열차이다. 요즘에는 급행열차만 다닌다. 급행열차들은 모든 역마다 다 서는 게 아니라 큰 역에만 선다. 평양에서 함흥, 길주 사이를 지나는 기차 노선들을 모두 본선이라고 한다. 〈청진-라진선〉은 청진에서 라진으로 곧장 들어가는 선이 있고, 또 온성에서 라진으로 들어가는 기차가 있다. 단천에서 허천까지 뛰고 허천에서 홍군까지 가는 통근차가 있었는데 요새는 아니 뛴다. 신북청-북청-덕성-삼기-철산광산의 노선이 있는데 삼기에서 철산까지 가는 별도의 기차가 있다. 여길 넘어서면 양강도가 된다.

백성에게 있어서 기차가 움직이느냐 그렇지 않느냐는 중요한 문제이다. 철도는 화물차를 타고 다니는 일은 보통이며 온성-평양은 며칠씩 걸린다. 원래는 매일 있어야 하는 것이 1996년에 들어서면서 5일에 1번 들어오거나, 또 1일씩 지연되더니 10일에 1번씩 오는 형편이 되었다. 자동차들은 목탄을 피워 다니게 되었는데 그것도 차들이 몹시 낡아서 제대로 못 다녀 늙은이와 아이, 젊은이들의 등에 짐을 지고 다니는 것은 보통 일로 되었다. 온성-평양은 "올지말지"라고 욕하며 라진-갈마는 "갈지말지"라고 한다. 어떤 노선은 빵통 내에 의자도 없고 유리도 없이 다니는 형편이다.

1 호 도 로

자동차 도로라는 게 있는데 한심하다. 1호 도로, 이거는 위대한 수령님이 행차하는 곳만 포장했다. 그 나머지는 포장이 되어 있지 않다. 1호 도로는 보천

쪽에는 혜산에서 ○○역이 있는데, 그 역에서부터 산악을 통해서 삼지연까지 들어가면 포장되어 있다. 1호 도로인 검산에서 보천까지는 평소 다른 차들이 운행을 못 한다. 행사할 때면 쓰고, 보통 때에는 단속을 한다. 사람이 걸어다니는 것도 단속한다. 그래서 삼지연에 들어가려면 돌아 들어가야 한다. 양강도는 혁명 전적지가 많다. 삼지연은 김일성 주석이 공산주의 제 2 이상촌으로 지적한 곳이어서 배급 정황도 좀 낫다. 이곳은 좀 민분이 있는 사람은 다른 지방으로 보내고 순순이 사상이 빨간 사람들이 모여 사는 곳이다.

혜산에서 갑산으로 가는 길에도 1급 도로가 있는데 길이 대단히 좋다. 다 군사도로인데 전시에 최고사령부가 그곳으로 이동해서 갑산군 신풍리로 옮겨간다고 한다. 함남도에서 갑산 쪽으로 가는 길은 없고 기차길이 나 있는 백암령은 아주 높아서 길은 있지만 넘기가 어렵다.

기 름 (휘 발 유) 빼 돌 리 기

돈이 없어 기름을 다른 나라에서 못 들여오지만 항공, 비행기 그런 데서는 기름을 쓰니까 비행장 부근에 휘발유가 많다. 군인들과 짜고 도둑질해서 기름을 뽑아 놓으면 달리기 선수들이 가서 사 오고, 어디나 달리기 선수가 있다. 달리기 선수가 없으면 장사를 못 한다. 이 선수들이 자동차에 휘발유를 싣고 가져온다. 안전부나 보위부하고 짜고 그렇게 빼돌린다. 달리기 선수를 태우고 길 가다가 내려주고서는 "그거 가서 내다 팔다가 잡히지 마라, 잡히면 창 맞는다" 그런다. 기름 같은 거는 외화벌이가 못 들여오고 항공대에서 국가적으로 외화를 주고 들여온다. 대체로 이란, 이라크에서 들여오는데 청진항 등으로 들여온다. 기름은 1차적으로 군대로 보내는데, 군대에서 기름을 빼돌린다. 어쨌든 살려고 모두 기를 쓴다. 일반 사람은 기름은 어디서 들여오는지 잘 모르는 사람도 많다. 일단 달리기가 빼내온 기름을 기름장사한테 넘기면 운전자들이 기름을 사서 다닌다. 기름은 개인적으로 사는데 사람들에게 돈을 받든 물건을 받든지 차를 운영해서, 일부는 자기가 다니는 단위에 바치고 일부는 자기가 먹는다.

8·3 차의 운영

흔히들 8·3 차라고 하는 것은 돈 내고 타는 차를 말한다. 혜산은 도로가 포장이 다 깨어지고 울퉁불퉁 하고 시외로 가면 포장이 안 되어 있다. 기름만 있으면 차들은 다 다닌다. 차는 승용차도 있고 여러 가지이다. 기관마다 차를 가진 데도 있고, 못 가진 곳도 있다. 어느 지역에 가면 사람들이 몇 명 모여서 다른 곳으로 가는 차를 수소문해서 "어디 가는 차구나" 하고 탈 수 있다. 거기에 힘들게 타면 억지로 다닐 수 있다. 타는 사람들이 돈을 내어서 휘발유도 산다. 기관별로 차가 있으면 그 운전수가 사람을 태우고 운행하기도 하고 때로는 자기 공장의 8·3제품 싣고 다니기도 한다.

각 공장에서 8·3제품을 하자 해도 종업원들이 식량을 구한다고 다 나가니까 공장은 무용지물이다. 공장에 자재도 없고 기계도 마사져 생산을 할 수가 없다. 그러니까 집에 가서 8·3제품을 만들라고 한다. 장갑을 내든지, 돈을 내든지, 8·3제품을 만들어서 1달에 수입금 130원씩 내라고 한다. 기관에 따라서 가격이 올라가거나 내리거나 한다. 130원이나 140원, 200원 내는 데도 있다. 그렇게 해서 직장에 바치면 1달이나 2달 분의 배급표가 나온다. 이 배급표가 있으면 당장은 배급할 쌀이 없더라도 배급쌀이 들어오면 국정가격으로 쌀을 받을 수 있으니까 장마당에서 쌀을 사 먹는 것보다는 아주 나은 것이다.

청진에서 혜산을 가자면 자동차로 14-15시간이 걸린다. 도로가 포장이 안 되어 있으니 다 먼지를 뒤집어 써서 눈만 번들거린다. 차가 좋지 않고 고장도 잘

나고 그러니, 처음에 떠날 때 고장이 잘 나는 차를 타고 갔던 사람들은 고생한다. 그래서 쓸만한 차를 낸다(빌려온다).

운수수단이 있어야 기관을 움직이니까 그런 기관에는 차가 한 대씩 있는데, 다 낡아서 악전고투라도 목탄차로 만들어 운행한다.

10리도 못 가 발병이 나는 목탄차

지금은 목탄차는 별로 없다. 목탄이란 게 조선의 삼림자원이 고갈되다 보니까 새로 메탄가스, 변소에서 나오는 것을 압축기로 뽑아서 넣은 가스통을 붙여 만든 가스차가 나왔다. 4-5년 전에 나왔는데 그것도 인분이 모자라 강냉이대로 만들려고 했는데 강냉이대도 소들이 먹어야 되니, 조선에 지금 소가 없으면 수송수단이 없어지니 안 된다. 그래서 목탄을 아직 쓰고는 있는데 메탄가스는 아예 못 쓴다. 그래도 사람을 태우고서 돈을 받아 휘발유, 디젤유를 사서 8·3차를 운행하면 거기에 타기도 하고 짐도 싣고 하는 게 제일 좋은 방법이다.

목탄차라는 게, 불을 때면 숯이 사그라들지 않아서 거기에 다시 열을 가하면 새빨갛게 타는 벗나무가 있다. 그런 목탄을 기관 안에 넣고 바람을 넣어서 목탄차가 간다. 증기기관에서 물을 기관에 넣는 것처럼 결국은 목탄이 기관 역할을 한다. 한 10리 가다 서고, 5리 가다 서고, 억지로 30리 가다 서고, 휘발유 기관을 못 쓰고 목탄차로 가니 차가 제 기능을 수행 못 한다. 대부분 목탄으로 어디 다니기가 힘드니까 안 만든다. 원래 당의 요구는 목탄차로 해서라도 다니라는데, 그게 운전수한테 얼마나 고통인지, 운전수들이 힘들다. 나도 함흥 쪽으로 나갔다가 목탄차를 탔었는데 정말 죽을 고생했다. 1996년 2월이었다. 날이 추우니까 손발이 다 얼고, 차가 가다 서고 가다 서고, 얼마나 추웠는지. 짐을 싣고 3명이 목탄차 꼭대기에 탔었다. 지붕에서 60리를 가는 데 24시간 걸렸다. 화물차 같은 차를 개조해서 목탄차를 만들었다.

양강도 곳곳에 초소가 있다. 보위부 초소로 10호 초소가 있고, 나무 단속 초소가 있고, 빈차 감독 초소가 있다. 빈차 감독은 차가 빈차인지를 조사하고 빈차로 운행할 때는 차를 세워 벌금을 물리고 돌려 보낸다. 빈차로 운행하지 말라는 말이다. 그게 원칙인데, 어디 물건을 실으러 30리 되는 곳을 가는데 빈차를 가지고 가지 거기에 뭘 싣고 간단 말인가? 그러니까 기가 막히다. 그래도 어떻게 하겠는가? 또 사정해서 봐 달라고 하면서 가는 것이다.

운송수단이 된 공장기업소의 차들

먼 곳으로 이동하려면 기차를 이용할 수밖에 없다. 돈 받고 사람들을 먼 곳까지 태워다 주는 자동차는 예전에는 없었다. 먼 곳으로 다니는 공장 차들은 공장기업소에서 필요한 물건을 실어오려는 그런 것이다. 물건만 실어 나른 거지 사람들을 실어 나른 건 아니었다. 요즘도 그냥 물건을 실어 나르는 차를 세워서, 자기가 가려는 방향과 맞으면 거기에 얻어 타고 가는 것이 많다. 수고비 조로 담배, 술, 돈을 준다. 요즘은 담배, 술은 잘 안 받고 주로 돈을 받는다. 1995년도부터 돈을 받았다.

배급 끊기기 전부터 기차를 이용하지 않고 공장기업소 차들을 타고 먼 곳으로 식량을 구하러 다니던 사람들이 있었다. 그때도 식량을 구하러 다른 도(道)로 다니던 사람들이 많았다. 식량사정이 어려워지기 시작한 게 벌써 1980년대부터였다. 한 1986년도부터? 그러면서 1990년도 들어서면서 아주 어려워지기 시작했다. 주로 해어(海魚), 쌀을 구하러 다녔다. 그런 사람들이 공장기업소의 노는 차들을 이용한 것이다. "한번 뛰어 주면 쌀 몇 키로 주겠다" 이러면서 했다. 그때

공장기업소는 돌아가고 있었어도 기름이 없으니까 노는 차들이 많았다. 공

장기업소에서 필요로 하는 물건들은 그곳의 차를 이용하지 않고 기차를 이용해서 실어 날랐다.

함흥 – 혜산까지의 기차비는 대충 15원 정도였는데 지금은 18원이다. 나진으로 들어가는 건 비싸다. 킬로미터 당 1백원이다. 선봉에서 나진까지 그 사이만 킬로미터 당 1백원이다. 들어가지 말란 소리이다. 시내에만 다니는 버스비는 1원이다. 혜산은 시외로 가는 게 보천과 대오천이 있고 시내에는 위연까지 가는 것 1개밖에 없다.

비 행 장 과   항 구

조선 국내를 운항하는 비행기? 그런 게 어디 있는가? 조선 비행기들은 다 외국으로만 다닌다. 비행기는 웬만한 간부들도 못 탄다. 조선을 선전하는 '조선민항'이라는 거는 외국 교민들, 외화벌이 하러 가는 사람들, 외국 공연 나가는 예술인들, 운동선수들 이런 사람들만 탄다.

외국 비행기가 내리는 비행장은 평양시 순안구역에 있는 순안비행장, 평양 대동강구역에 있는 미림비행장, 함흥 근교의 연포비행장, 원산 안변 근교에 있는 갈마비행장, 황해도 황주비행장이 있다. 군사 비행장은 신의주비행장, 삼지연비행장, 함흥에 있는 선덕비행장과 덕성비행장, 어랑비행장, 혜산에 있는 연봉비행장, 청진에 있는 라남비행장, 묘향산에 있는 향산비행장, 태천비행장, 정주(우주)비행장, 장진비행장, 풍산비행장, 라진·선봉비행장이다.

외국 배들이 들어오는 곳은 남포항, 흥남항, 청진항, 원산항, 라진항이다. 신포나 해주항으로는 외국 배들이 안 들어온다.

우리는 살아야만 했다

조선에서 총소리가 울리기 시작한 때는 1995년 여름이다.

공장 물건을 뜯어 팔다가 걸려 총살당한 사람이 많았다.

그래도 사람들은 계속 기계를 뜯었다.

1996년도에는 심지어 군대 통신선까지 잘라 팔았다.

함흥의 5대 공장이 멈춰서다

함흥에 있는 5대 공장은 흥남 17호 공장, 흥남비료공장, 28비날론공장, 흥남제련소, 용성기계공장이다. 이 공장들이 1995년부터 가동이 안 되었는데 이 5대 공장이 다 연결식이다. 이 공장에서 생산된 자재를 다른 공장에서 갖다 쓰도록 되어 있다.

물론 5개 공장 중에 1개가 안 돌아간다고 전체가 안 돌아가는 것은 아니지만 세계에서 수입해 오는 것들과 국내 자재들이 순환식으로 연결되어 있어 이 공장들이 동시에 멎어버린 것이다. 공장들이 멈춘 게 1995년도이다. 왜 그런가? 식량난 겹치고서 공장에 사람들이 안 나가니까 완전히 멎어버렸다. 함흥에는 1993년도부터 배급이 조금씩 밀리다가 1994년부터 아예 끊겨버렸다. 이때는 공장이 조금씩 돌아갔지만, 그러다 사람들이 못 먹어서 출근도 못 하게 되었다. 사업소에서는 공장이 잘 돌아간다고 위에다 허위보고를 계속 했다.

함흥이 다른 곳보다 식량사정이 더 어렵다고 느낀 것은 1993년도부터였다. 공업도시이기 때문이다. 함흥 사람들은 1990년부터 공장의 물건을 떼다가 다른 농촌지역에 가서 팔아먹었다. 로동자들의 하루 배급량 700그램으로는 생활하기 어렵기 때문에 장사길을 나선 것이다. 이때는 그래도 공장기계를 뜯거나 빼돌리지는 않았다. 공장에서 생산되는 것을 빼돌리기도 하고 사 가기도 하고 그랬다.

1994년도부터 간간이 공장에 안 나오는 사람이 있었지만 본격적으로 안 나오기 시작한 때는 1995년이다. 1994년도에 홍역이 한번 돌기는 했지만 별일 없었다가 1995년도부터 콜레라와 파라티푸스로 사람들이 떼죽음을 당하면서 공장에 출근을 안 했다. 1994년에 함남도에는 홍수피해가 없었다. 함흥은 바닷가고 지대가 높으니까, 공장들도 다 산기슭에 있다.

1995년부터 출근 안 한 사람이 한 20%였다. 1996년도는 말할 것도 없다. 1996년도에 50%가 출근을 안 했다. 그러다가 1996년 가을부터는 거의 안 나왔다. 흥남비료공장이 죽는 사람이 제일 많았다. 공장 물건을 뜯어서 팔아먹은 것은 1995년도부터였다.

장마당이 흥행하기 시작했던 것은 1994년도이다. 그리고 남자들이 나섰다. 그전에는 장마당에 남자가 없었는데 1995년도부터 출근을 안 하면서 남자들도 장마당에 나온 것이다. 그때 니켈, 동, 몰리브덴 등 금속제품을 팔아먹었다. 정치강연회 듣는다고 자리에 앉아서는 다들 턱을 괴고 머릿속으로는 오늘은 어느 전동기의 코일을 어떻게 뜯어낼 것인지 생각하기에 바빴다. 금속을 팔아먹지 못한 사람들은 다 굶어죽었다. 너나 할 것 없이 기회만 되면 공장의 기계를 뜯었다. 누구는 뜯고 누구는 받고 누구는 팔아넘기고, 모두 다 한 것이다. 누가 동을 뜯어오면 누구는 받아서 돈을 더 올려서 넘기고 누구는 중국에 팔았다. 그렇게도 못했던 사람들은 다 굶어죽었다.

공장에 있는 기계를 뜯어 팔아서 먹을 것을 구할 수 있었던 시기는 1997년도 초봄까지였다. 1995, 1996, 1997년 3년 동안 기계를 다 뜯어 팔아서 먹을 것을 구했기 때문에 이제는 더 해 먹을 게 없다. 갈수록 함흥에서 죽어나가는 사람이 많아졌다. 만약 1995년도에 100명이었다면 1996년도에 150명, 1997년도에 200명 정도가 죽었다. 조선에서 공장에 안 다니는 사람이라는 게 있을 수 없다. 함흥에 사는 전체 사람이 5대 공장이나 지방산업에 다 다녀야 된다. 사람들은 다른 공장에는 들어갈 수도 없으니까 자기가 다니는 공장에 있는 기계를 뜯어 팔아서 먹을 것을 구했다.

지방산업은 5대 공장 이외의 공장들을 이야기한다. 그런 데서는 별로 뜯을 만한 기계가 없다. 이 사람들이 제일 먼저 죽었다. 5대 공장에 다닌다고 다 기계를 뜯지는 않았다. 그 중에 날랜 놈들이나 공장의 기계들을 뜯어, 먹을 것으로 바꾼다. 위에서도 뜯어 가라고 가만있는 게 아니고 총을 들이쏘고 총살하는 데도, 살아야 되겠으니 어쩔 수 없었다. 총살도 많이 했지만 "날 잡아 잡수" "너네들이 배급 안 주는데 내 그냥 앉아 죽겠니?" 이런 식이다. 1997년도부터는 공장 자재도 팔아먹고 장사하고 도둑질하고 그랬다.

1995년

조선에서 총소리가 울리기 시작한 때가 1995년 여름이다. 그전에는 정치범들을 총살시켰는데, 불량배들을 총살시키기 시작했다. 심하게 총소리가 울렸다. 공장의 물건을 뜯어 팔다가 걸려 총살당한 사람이 많았다. 그래도 사람들은 계속 기계를 뜯었다. 1996년도에는 심지어 군대 통신선까지 잘라 팔았다. 군단에서 군단으로 연결하는 통신선을 잘라 팔고 기차 고압선도 잘라 팔았다. 이 당시에 황해북도 평산군에 가 보니 한국 삐라가 뿌려졌는데 북한에서 정치범이 아닌 일반 백성들까지도 총살한다는 말이 나왔다. 맞는 말이다.

1994년도에는 배급을 조금씩이라도 주어서 먹을 것은 있었지만 이것으로 1년을 털어먹고 나니 전부 다 도둑질을 하기 시작했다. 1995년도에 공장의 자재들을 팔아서 먹을 것으로 바꾼 사실은 어느 고장이라 할 것 없이 전국이 다 그랬다.

꽃제비들은 1980년도부터 있었다. 원래 부모 없는 고아들을 꽃제비라고 불렀다. 전국적으로 꽃제비 천지가 된 것도 1995년도부터이다. 가족 꽃제비, 부부 꽃제비, 아이 꽃제비 등 다양하다. 중국에 사람들이 나다닌 것도 1995년도부터, 김주석 서거 후부터이다. 함흥뿐만 아니라 평남도, 평북도, 자강도, 개성, 남포, 평양, 함북도의 많은 사람들이 중국에 나다녔다.

제일 먼저 죽은 것이 늙은이들로 1995년도부터이다. 애들보다 먼저 죽었다. 젊은이들이야 나가서 주워 먹든 덮쳐 먹든 살 수 있었다. 그리고 애들이 죽어가기 시작했다. 그 다음부터는 늙은이고 애들이고 그런 게 없었다. 먹지 못하면 죽는 것이다. 애들에게 영양실조가 나타난 시기는 1994년에도 있기는 있었지만 1995년도에 많이 나타났다. 1995-1997년 3년 동안, 정말 무수히 많이 죽었다. 김주석 서거 때부터였다. 꽃제비들이 죽고 영양실조가 나타나고 굶어죽고 간부들이 횡령하고… 그전부터도 상황은 어려웠지만 김일성 주석의 얼굴을 봐서 힘들어도 참았다. 고난의 행군 정신으로! 1995-1997년 3년 동안 고난의 행군이고, 1998년도는 강행군이다. 그러니까 못 먹어도 강짜로 일하라는 소리이다. 먹지 못해도 불만을 표시하지 말고 일하라는 소리이다. 인민들이 고난의 행군을 해 오면서 각성을 한 시기는 1996년도이다.

지금 조선에서 살아남은 사람은 간부, 밀수꾼, 외화벌이, 그리고 장마당에서 장사를 하거나 몸을 팔거나 꽃제비질을 하는 사람 정도이다.

미 로 (米 路) 1 9 9 4

나는 배급이 밀리기 시작한 1994년부터 식량을 구하기 위해 본격적으로 돌아다녔다. 1994-1997년까지 양강도, 함북도, 황해도 일대를 다 돌았다. 황해도가 곡창지대이므로 식량을 구하기 위해 그곳으로 많이 갔다. 다라, 소래 같은 공업 생활용품을 외상으로 받아갔다. 원래 이런 물건은 공장에서 나오는 것인데 개인들이 공장에서 빼내는 걸 외상으로 가지고 갔던 것이다. 제련소에서도 나오고 8·3으로 만든 것들이기도 하다. 처음에는 아줌마들을 따라다니다가 나중에는 동무들과 다녔다. 그때그때 장마당에 나오는 물건들 중에 눅게 구할 수 있는 것을 짊어지고 장사를 떠났는데 금속에 손을 대면서는 장마당에서 어떤 물건이 잘 들어오고 나가고, 어느 물건을 팔아야 돈이 많이 남는지 신경이 저절로 갔다.

식량난이 심해지기 전에도 양강도 혜산시도 다니고 중간중간에 자강도 만포시와 중강진도 다녔는데 그게 1991년도부터 1993년도까지이다.

당시 만포 부근의 연상리라는 곳에는 우라늄광산이 있고 그곳에 핵발전소인지 뭔지는 모르지만 핵시설이 있어서 공병대 보호시설을 만들고 있었다. 발전소가 갓 만들어졌는데 안에까지 들어가 보지는 못 했지만 그 부근에 함정을 파고 철조망을 치고 지뢰를 매설하고 신호장치를 만들고 있었다. 들리는 이야기로는 김정일 장군이 이 공장은 나의 공장이라고 했다고 한다. 강원도에 있는 금강산 지하 핵발전소가 반은 밖으로 노출되어 있고 반은 지하에 있는데 거기에서 생산되는 대부분의 전기가 자강도 군수공장으로 투입된다고 했다. 밀수하는 금속 중에서 홍수은은 원자로가 돌아야 나온다고 하는데 유일하게 만포에서 생산된다는 것이다. 이 지역은 산이 많아 사람이 잘 안 다니니까 차도 없다.

만포에서 중강진 쪽으로는 걸어서 들어가야 한다. 한 350리 정도이다. 남자는 나 혼자였는데 한마디로 장사하러 가는 아줌마들을 보호해 주러 갔었다. 기차를 타면 밤 같은 때는 위험하다. 하지만 난 도둑을 다룰 줄 아니까 일없다. 도둑들끼리 통하는 언어를 아니까, 내가 그런 언어를 탁 말하면 도둑들이 물러간다.

만일 도둑이 우리가 있는 기차 칸에 들어왔다고 하면 내가 탁 보고서 "다치지 말라. 푹 쉬라"고 한다. 이것은 내가 도둑놈 바닥을 아는 사람이라는 뜻이다. 그러면 도둑들이 "처지겠다"고 그런다. 즉, '꺼지겠다'는 말이다. 그러면서 나보고 "어디까지 달리느냐?" 하고 묻는다. 이것은 어디까지 가느냐는 것이 아니다. 얘네는 "도둑질하러 간다"는 것을 '달리기' 한다고 그런다. "어디까지 달리느냐?" "만포까지 달린다" 그러면 걔들이 "형님, 담배나 술 좀 없소?" 하면 술이나 담배를 좀 쥐어주어서 보낸다. 자기네 언어를 알아듣고 그 식으로 대답하니까 순순히 물러가는 것이다. 그러면 우리는 아무 일없이 가는 것이다. 그 도둑들이 우리 있는 데서 다른 기차 칸으로 가면 조금 있다가 여기 저기서 "으악!" 하는 비명소리가 들린다. 걔네들한테 털리는 소리이다.

아줌마들을 보호해 주고 나서 수고비를 받는데 주로 식량을 나눠 준다. 그리고 또 마지막에 가서 "삼촌, 수고했소. 우리가 이번에 얼마를 벌었다. 그 중에서 얼마를 수고비로 주는 거다" 하면서 얼마를 쥐어준다. 그 중 한 아주머니는 아주 야박해서 수고비를 안 주려고 했다. 그러니까 다른 아주머니들이 뭐라고 했다. 한마디로 위험한 일을 당할 수 있는 걸 나 때문에 피해간 것이니까 좀 주는 것이다. 어떤 아줌마는 기차 칸에서 잘못해서 물건도 뺏기고 심하게 얻어맞는 일도 있다. 대가리가 여기저기 깨지는 경우도 있고 그만큼 목숨이 왔다갔다 하는 일이다.

식량난이 오고 나서 쌀을 구하려고 처음 도착한 곳이 황해북도 평산이다. 여기서 물건을 쌀로 바꿔 가지고 집에 왔다. 외상으로 받은 물건을 야매(장마당)

가격으로 팔아 본전은 돌려주고, 그리고 나에게 떨어진 것이 강냉이 20킬로그램에다 입쌀 20킬로그램 정도 됐다. 가판때기로 해서 식량을 바꾸었고 그 다음에는 집에 있던 다라랑 소래를 내다 팔았다. 어머니가 나 준다고 사 두었던 것이었다. 우리 부모들은 아들이 장가갈 때 준다고 소소한 살림도구들을 미리 사서 챙겨 놓았다. 이렇게 살림을 팔아 돈을 쥐어도 나 혼자만 먹고 살게 되는 게 아니다. 동무들이 집에 놀러오면 대접해서 같이 먹게 된다. 솔직히 남자라는 게 쌀만 가지고 먹고 사는 게 아니니까. 그러니 오래 못 간다. 그래서 또 인차 식량 구하러 나갔다.

황해도 쪽으로는 두 번째로 간 곳이 연안이었다. 초겨울이었다. 해주–은빛행 기차를 타고 갔다. 이 해주까지는 혜산–해주행 기차를 타고 가는데 길주로 해서 신포, 흥남을 거쳐서 고원–원산–신계–평산–사리원–정방–해주를 간다.

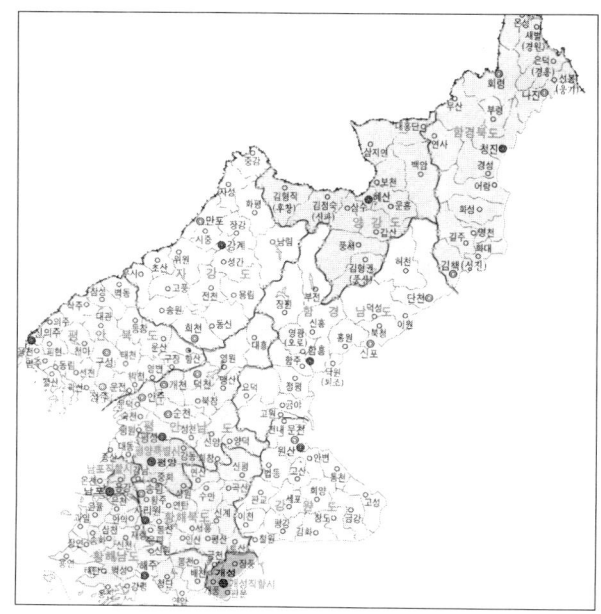

그때는 물건을 가져 가지 않고, 동무 3명이 요소비료를 가지고 갔는데, 내가 따라간 것이다. 이 비료는 동무 3명이 흥남 비료공장에서 훔쳐낸 물건이었다. 사리원에서 은파로 와서 2-3일 묵고 연안에 왔다. 연안에서 한 며칠 놀고 곡창지대인 장연으로 갔다. 요소비료

200킬로그램을 팔아 그 돈으로 쌀을 사러 장연에 간 것이다. 거기서 처음에는 쌀을 '저울강도' 당했다. '저울 누르기'이다. 우리도 잠시 지내면서 쌀장사를 했는데 그 수법으로 했다. 우리가 쌀을 살 때는 저울 앞대를 눌러 주고 팔 때는 뒷대를 눌러 준다. 그런 식으로 해서 실제보다 적은 양을 파는 것이다. 황해도 사람들은 이런 일을 아주 솜씨 있게 잘 한다. 여기서 쌀을 넘겨받고 또 팔기도 하면서 잠깐 쌀장사를 해서 돈을 좀 벌었다.

집에서 설을 세고 동무들과 함께 또 집을 떠났다. 먹을 것도 없지만 집에 있으면 사람이 그렇지 않은가. 그래서 원산으로 갔다. 이때는 함흥에서 원산까지 가는 자동차를 잡아탔다. 이 차는 원산까지 가는 일반차, 사회차였다. 중국산 바트 담배 두 막대기를 주고 탔다. 이 일반차에는 휘발유 드럼통 같은 것이 좀 실려 있는데 아마도 보위부기관의 차를 운전자가 반 자영으로 운영하는 것 같았다. 그 차를 타고 원산 근처까지 갔고, 거기서 안변까지는 걸어갔다. 원산역의 검열이 세기 때문에 산을 타고 돌아서 사리원행 기차를 타기 위해 걸어갔다. 이때도 비료를 가지고 갔다. 거기서 세포로 나와서 세포에서 신계로 갔다. 신계장마당에서 저울질을 해 가지고 또 쌀장사를 했다. 그 다음에는 평산으로 해서 서흥에 가서 또 장사를 했다. 서흥에는 함흥 – 사리원행 기차도 있고 혜산에서 출발하는 차도 있다.

정상적으로 따지자면 조선 돈 700-800원 가지고 1달도 못 산다. 부식물이나 소금, 쌀도 사야 되고 통강냉이 1킬로그램에 50원이라고 해도 10킬로그램이면 5백원인데 10킬로그램으로 1달을 어떻게 사는가? 아무리 허리띠를 졸라맨다 해도 살기가 바쁘다. 한끼에 죽지 않을 정도로 먹을 경우 20원이라고 쳐도 하루면 60원이다. 숙박비 20원에 나무 값도 있어야 한다. 대기숙박집(자영여관)에서 숙박해도 나무 값은 자기가 계산해야 한다. 나무 값이 10원이다. 그러면 하루에 90원 정도 있어야 되는 것이다. 역전에서 자면 숙박비와 나무 값은 안 드니까 하루에 60원이 있으면 허기지게라도 3끼는 먹지만 하루 배부르게 먹고 여관에서 자려면 3백원 정도 든다. 조선 돈 1만원이 큰 게 아니다. 중국 돈 5만원만 쥐면 큰돈이니까 조선 남자 중에는 중국에 5만원을 벌러 나가 보자고 그런다. 그런데 5만원을 벌려면 5-6년쯤 걸리겠지?

서홍에서 쌀장사로 조금 벌었지만 하루에 먹는 양이 많으니까 돈을 많이 챙겨오지는 못 했다. 남자 4명이 밥도 먹지만 앉아서 술도 서너 병씩 마신다. 한마디로 먹자판이었다. 주머니에 돈이 들어오면 우선 배가 고프니까 먹기 바쁘다. 돼지고기도 사 먹고 물고기도 사 먹고 술도 한 잔씩 한다. 동무들과 그런 식으로 서너 번을 따라다니다가 그 다음부터 금속장사를 본격적으로 했다. 혜산으로, 회령으로, 함흥, 청진으로 뛰어 다녔다.

1995년도에도 쌀을 구하러 다닌다고 통행증 7-8개씩 달아 가지고 다니는 사람들이 많았다. 돈을 좀 고이고 통행증을 구한다.

금속장사를 하다

내가 금속장사를 하게 된 것은 광진이라는 동무를 통해서였다. 이 동무가 금속들을 빼내 중국 장사꾼에게 넘기고 있었다. 금속들을 국경지역으로 가지고 가서 중국 사람에게 팔아 넘기는 일을 같이 하자고 했다. 판 돈의 반을 같이 나누자는 것이다. 그때 취급한 금속이 카나듐이었는데, 카나듐 한 막대기는 50그램으로 1그램에 3천원이니 그렇게 하겠다고 했다. 그래서 그 카나듐을 팔아보려고 온성의 화교집에 갔다. 그 사람은 금속장사를 전문적으로 하는 것은 아니었다. 물건을 살 중국 사람과 연결을 시켜 주는 사람이었다. 그래서 물건 살 사람도 같이 만났다. 화교들이 주로 사는 물건들은 금, 은, 동, 산삼, 뽀비지트, 이런 것들이다.

　카나듐은 흥남화학에서 빼낸 것이다. 그때까지 중국에서는 소련에서 몰래 가지고 들어오는 카나듐을 사는 사람이 있었는데 소련제보다는 북조선에서 생산된 것이 순도(99.99%)가 더 높았다. 그런데 중국 사람들이 조선 카나듐에 대한 확신을 갖지 못해 팔지 못하고 다시 돌아와야 했다.

　이런 일이 있고 난 후 나는 본격적으로 금속장사를 하기로 했다. 내게 외출복이 좋은 게 한 벌 있었는데 옷을 눅게(싸게) 팔았다. 그리고 집에 마지막으로 남아 있던 일제 라디오를 팔아 돈을 마련했다. 내가 얼마를 내고 광진이가 얼마를 내어 그 돈으로 동을 사 가지고 혜산으로 갔다. 이런 동은 다 파는 사람들이 있는데 공장에서 몰래 빼내온 것도 있고 또 남이 팔아 달라고 맡기면 돈을 얼마 받고 팔아주는 사람들이 있다. 동은 1킬로그램에 70원이다. 혜산에 가지고 가서 3만 7천원에 팔았다. 70원에 사 가지고 370원에 판 것이다. 내가 그렇게 팔면 혜산 애들은 중국 사람들한테 돈을 더 붙여서 넘겨 팔아먹는데 작게 먹는 애들은 킬로그램 당 50원 정도 더 붙여 먹는다. 이때 동장사로 돈을 좀 벌었다.

　혜산에서 동 파는 사람과 연결되는 것은, 조그만 애들도 다 안다. 외지사람이 오면 탁 보고 벌써 물건 팔러 온 사람인 줄 안다. 역전으로 마중 나오는 사람도 있다. 사람을 보고 물건이 있겠다 싶으면 옆에 탁 붙어서 "동 있어요? 동 파시오." 장사하는 사람들이 기차에서 내리는 사람을 보고 분별할 능력이 있다. 서로 몰래 하는 거니까 탁 보면 냄새가 난다. 우리는 그 당시 소개로 해서 사람을 찾아 갔다. 그때는 기차를 타고 혜산으로 가는데 일없었다. 1996년도까지는 기차가 잘 다녔다. 1995년, 1996년도에는 기차를 타고 다니다가 도보로 혜산에 들어가기 시작한 게 1997년도 1월 달이었다. 그 해 초에 혜산과 신의주를 자주 갔다 왔다. 금속 단속이 셌기 때문에 어느 지역까지만 기차를 타고, 내려서 도보로 갔다

왔다. 금속은 다 숨겨 갔다. 기차 안의 좌석 아래에 쫙 깔고 갔다.

혜산에서 동장사로 번 돈으로 다시 금속을 사서 팔러나갔다. 이때는 니켈을 사서 팔았다. 니켈은 제련소에서 나온 것인데 1킬로그램 당 5백원이었다. 이것을 20킬로그램을 샀는데 혜산에 가면 킬로그램 당 1천 2백원에 팔 수 있었다. 니켈을 기차 창턱에 숨겨서 가지고 갔다. 기차 좌석에 보면 음식을 올려 놓을 수 있는 조그만 탁자가 있다. 그 탁자의 나사를 돌려서 창턱에서 빼내고 창턱 틈에다 니켈판을 끼워 넣었다. 이런 것은 다 자기 대가리를 쓰게 마련이다. 쫙 훑어보고 어디다 숨기면 되겠는가 하고 솜씨 좋게 감추는 것이다. 누가 고자질만 안 하면 들킬 수가 없다. 그래서 새까말 때(어두울 때) 감춘다. 밤에 하거나 기차가 굴 속으로 들어갈 때 한다. 우리는 산이 많으니까 10리 굴, 5리 굴이 있다. 이렇게 해서 1달에 2~3탕씩 했다.

니켈도 금속장사꾼들이 다 취급한다. 이때 2만 4천원에 팔아 곧바로 집으로 돌아왔다. 그때는 기차가 매일 다녔는데 우리로 보자면 2번 갔다고도 볼 수 있다. 왜냐 하면 혜산에서 길주까지 가는 길이 높은 고갯길이라서 빵통(열차 칸)들을 2번에 나누어서 기관차 대가리가 끌고 간다. 보통 길에서는 대가리가 빵통들을 끌고 가는데 고갯길은 오르기가 힘드니까 먼저 간부 칸을 끌고 가고 나중에 일반 칸들을 끌고 간다. 이게 한 30분 간격이다.

국 정 가 격 ,   야 매 가 격   그 리 고   나 누 어   먹 기

집에서 좀 쉰 다음에 뽀비지트(탄광 같은 곳에서 굴을 뚫을 때 쓰는 착암기 앞에 들어가는 것)를 샀다. 당시에 동으로 장사하는 사람들이 많아서 장사 재미가 별로 크지 않았다. 그래서 뽀비지트를 사서 팔았던 것이다. 제련소 사람들이 파는 물건을 샀다. 제련소의 물건들을 많이 팔아 먹었다. 바이스(전기선과 철선 같은 것을 뽑을 때 연질하는 것) 같은 것도 빼낸다. 이 물건을 취급하는 사람과 제련소의 창고지기와 짜고 물건을 빼낸다. 그렇게 빼낸 물건을 야매가격으로 파는데 국정가격보다 비싸게 팔아서 남은 돈을 판 사람과 물건을 건네 준 사람, 그리고 창고지기와 나누어 갖는다.

식량난 전에는 탄광, 광산들이 제련소에서 만들어 놓은 것을 사 가기 때문에 이런 금속도 국정가격이 있었다. 원래는 탄광, 광산에만 내보내는 것인데 불법적으로 야매(장마당)가격으로 팔아서 국정가격에 해당하는 가격만큼만 공장에 넣고 남은 돈은 물건을 처리한 사람들이 나눠 갖는 것이다. 예를 들어서 뽀비지트 1킬로그램에 국정가격이 10원이라면, 야매가격은 350원이다. 그리고 나서 10원은 공장에 밀어넣고 남은 돈 340원을 서로 나눠 갖는 것이다.

우리는 다시 바이스 20킬로그램을 샀다. 바이스는 킬로그램 당 4백원이다. 그게 혜산에 들어가면 킬로그램 당 8백원 받는다. 금속을 팔면 일부는 다시 금속을 사고 나머지는 우리가 썼다. 먹지도 않고 그 돈을 모두 장사하는 데만 쓸 일이 있는가? 담배도 사 피우고, 장사를 다닐 때 필요한 데 쓰고, 한마디로 밥만 해먹고 사는 건 아니다. 돈이 있을 때에는 몇 달 동안은 장사를 안 다니기도 했다. 집을 떠나서 그렇게 돌아다니면 아무리 잘 먹어도 몸이 많이 힘들기 때문에 집에서 쉬기도 한다.

1997년 2월에 혜산에 들어가다 검열에 걸렸다. 들고 간 니켈을 다 뺏겼다. 검열이 세져서 조심하느라고 도보로 들어갔는데 혜산에 다 들어가서 군인들한테 걸렸다.

우리를 검열한 군인이 3명이었는데 우리는 갖고 있던 돈을 다 주고서 풀려났다. 1만원을 고였는데 금속도 뺏긴 상태여서 경제적으로 타격이 좀 있었다. 1997년도에 금속 단속을 세게 해서 혜산으로 가는 기차의 한 빵통에서 적발된

금속이 500킬로그램이라고 했다. 이 일이 있은 다음에 골동품장사를 했는데 돈을 벌지 못했다. 그리고 안전부에 걸려 2달간 단련대에 갔다오면서 생활이 어렵게 되었다.

개 인 무 역

밀수하면 단속은 안전원이 하지만 중국 국경을 넘거나 정치적 사안이 포함되면 보위부로 넘겨져 조사를 받는데 형량에 따라 감옥생활을 한다. 국경변 안전부, 보위부는 장사꾼, 밀수를 단속하며 등쳐먹고 살지만 역시 살기가 어렵다. 전에는 보위부들은 사복을 입었는데 1995년부터 군복을 입었다. 행사 때는 군복을 입으니 누구나 알아볼 수 있지만 평상시는 군복과 사복을 같이 입는다. 보위부는 수가 많지는 않으나 기관, 과별로 1명씩 있다.

1995년에 유색금속장사를 해 보려고 검덕에 갔다가 알게된 사람으로 이름은 영배이다. 고향이 혜산이라 일찍부터 금속장사를 하던 사람인데, 보위부 1호선을 잘라 팔다가 붙잡혀, 1997년에 집결소에 들어갔다가 교화소에 들어갔는데 지금은 어떻게 됐는지 모른다. 보위부 1호선이란 군보위와 평양을 연결하는 직통 전화선을 말한다. 그런데 그 친구가 취조과정에서 진술하기를 나와 같이 금속장사를 했다고 나를 물고 들어갔다. 사실 그 남자와 몇 번 거래는 했지만 전화선을 잘라 팔았을 때는 나와는 관련이 없는데 하도 매를 맞으니까 이것저것 다 불은 것이다.

금속장사는 안전부에서 세게 취조를 한다. 안전원들은 건수가 하나 나오면 그게 한 건만이 아니라 여러 건을 가진 사건이라는 것을 알기에 족치면 계속 나오니까 추궁한다. 영배가 이미 나와 여러 번 거래를 했다고 진술했기 때문에 어쩔 수 없이 나도 걸려 들어갔다. 내가 살 길은 무작정 버티는 거였다. 그래서 취

조를 당하면서 머릿속으로 생각하며 답하기를

"그 사람과 한두 번 하기는 했는데 그 뒤로 금속장사가 수지가 맞지 않았고 파라티푸스에 걸려 있던 돈을 다 털어먹었기 때문에 이미 1996년도에 중단했다."

"그러면 그전에 어떤 금속을 언제 어떤 방법으로 혜산에서 누구에게 팔았는가?"

"나는 구리를 구할 방법이 없다. 1995년도에 그 동무가 검덕광산에 다녀서 내가 유색금속를 사려고 했는데 동장사를 같이 해 보자고 했다. 그래서 그 친구를 따라 김책에 갔었다. 그리고 혜산에 잘 알고 있는 사람이 있다고 했다. 그때 그 사람을 따라 갔었다. 그뿐이다."

"아는 집이 어디에 있는가?"

"위연에 있다고 했다."

"인민반 몇반에 있는가?"

"역전에서 만나 숙박집으로 들어갔기 때문에 잘 모른다. 지금 그 사람 얼굴도 잘 기억나지 않는다."

이미 영배는 15년형을 받고 교화소에 간 상태였기에 보위부에서도 확인할 길이 없다는 생각에 나는 계속 그 친구에게 덮어씌웠다. 금속장사 건으로 열흘 넘게 계속 취조를 받았다.

"구리 도둑질은 안 했는가?"

"도둑질 한 일은 없다."

"어떤 방법으로 혜산까지 운반했나?"

"그 친구가 열차 안의 차표 검열하는 정무와 알고 지내기에 단속칸(증명서가 없어서 단속에 걸린 사람들을 한 곳에 모아두는 칸)에 숨겼다."

"어떤 식으로 가지고 갔나?"

"구리를 짧게 끊어서, 천을 덧댄 바랑 사이에다 넣었고 배에다가도 둘러서 운반했다."

"몇 킬로씩 해 먹었나?"

"한번에 7킬로 정도 해 먹었다."

"구리를 어디서 구했는가?"

"김책에 가서 사 왔다. 김책제철소에 있는 사람을 안다고 했다."

그러니 추궁하기를

"그 구리가 우리에게 다시 총알로 날아오는 거 아는가? 중국에 넘어간 구리가 다 남쪽 사람들이 사서 다시 총알로 만드는 거 아는가?"

"난 그거 몰랐다. 잘못했다"

고 했다.

15일 만에 취조는 대충 종결하고 나머지는 계속 그 내용을 확인하는 절차였다. 우리가 김책에 가서 머문 영배의 동무집에서도 조사를 해 보고 그 남자의 진술서와 비교도 해 보았다. 그리고 시단련대에 보내졌다.

영배는 1995년부터 동장사를 했는데 김책에서 동을 사 혜산에 내다 팔았다. 금속장사를 하면 기차 칸에서 단속을 심하게 받고 혜산역에서도 단속을 받아서 10번 하면 5번은 뺏기게 된다. 영배는 금속장사를 해서 손해를 좀 보다가 1996년 1월에 중국으로 갔었는데 돈을 어떻게 마련했는지, "중국과의 개인무역을 다시 시작했다"고 했다. 영배는 구리, 송이, 솔분, 골동품 등, 골동품은 다 가짜를 취급했는데 한번도 팔지를 못 했다. 그 가짜 골동품은 친척되는 사람이 구해 가지고 왔다. 골동품은 평양 중심 구역의 만수대 창작사에서 만든다. 진품을 가져다 놓고, 그걸 보고는 몇백 개의 모조품을 만들어서 판매를 한다고 했다.

나도 1996년도 봄에 영배를 따라서 중국에 한번 왔었다. 그때만해도 중국 공안의 단속도 없었고 장백현으로 도강하는 사람들도 대개 밀수꾼들이었다. 김책에서 물건을 떼 오며 밀수를 했는데 동, 니켈 등을 많이 가져왔다. 이때도 전문 밀수꾼들은 중국 상인들과 거래하며 남한 방송을 듣거나 중국 소식을 듣고 있었다.

1997년도 1월에 영배네 집에 한번 갔었다. 그 집 식구들은 밀수 덕에 배를 곯지 않고 잘 살았다. 매번 변경의 중국 친구네 집에 있다가 인차 다음 날 조선으로 돌아온다고 했다. 몇 번 밀고로 잡혀 고생하면서도 식량이 곤란한 이상 개인무역은 죽어도 할 터이다고 술마시면서 말했지만 보위부 동을 끊은 이상 아마 사회에 살아오지 못할 것이다.

밀수하는 사람들은 골동품을 많이 팔았다. 돈을 번 사람은 어마하게 벌었다. 밀수라는 것도 다 돈으로 하는 것이다. 돈이 있어서 외화단위나 힘이 있는 단위의 사람과 알아 두면 개인한테 좋다. 솔직히 나도 돈 있는 동업자가 있다면 밀수를 하고 싶은 마음이 많다.

자강도나 양강도에서는 한 1985년부터 밀수를 했다. 1986년쯤 중국 상인들이 조선에 들어오면서 조선에서도 밀수와 장사가 서서히 등장하기 시작했는데 조선의 해산물과 중국의 생필품 교역이었다. 전에 로임을 계속 받았을 때도 상점에 물건이 없어 중국 밀수품이 고가에 팔렸다. 장마당에서 30원 하던 입쌀이 250원까지 오른 적이 있었는데 1996년 여름 때 쌀값이 제일 높았다. 사실, 1989년부터 배급 쌀보다 장마당에서 사 먹는 것에 더 의존하게 되었다.

식량난이 있고부터 밀수하는 사람들이 점점 대범해졌다. 우리는 금 취급하는 것을 상당히 무서워했지만 그런 것도 없어지고, 일단 돈이 되니까 무조건 했다. 시기마다 취급하는 금속의 품목들이 있다. 밀수하는 사람들이 거래하는 것을 보면 금 등의 고가품을 중국 상인에게 넘겨주고 다른 물량을 받는다. 내가 1996년 당시 동을 가지고 혜산에 갔었을 때 거기서 들리는 말이, 혜산에서 장백으로 넘어가는 금속이 하룻밤에 8톤이라는 것이다. 하도 밀수를 세게 하니까 김정일 장군이 혜산시 시당책임비서에게 친필문서로 혜산의 청년들 없이도 조국통일을 할 수 있으니 법대로 처리하라고 지시가 내려왔다고 했다. 그 당시 금속이라 하면 구리, 뽀비지트, 니켈, 리듐, 나트륨, 바라듐, 몰리브덴, 홍수은 등이다.

혜산의 경우 광업대학이 압록강가에 있는데, 혜산에서는 워낙 강변으로 밀수를 많이 해서 광업대학을 '밀수대학'이라고 부른다. 밀수품으로는 잣, 동, 니켈, 담배, 술, 비누, 골동품(단지, 꽃병 등), 칼파스(소세지), 뽀비지트, 바라듐(쇠녹일 때 필요) 등이다. 그외에 아연, 금, 은, 아편, 골동품 등 별난 게 다 있다. 골동품은 박물관에서 턴다. 모조품 놓아 두고 다 도둑질을 한다. 박물관 있는 사람과 짜고 모조품으로 바꿔 놓으면 빼돌리는 것은 달리기 선수들이 한다. 물건을 달리기 선수들에게 넘기면 중국 사람에게 판다. 모조품 만드는 사람에게서 모조품을 사서 진짜와 바꿔 놓는다. 신의주도 밀수가 세다. 조선의 국경변 전역에서 거의 밀수가 이루어진다는 게 거짓이 아니다.

밀수하는 사람들은 보통 국경경비대에 담배 10상자씩 주면서 한다. 국경경비대에 복무하면서 조선 돈 10만원을 못 벌면 머저리라는 말이 있다. 밀수하는 사람과 탈북자를 눈감아 주는 대가로 탈북자 1인당 얼마씩의 돈을 챙기는 것이다. 몇 년 전부터 혜산과 신의주에는 조선 돈 1백만원을 가진 부자들이 생기고 있다. 갑자기 빈부의 차이가 심하게 나타나기 시작했다. 밀수도 하고 외화도 하면서 그런 것인데 식량난이 생기면서 돈이 몰리는 것은 확실한 거 같다.

1997년에 동선 도둑질 사건으로 혜산에서 50명이 총살당했다. 아무래도 혜산에서 중국으로 넘어가는 사람들은 밀수꾼들이 많기 때문일 것이다. 밀수꾼들은 강제노동을 시킨다. 제일 나은 경우가 이틀 동안 가둬놓고 일 시키는 것이고, 함남도 같은 경우에는 밀수한다고 월경한 자들은 보위부에서 취급해 밀수범들이 취급한 물건이 얼마만한 가치가 있는 것인가를 조사한 다음, 심한 건 교화소로 보낸다. 동 같은 것을 밀수하다 걸리면 총살이다.

밀수하는 사람들끼리 말을 하는 것을 보면 세게 한다. 일반 백성들이 하지도 못 하는 말을 막 하고 북한 내부의 전망에 대해서 토론도 한다. 김정일이 어떻게 대처할거냐, 개방하겠느냐, 전쟁하겠느냐, 왜 개방을 택하겠느냐, 개방하면 자리 내놓아야 한다, 아버지에게 물려받은 정권을 하루아침에 내놓겠느냐, 아마 전쟁을 택할 거다 등등. 그전까지는 전쟁과 개방에 대해 반반씩 의견이 있었는데 1998년 들어서는 열의 아홉은 아마 개방 쪽으로 갈 거라는 의견이 많았다. 밀수를 하다 보면 자연 정치에 민감해진다. 소문도 빠르다. 그 소문들 중에 내가 들은 것을 생각나는 대로 한 번 말해 보겠다.

김정일 비서와 당 최고 간부들이 모여서 토론한 적이 있다. 1998년 고난의 행군을 더 연장하는 것에 대해 물어 보았을 때, 모든 간부들이 문제가 없을 거라고 대답했다. 그런데 오직 1명이 고난의 행군을 연장하게 되면 당이 인민들과 괴리되는 일이 일어날 거라고 했다. 그 소리에 김정일 비서가 고민을 하게 되고 다른 간부들은 지도자 동지에게 염려를 끼쳐드렸다고 그 간부를 비난했다는 것이다. 이 당시에 김정일 장군은 김일성 추모 기념 궁전에 3일이 멀다 하고 가서 우는 게 일이었다고 했다. 왜 이런 어려운 때 정권을 넘겨 주었냐고 하면서 말이다.

김정일 장군은 텔레비에 잘 나오지 않는다. 1998년 새해에는 늘 하던 신년사도 없이 계속 군부대를 방문하는 것을 보여 주었는데 군부대가 총부리를 자신에게 돌리지 않도록 하기 위한 고육책이다. 그전에는 명절도 아니던 김정숙 동지의 생일을 명절처럼 분위기를 조성하고 그 기간에 임박해서는 전국에 김정숙의 동상을 만드는데 몇백 억을 들여 52개의 동상을 세웠다.

김일성동지의 추모기간

1994년 김주석 서거 후에 애도기간이 보름 정도 있었다. 7월 8일 서거일부터 매일 모든 인민들이 동원되어 기념탑 참배를 했는데, 그 귀한 꽃다발을 매일 구하기 위해 산으로 들로 꽃이란 꽃은 다 꺾어 꽃다발을 만들었다. 나중에는 산에 꽃이 없었다. 그 한 여름 애도기간 중에 이미 배급이 끊겨 매일 장마당으로 출근하는 사람이 있었는데, 그런 사람은 반역자로 낙인이 찍혀 살길이 아주 어려웠다. 애도동원을 나가니 못 먹고 약한 사람들이 강한 햇볕에 일사병으로 숱하게 쓰러졌다. 그래도 다음 날 또 동원되니 그때 죽은 사람들은 3일장도 지내지 못했다. 불참자는 체크하고 이동 시에는 애도기간에 어디 가느냐고 검문을 심하게 당했다. 어떤 사람이 동무의 아버지가 돌아가셨는데도 보지 못하다가 추모기간 마지막 날 추모행사를 마치고 산소에 가서 술을 올리고 절을 하고 내려 왔는데 추모기간에 돌아다닌다고 비판을 받았다.

그때 매일 3번씩 기념탑에 가서 추모행사에 참가하고 왔다. 오전에 한번, 오후에 한번, 밤늦게부터 새벽까지 한번. 애도기간도 사흘 울고 나니 눈물도 나오지 않아 눈에 침을 바르면서 버텼는데, 당에서는 수많은 애도객들이 끊이지 않으니 애도기간을 10일 연장한다고 발표했다. 그래 모든 사람들이 하늘이 무너지는 듯이 펑펑 울었다.

그때 들었던 말 중에 하나가, 당시에 밀수하러 중국에 갔다온 사람들이 애도기간에 월경했다고 반역자로 몰렸는데, 그들이 돌아와 동상앞에 음식을 올리며 제삿상에 올릴 물건을 구하러 갔었다고 말하자 모든 간부들이 영웅으로 떠받

들었다는 것이다. 또 서거일 오전에 어떤 검찰소장이 양고기를 먹었는데, 오후에 서거소식이 뒤늦게 알려지면서 서거일에 양고기로 잔치했다는 죄로 직위를 박탈당한 일도 있다.

공 개 처 형

총소리를 울려야 된다는 간부의 얘기가 있었다지만 총소리를 울려도 할 수 없는 것이 백성들의 형편이다. 1995년 11월에 장마당에서 도둑질을 한 사람에게 총살 시범을 보였다. 1996년 11월 당에서 "인민들에게 총소리를 울릴 때가 되었다"며 범죄자를 닥치는 대로 총살하기 시작했다. 1997년도인가, 어느 대학생이 남의 집에 들어가서 밥상 위에 있는 두부를 훔쳐먹다 주인이 들어오는 바람에 들키자 주인을 때렸는데 그 주인이 죽었다. 결국 대학생은 두부 때문에 총살되었다. 그리고 그 일가족 전부가 앓아 누웠다. 또 동생 결혼 때문에 도둑질한 한 교원이 있었는데 친구의 제안으로 도둑질하다가 걸렸다. 평소에 부모에게 효자였고 아이들에게 좋은 선생님이었으므로 아이들이 전부 사형장에 나왔다. "나는 죽을 죄 안 지었다"고 하면서 총살당했는데, 아이들과 학부모들이 전부 "선생님"하면서 울부짖었다.

1996년도 11월에 혜산에서 철도안전원의 총살이 있었다. 공화국의 식량사정이 워낙 곤란하니까 아편을 재배했다. 삼지연군에 있는 포태라는 곳이 아편재배 농장인데 한 안전원이 재배한 아편을 중국으로 밀수하려다가 잡혔다. 북조선에서 아편을 기르는 농장이 어떻게 생겼는가 하면, 김일성 수령이 살아 있었을 때, 농장관리위원회에서도 아편을 도모하라고 해서 하게 된 것이다. 연락소는 외국으로 나가는 것, 남조선으로 나가는 것, 제3국으로 나가는 것들도 있다. 한 마디로 대남사업을 보는 사람들이 이곳에서 일한다. 그 사람들을 시켜서 황금무역을 하라고 제안을 해서 아편농장이 생겨났다. 그게 포태농장이다. 함남도 부전, 장진, 대홍 그리고 양강도 지역에서 아편이 재배되었다.

아편을 재배하면 껍대가 나오는데, 껍대를 두세 번 가공하고 나면 하얀 분말이 나온다. 껍대도 요구하는 사람이 있지만, 하얀 분말을 기본으로 요구한다. 그런데 이런 분말을 만들어 팔자면 시끄럽고 하니까 껍대를 그냥 판다. 원래는 아편을 제 3국에 팔려고 농장을 차렸는데, 세계적으로 마약가지고 떠들고 하니까 세계의 밀매법 중에 사겠다는 사람이 없어서 수포로 돌아갔다. 결국 농장에서 아편을 그대로 갖고 있게 되고 개인들이 많이 갖게 되었다.

아편을 밀수하다 총살당한 안전원이 누군가 하면 압록강 21도구의 맞은편에 삼지연군에 녹산과 삼포가 있는데, 삼포 철도역에서 안전원으로 근무하던 김철이라는 사람이었다. 이 사람이 아편밀수를 3번 했는데, 2번 성공하고 3번째에 중국에 넘어가서 밀수를 하다가 잡혔다. 이때에 조선에서는 그것이 알려질까 봐서 중국 정부에 풀어 달라고 부탁했다. 그리고 중국 정부에 사죄하고 조선 사람이 중국에 마약을 팔아 먹었다는 사실을 알리지 말아 달라고 했다. 그렇게 해서 풀려났는데 이 사람이 또 마약밀수를 했다. 24킬로그램어치 아편이었다. 중국 놈이 안전원한테 아편을 가지고 중국으로 넘어만 오면 킬로그램 당 중국 돈으로 1만 4천원씩 주겠다고 꼬드긴 것이라 했다. 중국 놈은 1만 4천원을 주고 사서도 10배는 뽑아먹는다. 키로그램 당 1만 4천원이면 조선 돈으로 거진 30만원이 되니 큰돈이다. 그 안전원은 밀수를 다시 하지 말았어야 했는데 돈을 벌자고 목숨을 걸고 밀수하러 또 중국으로 넘어갔다가 공안한테 잡혔다. 그런데 마침 조선의 어떤 간부가 중국에 와서 아편밀수를 하다 잡힌 일이 생겼다. 그러니 중국 쪽에서는 조선에다 대고 "너희 나라는 아편밀수하는 게 왜 근절되지 않는가?" 따졌다. 이번에도 조선에서는 아편밀수하던 사람을 자기들한테 달라고 했다. 그러니까 중국에서 "좋다. 넘겨주겠는데 대신 조건이 있다. 우리 쪽 사람을 사형시키겠으니 너희도 안전원을 죽여라" 하는 조건을 붙였다.

그렇게 돼서 안전원과 중국의 밀수꾼을 서로 총살하기로 했는데, 그것도 사람들이 다 보는 데서, 압록강역에서 공개 처형하자고 했다. 서로 확인할 수 있도록 하려는 것이다. 그래서 압록강 강둑에서 공개 처형식이 있었다. 사실 이 안전원은 군안전부랑 다 합의를 보고 밀수를 했던 것이고 뒷거래가 다 있었는데, 일이 그렇게 되니까 이 안전원이 몽땅 다 개인의 사리사욕으로 밀수를 한 것으로 알리는 것이다. 하지만 양강도 사람들은 그 내막을 거지반 다 알고 있었다.

그날 보니까 그 안전원이 질질 끌려나오는데 입도 안 막았는데도 무슨 약을 먹였는지, 아니면 어떻게 손을 보았는지 멍한 게 입 한 번 못 벌리고 가까스로 서 있었다. 그 사람을 강둑에 세워 놓았는데, 그 사람의 죄질을 일러주면서 "그것이 맞는가" 하는 물음도 없이 그냥 죄질만 좍 읽어주고는 "사형에 처한다!" 하고 말았다. 그리고 사람을 막대기에 묶어 놓고 밧줄을 맸던 주머니를 머리에 씌워 놓더니 입도 안 막아놓고 총살을 시켰다. 그 다음 날에는 중국 쪽에서 거래했던 중국 놈을 맞은편에 세워 놓고 총살시켰다.

나라에서 '백도라지'라고 부르는 아편농사를 대대적으로 경영해서 논밭이 많이 유실되기도 했다. 함북도는 외화벌이를 해서 먹고 살라는 김정일 동지의 말이 있었다. 도(道)에서는 연구 끝에 대부분의 밭에다 아편을 심어 매 킬로그램당 대만과 4톤 양식을 교환할 수 있었고 1997년 하반기에 함북도에는 대만 물품이 좍 널려 있었다. 아편농장은 함남도 부전, 장진, 대홍, 양강도, 이 지역의 농장에서만 했다. 아편을 심은 각 농장의 넓이를 합해 보면 몇 개 리를 합친 것 만하다. 농장마다 아편 밭이 하나씩 있는 셈이다. 보통 크기가 70-80정보 정도 된다. 아편을 팔아서 당자금으로 쓰려고 농장 한쪽에서 아편을 재배했던 것인데, 1997

년부터는 안 심는다.

　나는 한번 포태농장에 갔었기 때문에 아편을 구경할 수 있었다. 아편은 그해 심어서 그해 수확을 한다. 또 아편이 잘 자랄 수 있는 기후조건은 주로 추운 지방, 즉 고산지역에서 키우고, 더운 지방에서는 안 된다고 한다. 그래서 고산지대인 함남도 장진, 부전, 양강도 삼수, 갑산 같은 곳에서 재배를 했던 것이다. 우리는 지금 그걸 약으로 쓴다. 그게 대장염 같은 데에 잘 듣는다. 대를 삶아서 우린 물을 백두산이라고 하는데 그걸 설사하는 환자들한테 먹이니까 뚝 떨어졌다. 나도 한번 설사할 때 대 우린 물을 먹어 봤는데, 그 물이 새까만데 어찌나 쓴지 모른다. 효과는 좋아서 금방 나았다. 아편씨를 볶아서도 먹는다. 아편씨를 먹는다고 해서 죽지는 않는다. 없으니까 못 해 먹을 뿐이지 콩보시나 깨보시보다 더 고소하다.

　조선에 아편장사하는 사람은 없다. 지금 조선 사람들은 그런 것을 취급하다가 죽는 건 둘째 문제이다. 문제는 그런 걸 살 만한 돈을 갖고 있는 사람이 없다는 것이다. 그러니까 팔아먹지 못한다. 지금 조선에 와서는 아무 물건도 팔아먹을 수가 없다. 그저 중국 쪽으로 동, 철사, 금 같은 걸 팔아서 먹고 산다.

　금은 함남도 정평군 장천리, 단천시 대흥, 검덕, 허천군 지방 사람 중에 많이 갖고 있는 사람들이 있다. 이 사람들도 판로가 없으니까 갖고 있는 것이다. 몰래 중국에 넘기거나 화교에게 넘기기도 하지만 감시가 세니까 함부로 움직이지 못한다. 우리는 개인이 금 1킬로그램이나 2킬로그램씩 갖고 있어도 정치범 취급을 받는다. 총살감이다. 하지만 총살을 시켜버리면 고통이 그걸로 끝나버리니까 정치범들은 사회적으로 생매장시킨다. 금을 갖고 있다는 것 자체는 정부가 뒤집어지기를 바라는 사람이라는 것이다.

북조선에 번지는 남한의 흔적들

조선에 남조선, 미국 상표 있는 물건은 못 들어오게 되어 있다. 그런데 이번에 미국 깃발이 있는 마대가 들어왔다. 마대처리를 하기 바빴던 모양이었는지 그저 장마당이고 길에 막 널려 있었다. 지금은 미국 상표가 붙은 물건들이 마음대로 나오고, 중국 상표, 간간이 남조선 것도 나타났다. 마대자루에 '대한민국'이라고 써 있었다. 한국 통조림, 돼지고기 기름, 소고기 기름, 이런 게 들어온 것이 있는데 사람들은 잘 모른다. 그냥 통조림인가 하지 구체적으로 봐야 안다. 사람들이 몰래 수근수근 한다. "저거 대한민국 거다, 남조선 거다." 그래도 말 안 한다. 전자 계산기, 향수도 남조선 것이 있고, 들어오는 것이 많다.

나도 남조선 향수를 한번 써 봤다. 골동을 해 보겠다고 1997년도 4월에 황해도 개풍에 갔었는데, 하늘에서 기구가 터지면서 떨어졌다. 향수, 위생도구, 가방도 있었다. 위생 가방이 좋아서 사리원까지는 잘 가지고 왔는데 가방에 든 것만 꺼내서 호주머니에 넣고 버렸다. 그래서 향수를 봤다.

황해도 사람들이 말하기를 남쪽 향수를 쓰면 인차 들켜서 못 쓴다고 했는데 냄새가 향기롭더라. 대한민국이라고 적혀 있고, 상표에는 향수라고 써서 비닐병 같은 데 넣었다. 거기 사람 중에 기구에서 떨어진 담배를 밤에 영화관에 가서 몰래 피웠는데 보위부 사람들이 와서 냄새가 다른 담배를 찾아냈다. 최근에는 뜸해졌다고 하는데 황해도 같은 데는 한국에서 넘어오는 물건이 많다. 거기 바닷가에서 일하던 사람들이 한국의 먹을 거랑, 담배, 시계랑 이런 것을 사용하다가 보위부에 들어가서 취조받고 직장에서 쫓겨난 사람들도 있다.

우리가 남조선 노래를 1995년부터 불렀는데, 1984년부터 남조선 유행가가 넘어왔다. 너무 생활적인 노래라서 동무들과 몰래 배우고 그랬는데 1990년도 들어와서는 노골적으로 부른다. "다 함께 차차차…" 하는 거, '차차차'는 모르는 사람이 없다. 이런 노래를 연변 노래라고 하는데, 실제는 한국 노래라고 했다. 이번에 조선의 변경에 와 보니 연변 테이프를 구해 집에서 듣고 배우다가 카세트를 보위부에 뺏기는 사람도 있었다. 밀수하는 사람들이 테이프를 구해 넘기는 것 같다. 주로 국경변에서 부르는데, 어디까지 퍼졌는지… 평양까지는 모르겠다. 이런 사람들은 남조선 노래를 부르면 "야! 그거 무슨 노래 부르냐?" 하는데 국경변에서는 많이 부른다. 놀음판에서도 술자리에서도 남조선 노래를 부른다.

국경변의 안전원들은 정복을 벗어놓고 술자리에서 남조선 노래를 부르기도 하는데, '낙화유수'를 잘 부른다. 그래서 사람들이 "야! 안전원들이 그런 노래를 부르면 어떻게 하느냐?"고 하니까 "안전원도 사람인데" 하더란다. 낙화유수 말고 '홍도야 울지 마라' '두만강 푸른 물에' '최진사댁 셋째 딸' 따위의 노래도 부른다. 춤은 디스코를 추는데 그렇게 요란하게는 못 춘다.

'낙화유수' 노래는 텔레비 영화 '민족과 운명'에서 퍼진 노래인데 그 '민족과 운명'은 매 주제마다 내용이 다 다르다. 그 중에서 박정희가 나온 내용이 있었다. 거기서 박정희가 즐겨 부른 노래가 낙화유수인데 어떤 당비서가 술자리에서 이 노래를 부르다가 목이 떼였다는 얘기도 있다. 한마디로 자본주의 퇴폐풍조라는 것이다. 사람들이 노래 부르기를 좋아하고 텔레비 보는 것을 좋아한다. 노래도 전에는 '사회주의 지키라' 이런 노래 부르다가 요즘은 연변 노래를 부른다. 남조선 노래도 부르다가 안전원이 지나가면 즉각 다른 노래를 부르는 걸 보면 재미있다.

화투는 못 친다. 노인들도 화투를 못 치게 한다. 남조선 거라고 못 치게 한다. 이 화투는 중국 여행객들이 가져온다. 다 들어온 것이다. 화투와 똑같이 그리고 만들어서도 쓴다. 아무리 화투 치지 말라고 해도 애, 노인도 화투를 치는데 좀 잘 사는 집이 가지고 있다. 생활이 편한 집이 화투를 가지고 놀지, 강냉이가루라도 구하려고 다니는 집이 언제 화투를 치겠는가. 장기는 있는데 바둑은 잘 모르겠다. 주패(서양 카드)는 장마당에서도 팔고 사람들도 많이 한다.

새 것을 찾으려면 탁아소에나 가 보라

요즘 사람들은 먹고 살기 힘드니까 결혼을 잘 안 한다. 여자들 같은 경우 제 혼자 벌어서 먹고 살기에는 그나마 괜찮은데, 남자까지 거두자면 힘들다. 그래서 여자들이 결혼을 잘 안 하려고 하니 30살이 넘은 남자들이 많다. 이런 남자들은 어머니와 같이 장사를 한다. 장사하는 것을 지키기도 하고 물건도 날라 주고, 대체로 남자들은 달리기를 한다.

매춘업도 많다. 장마당이나 역전에 나가면 화장하고 몸파는 여자들이 있다. 조선 여자들은 기본 화장을 안 하거나 옅게 하는데 몸파는 여자들은 화장을 짙게 한다. 꼬리표를 단 셈이다. 사람들이 지나가면 꼬인다(꼬신다). 그래서 여자가 남자를 데리고 가면 집을 빌려 주는 곳이 있는데 "3시간이면 얼마" 하고 돈을 내라고 한다. 일을 치르고서 여자가 5백원이면 5백원을 남자한테 받으면 1백원 정도를 집주인에게 준다. 여자를 사는 사람은 주로 외화벌이나 군인이다. 군인들은 도둑질을 하고 외화벌이는 외화사업을 하니 돈이 있다. 외화벌이는 여자들에게 달러나 엔을 준다.

여자들은 한번 남자와 친하게 되면 끝까지 친하려고 하고 남자들은 그렇지 않으려 하니, 남자가 다른 여자와 친하게 지내면 먼저 친했던 여자가 나라에 고소를 하는 일도 있다. 그래서 어떤 남자는 총살까지 당했다. 한 남자가 여자랑 친하게 지내면서 머저리 같이 비밀을 많이 알려준 것이다. 비밀이란 게 외화벌이를 하다 보면 비법적인 것도 많이 하니까, 비밀을 많이 안 여자는 남자가 딴 여자랑 친해지니 안전부, 보위부에 일러 바쳐서 결국 총살을 당한 것이다.

함흥, 청진, 혜산 같은 곳에 가면 역전에 몸 파는 여자들이 많다. 먹을 것을 주거나 조선 돈 50원에도 잠자리를 같이 할 수 있다. 원래는 사회주의라고 하여 많은 것을 통제하여 왔는데 지금은 통제를 하지 못한다. 옛날 같으면 그런 여자는 총살을 당했을 것이다.

간부들이야 이런 데 가면 안 된다. 다른 방법이 많다. 밑에 일하는 여자들이 많으니까 "입당할래?" 하며 유혹한다. 기관의 간부들은 종업원 중에 마음에 드는 여자가 있으면 하루 저녁을 데리고 노는데, 여자가 거부하면 입당시켜 준다고 유혹한다. 그 말에 숱한 처녀들이 노리개가 되는 일이 다반사이다.

남자 하나가 군대에서 제대했는데 여자를 소개받아 선을 봤다. 그 남자의 동무들이 말하길 "그 여자는 바람 쐬고 남자들을 많이 집적거린 여자다, 남자들을 세게 데리고 놀은 여자다" 그랬다. 남자가 좀 고지식해서 그 말을 듣고 여자한테 편지를 썼다. "동무가 이러이러한 결함이 있기 때문에 동무하고 살 수 없다" 했더니, 여자한테서 회답이 오기를, "새 것을 찾겠으면 탁아소에나 가 보라!" 그랬다. 이 말은 "조선에는 새 것이 없다. 탁아소에나 가야 있다"는 뜻이다. 그래서 남자가 메주를 먹었다. 여자가 남자를 도둑질하는 일도 있다. 여자가 남자애를 유혹해서 자기 집에 데려와서 술을 먹이고 잠을 자는 것이다. 너무 어린 것들이 연애질하다가 애를 만들어 놓고는 감당하지 못하겠으니까 몰래 처리하는 일들도 있고, 조선에서는 연애를 못 하게 하는데 그래도 다들 몰래몰래 한다.

솔직히 조선의 사회가 여자들이 많으니까 내가 봐도 처참할 정도로 논다. 여기 사람들이 보면 심하다 싶을 정도로 여자들도 막 논다. 하지만 나는 연애를 하지 않았다. 마음에 드는 여자가 없었다기보다도 식량난을 겪으면서 한마디로 마음에 상처가 있었다. 또 식량을 구하러 타지로 다니다 보니까 생활이란 게 한 달에 보통 7천리씩 뛰는 데, 집을 나가서 지내는 기간이 많았다. 그러니까 연애는 엄두도 못 내었다. 그리고 나는 젊은 여자들보다는 나이든 아줌마들하고 잘 어울려 놀았다. 나이든 사람 있는 데서 조그만 게 그렇게 할 수는 없었다.

조선에서 여자 손목 한 번 못 잡아 본 남자들이 빼곡할 것이다. 우리 같은 총각들은 말은 막 해도 여자들과 실제로 딱 마주서면 얼어서 입이 안 열어진다. 벌써 여자랑 둘이 작업시켜 놓으면 그 다음부터 탁 얼어 버린다. 여자가 많은 집단에서는 여자들이 남자를 갖고 논다. 똑똑하지 못한 남자 같으면 여자들이 데리고 논다. 여자들이 숱하게 "와, 해 보라?" 남자 하나 바보 되는 것이다. 여자들은 손목 치기(완력으로) 하는 것도 아니고 순 말로 하는데? 여자들이 아주 그냥 막 떠버린다. 그럴 때면 "야, 이 쌍 종간나들 때려 죽여버린다!" 한다. 그러면 또 여자들이 '와' 하고 웃는다. 그러면 더 언다. 나야 솔직히 말해서 그런 데 관심 있었으면 아들이 한 열댓 명 있었을 것이다.

장마당

그저 접시 하나 들고 딱 앉아 있으면 그게 곧 장마당이 된다.

장마당에서 파는 물건들은 '고양이 뿔' 빼 놓고는 다 있다.

고양이가 뿔이 없잖은가?

그러니까 없는 것 빼고는 다 있다는 소리이다.

돈

돈이라는 거, 우리가 돈을 쓸 일이 없을 거라고 생각하는데, 언제라고 돈을 쓸 일이 없었겠는가? 돈이란 게 쓰게끔 생겼고 돈이란 게 쓰라고 만들었는데? 기차를 타려고 해도 돈을 써야 되고 버스를 타자 해도 돈을 써야 되고, 국영상점에서 물건 사려고 해도 돈을 써야 된다. 쌀 배급을 받으려 해도 돈을 물어야 한다. 쌀이 1킬로그램 당 국정가격으로 8전이면 8전, 6전이면 6전 이렇게 정해져 있다. 이걸 내야 쌀을 준다. 배급이 맞기는 맞다. 국가 것은 가격이 싸다. 1킬로그램이 6전, 8전씩 하면 아주 싼 것이다. 이걸 받아야 배급 주는 일을 하는 사람들의 로임 줄 것 아닌가? 그리고 조선 사람들 돈 쓸 일은 아플 때이다. 병 앓을 때 약 사고, 입맛 돋구는 데와 몸보신하는 데, 버스나 기차 탈 때, 목욕, 이발하고 영화보고 신발, 옷 살 때 등 생활의 전부가 돈을 쓰게 되어 있다. 모든 걸 돈으로 사야 되는데 그 중에 쌀이 제일 싸다.

이자놀이는 1990년도 들어오면서 생겼다. 그전에는 없었다. 돈 1만원 빌리면 1달 후에 1만 4천원을 줘야 했다. 그렇지만 돈을 안 꿔 준다. 사람들이 돈을 먹고는 날 죽여라 한다. 그전에도 돈을 빌려주는 사람이 많지 않았다. 돈을 꿔 주는 게 1등 머저리고, 꾼 돈을 갚아 주는 게 2등 머저리라고 하잖은가. 지금은 돈을 꾸자는 게 아니라 돈만 만져보자는 것도 못 만져보게 한다.

은행은 해방되면서부터 있었다. 사람들이 저금을 하는 것은 비상의 일이 있을 때 쓰려고 했는데 지금은 아무도 저금을 안 한다. 자기가 저금한 돈 1만원을 찾자고 해도 그 돈에서 1천원을 돈 찾아주는 사람한테 주어야 한다. 돈도 마음대로 못 찾게 하고… 국가가 돈이 없으니까. 1990년대부터 저금을 못 찾게 했다. 1990년도부터 다 머저리가 됐다. 1989년, 그 13차 청년학생축전 때문이다.

지금은 많은 사람들이 장사를 한다. 조선의 집집마다 '꽈배기' '속도전떡' '사탕' '옷' 등등을 문 어귀에 써 붙여 놓는다. 중국의 광고나 다름없다. 집집마다 다른 지역의 눅은 물건을 구해다가 비싸게 팔아서 웃돈을 벗겨낸다. 그렇게 하지 못하는 경우에는 집안의 물건이라도 팔아야 한다. 그래도 살길이 없으면 방랑생활을 한다. 장사를 할 때 돈을 꿔 쓰는 경우가 많은데 정해진 이자율은 없고 사람마다 다르다.

맨 첫번 장사는 어머니한테서 배웠다. 어머니는 물고기를 뱃사람한테서 10원에 받았다면 장마당에 가서 15원으로 팔았다. 뱃사람이 15원 달라고 하면 우리는 10원에 달라고 흥정한다. 뱃사람들은 우리한테 조금 눅게(싸게) 넘겨준다. 그걸 장마당 가서 판다. 처음 장사할 때는 많은 양을 했으니까 힘들었다. 이 사람 저 사람한테 산 물고기를 모아서 지고 가야 한다. 혹시 쌀을 마다들일 수 있으면, 쌀 2킬로그램을 장마당에서는 150원 하는데, 이 사람한테는 140원에 사서 장마당에 가서 10원 붙여 먹는다. 많이 붙이지 않고 조금씩 붙여서 장사를 해 먹었다. 그래서 하루 장사해서 떨어진 돈을 가지고 쌀을 사서 먹고 살았다.

지역마다 차이가 있기는 하지만 1996년부터 3대 정책, 장마당, 뙈기밭, 가축소유의 정책을 실시하였다. 돈은 조선의 보통 돈과 외화권, 그리고 중국 돈과 미국 달러가 유통되는데 달러가 쓰기에 제일 좋다. 그러나 달라를 다량 소비할 경우 조사의 대상이 되므로 중국 돈이 가장 일반적인 외화로 쓰인다.

농 민 시 장

장마당이야 해방되기 전부터 있었다. 김일성 저작집에도 나온다. 전쟁 때 "폭격이 있어서 위험하니까 장마당을 안전한 곳으로 빨리 옮겨라"라는 지시가 있었던 사실이 나온다. 해방되고 1945년도부터 1950년도까지 사회주의 체계를 딱 잡아놓고 전쟁을 했으니까, 전쟁 때도 장마당이 있었다. 대신 장마당에서 암거래로 물건을 팔지 못하게 했다. 예를 들어서 접시를 국가상점에서 국정가격으로 2원에 판다면, 그걸 사다가 장마당에서 5원에 팔고 하는 것을 못 하게 했다. 그 대신 농산물 같은 것, 개인이 길러서 파는 부식물들은 얼마를 받고 팔든지 상관 안 했다.

매월 1, 11, 21일은 농민들이 노는 날로써 농민시장이 서는 날이기도 하다. 로동자들은 1주에 1번 놀고, 농민들은 10일에 1번 놀잖는가? 그래서 농민들이 그날 장마당에 물건을 팔러 나오는 것이다. 그전의 농민시장을 보면 농민들이 집의 텃밭에서 심은 걸 내다 팔 수도 있고, 또 (협동)농장에서 심은 농산물을 좀 힘있는 사람들이 점표를 떼서 장마당가격보다 눅게 다른 사람한테 넘기면 그 장사꾼이 나가서 장마당가격으로 파는 일이 많이 있었다. 이거는 농장에서 나온 물건이기 때문에 일없다.

가만히 장사

정치라는 게 한심하다. 물건이 만들어지면 필요한 곳으로 얼마만큼 보내게 하는, 유통이란 게 없다. 서로 유통이 잘 되게끔 만들어야 되겠는데 어느 한 곳으로 다 모이게끔 만들어 놓았다. 기본적으로 자기 도나 군에서 필요한 물품이 해결되도록 안 되어 있다. 조선 실정을 잘 몰라서 그러는데 내가 돈이 많으면 저 황해도, 평북도, 평남도 물건을 내 앞에까지 오게 할 수 있다. 자기가 가서 받아도 되고 돈이 많으면 사람들한테 황해도에서 쌀을 얼마 가져오라고 시킨다. 자동차로 장사를 크게 하는 사람들이나 밀수하는 사람에게 돈을 얼마 줄 테니 황해도에 가서 쌀을 가져오라고 시키는 것이다. 이 사람들은 황해도에서 1원을 하면 함북도에 2-3원에 판다. 배급이 끊기기 전에도 그런 일이 있었다. "어디서 쌀을 가져와라, 무슨 술을 가져와라" 하면 외화벌이꾼들이 가져오기도 했다. 1980년대에 인민들도 황해도에서 어디가 가을 추수 끝에 쌀 배급을 받는다고 하면 황해도로 몰려갔다. 그런 식으로 돈만 있으면 산삼도 사고 금도 산다. 금을 '케이'라고 한다.

여자들은 결혼한 사람들은 직장에 안 다니고 집에서 가만가만 장사하고, 남자들은 100% 공장기업소에 나가 일했다. 1986년도부터 가만가만 장사를 했는데 사람들이 사회적으로 다 장사하는 걸 알고 있었다. 1990년도까지도 위에서 장사하지 말라고 했으니까, 한번 검열이 붙을 때는 물건을 몽땅 회수당하지만 일반적으로 그런 계기점이 없을 때는 다 장사를 했다. 그러다 본격적으로 장사를 시작한 게 배급을 주지 않았을 때인 1993, 1994년도이다.

장마당이 흥성한 까닭

시장에서 조성되는 가격이 있다. 돼지는 큰놈은 고기로 팔고 새끼는 기르는 용도로 파는데 요만한 돼지새끼가 2,000원-3,000원씩 한다. 만약 어떤 사람이 돼지새끼를 2천원에 판다고 해서 다른 장사군도 2천 5백원에 팔던 거를 2천원에 내리고 하면서 경쟁하며 파는 것은 아니다. 가격은 장사하는 사람이 정하는 것이다. 남이 나보다 싸게 팔아도 자기 것이 팔릴 수 있고, 남이 나보다 비싼 값인 3천원에 팔아도 자기 것이 안 팔릴 수가 있다. 사람들이 물건을 보고서 이건 2천원 할 만하다 싶으면 사고 비싸다 싶으면 안 산다.

국정가격이 매겨지는 것은 공업품이다.

지금은 개인이 내다 파는 공업품이 비록 국가공장에서 만들어낸 것이라도 그걸 개인이 값을 높여 팔아도 누구 하나 말을 못 한다. "아, 이건 내 거니까 내가 판다는데 무슨 상관인가? 내가 먹고 살기 위해서 판다. 어쩌겠는가?" 이런다. 어쨌든 개인 것이기 때문이다. 이제는 바닷가에서 잡은 물고기도 국정가격이 없다. 국가에서 잡아서 파는 게 없고 개인들이 주로 낚시질을 해서 내다 파는 것들이다. 국가의 배를 타고 나가서 잡은 고기는 장마당에다 팔 수가 없다. 전에는 상점에서 팔던 것이 지금은 개인이 잡은 물고기들이 장마당에 나와서 팔린다.

1990년도부터 장사꾼이 많이 다녔다. 그전에는 장사란 것을 몰랐다. 군 자체에서 생산을 해서 남으면 많이 쓰고 모자라면 적게 쓰고 그랬다. 1980년대 후반에 들어오면서 어느 지역의 남는 물건을 어디에다 보내면서 돈버는 사람들이 생겼다. 이때는 장사하는 사람이 극소수였다. 정 먹을 게 없는 사람들과 국가에서 주는 배급만 가지고는 모자라는 사람들이 식량을 보태느라고 장사를 했다. 그때 장사꾼은 전부 쌀을 사 먹는 사람들이었다.

농장원들은 개인 밭이 다 있는데 중국처럼 몇 정보가 아니고 몇 평 정도이다. 여기 개인 밭에서 난 농산물이 농민시장에 모이고 장마당이 만들어지는 것이다. 농민시장에서는 원래 곡물은 취급할 수 없는 품목이지만 농민들은 자기한테 배급된 것 중에 옥수수는 먹고 입쌀은 팔았다. 초기에 장마당에 나온 것은 주로 농산물이다. 공산물은 공장에서 만든 거니까 다 공장 거고 국가 것이니까 장마당에는 없었다. 그리고 나서 몰래몰래 빼돌린 물건들이 장마당에 나와 팔렸는데 그건 국정가격보다 훨씬 비쌌다. 물건이 비싸도 국영상점에는 물건이 안 나오니까 팔린다.

신발공장에서 만든 신발 1켤레가 국가가격으로 하나에 5원인데 장마당에는 1백원에 팔린다는 식으로 국정가격과 야매가격이 나뉜 때가 1990년도였다. 그전에는 신발 같은 공산품이 장마당에는 나오지도 않고 (국영)상점에 많았다. 그런데 생산을 못 하니까 몰래몰래… 예를 들어서 신발 생산목표가 초과되면 그건 만든 사람이 먹게 되어 있다. 1천켤레가 생산목표인데 50켤레가 초과되었다면 나머지 50켤레는 장마당으로 빼돌린다는 것이다. 그럼 인민들에게는 1천켤레로도 모자라니까 장마당에 나온 50켤레를 돈을 더 주고 사는 것이다.

장마당에서 5원 짜리 신발이 50원에 팔린다면 공장으로 들어올 물건이 당연히 장마당으로 나가게 되어 있다. 비싸니까, 이윤이 높잖아? 그러면 나라 입장에서는 그런 것을 막아야 하고 막자고는 하는데, 그런다고 막아지는가. 5공 비리는 윗대가리들이 하는 것이지 로동자들은 못 한다. 한국에서 5공 비리, 5공 비리 하는 것이 있지 않은가?

1983년도 평양에서 국정가격이 17원 하던 외투를 야매가격으로 150원에 구입했었다. 그전에는 몰래 장마당에 나온 물건이 어떤 것은 국정가격보다 10배 정도 비쌌다. 지금은 한 백배는 비싸게 되었다. 돼지고기가 국정가격으로 1킬로그램 당 1원 50전 정도인데 1988년도 장마당에서는 150원 한다. 결국 국가가격과 장마당가격이 벌어진 이유가 인민들에게 필요한 물건을 충분히 생산하지 못하니까 그렇게 될 수밖에 없었다. 국가가격이란 게 없어졌다. 1989년도부터 이다. 그때부터 계획하여 생산, 배급하던 게 다 깨져버리고 인민들이 장마당에 나가서 필요한 물건을 샀다. 왜 하필 1989년부터인가? 전부터 조금씩 어려웠는데 1989년도 13차 청년학생축전 하면서 돈을 너무 많이 썼다. 이때부터 장마당이 많이 늘어났다.

이전의 국영상점의 문 여는 시간은 로동시간과 같았다. 아침 8시부터 12시까지 하고, 식사시간이 12시에서 1시까지, 그리고 저녁 몇 시까지 열고 아침저녁으로 따로 매대가 있었다. 이 매대는 아침 일찍, 저녁 늦게 일하러 나가는 사람들을 위해 문을 연다. 상점보다는 규모가 작고 아침에는 일찍, 저녁에는 늦게까지 열어서 퇴근하는 사람들의 수요를 보장했는데 이제는 장마당에서 이런 것들을 담보한다. 구역마다 동마다 있다. 그 시장들이 크고 작은 차이가 있지 파는 물품은 똑같다. 주택가 가까이에, 주택 중심에 있다. 장마당을 여는 거는 개인들이 하는 것이니까 시간에 상관없이 아침 일찍부터 밤늦게까지, 밤을 패면서도 연다.

안전부에서 단속이 붙지 않을 경우에는 농민시장이니까 장세만 물면 상관없다. 그전에는 장마당을 지키는 아바이들이 있었다. 장사할 때 장세를 내야 된다. 아바이들한테 장세를 낸다. 아바이들은 그 돈을 받아서 국가에다 바친다. 미리 등록을 하는 게 아니라 그날 장세만 내면 된다. 장세가 농산물은 5-10원이고 다른 거는 20원이다. 장세는 예전이나 지금이나 비슷하다. 매일매일 내야 한다. 장마당에 장사하는 표를 가지고 매대를 펼치면 아바이들이 돈을 받고 지켜준다. 표가 없으면 안 된다. 그 표를 검사하러 아바이들이 빙빙 돌고 사람을 한번 보면 장세를 받았는지 안 받았는지 안다.

고양이 뿔 외에는 다 있다

장마당이 열리는 장소가 예전에는 정해져 있었다. 국가에서 장소를 정해 준다. 지금은 장마당이란 게 따로 없다. 그저 접시 하나 들고 딱 앉아 있으면 그게 곧 장마당이 된다. 그만큼 장사하려는 사람이 많다는 말이다. 장마당에서 파는 물건들은 '고양이뿔' 빼놓고는 다 있다. 고양이가 뿔이 없잖은가? 그러니까 없는 것 빼고는 다 있다는 소리이다. 제일 값이 나가고 괜찮은 물건은 텔레비, 냉동기… 집에 있는 것도 다 내놓고 판다. 배가 고파 죽겠는데 그런 거 놔두고 뭐 할 건가. 총이나 총알도 팔 수 있다. 장마당에 내놓고 팔지는 않아도 사겠다는 사람이 돈을 딱 내보이면 제까닥 가져온다. 그러다 걸릴 수도 있지만 돈을 위해서는 못할 일도 아니다.

전자용품은 외국에 로동갔다 온 사람들이 있으니까 돌아올 때 그런 물건들을 가지고 들어오는 경우들이 있다. 그 사람들이 먹을 게 없으니까 집에 있던 물건들을 내다 파는 것이다. 이런 물건들을 사가는 사람들은, 돈 있는 놈들이다. 돈 있는 놈들이 시계, 녹음기 같은 걸 사려고 덤빈다. 중국 왔다갔다 하면서 장사해서 돈을 번 사람들이 집에다 텔레비나 녹음기 같은 걸 사다 놓고 싶어한다. 예전보다 싼 값에 살 수 있으니까 더 좋다. 청진장마당에는 사람이 많다. 꽃제비만 빼고 장사 안 하는 사람이 거의 없다고 말하는 정도이다. 집집마다 한 명씩 나와서 한다는 것은 거짓말이고, 먹지 못하는 사람들이나 도둑질하는 사람들 이외에는 다 나와서 장사를 한다. 그저 해야지 살 수 있으니까 1백가구 중에 꽃제비가 3가구라면 그 3가구만 빼놓고 나머지는 다 나와서 장사한다.

조선에는 세 종류의 사람이 있다. 꽃제비와 장사꾼, 굶어죽는 사람. 하긴 꽃제비나 굶어죽는 사람은 같은 부류라고 할 수 있다. 장마당에 나가 보면 물건 파는 사람보다 꽃제비가 더 많다. 덮쳐먹고, 달라고 비럭질하고, 장마당에는 발 디딜 자리가 없다. 혜산장마당만 봐도 기본 도로만 내놓고는 혜산시 전체가 장마당이라고 볼 수 있다. 큰 도로, 자동차 도로만 내놓고는 다 매대가 놓여져 있다. 기본 장마당에는 사람들이 빼곡이 들어차고, 골목에는 매대들이 다 있다. 골목에 있는 것들은 다 음식 장사들인데 기본 장마당에는 음식장사보다는 공업품, 중기, 자전거, 옷 이런 것들을 파는 매대들이 늘어서 있다. 중기란 '기' 자가 들어가는 물건들이다. 텔레비 수상기, 녹음기, 계산기, 재봉기, 이런 것들처럼 이름에 '기' 자가 들어가는 것들을 중기라고 그런다.

장마당에는 아무래도 공업품을 파는 것보다 음식장사를 하는 사람들이 더 많다. 음식장사를 하는 사람이 한 60%, 옷 파는 집은 10% 정도? 중기를 파는 집도 한 10% 정도이다. 나머지는 지지한 것들로 신발, 자전거 부속, 텔레비 부속, 돼지 고기점, 수리점, 과일점, 사탕점 이런 것들이다. 과일은 사과, 배인데 지금은 계절이 아니니까 중국 것들이 넘어와서 팔린다. 귤, 토마토, 바나나는 없다. 주로 사과, 배를 판다. 사탕, 과자, 엿도 파는데 사탕이라는 게 중국 사탕이나 사탕가루이다. 옷은 거의 전부가 다 중국 옷이다. 조선 옷이 없다. 하여간 온갖 것들이 다 있다. 강냉이 펑펑이 파는 곳, 옥시죽, 고기국밥 파는 곳……

먹는 것에 밥 종류로는 고기국밥이 있다. 돼지고기 요만한 것 몇 점을 넣는다. 그것도 머리를 어떻게 써서 파느냐 하면, 돼지고기를 얼려서 대패로 밀어낸다. 그런 걸 몇 점 얹어놓는다. 그럼 척 보면 먹을 만한 양 같지만 실제로 먹으면 입 안에서 금방 녹아버리고 마는 정도이다. 반찬을 따로 주는 거는 없고 김치를 조금 썰어서 국밥 위에 얹어 준다.

죽은 오구리죽으로 공통이다. 옥시죽이란 건 없다. 그저 오구리죽 하나이다. 오구리죽이란 건 안남미쌀을 넣고 팥죽물만 우러날 정도로 팥을 조금 넣은 것이다. 거기에 감자 녹말 조금 넣고 끓인 것이다. 그 외에 국수가 있다. 녹말국수, 밀국수, 강냉이국수. 국수 국물은 소금물에다가 맛내기(미원)랑 고추가루 조금 넣고서 국물 맛을 낸다. 빵은 맛대가리 없이 만든 것들이 있는데 증기빵, 풀빵, 카스테라빵 이런 것들, 꽈배기도 있다. 만두, 찰떡장사, 지짐장사, 완자장사…솔직히 매대 개수가 많아서 그렇지 그게 그거다. 종류는 몇 개 안 되는데 매대만 많다.

국밥할 때 들어가는 밥은 안남미와 입쌀을 50대 50으로 넣은 것이다. 맨 안남미만 넣으면 밥이 다 흩어져버리고 배가 빨리 꺼지니까 사람들이 안 사 먹는다. 다 거기서 거기이다. 뭘 사 먹자고 해도, 파는 사람들이 어떻게 만드느냐 하면, 국밥 사 먹고 돌아서면 곧 배가 고파서 또다시 곧 한 그릇 더 사 먹게 만든다. 양은 밥그릇의 한 80% 정도이다. 돼지국밥은 30원, 50원짜리도 있는데 가격은 양이 좀 더 적고 많고의 차이이다. 두부국밥은 25원, 콩나물하고 감자 넣은 국밥은 20원, 밀국수는 20원, 녹말국수는 30원, 강냉이국수는 10원. 여기 중국 사람들 보고 그것 사 먹으라고 하면 아마 못 먹을 것이다.

지금은 인민들에게 장마당은 없어서는 안 되는 거로 되었다. 안전원들도 장사하는 것을 단속하면서 상인들 등쳐먹고 살아간다. 모든 장사는 금지시키거나 단속하지만 암묵적으로 허용한다. 안전부들도 어디 가서 먹고 살겠는가. 1997년 당에서 내려와 김일성 노래 부르고 선전 작업을 하고서는 "장마당에서 얼마 벌면 나라에도 얼마 바쳐라, 개인 생각하지 말고 나라 생각하라" 하며 전국을 돌아다니며 했는데 처음 있는 일이었다.

꽃 제 비 랩 소 디

장마당에서도 서로 전쟁을 벌인다. 꽃제비들이 채갈까봐 음식물에다 그물을 덮어놓는 건 예전부터 그랬고, 요즘은 장사하는 여자들이 더 겁난다. 먹는 거

도둑질을 하다가 붙잡히면 여자들이 몽둥이 들고 와서 마구 때린다. 형편없다.

　1998년 청진장마당에 갔었는데 그날 초가을에 눈비가 왔다. 날씨가 추웠다. 사람들이 잔뜩 모인 장소가 있어 가 봤더니 꽃제비인데 털은 빠지고 거실거실한 담요를 뒤집어 쓰고는 눈비가 오는데 앉아 있었다. 사람들이 그 애들 들여다보고 구경하는 것이다. '이상하다, 뭐가 어떻길래 저러는가?' 하고 보니, 열댓 살 난 처녀 아이가 자기 동생들을 눕혀 놓고 뭔가를 먹이는데 자기는 먹지 못했다. 그러고는 아이들이 울더라. 눈이 내리는 날 그렇게 앉아 있는 것이다.

　그저 헐벗고 굶주리는 게 남조선 어린이라는데, 그 신세이다. 돌봐주는 사람이 없다. 먹여주지도 않고, 남조선은 그렇게 하면 돈을 준다던데, 돈주는 사람도 없고… 장마당에 가면 재미있다. 조그만 아이들이 먹을 수 있는 풀인지 먹지 못할 풀인지를 들고 "좀 사 주시오. 좀 사 주시오" 한다. 조그만 아이가 크게는 안 하고 중이 염불 외우듯 한다. 전쟁 때 여자들이 남자들에게 "돈 좀 1원 주시오"라고 했다는데, 크게는 안 하고 그저 중이 염불 외듯이, 지나가다 무슨 소리가 나서 돌아보면 "돈 좀 주시오" 한다.

　꽃제비들은 집도 없고 친척집에 가 봤자 눈치 받다가 쫓겨나든지, 뛰쳐나온다. 그리고 배낭에다 비닐박막이나 한 장 넣고 사처로 다니다가 비닐박막을 깔고 덮고 하면서 밤을 지샌다. 조선에서는 꽃제비와 늙은이의 대화를 엮어서 꽃제비들의 생활을 묘사하는 게 있다.

　네 이름이 뭐냐? / 제비요
　그 이름이 좋구나 / 그런데 꽃제비예요
　너는 뭘 먹고 사느냐? / 오리를 먹고 살아요
　너 괜찮게 지내는구나 / 그런데 국수오리를 먹고 살아요

너는 어디에서 사니? / 수도에서 삽니다

좋은 곳에서 사는 구나 / 그런데 하수도에서 삽니다.

이런 얘기들은 많고도 많다.

우리 동 27반에 사는 맹인부부는 남편은 굶어죽고 아내는 아이 하나를 데리고 살기가 어려우니, 큰 집 한 채를 20킬로그램의 강냉이가루와 맞바꾸었다. 이런 가정들이 많다. 가정에서 집기물과 시집갈 때의 첫날 옷과 이불까지 팔아버리고 또 집까지 팔아버린다. 이런 흉년 세월인데도 어떤 사람들은 이 기회에 매우 헐한 값으로 물건과 집을 사들이고 있다. 청진 같은 큰 도시에서는 이웃해서 집들이 비게 되면 4집을 2집으로 만들어서 사람들에게 판다는 말도 있다. 집을 매매하는 가격은 다 다른데 한 채에 600-1,000원에 판 사람들도 많았다. 이 돈으로 한 1주일 먹고 사는 데, 기가 막히다. 자기 집을 판 사람들은 더 작은 집으로 가든지 남의 집에 세 들어가거나 꽃제비가 되어 방랑한다. 집의 가격은 역전이나 장마당이 비싸다.

동무 하나는 1996년 말에 파라티푸스에 걸렸었는데 약값을 마련하려고 아버지가 집을 팔았다. 아버지가 집 짓는 기술이 좋아 사는 집을 직접 지었는데, 화교가 이것을 탐내서 화교에게 조선 돈 6만원과 입쌀 얼마간을 받고 집을 팔았다. 화교에게 살던 집을 팔고 동무네는 다시 1만 2천원에 집을 샀다.

장사 밑천이 없는 사람들은 조선에서 사는 화교들에게서 외상으로 물건을 받아다가 장사를 한다. 과자, 사탕, 술 등을 92-98원에 받아서 1백원에 팔면 2-8원이 남는다. 그것도 빨리 팔지 못하면 돈을 약속한 날짜에 돌려주지 못하고, 그러면 신용을 잃어 외상으로 물건을 받을 수 없게 된다. 따라서 어떤 날은 98원에 받은 물건을 98원에 팔거나 98원도 못 되는 돈에 팔기도 한다. 그런 날이면 하루

종일 굶는다.

    장사를 하다 보면 머리들이 깰 수밖에 없는데 처음에는 장사를 모르니까 사람들이 이것저것 무조건 지고 다닌다. 이제는 멀리 갈 때 짐이 많으면 좋지 않으니까 공업품 장사를 한다. 값이 눅고 운반하기 좋은 상품으로 가지고 다닌다. 여자들 경우 장사를 잘 하는 사람은 1만원을 갖고 가서 혜산이나 신의주 변경에 가서 중국 상품을 사서 안쪽에 와 팔면 열흘이면 다시 1만원을 버는 사람도 있다. 이렇게 장사를 할 수 있을 정도로 역바르면 먹을 수 있는 것이다.

    지금 더욱 느끼는 것은 장사를 해야 살겠다는 것이다. 장사를 해야지 유통이 빨리 되니까, 남의 걸 가져와서 팔아서 이윤이 떨어지면 그걸 갖고 먹고 나머지는 돌리고, 이렇게 계속 물품이 돌아가야 한다. 보통 장사하는 사람들이 다 그렇다. 배급이 단절되기 전부터 장사에 뛰어들었는데 그때는 장사해서도 유통이 잘 되니까 잘 살았고 배급을 안 주어도 장사를 해서 잘 살았다. 그랬는데 배급을 안 주니까 모든 사람들이 다 장사를 하고부터는 파는 사람은 많고 사는 사람은 없으니까, 국가적으로 돌아가는 게 멈춰 섰다.

외화벌이

군대 외화벌이보다 힘이 세다는 게 보위부 외화벌이다.

외화벌이라 해도 외국시장과 마음대로 거래는 못 한다.

"어느 외화벌이가 이번에 이거 해라" 하는 시장 주권을 장악하는 데에 있어서 제일 빠른 게 보위부다.

그러니 사람들이 보위부 외화벌이에 많이 붙는다.

군 중 외 화 와   충 성 외 화

일반적으로 공장기업소에는 외화벌이 일꾼들이 있다. 군(軍), 도(道), 군(郡)에도 있고 농촌에도 있다. 조선의 많은 단위들이 외화벌이를 조직하고 있다. 외화벌이는 군중외화와 충성외화로 나누는데 기업소들의 외화벌이는 군중외화이고 당기관의 외화벌이는 충성외화라고 한다. 그전에도 군중 외화벌이와 충성 외화벌이가 있었다.

기업소에 따라서는 산골에 사람을 보내 사금을 캐게 하는데, 캐 온 사금을 상급 외화벌이 기구에 바친다. 그러면 그 기업소에 식량이 돌아가기도 하고, 배급이 좀 간다. 당기관에서 장악한 공장기업소도 있다. 여기에서 나오는 상품은 외화를 해서 당자금으로 들어간다. 주석뽄트 공장이 있다. 당 중앙에서 직접 지배하는 외화벌이 공장을 가리킨다. 아마 여기서 번 돈이 주석에게 간다고 하여 주석뽄트라고 부르는 것 같다. 강원도 문천에 있는 9월 1일 공장, 락원 수산사업소, 단천 마그네사크링카공장 등은 모두 주석뽄트 공장이다. 이런 공장들은 계속 가동되고 있어서 배급을 정상적으로 준다.

외화벌이에서 취급하는 것은 송이도 하고 약재도 하고, 하는 게 많다. 군중 외화벌이는 주로 인민들을 동원해서 산에 가서 도라지 캐게 해서 그 나물이나 약초를 수매한다. 충성 외화벌이는 좀 고급이라고 볼 수 있다.

"기업소마다 개인이 갖고 있는 금을 내라" "충성심을 가지고 국가에 바쳐라" 하는 것이 있다. 처음에는 내가 갖은 금이 얼마 있어서 그거를 바치면 약간의 상금이 나왔다. 그 다음에 기업소별로 금을 내라는 요구가 내려왔다. 금광광산은 나라에서 하는 거니까 거기의 금은 못 내가고, 기업소에서 외화할 사람을 뽑아서 강바닥에서 사금 같은 거 채취해서 바치라고 했다. 충성 외화벌이는 이런 것이 계획화 되어 있어서 어느 단위에 얼마만큼 계획이 떨어졌다면 "무조건 하라" 하고 일방적으로 해서 걷어 올라간다.

청진이 기본 함경북도 외화벌이가 집중된 곳인데 권력기관들이 외화벌이를 많이 조직해 놨다. 그러니까 중앙으로부터 비준을 받을 수 있다. 달달이 김정일 동지 앞으로 서류를 올리게 되면 외화벌이 단위를 조직한다. 김정일 동지는 외화벌이를 해서 먹여 살릴 수 있다는 생각에, 똑똑히 보지도 못하고 마구 수표(싸인)를 써 내려보낸다. 결제해야 할 문건이 하도 많으니까 마구 수표를 해서 내려보내고, 그러면 서로 서로가 우리는 지도자 수표를 받았다 하면서 외화벌이를 마구 조직한다. 그러니 외화벌이 단위들이 통일을 한다는 게 어렵다.

외화벌이단위의 경쟁

로동당 자금을 마련하는 외화벌이 사업부에 5호 관리소가 있다. 충성 외화벌이 단위인 5호 관리소는 무슨 사업을 위주로 하는가? "해삼, 성게 같은 것, 이런 건 무조건 5호 관리소에 바쳐라' 이런 게 있다. 그 다음 송이가 기본이다. 함경북도 같은 데서는 송이를 기본으로 한다. 함북도 칠보산이 있는 명천군, 양강도 갑산 같은 데, 이런 데에 다니면서 "산에서 송이 내려오는 거(송이버섯을 따 가지고)는 무조건 5호 관리소에 바치라" 하고 원래 다른 외화벌이는 못 받게 되어 있다. 그러나 지금은 다른 단위의 외화벌이들도 서로 송이를 받는다.

송이는 5호 관리소에만 바치기로 했는데, 다른 단위의 외화벌이 사람들이 중앙에 가서 "우리 보위부 외화벌이에서도 받겠다" "우리 안전부 외화벌이에서도 받겠다" 이렇게 해서 지금은 다른 외화벌이에서도 송이를 받는다. 그렇다고 이 사람들이 5호 관리소처럼 정식으로 매대를 차리고 받지는 못한다. 위법이다. 그래서 '달리기 선수' 들을 이용하고, 뽑힌 달리기 선수에게 과제를 준다. "송이를 따 와라. 5호 관리소에 주지 말고 우리에게 가져 와라" 그렇지 않으면 "산에 가서 송이를 따서 내려오는 사람에게 돈을 주고 사 와라" 그런다. 그러면 달리기 선수들이 5명이면 5명이 돈을 얼마씩 가지고 산에 가서 지키고 있다가, 5호 관리소에 줄 송이를 따 가지고 내려오는 사람들한테 돈을 주고 산다.

5호 관리소에서는 10원을 준다면 다른 외화벌이 단위들에서는 20-30원, 비싼 값으로 준다. 그러니까 송이를 따는 사람들도 이런 사람을 만나고 싶어한다. 자연히 5호 관리소 말고 다른 개별 관리소에는 값도 그렇고 급수가 높은 송이가 들어오게 된다. 5호 관리소에서 1킬로에 3백원 준다면 거기서는 1천원을 준다.

다른 단위의 달리기 선수들이 임무를 받고 숨어 있다가 산에서 내려오는 사람에게 "송이 있습니까?" 물어 보고, 있다면 2천원 정도 주고 송이 10킬로 정도 모은다. 그렇게 산에서 내려오다 보면 군대들이 또 다 통제를 하니까 몰래 숨겨서 내려와서 동네 어느 집에 찾아가 바치면, 그 집에서 여러 사람이 가져온 것을 모아 놓았다가 밤에 외화벌이 차가 오면 옮겨 실어서 달아난다. 그러다 주변에 백성들이 이것을 알고 "어느 집에 외화벌이 차가 와서 송이 받아간다"고 안전부에 일러바치면 안전부에서 와서 덮친다. 그래 빼앗겼을 때, 그 외화벌이 사람들이 안전부 외화벌이 사람이면 도 안전부의 높은 급에다 사정을 한다. "우리 송이 뺏어가지 말고 돌려달라" 그러면 도에서 전화를 걸어 그거 뺏지 말고 돌려줘라. 그러면 돌려주고. 이렇게 하면서 또 계속한다.

송이 수매를 전문으로 하도록 허가를 받은 5호 관리소에서는 안전부, 검찰소 사람들을 동원해서 자기들의 물건을 다른 데에 못 나가도록 하기는 하는데 인민들 자체가 그 단위에 바치려고 안 하니까 어쩔 수가 없다. 그러다 보니 다른 외화벌이에서 받지 않는 송이들, 파 송이들이 5호 관리소에 막 들어오니까, 할 수 없이 그것이라도 사들인다.

송이철에는 송이 달리기하는 여자들이 많은데 이 여자들이 주로 양말에 돈을 넣거나 신발 바닥에 돈을 넣어다니기도 한다. 이때는 산 어귀나 마을 골목마다 군대들이 진을 치고 있으면서 수색을 하는데 말도 못할 정도이다. 남자들이 여자들의 온 몸속을 다 수색한다. 군대들이 아침에 학교에 가는 동네 학생들 가방까지 다 열어 보고 수사한다. 동네 사람들이 막 욕한다. "저 머저리 같은 새끼들은 학생애들 학교에 못 보내게 해서 자기네들에게 차례지는 게 뭐 있는가?" 하고.

그런데 젊은 군대애들은 생각이 또 다르더라. "최고사령관 명령으로 해서 우리가 여기 와서 보초를 서고 있다. 최고사령관 동지께서 송이를 가져 나가는 거는 역적이라 말씀하셨다. 왜 송이 가져가는가?" 하고 18-20살 되는 조그만 군인 아이들이… 최고사령관 동지 명령이란 말을 한다. "그럼 너네 그런 말하지 말라. 우리는 누가 사령관 말씀 어기고 나라를 배반한 일이 있느냐? 우리는 송이 가져가서 외화벌이 하는데 그거 다 나라에서 하는 일이고 나라에 바치는데, 어디 그것 떼어서 일본, 남조선에 팔아 먹니? 우리가 역적이고 반역자냐?" 그러면서 송이 외화벌이들이 욕질을 한다.

"바다에서 고기 잡으면 가져오라, 또 구기자가 있으면 구기자 가져와라, 콩 얼마 바쳐라‥" 이렇게 개인적으로 부담(할당)을 주어서 물건을 개인한테 받아 들여서 그걸로 외화벌이를 한다. 그걸로 가지고 다른 나라에 팔아서 사탕가루를 사 들여오든지 쌀을 사서 들여오든지 하는 것이다.

외화벌이로 들여온 식량의 유통

어쨌든 인간은 돈이 많은 쪽으로 다 흐른다. 외화벌이들은 송이를 출하시켜서 일엔이나 달러를 받아들여, 그것으로 중국에 가서 쌀, 밀가루, 강냉이 등을 들여온다. 그렇게 들여오면 또 달리기 선수들이 줄을 선다. 달리기 선수는 하나가 아니고 숱한 사람이 있다. 각 외화벌이에서는 나라적으로 수송체계가 받침이 안 되니까 달리기 선수를 고용한다. 이 사람들에게 식량을 넘기는 것이다. 청진 시내에 숱한 달리기 선수들이 모여든다.

각 외화벌이들이 외화해서 쌀이 들어오면 먼저 달리기 선수를 뽑아서 이 사람들에게 쌀을 나누어 준다. 그러면 이 달리기 선수들은, 조선에는 구루마 끄는 사람들이 많으니까, 이런 사람들을 고용한다. 장마당에 쭉 서 있던 수레꾼을 쌀 부려놓은 데로 데려와서 "10마대 자루 실어라" 한다. 이렇게 쌀을 실어 가지고 장마당에 가서 풀어 놓는다. 그러면 장사하는 사람들이 매대에 와서 "밀가루 한 포대 주쇼, 두 포대 주쇼" 이렇게 해서 싣고서 자기 지역에 가서 빵, 국수, 이런 것을 하는 사람들에게 또 넘겨준다. 청진뿐만 아니라 경성, 어랑, 길주, 여기서도 다 청진에 와서 사 가지고 간다.

만약 청진으로 외국에서 보낸 쌀이 들어왔다 하면 무력부, 안전부 이런 곳에서 장악한다. 무력부에서 "우리 무력부 식량이 모자란다는데 이번에 들어온 쌀이 얼마 되나?" 하고, 중앙에서 내려온다. 그리고 군(軍)의 외화벌이가 와서 식량을 군대 창고에 넣게 하고 그 다음에 빼돌리는 일을 한다. 장마당으로 풀어져서 돈으로 되면 위에다 주고 자기도 먹고 한다.

시 장 주 권 장 악

군대 외화벌이보다 힘이 세다는 게 보위부 외화벌이다. 외화벌이라 해도 외국시장과 마음대로 거래는 못 한다. "어느 외화벌이가 이번에 이 거 해라" 하는 시장 주권을 장악하는 데에 있어서 제일 빠른 게 보위부다. 그러니 사람들이 보위부 외화벌이에 많이 붙는다. 외화벌이의 물건을 여러 가지로 많이 할 수가 있다. 외화벌이를 해서 들어오는 식량도 보위부 얼마, 군대 얼마 이런 게 다 있다. 그리고는 식량을 자기 단위의 외화벌이에게 넘기면 이 외화벌이가 처리한다.

외화벌이가 하는 일은 약초, 송이, 고기, 낙지, 나무, 콩… 그저 다 한다. 못 하는 게 없다. 돈을 잘 버는 외화벌이는 그 사람 하기 나름인데, 보위부 외화벌이가 좋다. 어디에서 머리를 잘 쓰는가에 따라 다르다. 외화벌이에게는 자신의 단위에서 증명서 같은 거를 준다. 신임장이 있다. 외화벌이끼리는 서로 양보를 안 한다. 그건 주권문제이다.

예를 들어 주권이란 "송이 판매 외화벌이는 보위부밖에 못 한다" 하면 다른 외화벌이는 송이를 받아서 팔아먹을 데가 없다. 이 주권시장을 누가 쥐는가가 중요하다. 할 수 없이 다른 외화벌이는 송이를 받아서 보위부 외화벌이에게 넘겨주고, 받아 준만큼 돈을 받는다. 그래서 서로 주권을 받기 위한 전투를 하는데 어느 외화벌이가 더 힘을 쓰는가에 따라 주권을 쥐는 것이 결정된다. 주권을 쥐면 다른 외화벌이들이 못 건들인다. 그러니 보위부 외화벌이에 붙어서 어느 만큼 받아 달라고 타협한다. 중국에 나무 넘기는 외화를 보위부, 안전부, 군외화벌이 단위에서 다 할 경우에는 서로 제각기 경쟁한다. 어쨌든 사람들이 하기 수월하고 돈 가치가 나가는 것을 위주로 한다.

일 못하면 외화벌이에서 쫓겨난다

내가 만약 6군단 외화벌이면 군단에서 지정해 준다. "외화벌이를 너희 군(軍)은 뭐 해라" 하고 군단에서 상품을 지정해 주면 외화벌이는 계획을 세운다. 외화벌이 단위에서는 외화벌이들에게 남조선 자본주의처럼 임무를 강하게 준다. 또 '너네 일 못하면 나가라' 하고 쫓는다.

외화벌이에 들어가자면 돈이 많이 든다. 최소한 10만원은 있어야 외화벌이에 들어간다. 내가 농촌 지도자였다가 외화벌이 단위에 들어가서 "너 이번에 가서 성게를 100킬로 받아 와라" 하는 임무를 받았다면 내가 돈이 있어야 한다. 내가 바닷가 지경에 가서 성게를 받아 오자면 돈이 있어야 받아 오겠지? 그래서 내 돈으로 먼저 받아 온다. 그리고 외화벌이 단위에 넣어 주면 나중에 돈이 들어온다. 내가 성게 100킬로그램을 모으는데 10만원을 뿌리고서 외화벌이 단위에 얼마라고 이야기하면 그만한 돈, 내가 15만원이라고 하면 15만원을 준다. 이 사람은 이렇게 장사를 해서 부자가 된다.

평양, 신의주, 청진, 혜산, 이런 데는 큰 부자들이 있다. 돈을 빌릴 때는 부자들과 잘 아는 사람 중에 나를 믿는 사람들을 통해서 돈을 빌리거나 단위의 상급자들이 보증을 서서 돈을 빌린다. 외화벌이들이 돈을 빌릴 때는 이자를 내는데, 돈을 빌려 주는 사람들은 우선 믿을만한 사람인가 아닌가를 보고서 빌려 주지, 아무나 아니 준다. 그리고 보위부나 군대는 아무래도 힘이 있으니까, 이런 권력

단위를 보고서 돈을 빌려 준다. 국가에 의무적으로 내는 건 없고 외화벌이 단위의 상급자들에게 돈을 바치면 그 사람은 또 알아서 그 위에 바치고…….

외화벌이를 할 때 계획이 떨어지는 걸 보면, 내가 보위부의 외화벌이 단위에 소속되었다면, "무력부의 어느 군단에서 이러이런 거 외화벌이 한다는데 너희도 해라" 하고 과제를 준다. 그러면 외화벌이들이 자기가 능력이 있는 만큼 수량을 거두어온다. 이 외화벌이는 개인적으로 하는 게 아니라 조직적으로 한다. 거기서 남는 돈은 외화벌이들이 많이 가지고 더러는 국가에 바치고, 6군단 소속이면 6군단으로 바치기도 하고 자기가 떼어 먹기도 하고 유통을 시키기도 한다. 외화벌이들이 외화를 하다가 알아서 돈을 떼먹는 거는 당연하게 생각한다. 떼먹든 어쨌든 간에 국가에 돈을 들여놓기는 하니… 돈도 주고 자기도 챙기고.

외화벌이 농촌지도원에게 "부채망, 탕기, 삽수 이런 것을 받아와라" 하면 차를 타고 나와서 함경북도 어랑 쪽이다 하면 어랑 쪽으로 간다. 거기서 간판을 써 붙인다. "약초를 받는다. 약초 1킬로에 강냉이 3킬로를 준다" 하면 근방에 사는 숱한 사람들이 산으로 냅다 뛴다. 이 사람들은 약초 캐다 바치고 강냉이를 받는다. 갑산은 송이철이면 말 안 해도 다 산으로 간다. 약초철도 처음에는 그랬는데… 어느 외화벌이를 끼는가에 따라 이윤이 어떻게 차려지는가? 이게 문제다.

그전에는 국가에서 외국하고 거래를 했는데, 지금은 외국과의 외화벌이 거래가 끊어졌기 때문에 외국의 개인들과 무역한다. 이것을 할 때는 중앙당에서 외교부에서 발급하는 파견장을 가지고 한다. 내가 만약 웅담을 10통 장만했다 하면 일본의 개인회사에 넘기는데 일본이 경제교류를 막으니까 개인이 안 하겠다는 것이다. 그러면 총련에다가 넘겨서 거래를 한다. 송이면 송이를 넘겨 주고 돈을 받고 이런 방법으로 한다. 그리고 지방에서 외화벌이 하는 사람 중에 개인들이 밀수도 하고, 그런 게 많다.

한 외화벌이의 실종

살기 어려워지면서 조선에서는 강도가 많이 늘어났는데 외화벌이들이 강도를 당하기도 한다. 일단 외화벌이들은 몇십만 원씩 자기 몸 속이나 집에 가지고 있다. 그래야 언제든 장사를 할 수가 있다.

황해도 남포 여자가 있었다. 이 여자가 시집을 갔다가 식량난이 오면서 남편이 술 마시고 말썽을 피우니까 남편과 이혼하고 남포 역전에서 장사를 했다. 혼자 장사를 하면서 살다가 남포로 출장을 나온 청진 남자와 눈이 맞아 살림을 살게 되었다. 이 남자는 청진 어느 기업소에서 자재원 노릇을 하는 사람이었다. 자재원을 하면서 힘있는 단위의 간부들도 사귀었는데 사람이 수단이 좋아 알고 지내던 간부를 통해서 외화벌이를 하게 되었다. 1997년 3월에 여자가 황해도 사람이니까 그 여자 통해서 황해도에 가서 달리기 선수를 사서 뱀장어 외화를 했는데 돈을 좀 벌었다. 또 골동품도 하고, 돈을 많이 벌었다.

이 여자가 살아보니 요즘 같은 세상에 나그네(남편)가 정말 고마운 사람이었다. 돈이 많고 먹을 게 많으니 정말 좋았다. 그래 여자가 잘났다고 주위의 여자들한테 남편 자랑을 많이 했는데, 자랑 끝에 실수한다고 남편 자랑을 하다가 "우리 남편이 돈이 많다"는 말이 저도 모르게 나간 것이다. 여자들이 입이 빠르니까 그 여자 남편이 돈이 많이 있다고 주위로 말이 번져졌다. 주위에서 그 남편을 노리는 사람이 많이 생겼다. 그걸 노리던 놈 중에 1명이 남자에게 와서, 골동품 같은 이런 물건을 놓고, "이거 좀 사라" 이렇게 흥정하면서 달라붙었다. 남자가 "생각이 없다" 그랬더니 갑자기 "돈을 내놓아라" 하면서 칼을 꺼냈다. 안 내놓았다가는 칼 맞아 죽겠으니까, 결국 돈을 다 가지고서 그 도둑놈은 달아났다.

돈을 다 도둑 맞고서 이 남자가 그 도둑놈을 붙잡는다고 혈안이 되었다. 그 돈이 다 제 돈이 아니라 자기가 다니는 외화벌이 단위에서 꾸어준 돈이니까 "이 돈을 어디서 다 보상한단 말인가?" 하는 것이다. 그러다 단위에서 빚을 받겠다고 사람이 열 명 정도 왔다. 빚 단련꾼이다. 이 놈들이 남자를 붙잡아서 어떻게 했는지, 이 사람은 지금 행방불명이 되고 없다. 부부가 다 없다. 그래서 돈 있는 사람은 돈 있다고 표 안내고 다닌다.

요즘 조선에서는 '저 사람을 내 힘으로는 어찌 못할 때'는 돈주고 사람을 산다. 승용차 사고(빌리고) 사람 한 10명 사서 태우고 와서 그 사람을 보고서 "돈 내라" 한다. "안 내겠다" 하면 그 사람 사는 집을 맡아 놓고 그 사람을 반죽음 내놓고, 돈 나올 때까지 그렇게 행패를 부리면서 취조시킨다. 너 어디서 돈 나올 데가 없는가? 하는 것이다. 이렇게 돈을 받는다. 맞는 사람이야 자기가 당장 고통스러우니까 또 당할까 싶어서 돈을 내다 박는다. 그리고 나면 당한 사람은 또 사람을 사서 돈을 뺏어오고, 이런 것은 개인끼리나 있는 경우이다. 단위는 힘이 세니까 개인이 사람을 사서 돈을 뺏어오지는 못한다.

가 루 작 전

혜산에서 무역하는 것을 보면, 중국으로 나가는 것에는 조선의 나무나 광석, 약재들이고 중국에서 들어오는 것은 옥수수가 주요하고 그외 모든 공산품들이다. 조선에서는 강철, 목재, 황기, 고사리, 용담초 등이며, 중국에서는 식량, 종이, 공장 제품, 천, 전기제품 등 중국 제품 일체이다. 장마당의 쌀 가격은 중국에서 많이 들어오면 눅고, 많이 안 들어오면 비싸다. 그렇게 중국 영향이 많다. 1996년에 쌀값이 제일 비쌌다. 그때 함경도에서는 타격이 심했다. 그리고 국경하고 멀어질수록 쌀값이 비싸다. 조선 사람들이 왜 중국에서 곡식이 많이 안 들어오느냐고 하는데 그게 결국 미국의 압력 때문이라는 것이다. 중국 정부에서는 개방 단계에서 미국의 도움을 많이 받다 보니 미국의 압력에 못 이겨서 공산품은 세금을 적게 하고 식량이나 식료품은 세금을 많이 부과하니까 조선에 가서 누가 식량으로 장사하겠느냐 하는 말이 있다. 그건 내가 봐도 미국의 압력 때문이라고 생각한다.

가루작전이라고, 내가 1997년 겨울에 혜산갔을 때 있었던 이야기이다.

보천군 쪽으로는 나무를 몇 센티 이상은 못 베도록 하는 특별 보호림인데, 그걸 한 대 찍으면 3년을 사니까, 사람들이 먹고 살아야 하니 할 수 없다. 그래서 나무를 찍다 보니까 지금은 땔나무를 하려면 손수레를 끌고 70리를 가야 한다. 조선 사람이야 70리 정도면 2-3시간만에 갈 수 있지만, 아무튼 그렇게 나무를 많이 찍었다.

원래 국가 통제 하에서 임산사업소가 나무도 베고 관리도 하는데, 거기의 근로자들이 먹을 게 없어 벌목을 하여 자체로 가루작전을 전개하고 있다. 나무를 베는데 규정이 복잡하다. 나무 두께가 몇 센티, 길이는 얼마이어야지 벨 수 있다는 게 있다. 이 나무를 찍어서 자동차에 싣고 오면 도로에 있는 초소마다 뇌물을 준다. 여기가 혁명전적지도 많고 보천 쪽으로는 김일성 동지가 다닌다는 1호 도로도 있어서 초소가 많다. 초소를 통과하면 나무가 중국으로 넘어가는데, 그 과정에서도 나무를 검사할 때가 있다. 이 검사하는 사람들이 숱하게 들어오는 차에서 규격대로 조사한다고 하면서 규격 미달된다는 것은 조금씩 떼어놓아 그걸 팔아먹는다.

나무작전, 가루작전이라고도 하는데 조선의 나무와 중국의 옥수수가루를 바꾸는 무역이다.

가루작전에는 여러 과정이 있는데 일단은 휘발유를 구하는 게 문제이다. 이 휘발유를 사서, 기관의 차로 나무를 실어 무역국에다 바치면 중국으로 넘겨져서 강냉이가루가 넘어온다. 중국에서 나무 얼마에 옥수수가루 얼마로 계산해서 준다. 이렇게 무역을 해서 가루가 1,500킬로그램 넘어왔다고 하면 무역국에서 자르고 임산사업소로 주는 것이 800킬로그램이다. 그러면 800킬로그램에서 휘발유 값 자르고 기업소도 안 돌아가는데 국가쌀 공짜로 먹는다고 로동자들에게 줄 배급량에서 얼마를 제한다. 이것저것 떼고 나면 인민들 손에 돌아가는 것은 얼마 없다. 이렇게 무역국에서 떼어먹는 게 많다. 이 작전으로 해서 억만장자가 된 사람도 있다. 또 윗사람에게 돈을 먹이니 통제기관에서도 입을 다문다.

옥수수 800킬로그램에서 휘발유를 사고, 출근하는 로동자들에게 얼마 주고, 또 산에서 나무를 못 하면 농촌 사람들에게,서 나무를 사는데 농촌 사람들이 옥수수가루를 달라고 하면 가루로 준다. 그러니 실제로는 얼마 먹지도 못 하는 경우가 많다. 아무 산에서나 나무를 베지 못하도록 통제하는 산림보호원 등 기관이 있다. 그들도 다 연관되어 있는 상태이니까 서로 나눠 먹기 식이다.

나무를 해 오는 곳은 혜산, 운흥, 보천, 삼지연, 대홍단, 풍서, 풍산(현 김형권 군), 신파(현 김정숙 군), 백암 등 백두산 줄기에서 타고 내려오니 나무는 다 있으니까, 할 수 있다면 혜산시에 돈 있는 사람들도 차를 타고 나무를 사러 간다. 나무 6립방에 1만 2천원 짜리가 가루작전을 하면 3만원이 된다. 그래서 나누어 먹는다. 나무를 실어 오면서 감시원에게 얼마 먹이고 중국하고 나무와 옥수수가루를 얼마로 체결한 가격에 무역국으로 넘긴다.

기관에서는 중국에서 넘겨와야 할 필요한 물건이 있으면 보위부의 반탐과와 양정과의 도장을 받고 나무를 하러 간다. 한 개 편대면 차 6대인데, 한 개 편대를 허락 받기가 하늘의 별따기다. 그래서 힘있는 사람들이 농촌 사람들에게 가루를 주고서, 그들이 해 놓은 나무를 싣고 내려온다.

이 가루작전이 시간도 오래 걸려서 나무를 구한다고 3달 가량을 집을 떠나 있는 동안에 가족들이 굶어죽은 사람들도 많다.

혜산보다 더 산쪽으로 들어가는 보천군의 사람들은 나무를 해서 자기 군(郡)은 힘이 없으니까 혜산의 힘있는 기관에 나무를 넣는다. 그래야 중국과 무역을 해서 얼마의 옥수수가루를 구할 수 있기 때문이다. 중국과 무역을 해서 얻은 옥수수가루는 혜산의 기관에 절반 주고 보천군 사람들이 절반 갖는다. 결국 혜산의 기관으로 들어간 가루는 혜산 사람들에게 나누어지는 것이라 혜산이 다른 군보다는 살기가 헐하다.

함경도는 탄광이 많은데 양강도나 자강도는 기본 임산사업소가 많다. 혜산이나 주변 군(郡)에는 큰 기업소도 없고 사방이 다 산이니 거기서 중국과 해 먹을 것은 나무밖에 없다. 혜산에 가 보면 알겠지만 거기는 몇십 리에 걸친 산에 나무가 남아 있는 게 없다. 혜산 시내도 주요 기관이나 군대 초소들 주위에 나무가 몇 개 심어져 있을 뿐, 나무가 하나도 없다. 우리도 산에 나무를 막 베지 못하게 법으로 되어 있어서, 몇 년 전만 해도 중국처럼 나무가 많았는데 식량난이 오면서부터는 전국적으로 산에 나무가 없다. 뱀, 개구리도 보기 힘든데? 혜산은 한 2년 동안 나무를 해 먹더니 지금 그렇게 민둥산이 되어버렸다.

3. 너나가도 사람생각

혜산 9 2 7

조 선 의   가 막 소

군 인 천 하 지 대 본

당 조 직   지 도   속 에 서   살 다

혜산 927

9·27이란 1997년 9월 27일 당 중앙의 지시에 따라

꽃제비와 생활능력을 상실한 사람들을 집중하여 관리하는 기구이다.

떠돌아다니는 사람들을 집중적으로 수용해서 먹을 것을 제공한다고 하지만

배가 고파 서로 도망치려고 한다.

나 의 가 족

우리 가족은 아버지와 어머니, 나, 그리고 여동생, 4명이었다. 원래 중학교 3학년 때까지 삼촌과 같이 살았는데, 군대에 가서 죽었다. 삼촌이 사고로 죽었다는데 원인은 알려주지 않고 그냥 사망통지서만 받았다. 지금 내 가족으로는 여동생 1명이 남았다. 동생은 1996년 겨울부터 이모집에 가서 살고 있다. 이모는 1990년에 이혼을 하고서 아들 1명을 키우고 있다. 이모 혼자라 눈칫밥이 덜하기 때문에 이모가 하는 장사를 거들면서 그나마 살고 있다. 부모님은 두 분 다 사망했다. 어머니는 식량난 전에 직장에서 일하다가, 아버지는 식량난이 오자마자 간암으로 사망하였다.

어머니가 돌아가신 것은 내가 고등중학교 5학년 때였다. 그때 어머니는 군(郡)의 장(醬)공장에 다니고 있었다. 그날 밤에 아버지는 우리와 저녁을 먹은 다음에 밤근무를 나가려고 채비를 하고 있었다. 그런데 웬 자동차 소리가 들리더

니 집앞에 서는 것이었다. 그리고 우리집 문을 두드리는데, 열어 보니 어머니가 다니는 직장의 지배인이었다. 그 사람이 아버지와 나한테 공장에 갈 일이 있으니 같이 가자고 했다. 그 차로 아버지가 다니는 공장에 들러서 출근이 늦겠다고 사정을 말하고 다시 차를 탔다.

차를 타고 가는데 이상하게도 어머니가 다니던 직장을 지나치더니 군병원으로 들어갔다. 단층 건물에 들어서니까 한 침대에 무엇인가를 천으로 덮어 놨다. 어머니 시신이었다. 아버지와 나를 그 앞에 세우더니 천을 벗겨서 어머니 얼굴을 보여 주었다. 어머니 얼굴이 새하얗다. 그때까지도 나는 어머니가 죽었다는 생각이 안 들었다. 순식간에 그런 일을 마주치니까 마치 몽둥이로 머리를 꽉 얻어맞은 것처럼 땡 하고, 가슴은 무엇인가로 꽉 막힌 것처럼 아무 생각도 안 났다. 그저 멍하니 서서 시신을 보고만 있었다. 먼저 아버지가 어머니 손을 쥐었다. 나도 아버지 곁에 가서 어머니의 손을 쥐었다. 손이 아주 찼다. 손을 흔들어 보니 팔이 너덜너덜, 힘없이 너덜거렸. '어머니' 눈물이 하염없이 흘렀다. 나는 울면서 "어머니 살려내라"고 소리소리 지르고 몸부림쳤다. 내가 하도 몸부림을 치니 아버지는 나를 진정시키느라 몇 대 때리고는 집으로 데려갔다.

어머니는 살 수도 있었다. 병원에 너무 늦게 가는 바람에 피를 많이 흘려서 돌아가신 것이다. 기계에 팔이 감겨 들어가서 정맥이 끊어졌다. 어머니 직장에서 병원까지 가는 시간이 20분 정도 걸리는데 군병원에 가는 도중에 피를 너무 많이 흘렸던 것이다. 아마 일하면서 깜빡 졸다가 그렇게 된 것 같다. 그때도 영양이 충분하지 못하다 보니 어머니는 어지럽다는 말을 자주 했었다. 기운도 없는데다가 3교대로 1주일씩 돌아가면서 일을 하니까 너무 피곤해서 깜빡 정신을 놓쳐 그런 일을 당한 것이다.

어머니가 돌아가시고 집이고 뭐고 정신이 없었다. 어린 동생이 살림을 살았지만 어머니만 못 했다. 또 집에서 돈버는 사람이 아버지뿐이다 보니 살림도 어려워졌다. 아버지는 마음이 외로운지 술도 더 자주 마셨다. 내가 중학교를 졸업하고 사회로 나가서 집 살림에 보탬이 되려고 했을 때, 이미 나라가 어려워지기 시작했다. 그리고 식량난이 막 시작된, 1994년 봄에 아버지가 간암으로 죽었다. 아버지가 다니던 직장에서 관도 내 주고 돈을 부조해 주어서 장례를 치렀다. 또 그 공장지배인은 우리가 불쌍하다고 6개월 동안 우리집에 먹을 것을 방조해 주기도 했다. 그래도 그때는 인정도 있었고 먹을 것도 좀 있었다.

여동생은 우리 어머니를 닮아서 노래를 잘 했다. 1994년에 예술전문학교를 지망했다가 그만두었다. 연료로 쓸 석탄 2톤을 학교에 넣어 주면 합격을 시켜준다고 했는데 부모가 없는 집에 무슨 돈이 있었겠는가? 예술학교를 나와서 기업소 선전대에 들어가면 일도 수월하고 괜찮았는데, 그 학교에 못 들어가고 고등중학교를 졸업하고 탄광 권양기 운전공으로 들어갔다. 권양기는 탄차를 끌어올리는 동력기이다. 직장이라고 한 1년 다녔지만 로임도 못 받고 배급도 제대로 나오지 않는 직장을 더 다닐 수가 없게 되었다. 지금도 동생이 눈을 내리 감고 노래를 부르던 모습이 눈에 선하다.

처음에는 동생과 살아보려고 가재도구를 팔아서 빵을 눅게 사다가 이윤을 좀 붙여서 파는 되거리장사를 했다. 1996년에는 살기가 정말 바빴다. 그 해 겨울에 동생은 단천에 있는 이모집으로 가고 나는 금속장사를 해 보겠다고 친구와 같이 청진의 김책제철소로, 성진제강소로 다니면서 금속을 사서 무산, 회령 등으로 다녔다. 금속장사를 하다 잡힐 경우, 온성 쪽이 취조가 세서 회령 쪽으로 많이 갔다. 나도 직장에 소속은 된 몸이니까, 나가서 일은 안 해도 장사다니는 틈에 공장에 나가 보고는 했다.

금속장사를 한다고 친구랑 1년을 다녔는데 못 하겠어서 변경 쪽으로 다니면서 물고기장사를 해 보려고 했다. 집에 있는 마지막 가재도구와 집을 팔아 함흥으로 가서 물고기를 사서 혜산으로 갔다. 압록강변에 있는 신의주랑 혜산은 그래도 조선에서 가장 살기가 괜찮은 곳이다. 나도 금속장사를 한다고 국경을 다니기는 했지만 물고기장사를 하기 전에는 압록강 쪽으로 가보지를 못했다.

혜산으로 가다

혜산에서 사기만 안 당했어도 고향에 돌아가서 또 장사를 하려고 했다. 가지고 간 물건이 낙지(오징어)였는데 조선돈 1만원어치를 사서 혜산으로 갔다. 그 장사에서 한 1만 5천원만 남으면 다음에는 이면수장사를 하려고 했다. 함흥에서 이면수가 많이 나기도 하거니와 청진에서 물고기를 사서 혜산에 가면 다 죽은 물고기만 팔게 되지만 함흥에서 사면 혜산까지 가도 싱싱한 물고기를 팔 수가 있다. 이면수 1패당 20-30원씩 남으니까 수지가 맞는다. 1패라는 건 2마리이다. 함흥에는 이면수, 청어가 많이 난다.

혜산 옆에 위연장마당이 있는데 여기보다는 혜산장마당의 물건값이 눅다(싸다). 그래서 혜산장마당에서 물건을 사다가 위연장마당에서 파는 사람도 있다. 또 위연에서 보천 가는 길에 장마당이 있는데 그 장마당의 물건이 위연보다 좀 더 비싸다. 교통이 안 좋고 산으로 들어갈수록 물건값이 더 비싸다. 혜산장마당이 제일 싼 데 다른 곳과 1, 2원 차이가 난다. 혜산은 중국과 오래 전부터 무역을 해서 그런지 안쪽의 사람들과는 좀 다르다. 안쪽 사람들이 돈을 빌려서 물건을 가지고 혜산에 왔다가 협작을 당한 경우가 많다.

어수룩한 사람들은 혜산 사람들에게 많이 당한다. 중국 조선족을 대신해서 조선 사람들이 물건을 많이 수매하는데, 그럴 때 저울 농간을 해서 본전도 못 찾는 경우도 있고, 낙지를 판다고 낙지를 손에 들고 "낙지 사시오" 하고 있다가 도둑놈이 들고 있던 물건을 잽싸게 나꿔 채 가는 일도 있다. 도둑이라고 소리쳐 봐도 그 놈은 벌써 저만큼 도망가서 보이지도 않는다.

이런 경우도 있다. 어떤 사람이 1백원어치를 물건을 산다고 하면서 10원짜리 10장을 준다. 그러면 내가 돈을 확인을 하고서 물건을 준다. 그런데 물건을 산 사람이 자기가 10원 짜리가 필요하다며 다시 다른 돈으로 주겠다고 하고서는 10원 짜리와 50원 짜리가 양 겉에 나오도록 해서 돈을 내민다. 그러면 나는 좀 전에 받은 10원 짜리 10장을 도로 건네준다. 그리고 나서 받은 돈을 확인해 보면 겉에는 10원, 50원이지만 그 안에는 1원 짜리 지폐로 되어 있다. 1백원어치 물건을 팔고 내가 받은 돈이 60 몇 원이 되는 것이다. 돈을 확인해 보고 속았다는 것을 알 때는 이미 그 사람은 보이지 않는다. 그러니 손해이다. 어수룩하니까 처음에 이런 협작을 많이 당했다.

돈을 다 털리고 오갈 데 없는 타지 사람들은 꽃제비가 되어 빌어먹거나 혜산에서 일을 하면서 산다. 일거리도 별로 없지만 하루 버는 돈도 얼마 안 되니까 한겨울에는 혜산에서 한 3킬로 떨어진 위연역전에 가서 자는 사람도 많다. 혜산역전에서는 못 자게 한다. 가을에는 감자 캐러 다니고 나무를 하러 다니고 이삭주이를 하고, 식당을 잘 알아 두어 거기에다 물을 떠다 주면 하루에 20-30원은 받는다. 장사집 아주머니가 밥을 먹여 주는 날에는 20원을 받고, 밥을 못 먹여 주는 날에는 밥값으로 10원을 보태서 30원을 받는다. 밥은 아침에는 못 먹고 점심, 저녁 두끼를 얻어 먹는다. 아주머니가 먹여 주는 밥은 그 집에서 파는 국수이다. 남자들의 경우는 20원을 받으면 그 돈으로 10원은 담배 사 피우고, 10원은 죽을 사 먹는다. 30원 받은 날에는 20원 짜리 국수를 사 먹고, 10원으로는 담배를 산다. 우리 남자들이 담배를 세게 피운다.

감자 캐는 데는 일시적인 기간 동안만 가 있는데 돈은 안 주고 하루 세 끼를 먹여 주기만 한다. 잠은 농촌이라 그 동네 사람 집에서 자게 된다. 나무를 해 주면 하루에 50원을 받는다. 그만큼 힘든 일이다. 양강도에 있는 산들이 다 경사가 급한 데다가 통나무를 메고서 몇 킬로미터를 날라야 한다. 나무하러는 대평까지 간다. 땔감용으로 팔기 위해 나무를 하는데, 내가 있을 때에 그곳에 있는 나무는 다 해 버렸다. 원래 나무는 못 하게 되어 있고 단속원에게 잡히면 벌금을 물게 되니까 몰래몰래 한다. 혜산에서는 할 일이 도적질밖에 없다. 그러니 국경을 넘게 되는 수가 많은 것이다.

국경을 넘다

나는 위원역전에서 자게 되면서 꽃제비들에게 중국 얘기를 많이 들었다. 처음에는 국경을 넘는 것은 엄두도 못 냈다. 애들도 많이 넘어다녔고 어떤 애들은 수십 번 넘어다녔지만 사람이라는 것이 첫 스타트를 끊는 게 어렵다. 한번 해 보면 괜찮아진다.

국경을 넘을 때는 척 보고 경비대가 저쪽에만 있으면 냅다 뛴다. 경비대가 강변에 10미터에 1명씩 서 있으니까 그 틈을 뚫고서 뛴다. 10미터마다 1명씩 서 있다 하더라도 그 긴 강변에 사람들이 다 서 있을 수는 없다. 어느 구간 위로 올라가면 경비를 못 서 있으니 아이들까지 다 넘어온다. 어쨌든 경비대가 발견하더라도, 강을 절반만 건너뛰면 따라오지 못한다. 대낮에 건너올 수도 있고, 새벽에 건너올 수도 있다.

내가 처음 강을 넘어올 때는 초저녁이었다. 경비대의 교대시간에 강을 넘었다. 처음으로 중국에 넘어올 때, 나를 데리고 온 사람들은 전문가였다. 처음부터 나 혼자서는 못 건너오니까 꽃제비하고 같이 넘어왔다. 남자 2명과 건너왔다. 중국과 혜산 사이에 놓여 있는 교두다리를 못 가서 섬이 하나 있는데 거기로 넘었다. 자주 넘어온 사람들은 다 자기들이 가는 곳이 있다.

중국에 넘어와서 나를 데려온 사람들을 따라 장백에 있는 산으로 올라갔다. 그 사람들은 내 한 입이 부담이 되니까 강만 건너주려 했는데 내가 사정을 했다. 처음인 중국땅 장백에서 갈 곳도 없고 지리도 모르니 어떻게 하겠는가. 그들을 따라 산으로 올라가면서 시내를 보니까 자동차가 그렇게 많았다. 애들이 저희끼리 공도 차고 놀고, 통통 하니 책가방 메고 학교에 가고, 그러니 나라가 어떻게 발전하지 않을 수 있겠는가. 조선에서는 애들이 어디 그런 것 갖고 놀 엄두가 있는가? 그렇게 한심하게 살고 있으니 나라가 발전을 하겠는가.

장백산에 가는 도중에 일행들은 나를 움막에 떨구어 놓으려 했으나 그 움막에는 여자들만 3명 있었다. 그래서 다시 산으로 들어가서 움막을 찾았다. 움막 3개를 찾았는데 그 중에서 남자들이 많은 곳에 나를 떨구고 갔다.

내가 있게 된 움막에는 젊은 남자 3명에 늙은이 1명, 젊은 여자들이 2명, 애들이 2명 있었다. 거기에 있으면서 남자들을 따라 새벽에 시내로 가서 쓰레기를 주어다 먹었다. 그렇게 한 2일을 지냈는데 3일 째 되던 새벽에 공안이 덮쳤다. 그때 여자 2명은 자기가 알고 있는 중국집에 내려가서 막에는 모두 7명이 남았었다. 움막에 있던 사람들은 밤낮으로 망을 보고 있어서 그날 새벽에 공안이 덮쳤을 때도 도망을 칠 수 있었다. 그 중에 늙은이만 뛰지 못해 잡혔고 나머지는 더 깊은 산으로 도망을 갔다. 거기서 하루를 있다가 나는 남자 2명을 따라 탑산으로 가기로 하고 어두워질 때까지 기다렸다.

장 백

나와 탑산에 같이 간 남자 둘은 짝지로 중국에 자주 넘어온 사람들이었다. 장백 근처에 안 다닌 곳이 없었다. 탑산의 동굴은 조선 사람들이 많이 찾아가는 곳이다. 일제 때 뚫어 놓은 굴이라고 하는데 밖에서 보면 전혀 보이지 않는다. 우리가 있던 곳에서 산 2개를 넘어가니까 굴 입구가 나타났다. 우리가 굴에 도착했을 때는 이미 밤이라 사람들이 다 있었지만, 낮에는 동굴 안에서 있지 않고 산 위쪽으로 올라간다. 낮에는 각자 흩어져서 자기 숨을 곳으로 가고 밤에만 동굴에 모였다. 또 여자들 중에는 밤에 마을로 내려가 밥을 빌어먹거나 얻어 와서 나누어 먹기도 했다. 짝이 있는 사람도 있어서 2명이나 3명이 같이 다닌다. 밤에 굴에서 자고 날이 밝으면 바로 산속으로 올라가는데 작은 별들이 없어지면 밥을 해서 나누어 먹고, 다 치우고서 올라간다.

중국에 넘어와서 훔치는 사람이 있기는 있다. 크게는 소를 훔쳐서 잡기도 하고 작게는 음식을 훔친다. 여자들이 먹을 것을 빌러갔다가 주지 않는 집이 있으면 굴에 올라와서 남자들에게 이야기한다. 그러면 남자들이 내려가서 훔쳐 온다. 훔쳐 온다는 것은 딴 게 없다. 중국 사람들은 감자 같은 것도 그냥 널어 놓으니까 그것을 주어 오고, 또 독이 있으니 김치 좀 퍼 오고 된장 좀 떠 오고, 그것이 다다. 주로 잘 안 주는 집에 가서 훔친다. 그리고 여자들이 어느 집이 쌀이 많다고 얘기해 주면 남자들이 내려간다.

자기가 얻은 쌀은 짝지와 몇몇이 감추어 놓고서 자기들이 먹을 만큼만 조금씩 내서 밥을 해 먹는다. 숨기는 장소는 자기들끼리만 안다. 새벽에 굴에서 흩어질 때면 끓여 먹을 만큼씩만 쌀을 가지고 가는 것이다. 각자 흩어져서는 쓰레기장에서 주운 쏘래(비닐봉지)에 쌀을 넣고 눈을 녹여서 밥을 해 먹는다. 이게 땅 안밥짓기라는 거다. 전쟁 때에 가마가 없을 경우에 밥을 짓는 방법인데 쏘래주머니에 쌀과 물을 넣은 후에 땅속에 묻고 그 위에 불을 피워서 밥을 짓는 것이다. 나무는 싸리나무를 쓰는데 탑산에 싸리나무가 많다. 우리는 이미 학교 때부터 나라에서 유격전 훈련을 배워준다. 살자고만 하면 산속에서의 생활도 별로 어려울 게 없다. 산에서 하루에 2끼 먹을 때가 많다. 동굴을 나와 산 위로 올라갈 때는 쌀도 가져가지만 빠르고 덜 고생스러운 빵도 많이 가지고 간다.

　산에 갔다가 해질녘에 내려와 탑산에 오면 깜깜해진다. 여자들 중에는 다시 마을까지 내려가 밥을 빌어오는 사람도 있다. 남자들은 빌기가 어려운데 여자들은 쉽게 빌어온다. 여자들이 3집을 가서 3집 것을 얻어온다면 남자들은 7-8집을 가야 1집 얻어올 정도이다. 저녁에 모이면 먹을 것을 나눈다. 여자끼리 밥을 얻어 왔다고 자기들끼리만 먹지는 않는다. 밥을 못 먹은 사람이 있으면 나누어 준다. 나한테도 중국에 처음이라고 여자들이 밥을 나누어 주었다. 티끌 모아 태산이라고 1명이 한줌씩만 내놓아도 한사람 먹을 것은 된다. 또 남자들도 하는 일이 있으니까 주먹질 잘 하는 놈들에게 갖다 바친다. 대신 남자들이 여자들을 지켜주고 하니까 돈이 생기면 남자들한테 술, 담배도 사 준다.

　남자가 여자를 지켜주는 경우는, 탑산 굴에는 계속 찾아오는 매매꾼들이 있다. 마을에서 매매꾼들이 올라 오면 얼굴이 예쁜 여자들을 보고 내려가자고 하고, 안 내려가겠다는 사람도 강제로 끌고 가려고 한다. 그럴 때 남자들이 "못 가!"라고 하면 그들도 비법적으로 매매를 하기 때문에 포기하고 내려간다.

　탑산굴의 길이는 120미터로, 동굴 맨 안쪽까지 가서 자야지 춥지 않다. 바깥은 바람이 씽씽 불어도 동굴 안은 그렇게 춥지는 않지만 새벽녘이 되면 좀 춥다. 안에서 불을 못 때는 대신 비닐을 펴 놓고 옷을 덮고 잔다. 굴 안쪽의 넓이는 2미터 50센티이고 높이는 2미터 정도이다. 직선 굴이 아니고 구불구불하니까 바람이 잘 안 들어온다. 굴 안에서는 움직일 때 불이 필요하기 때문에 손전등을 켠다. 잘 때는 여자, 남자 따로 잔다. 같이 눕지만 여자 자리 절반 남자 자리 절반, 그렇게 나눈다. 그 가운데 자리는 조그만 애들이 눕는다. 내가 거기서 10일을 있었는데 사람이 제일 많을 때가 19명 정도였다. 사람이 매일 잡혀가고 하니까 그날그날 바뀐다. 남자들은 담배도 사고 술도 생각나면 사야 되고, 밥 빌려고 해도 마을로 내려가야 하니까, 그러다 잡히는 사람들이 많았다. 어떤 남자는 잘 차려입고 장백거리를 다니기도 하는데, 이런 사람은 강 넘는 데 전문가이다.

　나이는 9살부터 60살까지 연령별로 다 있었다. 보통 나이가 많으면 다 여자들이다. 남자들은 없다. 어쨌든 사람들이 독립운동을 많이 한다. 각자가 알아서 사는 것이다. 늙은이들에게 마누라로 가거나 젊은 여자들이 나이 많은 늙은이한테 몸파는 경우도 많다. 어찌 보면 남자들만 손해이다. 팔 몸도 없고 밥을 빌러가도 안 준다. 남자 중에는 중국 남자와 많이 노는 여자가 있으면 "조선 남자들은 눈에 차지 않는가?" 하고 이야기한다. 그리고 악독한 여자나 좀 재는 여자한테는 "이것들이 버릇이 없다. 매를 맞아야 한다" 면서 겁도 준다. 여자들한테 매를 때린다는 것은 별 거 없다. 말로야 죽인다고도 하지만 실제 때리지는 않는다. 동굴 안에서 대장이란 주먹이 센 사람이다.

　동굴 안에서 잠은 자더라도, 공안이 언제 올지 모르니까 푹 자지는 못 한다. 한족들은 겁이 많아서 밤에는 안 오지만 마을 사람 중에서 공안에 고발하는 일이 있으면 새벽에도 올라 온다. 공안이 탑산 굴까지 드문드문 올라올 때가 그런 때이다. 그래서 여자들은 장백현 마을로 내려가서 호텔 보일러실에서 자고 애들은 목욕탕 보일러실 같은 데서 많이 잔다.

　흩어졌던 사람이 밤에 굴로 모이면 주로 "오늘 공안이 어디를 습격했다"는 그날그날의 일을 말하고 일부는 잠을 자고 주로 남자들이 모여서 주패를 친다. 돈이 없으니까 담배내기를 한다. 담배는 장백마을에 내려가서 사 오기도 하고 여자들도 가지고 있는 사람이 있다. 애 어미야 안 피우는데, 아주머니 중에 되 먹지 못한 아주머니가 "담배 없는가?" 하고 물어 본다. 동굴 안에서 남의 것을 도둑질했다가는 죽는다. 보는 사람도 많으니까 훔치려고 하지도 않는다.

나는 굴에서 처음 이틀은 그냥 사람들 것을 나누어 먹다가 11살 되는 남자애와 짝이 되어 밥을 빌러나갔다. 짝지 아이가 어느 집 문을 두드렸는데 한족이었다. 짝지 아이가 "만투, 만투" 이러면서 손을 입에다 대고 먹는 시늉을 했다. 만투는 조선말로 빵인데 크기가 주패(서양카드)만 하다. 한두 시간 돌아다녔는데 조선족집에서 김치와 장을 좀 얻고 밥도 얻었다. 짝지 아이가 어려보이니까, 중국애로 치면 겨우 7살 정도로 돼 보이고 나도 고생 뒤끝이라 몸이 안 좋아서 밥을 비는 데는 어렵지 않았다. 그날 굴로 돌아오면서 그 애가 나에게 하는 말이 "자랑 찬 첫 전투를 벌렸다"고 했다. 그 뒤로 한 3-4번 정도 마을로 내려갔는데 매일 내려갈 수는 없었다. 공안에 잡히는 것이 무서웠기 때문에 먹을 것이 있으면 2일이나 3일만에 1번씩 내려갔다.

내가 어떻게 잡혔냐 하면, 굴에서 지낸 지 10일째 되는 날이었다. 날이 어두워져서 밥을 빌어먹으려고 마을로 내려왔다. 처음에 나와 짝지를 했던 아이가 나랑 2번 정도 밥을 빌어먹고는 다른 움막으로 가게 되어서 나는 19살 되는 남자애와 다시 짝지가 되었었다. 그날 한 집에 들어가서 빌고, 두 집, 세 집 째에 가서 밥을 빌고 나오다가 도망도 못 쳐 보고 그대로 사복을 입은 공안에게 잡혔다.

나는 처음 잡힌 것이라 공안에서 하루 취조를 받고 조선으로 넘겨졌다. 그 때 교두다리로 해서 조선 사람 54명이 중국변방대 차에 실려서 넘겨졌다. 남자들은 적었다. 내가 넘겨질 때는 그래도 수가 적은 편이었고 그때는 매일 70명 정도가 장백에서 잡혀서 조선에 넘겨졌다. 중국 공안에 잡혔다고 해도 도둑질을 안 하면 그닥 때리지는 않는다. 도둑질하다 잡히면 죽게 맞는다.

조선에 가서는 보위부에 먼저 들어간다. 보위부에서는 "남조선 사람을 만났느냐? 어디까지 갔었는가? 언제 넘어갔었는가? 무엇 때문에 넘어갔는가?"를 묻는다. 대답을 잘 못하면 욕먹는다. 친척이 있어서 찾아갔다고 하거나 가족끼리 넘어간 것도 욕먹는다. 욕을 본다는 이야기이다. 우리는 국경을 넘은 사람들은 따로 취급한다.

나와 같이 혜산으로 넘겨진 사람들은 장백현에서 잡힌 사람, 이도강에서 한족에게 잡혀 공안에 넘겨진 사람, 여자들 시집보내려고 했던 사람, 한족과 살림을 살다가 잡혀온 사람, 자전거 도둑질하다 중국 공안에 잡혀 죽게 맞고 들어온 사람 등이다. 54명 중에 조그만 아이들을 따로 숨아낸 뒤에 나머지는 보위부에 들어갔다. 이 중에서 30명만 9·27에 들어갔고 나머지는 구호소로 갔다. 구호소는 일종의 꼬빼구이다. 월경자 중에서 죄가 가벼운 사람이 들어가는 로동단련대이다. 나는 혜산보위부 구류장에 넘겨져서, 그곳에서 이틀밤 자고 다음날 9·27에 수용됐다. 거기서 있으면서 취조받았다. 내 형편이 말이 아니었고 중국에 갔다온 이유가 먹을 것을 빈 것이 다였기 때문에 9·27로 보내졌다.

혜 산 9 2 7

사실, 사회주의에 거지가 있다면 말이 되는가? 그래서 우리는 부르기 좋게 꽃제비라고 한다. 혜산의 꽃제비 수는 아마 1천명도 더 될 것 같다. 혜산역과 아파트 밑에 비닐박막을 덮고 사는 꽃제비 아이들이 숱하다. 대체로 부모가 죽었거나 부모의 능력으로 자식을 먹여 살릴 수 없는 경우에 애들이 바깥에 떠돌아다니면서 구걸한다. 그리고 집안의 일체 재산을 부려먹고 하는수없이 거지생활을 한다.

이렇게 거지생활을 하고 떠도는 사람이 많으니까, 국가에서도 1997년부터 꽃제비들을 관리하려고 '9·27'이라는 것을 내왔다. 9·27이란 1997년 9월 27일 당 중앙의 지시에 따라 꽃제비와 생활능력을 상실한 사람들을 집중하여 관리하는 기구이다. 이 기구에서는 떠돌아다니는 사람들을 여관 같은 곳의 빈방에 집중적으로 수용해서 먹을 것을 제공한다고는 하지만 배가 고파 서로 도망치려고 한다. 일반적으로 각 도와 큰 기업소에도 이런 기구가 다 있다. 그러나 대개 제대로 운영되지 못하고 어떤 곳은 기본상 운영하지 않는다. 관리라는 것이 이름뿐이다.

9·27건물은 새로 만든 것이 아니다. 돈이 어디 있어서 건물을 따로 짓는가? 군이면 그 군의 탁아소나 유치원, 또는 여관과 아파트 하나를 9·27 수용소로 쓴다. 아파트나 탁아소, 유치원 건물도 사람들이 없어서 방은 많이 남는다.

혜산은 혜산려관을 수용소로 쓴다. 6층 짜리 건물인데, 3층까지는 일반 손님들을 재우고, 4층은 지도원들 방이고, 5층과 6층은 꽃제비들을 집어넣는다. 여관의 한 층에는 방이 보통 10개 정도 있다. 꽃제비들은 1개 호실에 50명 정도를 수용한다. 5, 6층의 두 층에다 꽃제비를 수용하고 모았다가 1달에 1번씩 자기가 사는 도의 보위위원이나 안전부원이 호송하러 오면 그때 보낸다. 수용되어 있는 사람들은 자기가 살고 있던 곳으로 호송되기까지 9·27에서 있어야 한다. 방의 크기는 5평 좌우인데 사람들을 막 잡아넣으니까 좁다. 앉아 있을 자리도 없는 지경이니 사람들이 잘 때도 앉아서 잔다.

수용됐던 사람들을 각자 도에 데리고 가서는 단순 방랑자와 월경자로 분류한다. 수용자 중에서 그냥 먹을 것이나 구하려고 온 단순 방랑자 중에서 안전부로 보낼 사람은 안전부로, 기업소로 보낼 사람은 기업소로 보낸다. 자기 지역의 안전부에서 사람이 오거나, 내가 직장에 다니는 사람이라면 공장안전부에서 데려간다. 아주머니들은 자기 마을의 동주재원이 데려간다.

혜산시에 사는 꽃제비들은 어디선가 데리러 오면 내보내고, 집이 없는 사람들은 9·27 안에서 계속 지내게 된다. 혜산에 사는 월경자들은 혜산보위부와 안전부에서 데려가지만 혜산 사람들은 월경자가 얼마 안 되고, 또 월경을 했다 해도 취조는 받지만 밑의 지방보다는 정도가 덜하다. 안쪽 지방의 월경자들은 심하게 다루어진다.

혜산 9·27에 5, 6살도 많다. 아버지와 어머니가 다 없고, 제일 나이 어린 애가 4살이었다. 남자애들은 8살까지는 여자 있는 방에 넣고, 9살 이후에는 남자들 방에 간다. 아이와 여자들 방이 있고 남자들 방과 환자들 방이 있다. 환자 중에는 파라티푸스에 걸린 사람들이 많아서, 다른 사람에게도 전염되므로 따로 수용한다.

9·27에서 죽으면 사람을 시켜 시체를 매고 가서 산에 묻어 버린다. 내가 있을 때 수용자 전체 650여 명 중에서 한두 명이 매일 죽어 나갔다. 이런 소식은 중국에서 같이 잡히면서 서로 낯을 익힌 여자들에게서 듣는다. 밥먹는 시간에 마주칠 때에 전해 듣는다. 여자들이 소식을 많이 안다. 식당이 여관 1층에 있는데 한 번 앉으면 63명 정도 앉았다. 밥먹는 시간이 길다. 전 수용자를 땅바닥에 일어나지 못하게 다 앉혔다가 한 줄이 식사가 끝나면 다음 한 줄을 식당에 밀어 넣고 한다. 우리는 식당에 모여 죽물을 먹을 때마다 일일보고를 한다. "오늘 몇 명 죽었다 어떻게 죽었다"

9·27에 들어오면 애, 어른, 건강한 사람, 환자 따질 것 없이 죽물만 준다. 우리는 아무리 죽물이지만 '훌훌' 마시지 않는다. 배고픈 사람에게 밥먹는 시간은 제일 행복한 시간이기 때문에 감정을 충분히 잡고서 먹는다. 감정을 넣어서 죽을 마시는 것이다. 그때는 서로 얼굴도 보면서 말도 한다. 여기저기 와글와글 떠드니까 간수들이 조용히 시키지만 '너희는 떠들어라' 그런다. 수치적으로 보면 남자가 몇 안 되고 여자들이 많으니까 조용히 시켜도 상관없이 떠든다.

9·27로 쓰는 혜산려관은 국영여관이라 낮에는 손님을 받지 않는다. 손님들도 하루종일 있는 게 아니라 저녁에 잠만 자고 아침에 나간다. 꽃제비들은 도

망을 가니까 높은 층에 수용한다. 4층은 상무지도원들과 안전원들 방이 있으니 2, 3층에다 손님을 재워준다. 2, 3층 중에서 1-2 객실이나 운영할까? 여관에 들어오는 사람이 별로 없다. 주로 대기숙박소로 가기 때문이다.

  대기숙박소란 개인이 운영하는 집이다. 원래는 비법이다. 개인집들도 있고, 조선에는 빈집이 많으니까 더 은밀히 하는 집도 있다. 이렇게 몰래 하는 집은 보통 사람은 안 받고 아가씨가 남자를 데리고 오는 것만 받는다. 그래야 돈이 많이 벌린다. 역전에 나가면 18살쯤 돼 보이는 애들도 남자들에게 꼬리친다. 여자는 중국 돈 10원만 주면 데리고 놀 수가 있다. 조선 돈으로 2백원이다. 조선 돈 2백원이라 해 봐야 중국 돈 10원도 못 되지만 어쨌든 장사하는 것보다는 수십 배이기 때문에 여자들이 몸을 많이 판다. 중국 장사꾼은 그날 왔다 그날 넘어가야 되니까 없고, 조선에서 돈 있는 사람들이 여자를 산다. 당간부는 여자를 돈으로 샀다가 걸리면 자기한테 좋지 않기 때문에 여자를 사지 않는다. 대신에 자기 밑에 여자들이 많으니까, 그 여자들이랑 논다.

  조선에 돈 있는 사람들이 많다. 장사꾼, 외화벌이장사, 출장원들, 군인, 안전원들, 이게 다 도적님들이다. 그런 놈들이 다 도둑놈인데 도둑놈이라고 안 하고 도적님이라고 한다. 여자와 하룻밤 노는 데는 2백원 주는데, 대기숙박소에는 얼마 주는지 모른다. 여자들이 숙박소 주인하고 계산한다. 대기숙박소가 하루 20원인데 이런 경우에는 20원보다 더 받는다. 여자와 집주인이 2대 1인지, 1대 1로 나눈다고 했다. 안전부에서는 개인이 방을 빌려주는 것을 단속하니까 몰래해서 어느 집이 대기숙박을 하는지 잘 모른다.

9 2 7 의 　 하 루 일 과

  9·27의 수용방법은 다른 데와 같다. 암컷 수컷 따로 수용한다. 그 안에서

앉혀 놓기만 하고 서로 말을 못 하게 한다. 중국 갔다 와서 하는 말이야 다 보고 들은 이야기니까, 호실장이 말을 못 하게 한다. 사람들 자체도 먹은 게 없으니 맥이 없어서 말하려고도 않는다.

아침에는 일어나라고 깨우면 먼저 변소에 다녀온다. 변소는 층마다 있고, 호실별로 문을 열어 준다. 그래도 사람이 많다 보니 하나씩 뽑아서 변소에 보낸다. 변소에 아무 때나 갈 수가 없으니까 급하면 창틀을 붙잡고 엉덩이 까고서 여관 밖에다 변을 보는데 그러다 잘못해서 떨어져 죽는 사람도 있다. 아침은 밥 때가 없다. 어떤 때는 오전 9시에 주기도 하고 점심 때 주기도 하고 오후 3시에 주기도 한다. 어쨌든 죽물이라도 하루 3끼는 준다. 하루 3끼는 먹이니까 굶어죽지야 않지만 하루 죽물 3끼를 먹어 보라. 허약체질로 죽게 되어 있다. 영양실조가 오니까 병이라도 앓으면 바로 죽는다. 거짓말 안 보태서 9·27에서는 국그릇에 강냉이가루 한 숟가락 풀어 준다. 식사는 밥 먹는 국그릇에 8부 정도, 추정하건대 150cc정도? 어쨌든 내가 거기에 20일 있는 동안 대변 한 번 안 봤을 정도이다. 하루에 강냉이가루 세 숟가락을 먹인다고 보면 된다.

한 겨울에 수용소의 좁은 방에서 40-50명이 모여 앉으면 그렇게 춥지는 않지만 피곤하다. 눕지도 못 하고 거기다가 빈대, 벼룩이 많으니까 몸을 북북 긁다 보면 날이 밝는다. 사람들이 배가 고프니까 맥이 풀려 앉아서 주로 하는 말이 중국에서 뭐 먹어 봤다는 것이다. 그 외에는 달리 할 말도 없고 호실장이 말을 못 하게 한다.

호실장은 9·27 안에 같이 수용되어 있는 사람 중에서 뽑는다. 이 사람은 중국으로 오고간 것이 아니라 어디 갈 곳이 없는 사람이다. 호실장도 좀 유세를 하기는 하는데 수용자가 가만히 있으면 때리지 않는다. 그러나 어쩌다 지독하게 구는 호실장이 있으면 수용소에서 나간 애 중에 그 놈들을 벼르고 있다가 장마당에서 만났을 때 실컷 때려버리는 경우도 있다.

    9·27에서는 호실문을 잠가 놓기 때문에 잠은 몇 시에 자라, 몇 시에 일어나라는 규율은 없다. 그 안이 깜깜하고 "야, 일어나라" 하는 것이 없고 배가 고프니까 자지도 못 한다. 일어나란 소리를 안 해도 다 일어나게 되어 있다. 이때에 내가 제일 오래 굶었었다. 내가 파라티푸스로 15일 간 맹물만 먹고 누웠을 때이다. 9·27에서 물만 먹고 버텼다. 파라티푸스에 걸렸으니 머리가 아프고 오직 먹고 싶은 게 귤과 사과였다. 그것만 먹으면 딱 자리에서 일어날 것만 같았다. 그 전에도 동생과 살면서 1주일을 굶어보긴 했다. 그때는 동무한테 옥수수를 방조 받아서 죽을 해 먹고 살아났다.

    파라티푸스를 앓으면서 죽는 경우는 아무것도 먹지 못하고 맹물만 먹다가 맥이 없어서 죽거나 면역이 생겼다 해도 병이 떨어지면서 이미 허약상태에 들어가서 죽는 것이다. 꽃제비들은 파라티푸스, 영양실조, 동상, 옴에 많이 걸린다. 동상은 강을 넘어다니다가 걸린다. 대다수가 다 동상에 걸린다.

    9·27에서 아프면 그냥 죽으란 소리이다. 거기서 죽으면 가져가서 파 묻어버린다. 사람 죽는 것이 개 죽는 것 보다 못 하다. 개가 죽으면 남의 집에서 가져갈까 봐 끌어다가 잡아먹지만 사람 죽은 것은 쳐다보지도 않는다. 9·27에 수용된 남자가 달아나다 간수한테 삽날로 얼굴을 맞기도 했는데, 그런 것들이야 사람이 죽어도 눈도 깜짝하지 않는다. 맞아 죽는 사람이 종종 있다. 몸이 허약하니까 주먹으로 좀 세게 치기만 해도 죽는다. 몽둥이로도 때리고, 내가 9·27수용소에 들어가서 10일 정도 있다가 파라티푸스가 와서 앓았고 몸이 다 낫지도 않은 형편에서 도에 호송되었는데, 내가 있는 동안 맞아 죽은 사람이 3명 있었다. 늙은이 1명, 어린 것 1명, 청년 1명.

9 · 2 7   지 도 원 들

조선의 안쪽에서도 밥 빌어 먹으러 꽃제비들이 국경변에 모이는데 이런 꽃제비들이 혜산장마당을 다니다 잡히면 9·27에 들어간다. 안전부원과 9·27에 근무하는 상무들이 잡으러 다닌다. 이 사람들의 사무실은 9·27수용소 여관이니까 계기점마다 나다니면서 사람을 잡아넣는다. 옷을 깨끗이 입으면 안 잡는데 옷을 더럽게 입고 있으면 잡는 것이다. 옷차림이 벌써 "나, 꽃제비요" 하고 알린다. 형편없다. 제대로 씻지 못해서 몸이 새카맣고 옷은 누더기이고, 신발도 성하지 않아서 발가락이 나온다. 꽃제비들이 역 앞에 많이 모여 있다 하면 상무들 20명 정도가 잡으러 다니지만 꽃제비들의 수가 많고 도상무, 시상무들을 이미 다 알고 있으니 잡으러 와도 다 달아나 버려서 얼마 잡지를 못한다. 1명이 둘, 셋을 잡을 재주가 있는가? 또 위에서 거지들이 많다는 지시가 내려와야 잡으러 다니고 평소 때는 놓아 둔다. 꽃제비들을 잡아들여서 안쪽의 집으로 보내면 또 들어오고 또 들어오고 하니까 상무지도원들도 귀찮다.

혜산 9·27에 있는 사람 중에는 꽃제비 하다가 잡히는 경우는 거의 없다. 거의 다 중국에 가서 잡힌 애들이다. 아니면 어디서 주워 먹지도 못 하는 애들이 자발적으로 들어오기도 한다.

중국에 다녀온 사람 중에는 9·27 안에서 옷을 팔아서 먹는 것을 마련하기도 한다. 장백으로 건너가서 중국 사람에게 옷이라도 얻어 오거나 사람들이 버린 걸 주워서 온 건데, 1백원 짜리 옷을 10원에 판다. 장마당에 가서 직접 팔기도 하지만 좋은 옷이나 물건들은 벌써 9·27 지도원들이 다 뺏는다. 1997년 초부터 월경자들이 많아지면서 중국에서 얻어온 물건을 지도원들이 마구 뺏고는 했는데, 1997년 말부터는 그렇게 못 하도록 위에서 지시가 내려왔다. 그래도 지도원이 옷견지를 보면서 "이거 참 좋아보이누만" 하고 슬쩍 말을 건네면, 사람이 눈치가 있으니 안 줄 수가 없다. 여자들의 경우는 지도원한테 돈이나 물건을 고여서 풀려나기도 한다.

수용자한테 물건 뺏고 싸게 사서 장마당에 팔고, 지도원들이 한마디로 썩어 빠질 놈들이다. 중국 갔다온 남자 중에서 좋은 옷이 있다고 하면 지도원이 여자를 시켜서 남자호실로 보낸다. 여자는 수용자 중에서 예쁜 여자들을 시킨다. 1백원 짜리 값이면 여자를 통해서 20원 정도에 사서는 장마당에 판다. 물론 장마당에서 팔 때는 1백원 정도에 판다. 지도원들은 자기 직책 때문에 장마당에 나앉아서 장사를 할 수가 없으니까 팔 때도 다른 사람을 시킨다.

9·27 안에서 수용자들끼리 옷을 사고 팔 때는 돈이 아닌 떡이나 음식으로 주고받는다. 상대가 20원에 옷을 산다 하면 떡이나 빵 같은 것으로 그 값만큼 준다. 신발도 사고, 옷도 장마당에 가면 300-400원 받을 수 있는 것도 그 안에서는 50-60원에 산다. 돈 같은 경우는 9·27에 들어갈 때 잘못하면 다 빼앗기게 되니까 돈을 비닐에 싸서 먹었다가 토해서 꺼내 쓰는 사람, 돈을 얇게 잘 말아서 신발창이나 옷솔기 사이에 밀어넣는 사람, 홍문(항문)에 넣어서 쓰는 사람, 여자들은 거기에다 넣어서 돈을 보관한다. 돈을 비닐에 싸서 실로 묶어 넣으니까 여자들이 돈을 못 꺼내고 있으면 거기에 염증이 생기는 경우도 있다는 말을 들었다.

손 님 들 이   떴 다

외국 사람들이 왜 조선의 정황을 보기가 어려운가? 외국인들이 오면 평양에서 원산으로 왔다가 함흥으로 나간다. 외국인들이 온다고 하면 미리 길거리 청소를 한다. 우리에게 제일 큰 것이 1호 행사이다. 이것은 김일성 동지나 김정일 동지가 올 때를 얘기하는데, 그때는 정신이 하나도 없다. 언제 올지도 모르고 또 위에서 안 가르쳐 주니까, 며칠 전부터 "인민 소집이다" 해서 길거리에 나와서 청소를 한다. 빗자루를 가지고 나와서 길을 쓸고 물걸레로 아스팔트를 닦는다. 아스팔트를 다 닦으려면 한 3일 걸린다.

만일 외국인들이 오늘 오후에 온다고 하자. 그러면 2시간 전부터 길거리를 봉쇄하고 사람들을 단속을 한다. 외국인들이 말을 시켜도 그렇고 하니까 못 만나게 하느라고 창 밖도 못 보게 한다. 이런 일에는 보위부와 안전부가 나서서 규찰대를 세운다. 길목에 지키고 있다가 모르고 나오는 사람이 있으면 "정신 나갔는가. 나라 망신시키자고 나왔어?" 하고는 막 들여보낸다. 혹시 외국인들이 주민을 만나서 뭘 질문해도 번역원이 제 머리로 대답해 준다. 우리가 외국말을 모르고 번역원만이 아니까 번역원들이 좋게 답변한다.

외국인들이 와서 구경하는 시간은 한두 시간이다. 외국인들은 큰길만 다니게 하고 골목길은 못 다니게 한다. 짐승이나 지저분한 것들은 골목으로 밀어 넣고 외국인들이 다른 길로 못 가도록 안내원이 따라다닌다. 그러니 외국인들이야 인민들 생활에 대해 외면만 보니까 훌륭하다고 하는 것이다. 안내원들이 그냥 데리고 노는 것이다. 또 외국인들이 자기가 보려고 허락 받은 곳이나 안내길이 아닌 곳을 갔을 때는 '1인당 얼마' 하는 돈을 내는 것 같다. 외국인을 상대로 다 돈을 벌기 위한 수단이다. 땅장사나 같다. 외국인들이 가다가 "저 집에 들어가 보자"고 요구하면 들어줘야 되는데 들어주지를 않는다. 정해진 집만 데리고 간다.

외국인들이 올 때는 로동자들도 공장에서 나오지 못하지만 그 사람들이 공장 안을 본다고 해도 그곳은 괜찮다. 공장이야 언제 오든, 거꾸로 들어오든 바로 들어오든 일없다. 그러나 외국인들은 미리 자기가 가고 싶은 데를 허락을 받아야 하니까 나무뿌리나 풀뿌리 캐 먹는 인민들, 길거리의 꽃제비들은 구경도 못 한다. 풀뿌리 캐 먹는 것은 산에 가야 보는 것이고 꽃제비라는 것은 장마당이나 려관, 길거리에 있는데 외국인들이 다닌다 싶으면 미리미리 치우고 개미 한 마리 못 다니도록 봉쇄를 하니 보자고 해도 못 본다.

　우리 학교 때만 해도 외국인을 많이 보았다. 김일성 동지가 서거하고부터는 외국인들도 거의 안 오는 것 같다. 4·15 봉축전만 봐도 알 수 있다. 봉축전이란 게, 평양에서 하는 김일성 동지 생일 축전을 말하는데 서거 이후에 참가하는 외국인 숫자가 많이 줄었다. 몇 개 단체밖에 안 온다. 지금은 유학생도 거의 없는 것 같다. 그전에는 쿠바에서 온 유학생도 많았다.

98 장례식

　사람들이 역전에서 제일 많이 죽는다. 그 다음에 9·27수용소, 장마당, 집에서 죽는 것은 환자나 노인들이다. 나가서 죽는 사람의 경우에는 먹을 것 구하러 다니거나 꽃제비질을 하다가이다. 직장에는 먹을 게 있어야 나가지? 영웅 칭호 주고 쌀 주겠다 해서 내일 아침에 직장에 나가서 죽어도, 오후에 배급받고 가족들을 먹일 수 있다고 하면 나가겠는지? 병원에서 죽는 사람은 병으로 죽는 것이고, 굶어서 죽는 사람은 없다. 가난한 사람들은 병원에도 못 간다.

　원래 내 아버지가 사망되었을 때 아버지 직장에서 관을 짜 주었듯이 공장 사람이 죽으면 그 공장에서 관을 짜 주었다. 내 안해가 죽었다고 한다면 세대주인 내 직장에서 관을 내어준다. 자식의 경우는 자식이 학생이라면 세대주 공장에서 주고, 공장에 다녔다면 다닌 공장에서 내준다. 늙은이가 죽었으면 부양한 세대주의 직장에서 내준다.

　공동묘지가 있긴 있지만 지금은 아무 데나 가서 묻는다. 산림보호원이 따라와서 벌금 물으라고 야단을 치지만 방법이 없다. 역전이나 장마당에서 죽은 사람들 중에 어디 사는지도 모르는 시신들은 한 데 묻는다. 우리는 화장하는 일은 없다. 화장하면 전기가 들어가야 하는데 그런 전기가 있다고 한다면 공장기업소를 돌릴 것이다. 관이라는 것도 그렇다. 굶어죽는데?

장례도 동네 사람들이 다 모이면 먹을 게 어디 있어서 하겠는가? 그냥 집에서 식구하고 친척하고 주위 사람들로 해서 간단히 해치운다. 지금은 부조 10원, 20원 받아가지고 도움도 안 되고 장례집에 가면 더 부담스럽고 하니까 서로서로 생각해 주자고 잘 안 간다. 장례비용도 딱히 없다. 죽으면 당일에 나간다. 먹을 게 없는데 관에 넣어 두어서 뭐 할 건가? 어떤 공장은 종업원이 너무 많이 죽으니까 공장에서 쓰는 긴 의자를 뜯어다가 관으로 썼다. 그것도 없어서 칠송판이라고, 관이 아닌 판자를 썼다.

지금 관을 빌리는데 700-800원이고 관을 사는 데는 1천8백원 한다. 이런 것도 좀 있는 사람들의 말이다. 없는 사람들은 그냥 판자 위에 해서 헝겊으로 덮어 시신을 내간다. 장례비용을 쓰자면 2천원, 3천원 가지고 어림도 없고 간단히 하자면 1백원 가지고도 할 수 있다. 원래 관은 죽어서 3일째에 내간다. 전에도 장례는 간단히 지냈다. 애들은 17살부터 관을 하고 장가를 아니 갔으면 장도 안 하고 당일날 내간다.

우리는 생일제도 지내는데 생일제는 죽은 사람 생일에 지내는 제사이다. 한 사람 죽으면 그 사람 제사를 2번 지낸다. 지금은 돌 제사도 못 지낸다. 차례라는 말은 잘 모르겠지만 1월 1일의 원단, 추석, 한식, 이렇게 1년에 3번 정도는 조상에게 제사를 지냈다. 제사비용이야 국가하고는 상관이 없다. 돈은 개인이 부담해야지 안 그러면 1년 내내 제삿날이라고 할 것이다.

조선의 기막소

수용소에서도 결혼을 하면 잔치라는 것을 시켜 주지만 부부들은 둘을 서로 교대로 일을 시킨다.

"그것으로도 니네는 감사한 줄 알아라" 이런다.

씨를 없앤다고 하여 늦게 결혼시키고 교대로 일을 시키지만 그 속에서도 애 낳는 부부는 있다

강 택 민 에 게   배 급 타 러   간 다 네

겨울만 되면 국경변 사람들은 강이 얼기를 기다린다. 왜냐? 강을 건너 중국의 밭에 가서 이삭을 주우려는 것이다. 결국, 그전에 나라를 빼앗겼을 때 숱한 이주민들이 개나리 봇짐 들고 두만강을 건너가는 꼴이다. 개나리 봇짐 대신 바랑을 메고 얼음 위를 건너서 중국으로 이삭 주우러 간다. 정말 그것을 목격하면 기가 차다.

사람들이 전에는 정치범으로 몰리는 것을 무서워했는데 지금은 노골적으로 몰리라고 한다. 말에서 모든 게 시작된다고, 처음에는 좀 두려워하더니 이제는 말을 막하는 사람도 있다.

"지금은 왜놈한테 세상 뺏긴 것만 못 하다. 그땐 그래도 일하면 먹고 살 수는 있었다" "중국에 친척이 있으면서도 안 가면 머저리다. 없으니까 못 간다" "강택민한테 배급타러 간다" 는 말이 전에는 즉결로 총살당할 수 있는 말이었다.

조선 사람들도 많이 변했다. 1999년 초에 조선으로 장사를 나온 중국 사람들이 남양의 상황이 너무도 처참하니까 "이 주제에 무슨 저런 초상화는 잔뜩 걸고 있는가, 나라를 이 지경까지 만들어 놓았는데 어버이 수령이라고 모시고 있는가?" 했다. 이런 소리가 들리면 그전 같으면 "무슨 말을 그렇게 하는가, 큰일 날 소리다!" 했는데, 이제는 코 쥐고 웃느라고 정신이 없다. 아이고 어른이고 늙은이고 젊은이고, 당원들이라는 것도 마찬가지이다. 이제는 위에서 무슨 말을 해도 믿지 않는다. 아이들까지도 그렇다.

오늘날 감시체제가 많이 마비되었다. 그전에는 어떤 말을 하면 많이 삼가된 상태에서 했는데, 지금은 일반적으로, 자유자재로 내뱉는 형식이다. 그러나 보위부 특무, 안전부 성원들은 언제나 주위에 있다. 그들은 대중들을 감시하는 것뿐만 아니라 "주변에서 어떤 사람이 사회주의를 비난하는 소리를 하더라" 하고 상부에 보고한다. 상부에서는 "강택민 배급 따위의 말은 지금 조건이 그래서 그렇게 말한 거니까 나쁜 일이 아니지만, 나라를 반대한다거나 어디로 튈 때는 신고하라. 그 외에는 놔둬라"는 식으로 풀어 주었다. 지도층도 뻔하다. 백성들에게 공급할 게 없으니 풀어준 거라고 볼 수 있다. 그리고 감시할 기구, 도구, 시키는 사람 자체가 비법적으로 식량을 해 먹기 때문에 그것이 감시되고 보고되어도 무마된다. 신고해도 필요 없다는 소리가 그 때문이다. 결국 통치체제가 푹푹 썩어 마비형태에 들어갔다.

처음에는 중국에 갔다 오면 역적으로 여겼다. 식량난을 겪으면서 감옥이 차고 넘쳤다. 우리는 국경을 넘으면 무조건 보위부 대상이다. 그전에는 보위부 대상이면 엄하게 해서, "보위부에서 데려갔다" 하면 생매장 된 걸로 보았다. 그런데 이젠 보위부에 끌려 갔던 사람 중에도 풀려나온 사람들이 많다. 그러니 통치체제가 마비되었다는 것이다. 또 월경자를 뒤져봐야 아낙네들이 넘어왔다 가고,

옷을 허름하게 입은 사람들이 중국에 왔다갔다 하면서 지고 온다는 게 쌀자루다.

"어디 갔었나?"

"친척집에."

"뭐했나?"

"밥이나 얻어먹고 빨리 가라 해서 왔다."

"왜 벌써 왔나?"

"엄마가 굶기 때문에 빨리 왔다."

이런 내용이 다다.

심문과정에 들춰봐야 건어줄 게 없다. 보위부에서 하는 취조에는 "누굴 만났는데 이런 임무를 주더라, 어떤 걸 봤는데 이렇더라" 하는 정치적 내용이 들어가야겠는데 아무것도 없는 것을 뭐하겠는가? 한두 달 중국에 있다온 사람이나 거기서 퇴폐적인 영화를 봤다거나 노래방에 갔거나 하는 사람은 감옥에 보낸다. 식량 빌러 간 사람은 때려서 혼 좀 나게 하고 정치범으로는 넣지 않는다.

우리는 감옥이 여러 가지이다. 집결소, 꼬빠꾸라고 하는 로동단련대, 교화소, 관리소 등이 있다. 감옥소로 곧바로 갈 수도 있지만 집결소로 먼저 보내는 경우는 죄인에게 뭔가 있다는 심증 때문이다. 죄가 엄중한 사람만 보내는데 취조를 목적으로 한다. 예심이나 심문과정보다 더 높은 로동 강도와 취조 강도로 육체적 고통을 준다. 집결소에서 장물을 뽑는다. "장을 뽑게 한다"는 것은 속에 품고 있던 것을 말하게끔 죄인을 세게 다룬다는 것이다. 여기서 성하게 살아나온 사람이 없을 정도로 죄인을 달구고 그 실토한 죄에 따라 다시 감옥소로 보낸다. 꼬빠꾸라는 것은 죄질이 가벼운 사람을 1-6개월간 로동도 시키면서 교양을 하는 곳이다. 문건에 크게 남지는 않는다. 이곳에서 있다가 죄가 더 드러날 때는 다시 재판을 받게 된다.

정치범 수용소는 '○○호 관리소' 라 하여 호수가 붙어있거나, 교화소라고 불리기도 한다. 관리소라는 것은 가족이랑 같이 집단으로 산골에 수용돼서 사는 곳을 말하고, 교화소는 죄인 혼자 수용되어 사는 곳이다. 교화소에는 일반범도 들어간다. 추방이라는 것은 경제범이나 정치적인 죄인의 제 3자, 즉 삼촌이 죄를 지었을 때 나도 추방당한다. 추방지는 탄광, 광산, 임산, 농장으로 일이 힘들고 교통이 불리한 산골이다. 또 감옥을 갔다온 후에도 재범할 수 있는 사람을 몰아넣는 집단부락이 있다. 농사, 광산 일을 시키면서 그 안에서는 좀 자유롭게 지내게 한다.

경제범은 안전부에서 취급하고 정치범은 보위부에서 취급한다.

감옥에서 겪은 이야기

중국에 넘어와서 고생도 많이 되지만, 어쨌든 조선에서 먹을 거 떨어지고 살기가 힘드니까 중국에 다시 나오게 된다. 우리가 말하는 것 중에 생활도 전투(생산작업)도 항일유격대식이라는 말이 있다. 우리 사는 것을 보면 딱 그것이다. 여기 중국에 와서도 유격대식이다. 한 곳에 오래 있을 수가 없으니 어떨 때는 옮겨다니기가 바쁘다.

내가 몇 번 강(두만강)을 넘으면서 제일 고생했던 것이 두 번째 잡혔을 때다. 삼촌의 도움으로 연길에서 4개월 일을 하고 돈을 좀 모아, 조선에 건너가서 쌀장사를 할 생각이었다. 삼촌은 내가 번 돈에 얼마를 보탠 중국 돈 1천원과 옷 견지, 입쌀을 남양 교두로 보내 주기로 해서 나는 도강할 날짜와 위치를 계획 잡았다.

나는 평소 강을 건너기 전에는 두만강변의 장소를 돌아다녀 본다. 잠복 초소가 있는 곳, 여름이면 물이 흐르는 모양만 봐도 그 깊이를 알 수 있으니까 강물의 깊이나 물의 흐름, 겨울이면 언 강의 발자국, 국경경비대가 근무시간에 순찰을 어떻게 하는지, 그리고 인도와 두만강 사이의 거리가 얼마나 되는가를 잘 파악한 뒤에 도강을 하였다. 도강한 후에는 두만강가의 조선 쪽 집에는 출입을 하지 않았다. 그 이유는, 강가의 마을집에는 군인들이 불시에 공민증 검사를 하기 때문이다. 만약 공민증이 없는 타 지역 사람이면 바로 잡혀가고 이런 사람들도 월경자로 간주를 하고 취조를 한다. 혹 그 군(郡)에 사는 사람이면 며칠 취조하고 바로 풀어 준다.

온성군 풍리 부근에는 민가가 드문드문 있고 건물 2동이 있는데, 중대병실과 소대병실이다. 병실이란 야간 근무하는 군인들의 숙소이다. 평소에는 근무를 잘 서지 않는 곳이라 그곳을 이용해서 조선으로 들어가려고 아침 일찍 걸어와서 강으로 들어섰다. 그날, 평소대로 조심하며 도강을 시도했는데 평소에는 없던 경비대가 그날 따라 보초를 서고 있었다. 결국 잠복해 있던 군대 둘에게 잡히게 되었다. 군인들은 처음 잡히자마자 내게

"짐이 어디 있는가?"

하고 물었다.

"짐이 없다"

고 하니 몸을 수색하기 시작했다. 그래도 아무것도 없으니까

"돈은 없나?"

"돈이고 뭐고 아무것도 없다."

"너 이 새끼, 거짓말 치지 말라. 나를 따라 오라"

고 했다. 나를 잡은 군대 둘은 다 20대 정도로 되어보였고 평남도 말씨를 쓰는데 국경변의 인민군대는 전부 평남도 말씨를 쓴다. 나는 다음날 남양 교두의 강둑

에서 삼촌을 만나기로 했기 때문에 군대를 따라가면서 순간, 도망칠 생각이 떠올랐다. 또 잡혀서 잘못되면 3-4달 고생을 해야하기 때문이다. 2명이니까 한번 해 볼 만도 했다. 먼저 주먹으로 1명을 때리자 얼굴을 맞고서 넘어졌고 곧 다른 1명도 주먹으로 때렸는데 다리가 꼬여서 제대로 때리지를 못 하는 바람에 그 군인이 쭈봉(쌍절곤)으로 내 등을 내리쳤다. 그 한 대를 맞고 넘어진 후에 처음 끌려간 곳이 소대병실이었다. 거기 들어가자 구타를 하기 시작했다.

"중국에서 무슨 임무를 띠고 왔냐? 잘못한 게 없으면 왜 군대를 치고 도망을 가려했는가?"

라며 세게 얻어맞고 기절해서 깨어보니 손이 등뒤로 묶인 채로 중대병실 마루바닥에 엎드러져 있었다. 거기에 대대 책임보위지도원이 와 있었는데 이 사람이 나를 취조했다.

국경경비대는 1990년대에 사회안전부 소속에서 보위부 소속으로 넘어갔다. 일단 국경을 넘다가 경비대에 잡히면 초소로 끌려가는데 그 초소에는 보위지도원이 있다. 중대 보위지도원, 대대 보위지도원이다. 군대에는 보위부가 사단보위부, 여단보위부, 군단보위부의 규모로 있다.

경비대에서는 죄인을 보고서 대상별로 나눈다. 군(郡)보위부나 안전부에 넘기기 전에 경비대는 자기들이 잡은 월경자를 먼저 취조한다. 여자 남자 홀딱 다 벗겨놓고 취조한다. 여자들의 경우는 중대 정치지도원 안까이(아내)들이 와서 다 검사를 하고 아이들도 일단은 안전부까지는 간 다음에 풀어 준다. 어른들은 거의 다 보위부로 간다. 국경을 제 마음대로 넘나드는 죄는 1-3년의 징역이다. 거기다가 중국에서 어떤 일을 하고 어떤 것을 봤는가에 따라 달라진다. 거기서 사람 장사를 했다거나 금을 가져갔다거나 하면 죄가 무겁다. 사형까지도 간다.

첫날은 중대병실에서 잠을 잤다. 다음날 아침에 나는 풍리에 있는 대대지부로 끌려갔다. 전날 왔었던 책임보위지도원이 취조를 하러 왔다. 중국에 갔다온 것에 대해 무슨 임무를 띠고 갔다 왔는지, 등등을 물으며 사병들을 시켜서 나를 구타했다. 그렇게 30분 정도 구타를 당하고 그 다음날 다시 불려갔다.

둘째 날은 취조를 하면서 취조서를 기록했는데 물음과 대답 형식이었다. 조사 받는 이틀 동안 먹을 거를 아무것도 주지 않아서 굶었다. 사흘 째 되는 날 아침에 빵을 2개 주고 점심에는 밥을 주는데 그 밥은 중국에서 오리사료로 쓰는 재료로 만든 것이었다. 오리사료의 주성분은 강냉이 껍데기를 벗긴 것인데 양은 보통 가정에서 쓰는 국그릇의 절반 높이에 해당하는 만큼 밥을 주었다. 그 밥에 찬도 없이 소금에 절인 배추국이 전부였다. 중국에서 어느 정도 기름기를 채운 나였지만 사흘만에 먹는 것이어서 어쩔 수 없이 주는 것을 받아 먹었다.

아침을 먹고 풍리에서 온성으로 옮겨졌다. 바로 군(郡)보위부의 취조실로 갔다. 2평방 남짓 되는 방에 잡혀갔는데 당시에 취조받고 있던 사람들이 나를 포함해서 7명이었다. 모두 중국에서 조선으로 들어가려던 중에 잡힌 사람들이었다. 우리는 방에서 대기하였다. 호송을 했던 경비대는 이관서(취조 보고서)를 보위부에 인계를 하고 돌아갔다. 이관된 지 30분 정도가 지나서 온성군보위부 반탐과지도원이 나를 불러내서 그전의 취조내용을 다시 확인했다. 그리고 나서 2평방 되는 방에 2주 가량 갇혀 있었는데 이 기간 동안은 취조받거나 구타가 없었다.

식사는 하루 두 끼, 국수에다가 시래기를 넣어서 만든 국수죽을 주는데 양은 중국의 위생지(두루마리 휴지)만한 그릇에 가득 주었다. 내용물의 60%는 시래기이고 40%가 국수로, 아침 8시와 저녁 7시경에 2번 식사를 했다. 같이 있던 일행 중에 2명은 며칠이 지나서 도(道)집결소로 보내졌다. 7명 중에 3명이 함흥 사람으로 도문시장에서 붙잡혀 왔는데 10살이 안 되는 두 남자애와 여자 하나였다. 그 여자 얼굴은 맞다가 부딪혔는지 퍼렇게 이문 곳이 여러 군데였다. 나머지 4명은 30살 좌우의 남자 2명과 23살의 여자와 그 어머니였다. 이 젊은 여자는 어머니가 데리고 중국으로 갔다가 거기 친척의 도움으로 시집을 보내고 지내다가 붙잡혀 왔다.

온성군보위부 취조실에서 그 사람들에게 물어본 주요 내용은 언제 도강했는가, 누구를 만났는가, 어디서 살았는가 등등의 질문이었다. 30대의 남자 2명은 연변지역의 기독교회에 가서 돈을 받았다. 보위원이 "교회에 몇 번 갔는가" 하고 물어서 1번 갔다고 하니 욕을 하면서 마구 때리는 소리가 들렸다. 교회에 가서 돈 받은 사람들은 그냥 중국에 갔다온 사람들보다 더 엄하게 취조를 한다. 이유는 기독교가 전부 남쪽 사람들이 와서 한다라고 생각하기 때문이다. 이 2명이 도집결소로 보내고 나머지 사람들은 온성군안전부로 보냈다. 그리고 다시 10여 명이 들어왔다. 이 사람들이 들어오면서 다시 나에 대한 취조가 시작되었다.

보위부에서는 나에 대해 의심을 많이 하였다. 우선 경비대를 때렸던 일과 중국에서 오래 머물며 강택민의 밥으로 몸이 많이 좋아져 기름기도 좀 끼고 했던 것이 이유였던 것 같다. 나를 취조할 때 반탐과지도원이

"보위부에 왜 반탐과가 있는 줄 아냐? 이건 국가의 안전문제다."

"나는 아무것도 안 했다"

고 하니 지도원이 하는 말이

"너 아직 덜 맞았구나"

하면서 손에 족쇄를 채우고 뒤꿈치를 세우고 무릎을 꿇게 했다. 그때부터 열흘가량 계속 매를 맞고 고문을 당했다. 열흘 동안 기본적으로 물어 보는 것은,

"너 중국에서 누구를 만났는가. 어디 갔었냐. 뭘 했냐. 중국에서 남조선 안

기부 만나지는 않았는가?"

였다. 나는 먹을 것을 구하러 갔지 그런 일을 없었으니까 계속

"그런 일 없다"

고 했다. 보위부에서 예심이 마지막 단계에 접어들을 즈음에

"너는 중국에 몇 번 나갔다 왔는가?"

하고 물었다.

"한두 번 친척 도움을 받으러 갔다가 돈이랑 옷을 방조 받은 적이 있다. 이번에도 갔었는데 친척이 어려워 그냥 돌아오게 되었다"

"이 새끼 악종이구나. 너 그럼 왜 초소병은 때렸어?"

하면서 난로에 쓰는 부삽으로 때리면서 취조했다. 나는

"겁이 나서 도망치려다 보니 어쩌다 때리게 되었다"

하고 계속 버텼다. 이때 머리가 좀 찢어졌고 피가 잘 멎지를 않아서 국에서 나오는 소금장 배추를 바르기도 하고 국물을 발랐었다.

남녀 10여 명이 몰려오는 방이 좁아서 전부 앉아서 잠을 자게 되었다. 매는 매대로 맞고 밤에는 앉아 자고, 먹을 거라야 말할 수도 없었다. 강택민 밥을 먹고 불린 살이 며칠 새로 쑥 내렸다.

새로 잡혀온 사람들 역시 전부 중국에서 붙잡혀 온 사람들이었다. 여자들 중 일부는 시집가서 살던 사람들이었는데 한 여자는 금반지 때문에 더 취조를 세게 받았다. 그 여자가 말하기를, "송강의 산골로 시집을 갔는데 남편이 매일 심하게 때려서 시어머니가 갖고 있던 금반지 하나를 가지고 도망 나왔다. 그 후에 인삼농장도 다니고 벼도 베고 하다가 연길까지 와서 식당에서 일하다가 붙들리게 되었다"고 했다. 이 여자가 화룡 공안에 붙잡혔는데 같이 붙들렸던 사람이 여자가 한 말을 듣고 보위부에서 그런 진술을 해버렸다. 이 말을 들은 보위부원

이 여자에게 "금반지가 어디 있느냐?" 하고 물으니 "그런 거 없다. 누가 그런 개소리를 했냐?"고 했지만 보위부원은 여자를 데리고 온성군병원의 산부인과에 가서 자궁검사를 받았다. 결국 병원에서 검사를 받아도 금반지가 나오지 않아서 다시 감방으로 들여보내면서 "너, 앞으로 좋지 않아" 하고 위협을 했다. 그 이후로 그 여자는 취조를 받지 않고 며칠 동안 계속 그곳에 있었다.

어떤 여자는 연길 가라오케에서 일하다가 잡혀왔다. 얼굴이 예쁘고 몸매가 좋아서 원래 있던 다른 여자를 밀어내고 고용되었는데 쫓겨난 여자가 괘씸한 마음에 신고를 해서 잡혀오게 되었다. 보위부원이 취조하기를 "너는 시집간 여자들보다 죄가 더 엄중하다. 너는 몸을 팔았다. 조선 여자 망신을 시켰다"라는 것이다. 금반지와 가라오케에 다닌 여자는 계속 취조를 받아야 한다고 내가 옮겨갈 때까지도 대기하고 있었다.

취조 중에 별난 일들이 많다. 개 몇 마리 가지고 강 건너갔다가 붙잡힌 사람도 있고, 같은 조선 사람끼리 물고 들어가는 일도 많다. 중국의 도문 교두를 거쳐서 남양으로 같이 잡혀온 사람들 중에 자기가 듣거나 알고 있는 일을 보위부에서 말하는 것이다. 어떤 남자는 같이 잡혀왔던 여자 2명이 중국 돈 5백원씩을 비닐에 싸서 먹었다고 보위부에 말했다. 사실은 이 여자들이 잡혀와서 밥을 거의 먹지 않았는데 이 때문에 계속 보위부에서 매를 얻어맞았다. 보위부원들은 여자들이 변소에 갈 때마다 따라가서 용변을 뒤졌는데 결국은 5백원을 찾아냈다. 그렇게 해서 얻는 돈은 보위부에서 공작자금으로 쓴다고 이야기를 하는데, 그거야 누가 알겠는가?

며칠 지나서 보위부에서의 예심이 끝나고 온성군(郡)의 안전부로 이관하는 서류를 작성했다. 온성군보위부 취조실에서 모두 2주일을 지낸 것이다. 이관서에는 내가 계속 이야기한 것이 기록되어 있었다. 보위원은 이관서를 읽어보게 하고, 그 이관서에 손도장을 찍게 했다. 그리고 군(郡)안전부 감옥으로 옮겨졌는데 그 기간 동안은 특별히 취조를 받거나 구타를 당하지는 않았다. 그렇지만 매를 맞는 것보다는 감옥에 갇혀 있는 동안이 더 힘들다. 온성군안전부에서는 내가 사는 시보위부에 나를 이관하는 문서를 작성하고 있었다.

온성군안전부 감옥에서는 보위부 취급자들과 일반 범죄자들을 구분하여 수감을 시키는데 내가 갇혀있던 방은 길이는 3미터 50센티 가량 되고 너비는 2미터 가량 되는 규모였다. 그런 규모의 방 9칸이 서로 옆으로 맞닿아 있고 그 9칸 건물을 더 큰 규모의 건물이 감싸고 있었다. 그리고 각 방은 앞쪽은 쇠창살이고 뒤쪽은 가로 50센티, 세로 50센티 정도의 출입을 위한 철문이 있고 입구 옆으로 화장실이 있다.

9칸의 방안의 총 수감인원은 43명 정도였다. 보위부 대상자 중에 남자는 3호와 7호에 5-7명 정도씩 수감을 시켰다. 경제범 대상은 한 방에 10명 좌우가 있었다. 여자들은 1호와 2호를 썼는데 전부 보위부 대상이었다. 보위부 대상자는 총 20명으로 여자가 10명이었다. 전체 인원 중에서 나머지 23명은 경제범을 포함한 일반 범죄자로 전부 남자였다. 안전부 감옥에는 나와 보위부 취조를 받던 사람들이 어디로 갔는지 없었다.

보통 군(郡)보위부에는 취조실은 있지만 따로 구류장이 없다. 그래서 군(郡)안전부 안에 보위부 구류장 있게 된다. 일반 월경 범죄자를 안전부 구류장에 넣고 취조를 하게 된다. 보위부 내의 구류장이 있기는 있는데, 이곳에는 간첩 혐의가 있거나 남한 사람과 접촉을 해서 임무를 받은 혐의가 있는, 죄과가 심한 사람을 넣는다. 구류장이란 죄인을 조사, 심문하는 기간 동안에 갇혀 있는 곳을 말한다.

또 보위부에서 감옥에 넣을 때는 바로 정치범수용소로 보내지만 수용소로 보내기에는 죄가 가벼운 사람은 안전부로 넘겨서 재판을 거쳐 감옥에 넣는데 당시 수감자 중 남자 1명은 징역 10년을 선고받았다. 죄목은 여자 하나를 중국으로 팔아먹었는데 그 여자가 시집을 갔던 곳에서 도망을 나와 중국에서 살 생각으로 혼자 다니다가 잡혔다. 이 여자가 보위부의 취조 중에서 자기를 팔아먹은 남자를 이야기한 것이다.

김순지라는 여자 역시 중국으로 시집을 간 여자였다. 중국의 친척집을 찾아갔다가 시집가라는 권유를 받고 조선에 남편이 있는 몸이었지만 농촌으로 시집을 갔다. 시집을 간 그 집에서 여자에게 잘 대해 줬는데 이 여자는 시집간지 사흘만에 금반지를 들고 도망을 쳐서 다시 조선으로 돌아왔다. 그리고는 화교에게 그 금반지를 팔았는데 어떻게 하다가 들통이 나서, 금을 국가은행에 바치지 않고 팔았다는 죄목으로 3년 선고를 받았다.

군안전부 감옥에서 보위부 대상인 여자 10명 중에는 3년에서 5년 정도의 형을 받은 사람도 있고 재판을 기다리는 사람도 있었다. 이들은 모두 중국으로 왔다가 시집갔던 사람들이다. 중국에 시집간 여자들은 그 기간에 따라 형기간이 늘어난다. 2년 정도 결혼해서 살았던 여자는 5년 정도의 형이 구형된다. 어느 여자는 중국으로 건너갈 때 하마 기름(참 개구리 기름)를 가지고 건너갔다고 자백을 했는데 밀수꾼으로 몰려서 밀수로 2년, 중국 도강 1년, 그래서 3년형을 선고받았다.

일반범 중에는 도둑질한 사람이 많았다. 어떤 농장원은 강냉이 200킬로그램을 도둑질해서 미판결 상태였다. 또 ○○농장에 다니던 사람은 친구 5명과 강냉이를 도둑질 하다가 제 몫으로 돌아온 것은 20킬로그램밖에 없었는데 문건 작성에는 200킬로를 먹었다고 작성이 되었다. 이 사람은 재판 받기 전에 몸이 아파서 몇 달간 집에 나갔다가 다시 붙들려 왔다. 조선의 형법에는 농장에서 훔친 것은 국가 양곡을 훔친 것이기에 강냉이 100킬로그램이면 2년 이하의 징역으로 규정되어 있다. 그래서 본인은 4년 정도를 예상하고 있었다. 다른 남자는 농장의 돼지를 훔쳤다고 3년을 선고받은 사람도 있다.

통상적으로 조선에서는 죄인들이 재판 전에도 감방과 로동단련소 등에서 교육과 로동을 받는다. 재판을 통하여 형이 확정되면 재판 전에 하던 감방생활과 단련생활은 형 기간에서 제외시켜 주지만 보위부 대상의 죄인들은 형이 확정되기 전에 105일 감방생활을 하고 꼬빼꾸(로동단련대)에서 3개월을 보내야 한다. 그리고 난 이후에 감방에 다시 와서 재판을 받게 되고 형을 받고는 다른 지역으로 보낸다. 그리하여 일반 사민 중에 죄가 엄한 사람은 청진수성교화소로, 성분이 나쁜 사람은 중봉 22호 교화소로, 비교적 죄가 무거운 사람은 회령의 전거리로 보낸다.

도강을 하다가 처음 수용된 감방에서 105일을 다 채우지 못하고 자기가 사는 곳으로 옮겨가면 그곳의 군이나 시의 보위부 감방에서 나머지 기간을 채워야 한다. 나는 온성군보위부에서 취조를 받고 안전부에서 수감된 기간이 모두 2개월 가량이었다. 함흥에 이관되어 나머지 기간을 채워야 했다.

나를 호송할 때 기업소 보위지도원 1명과 시(市)보위부 반탐과지도원 1명이 온성군안전부 감옥까지 왔다. 호송하러 왔을 때 이관서를 넘기는데 호송될 때 내 이름이 불리었고 군복을 입은 보위원이 나를 데리고 갔다. 견장은 줄 2개에 별 2개가 달린 중좌 군복을 입고 있었다.

그 사람이 묻기를 "너 아무개냐?"라고 했다. 내가 공장에 안 나간지 1년 정도 되는데 그 동안 공장 보위지도원이 바뀌어 그 사람도 나도 서로 처음 보는 것이었다. 내 이름부터 부르고 나서 "내가 너의 담당보위원이다"라고 해서, 나는 "추운데 여기까지 온다고 고생했습니다" 하고 인사했다. 그랬더니 "이 개새끼,

너 말은 잘 한다" 하고는 손에 수갑을 채웠다.

　담당보위원의 나이는 50대 초반이었다. 반탐과 직원은 30대 중반 정도로 상위였다. 이 사람들과 함흥까지 가는 동안의 식사와 숙박비를 내가 책임지게 되었다. 나는 온성에 사는 친척집에 며칠 있게 되었고 거기서 돈을 빌려 함흥까지 와야 했다. 기차가 뜨지를 않아 온성에서 3일을 지내는 동안, 보위원들은 낮에는 내 손에다 수갑을 채워 두고 밤에는 발목에다 수갑을 채우고는 교대로 지키면서 감시를 하였다.

　온성에서 3일을 기다려도 기차가 뛰지 않다가 그 이틀 후에 기차가 들어 왔다. 6-7일 만에 들어온 기차라 역전은 전쟁터와 같았다. 밤 10시에 뜬 기차는 회령에서 고장을 일으켜 거기서 하루를 보냈고 화성군의 룡반에서는 대피로 12시간을 보냈다. 대피라는 것은 군수열차나 김정일 동지가 탄 기차거나 특수한 물건을 실은 열차가 지나가는 동안 기다리는 것을 말한다. 이 기차는 정해진 시간이 있어서 그 시간에 지나가는 게 아니라, 어느 시간 안에 어느 구간을 통과한다고 하여 일반 열차는 다른 선로에서 무작정 대기해야 한다.

　온성에서 출발한지 7일만에 함흥에 도착하였다. 온성에서 싸 가지고 온 벤 또는 보위원들이 나누어 먹고, 나는 5원씩 하는 마른 빵을 한끼에 1개씩, 하루에 2개를 먹으면서 왔다. 그리고 중간 역에서 나는 보위원들의 도중식사를 해결해 주어야 했다. 기차 안에서는 일반 빵통에 앉았는데 보위원들은 마주보는 의자에 앉고 나는 그 사이 공간에 서 앉거나 누워 잠을 자면서 왔다.

　함흥에 도착하자마자 보위부 감옥으로 바로 보내졌다. 보위부 일꾼들도 퇴근시간이어서 나를 호송한 보위원들은 감옥을 지키는 직일관(直日官)에게 신병을 인도를 하고서 퇴근했다. 온성에서 준 이관서는 담당보위원이 가지고 갔다. 그리고 5일이 경과한 후에 불러서 나가 보니 담당보위원이 취조를 하는데 확인

질문을 하였다. 이 사람은 크게 때리지는 않았다. 그러나 다음날부터 반탐과직원 2명과 같이 들어와서 구타와 고문을 하면서 계속 추궁을 했다. "중국에서 집을 잡고 살았는가, 올 때는 혼자 왔는가" 등등을 물어 보았다. 나는 5-6일 취조를 받았으면서 답하기를 "아무도 안 만났다. 친척집에서 소개해 준 일하는 곳에 며칠 있었다" 고 하면서 계속 버텼다.

시보위부 감방에는 1칸은 여자, 4칸은 남자들이 수감되었다. 감방의 공간이 좁으니 잠을 잘 때는 옆사람과 서로 머리와 다리를 엇갈리게 하여 누워서 자야 했고 2인에 1개씩 담요를 주었다. 그렇게 자다가 아침 5시에 하루 일과를 시작한다.

기상을 하면 담요를 개고 그때부터 가부좌를 틀고 앉아서 부동자세와 묵언 상태로 7시까지 대기해야 한다. 오전 7시까지 앉아서 비판 준비를 잘 하라는 지시가 내려온다. 이 시간에 조는 사람이 가장 많은데, 한 방에 1명이라도 졸면 전부 일으켜 창살 앞으로 집합시킨 다음에 물을 동이에 담아서 서너 차례 창살 안으로 퍼 붓는다. 옷이 몽땅 젖는 것은 그나마 괜찮다. 담요까지 다 젖어버린다. 옷은 체온으로 마른다 해도 담요가 젖어서 마르지 않으니 밤에 젖은 담요를 덮고 자야만 한다. 그러다 병을 얻고, 죽기까지 하는 사람이 있다.

감방 안에 있는 사람끼리 서로 이야기를 하면 그 처벌이 간수들마다 다르다. 어느 간수는 말을 한 사람들을 창살 앞으로 불러다가 무릎을 꿇게 하고 머리를 창살 바로 앞에 처박게 하여 몽둥이를 창살 안으로 넣어서 등을 최소 20대 이상 때린다. 또 어느 간수는 말을 한 사람에게 옷을 벗게 하고는 벗은 옷을 난로에 넣어 태워버리니 옷을 벗긴 죄수는 계속 옷이 없는 채로 추운 감방생활을 해야만 한다.

죄수들은 대답을 할 때도 무릎을 꿇고 이마를 땅에 붙인 채로 땅을 보면서 말을 해야 한다. 고개를 들거나 간수들을 쳐다보면서 말을 한 사람은 매를 맞는다. 그리고 방안에 있는 변소를 사용할 때도 무릎을 꿇고 이마를 붙인 채로 간수들에게 "선생님, ○호실 ○○번, 소변볼 수 있습니까?" 이렇게 물어 보고서 허락이 되면 볼일을 볼 수 있고 허락이 떨어지지 않으면 사용할 수가 없다.

오전 7시부터 8시까지가 식사시간인데 정해져 있지 않고 그 시간 내에 밥을 준다. 음식은 주로 중국에서 들어오는 오리사료이며 하루 180-200그램으로 한끼에 60-70그램을 하루 세 번 준다. 반찬은 없고 국을 주는데 소금물에 염장 배추 시래기를 넣은 국이다. 밥은 총 인원 수만큼 그릇에 각각 담아서 전체 그릇을 쟁반 같은 곳에 담아 놓는다. 그리고 간수가 발로 복도쪽으로 밀면서 각 방의 창살 앞에다 밀어 주면 감방생활을 제일 많이 한 연장자가 창살 끝에 앉아서 '배식'이라는 업무를 맡게 된다. 그 '배식'이 자기 방의 인원수만큼 그릇을 들여다 놓으면 다시 옆방으로 차면서 밀고 간다. 어떤 사람은 국을 더 먹으려고 이마를 땅에 붙인 채 "선생님, 좀 더 주십시오?" 했다. 그랬더니 간수가 와서 하는 말이 "야, 이 개새끼야, 너 많이 먹어라!" 하면서 국을 한 국자 퍼서 죄수의 머리에 쏟아 부어버린 일도 있었다.

아침을 먹고 난 다음 8시부터 12시까지는 또다시 가부좌 자세로 대기한다. 중간에 10분 정도 운동시간을 주는데, 각 방안에서 일어서서 자기 절로 운동하라고 한다. 그때 앉아 있어도 안 된다. 앉아 있으면 운동시간을 안 준다. 12시부터 1시 사이에 또 같은 내용물과 배식방법으로 점심식사를 한다. 식사시간에는 팔꿈치를 세우고 쪼그려 앉은 상태에서 식사를 해야 하는데 간수가 배식을 다 끝내고 다시 처음으로 돌아와서 식기 수거를 할 때까지도 식사를 못 끝냈어도 그릇을 수거해 간다.

식사시간이 정해져 있지 않고 밥이 올 때까지 가부좌 자세로 있다가 10분도 채 못 되어서 식사시간이 끝난다. 그리고는 다시 가부좌 자세로 돌아가 오후 내내 그 자세로 있는다. 중간에 휴식시간 10분을 주고, 6시에서 7시 사이에 들어 오는 저녁을 먹고 나서는 11시까지 가부좌 자세로 있어야 한다. 저녁에는 휴식 시간이 없다.

안전부 감방과 보위부 감방의 생활과 배식은 기본적으로 같고 보위부 감방 에서는 하루 두끼의 식사를 줄 때가 많고 벌을 심하게 세운다. 말을 한 사람이 있 으면 뒤꿈치를 세우고 무릎을 꿇은 상태에서 엉덩이를 허벅지에 붙이지 않게 세 우고 고개를 숙인 자세로 있는다. "바로 앉아!"라는 지시가 있을 때까지 벌을 서 야 한다. 또 보위부 감방 중에도 엄중한 사람들이 가는 감방이 있다. 취조 중에 대답을 잘 하지 않는 사람들에게 하는 고문 감방인데 주로 산골이나 마을에서 멀리 떨어진 곳에 설치되어 있고 가고 오면서 눈을 가리고 인솔해 간다.

그곳에는 독방이 있다. 크기는 가로, 세로, 높이가 모두 1미터인 방인데 방 에 물을 절반 채워놓고는 그 안에 사람을 집어넣는다. 물이 절반 정도 차 있으니 앉을 수도 없고 뚜껑이 있는 위벽에는 손가락 굵기 정도 되는 철근의 끝을 뾰족 하게 만들어서 머리 쪽을 향하게 박아 놓아, 설 수도 없게 만들어 놓았다. 밤에는 그 방안에 가두어놓고 낮에는 불러 내어서 취조한다.

감방에서는 간수들이 죄수들에게 부르는 것도 이름이 없이 번호를 부르고 쓰는 용어도 '이 새끼, 저 새끼' 하면서 호통을 친다. 어느 죄수는 파라티푸스와 허약에 걸려서 항문이 벌어져서 바지에 똥을 쌌는데, 옆의 사람이 요청하기를 바지를 갈아입혀야 한다고 했다. 그랬더니 간수가 "야 이 새끼야, 누가 너보고 그런 거 상관하라고 했냐! 나오라! 이 새끼야" 하니 한마디했던 사람이 이마를 땅에 대고 "잘못했습니다" 했다. 그래도 나오라고 해서 창살 앞에다 머리를 대 고 매를 맞은 경우도 있다. 여자 죄수 중에서도 말대답을 했다고 해서 두 손을 끈으로 묶어서 천장에 연결하고는 가죽혁대로 마구 때렸는데 너무 아파서 악을 쓰니까 더 세게 맞고 전체 기합으로 밤에 1~2시간씩 잠을 재우지 않았다.

감방에는 라이터를 못 가지고 간다. 어느 날 간수들이 불시에 옷검사를 했다. 전원이 빤쯔까지 벗어서 창살 밖으로 내어놓는데 한 사람이 밖에서 입고 온 솜바지에서 라이터가 나왔다. 벌로 그 솜바지를 난로에 태워버렸고 그 사람은 매를 맞았다. 이 사람이 옷이 없어 추위에 떨다가 병에 걸렸지만 아프다고 이야기할 수가 없었다. 아프다고 호소하면 간수들이 "밥을 다 쳐 먹으면서 앓긴 왜 앓는가!" 하고 호통을 친다. 밥을 굶어야 아프다고 인정하는 것이다. 감방에서 아프면 치료도 없고 약도 없다. 집에다 연락을 해 주는데, 집에서 약이 오면 먹고 약이 오지 않으면 아무런 조치도 없이 앓다가 죽는다. 같이 감옥 살던 애가 말하기를 1997년 여름에 중국 사람 2명이 조선 사람과 밀수를 하느라 두만강을 몰래 건너왔다가 발각되어 감방살이를 했는데 파라티푸스에 걸렸어도 약을 주지 않아서 죽었다고 했다. 솔직히 우리야 악으로 버티는 거지, 중국 사람이 조선에 와서 어디 견딜 재간이 있겠는가?

우리는 조금이라도 한국 사람과 관계한 것이 밝혀지면 바로 정치범수용소로 간다. 어떤 한 여자는 심양에서 진바지를 만드는 한국기업에서 일을 하다가 잡혀 왔다. 그 여자는 다른 보위 대상들보다 훨씬 엄하게 다스려졌다. 취조과정에서 하는 질문 중에서는 "너희 공장 사장이 한국 사람이 맞나?" "한국 사람들, 여자라면 영 사죽을 못 쓰는데 너 그 사장과 며칠 같이 잤느냐?" 하며 취조했다고 한다. "한국 사람에게 조선의 현실을 말하지 않았는가?" 하기도 했다는데, 이 여자는 머저리처럼 떠나올 때 한국 사람에게 돈도 받았다고 진술을 했다. 이 여자도 바로 교화소로 갔다.

내가 군보위부 감방에서 105일을 마저 채우고 나니까 보위부에서 하는 말이 "원래 너는 꼬빠꾸에 가서 3달을 살아야 하는데 지금 몸이 안 좋은 걸로 봐서는 꼬빠꾸에 가면 며칠 못 살 거다. 너는 아직 경제 건이 미해결 상태이다. 너가 몇 달 동안 직장의 무단결근 건이 남았는데 안전부 예심과에서 보자고 그런다" 그리고 "지금 바로 꼬빠꾸에 가겠는가? 아니면 안전부에 가서 경제 건을 해결하고 가겠는가? 지금 바로 안전부에 가는 게 낫다. 너 지금 꼬빠꾸에 가면 죽는다"는 것이다. 나는 꼬빠꾸에 갈 수가 없었다. 거기 가면 바로 죽을 것 같아서 경제 건을 먼저 해결하고 꼬빠꾸에 가겠다고 했다. 그 날로 바로 나는 군안전부에 갔다. 보위지도원이 따라와서 문건을 넘겨주고 안전부 예심과로 갔는데 그때 문건에는 보위 건은 없고 안전부 건만 있었다. 무단결근한 내용이 적혀있었다.

안전부 감방에서 10일 정도 대기하다가 예심과에 불려갔다. 가서 제일 먼저 마을에서 누구와 친한지를 물어 보면서 내 뒷조사를 하고는 무단결근 건을 가지고 취조를 했다. 4일만에 취조는 종결하고 나머지는 계속 그 내용을 확인하는 절차였다. 이 기간 동안에 모든 죄수들에게 신체 검사를 실시했다. 그 검사 결과를 각자 집에다 알려 집에서 보신을 시키게 통보를 해 주었다.

신체검사 결과는 당일날 바로 "너는 허약 몇 도니까 잘 먹어야 되겠다"는 식으로 통보를 해 준다. 허약은 1도에서 3도까지가 있는데 나는 허약 2도로 판명되었다. 의사가 "너는 허약 2도인데 집에서 면회 음식이 오는가? 잘 먹어라"라고 하는데 옆에 있던 안전원 간수가 "그 새끼는 보위부 대상이다. 중국에 갔다 온 놈이니까 죽어도 일없다. 잘 먹일 필요가 없다"고 노골적으로 이야기를 했다.

안전부 예심과에서 취조가 끝나고 보위부에 허약 2도 사실을 통보했는지 보위부에서 다시 나를 찾았다. 담당보위부원에게 가니까 "너를 원래 꼬빠꾸에 보내야 되는데 지금은 허약하니까 1달 동안 나가서 쉬어라. 1달 후에 다시 보자. 기업소에 이야기해서 배급을 1달치를 주겠다" "이제 다시는 중국에 가지 않겠습니다. 잘못했습니다' 하고 보위원 앞에서 굽신거리고는 속으로 '내 이제 몸이 회복되면 왜 여기 있겠는가? 네놈들이 나를 꼬빼꾸에 보내려고 하는데 내가 그때까지 여기 있겠는가?' 하고 다짐을 하며 집으로 돌아갔다.

1996년에 콜레라로 부모님이 연속으로 돌아가셨기 때문에 살던 집에 가도 혼자여서 친구집에서 며칠 보내기로 했다. 안전부에서 나온 첫날 기업소에 가서 보름치로 통옥수수 4킬로그램을 받아왔다. 다시 중국으로 가고 싶었지만 몸이 많이 안 좋아서 좀 더 지낼 수밖에 없었다.

내가 친구집에서 있는 동안 마을의 인민반장이 매일 찾아왔다. 내가 친구에게 "반장이 왜 자꾸 오는가?" 하고 물으니 처음에는 그냥 놀러 오는 것이겠지, 하고 답을 했다가 며칠 후의 친구 말이 "보위부에서 사람을 시켜서 감시를 하니 우리집도 시끄럽다"고 했다. 하는 수없이 그냥 내 집으로 갔더니 이번에는 가까이 사는 보위원이 매일 저녁 퇴근길에 들러서 내가 있는가를 확인하고 옆집 사람들에게 "오늘 어디 나가지 않았는가?" "어디 다른 곳으로 간다는 이야기는 하지 않았는가?"를 계속해서 물어 보는 것이었다.

집에서 10일 정도 있으니까 배급받은 것도 다 먹고, 먹을 것이 없어 내가 다니던 기업의 초급당비서에게 찾아가서 남은 보름치를 달라고 했다. 그랬더니 하는 소리가 "야, 이 새끼야, 영예군인(군대에서 다치거나 불구가 되어서 제대한 사람)도 배급을 못 주는데 너에게 보름치를 줬으면 조절해서 먹을 것이지 왜 자꾸 와서 달라고 그러는가! 내려 가 있어!" 라는 것이다. 몸도 안 좋고 먹을 것도 없고, 어차피 꼬빼꾸를 안 가려면 집을 떠나야 한다고 생각했다. 그래서 옆집에게 "먹을 것도 없으니 홍남 동무네 집에 갔다 오겠다. 보위지도원이 오면 그렇게 이야기하라" 하고 다음날 아침 일찍 아무도 모르게 함흥역전의 동무네 집으로 갔다.

동무에게 내 사정을 이야기하고서 온성으로 가는 차 시간과 도중 식사를 부탁했다. 동무는 곧장 서두르며 "저녁 7시 30분에 1열차(평양-두만강행)가 들어온다. 지금 쌀이 없고 속도전가루(강냉이가루를 기계에 넣어 압축시켜 튀겨낸 것을 가루로 만든 것으로 일명 펑펑이가루)밖에 없다"고 펑펑이가루 5킬로그램을 주었다. 그날 그 집에서 저녁을 대충 먹고 역에 가서 기차를 타고서 3일이 걸려 청진에 도착했다.

청진에 도착했지만 다시 온성행 기차를 타려 해도 증명서가 없으니 역에 들여놓지를 않았다. 옷도 감방에서 나오던 그대로였다. 원래 증명서가 없는 사람들을 들여놓으면 온갖 꽃제비들이 들어오기 때문에 열차 타는 사람이 불편하다고 해서 쫓아낸다. 그래 역 밖에서 좀 기다리다 보니 역무원들이 점심을 먹는다고 나가고 없어서 밖에서 기다리던 사람들이 모두 안으로 들어갔다. 그날 기차는 오지 않았다. 다음날 밤 12시에 15열차(평양-온성행)가 들어왔다. 꼬박 이틀 동안을 역에서 보냈다.

밤에 기차를 타고 온성으로 향하는데 원래는 6시간 걸려야 할 것이 정전과 기관차의 부재로 인해 이틀이 걸려서 밤 11시에 온성에 도착했다. 함흥에서 청진까지 오면서 동무가 싸 준 펑펑이가루를 다 먹은 상태에서 이틀 동안 아무것도 먹지 못했다. 사실 조선에 있다 보면 이틀 정도는 쉽게 굶을 수 있지만 보위부 취조를 받은 후여서 내 몸은 뼈만 남았다.

남양에 도착한 시간이 밤 8시였다. 남양에서 풍리, 세선역을 거쳐 온성역까지는 30리 거리라 거기서 내려서 3시간을 걸어서 온성읍에 도착했다. 처음에 남양에 내렸을 때 도문으로 해서 강을 넘으려고 남양의 아는 집에 가려고 했다. 그러나 남양에는 3집 당 1집이 보위부 특무질을 하는 곳이었고 남양에서 강을 건너다가는 몸이 좋지 않아 뛰지도 못할 것이라고 생각했다. 당분간 몸을 보신하기 위해서 온성까지 가게 되었다. 온성에 친척이 있기는 했지만 또 신세지기가 뭐해서 잘 아는 대기숙박 집에서 3-4일 있다가 강을 건넜다. 온성읍에서 풍서까지 2시간 걷고, 풍서에서 중국 양수로 건너왔다. 오후 5시가 넘어 숙박집을 떠나서 강 주위를 살피다가 7시경에 초소가 비어 있길래 얕은 목을 따라 강을 건넜다.

조선의 감옥소

먹을 것을 구하기 위해 국경을 넘어 중국에 왔다가 중국 공안에 공식적으로 체포되면, 조선으로 이송되어서 일단 구류장에 들어간다. 구류장은 군(郡)안전부에 있는 것인데 조그만 방이다. 여기의 예심과에서 예심을 받는다. 예심은 보위부원이 하는데 죄가 발견되면 매도 좀 맞으면서 "내가 무슨 잘못을 했다"는 걸 실토한다. 실토한 죄에 따라 로동단련대(꼬빠구)나 로동교화소 등으로 보내진다. 더 실토할 게 있는 것 같으면 집결소에 보낸다. 중국에서 잡혀서 조선에 가면 일단 역적 취급을 당한다. 강을 건너는 사람은 애나 어른이나 할 것 없이 무조건 잡는데 10-15살 되는 아이들은 뭘 모를 때이니까 좀 패고 교양도 좀 하고 해서 한 10일 있다가 내놓는다.

로동단련대를 일명 강제 로동교양소라고도 한다. 월경자 중에서 죄가 제일 경한 사람을 시·군(郡)의 로동단련대에 1-6개월간 보낸다. 로동교화소에 보내기에는 죄가 가볍고 그냥 사회에 내놓기에는 죄가 있다고 판단이 들 때에 단련대에 보낸다. 여기에 들어가면 부모와 면회를 할 수가 있다.

로동단련대에 들어와 있는 사람 중에 당원들도 많지만, 당원이라 해도 별반 소용이 없다. 아버지만한 사람한테도 야! 자! 한다. 올려 차고 내려 차고… 그러다 그냥 죽는 것이다. 무슨 사정을 봐 주겠는가? 스파르타 교육을 한다고 자기네들끼리 말한다. 죄인들끼리 때리기 내기를 시키기도 한다. 안전부원은 직접 때리지 않는다. 안전부원이 "야, 너 그렇게 하겠나?" 하면 다 암시가 된다. 감옥에도 우두머리가 있고 대장질하는 사람이 있다. 감옥에 신병으로 들어가면 나이와 관계없이, 아버지 삼촌이라도 야! 자! 한다. 수감자들은 그저 대가리 쑤그리고 무릎 꿇고 있는다. 로동단련대는 각 시, 군마다 1개씩 다 가지고 있다.

조선의 수감형태는 로동을 위주로 한다. 육체적인 고통을 통하여 자신의 죄과에 대한 반성도 하고 사상적 교양도 받는다.

로동단련대의 생활은 아침 5시부터 7시까지 조기작업(나무하러 산에 가던가 잡다한 노동), 7시부터 7시 30분까지 아침시간, 7시 30분부터 12시까지 노동, 12시부터 1시까지 점심시간, 1시부터 6시까지 노동, 6시부터 7시까지 저녁시간, 7시부터 밤 11시나 12시까지는 하루의 로동과업을 채우지 못한 사람은 밤에도 일을 시키고 과업을 완수한 사람은 그들이 올 때까지 사상투쟁을 한다. 이때는 강연회 형식이 아닌 생활총화처럼 자기비판과 생활수칙에 입각한 상호비판을 한다.

일을 하러 가고 오고 할 때는 줄서서 삽 들고, 시내를 행진한다. 시내의 도랑을 청소하고 안전원 집에 가서 회칠도 한다. 먹을 것은 요만한 그릇에 옥시밥과 소금물을 담고 그 다음에 무와 배추 절군 거 3-4개 띄워서 먹이는데 지금은 그런 것도 없이 아무거나 닥치는 대로 준다. 그러다 죽는 사람이 있다. 못 먹는 데다가 규정을 조금만 어겨도 매를 맞고 죄인들끼리도 때리니 견디지를 못 하는 것이다.

로동교화소는 일반법죄자 중에 1-3년 짜리의 단기들이 가는 곳이다. 함흥의 오로(현 영광) 같은 곳이다. ○○교화소 중에는 정치범과 경제범이 같이 수용되는 곳이 있다. 이 둘을 같은 곳에 두는 것이 아니라 정치범은 골 안쪽에 두고 경제범은 그 바깥에 두는 식이다. 어쨌든 교화소라는 게 본인 혼자서 가 있는 곳이다.

회령시의 전거리는 정치범관리소이기도 하지만 골 바깥쪽에는 3년 이상 15년 이하의 경제범들도 수용한다. 이 사람들은 죄가 중한 경제범이나 일반 범죄자들이 있다고 한다. 오로는 주로 가벼운 경제범들이 들어가는 곳인데 말로 듣기에는 형기가 짧기에 전거리보다 지내기가 더 어렵다고 한다. 함흥 오로는 수용자가 한 4천명 정도인데, 성천강 새 방둑 건설에 등짐을 나르는 일을 한다. 밥을 조금 먹이기 때문에 거기 가면 쥐새끼, 개구리를 잡아먹게 된다. 오로에서 1년 지내고 나오면 거의 다 죽는다. 그래서 사람들끼리 하는 이야기는 차라리 감옥을 살려면 길게 받는 게 좋다고 한다. 일반 여자 죄인들은 평남도 증산군에도 보내진다.

취조한 후에 죄가 크다 작다하는 것은, 군(郡)안전부에 직접 잡힐 수도 있고, 아니면 감옥 안의 예심과에서 할 수도 있다 "1백원 짜리 기계 부속을 훔쳐서 1천원의 경제적 손실을 가져오면 몇 년이다" 또는 "1천원에서 1만원으로 경제 손실을 봤다고 하면 몇 년이다" 이렇게 따진다. 중범죄자라고 했을 때는 경제 재범자이거나 어쩌다 칼을 들고 싸우다 살인 미수가 된 사람, 살인 의도가 있지 않은 살인범이다. 로동교화소 1년 짜리로는 오로나 양덕의 88호 등이 있다. 지금 조선 남자 3명 중에 1명은 거기를 갔다 왔다. 이 로동교화소의 경우도 몇 년 짜리들은 기능공 로동을 시킨다.

청진의 수성교화소에는 경제범으로 성분이 괜찮은 장기수, 즉 15년이나 무기징역 받은 사람들이 수용되어 있다. 이곳도 정치범들을 수용하는데 이 정치범들은 혼자 들어가서 수용생활을 한다. 이 사람들 역시 기능 노동을 한다. 평양 근교의 수용소에서 나오는 생필품의 경우는 전부 중앙당 간부들이 사용한다고 한다. 정치범은 기본 형기라는 것이 없다. 한번 수용소에 들어가면 살아서는 나오기가 힘들다.

 조선은 재판할 때 공개재판을 건다. 재판장과 변호사도 나오고, 형식적으로는 다 한다. 항소할 권한도 주지만 이미 두들겨 맞고서 손도장 다 찍고 나오니 별 쓸모가 없다. 벌써 재판하러 나왔을 때는 항소를 못 한다. 그랬다가는 또 어떻게 되는가? 가만 있어야지 도로 죽도록 맞는다. 좀 도와 주소(봐 주시오) 해야 한다.

 조선 내에도 법체계는 정말 귀신처럼 다 되어 있다.

정 치 범 　 수 용 소

 보위부 건은 최소 15년 이상을 받게 된다. 사실 이것은 말이 그렇고 실제는 그 이상이고 죽을 때까지이다. 이런 보위 대상들은 정치범 수용소에 간다. 가족이 같이 관리소로 가는 경우는 그 가족이 계통적으로 조선의 체제와 뒤틀린 집이다. 지주집, 자본가집, 남한 사람과 내통을 한 사람의 집들이다. 당과 김일성, 김정일 동지를 반대하는 사람들이 간다. 한마디로 북한 사회를 부정당하게 생각하는 사람의 가족들이다. 자기 아버지가 지주였던 사람은 '옛날에는 우리가 잘 살았는데 지금은 이렇게 못산다' 는 마음가짐을 가지는 수가 있고 이것이 자식한테 이어질 수가 있는 것이다.

 정치범 중에 종신형을 선고받은 성분이 괜찮은 사람은 청진의 수성으로 가고 성분이 나쁜 사람들은 회령 중봉 22호 관리소, 함남도의 요덕 15호 관리소 등으로 보내진다. 산골에 사람을 두고서 못 나오게 한다. 이 사람들은 일생 동안, 그리고 자식 대까지를 그곳에서 노동과 감시체제 속에서 보낸다. 가족들 전체가 하루 2교대씩 일을 한다. 결혼이란 것도 처녀 총각으로 지내다가 여자들이 생리가 중단되는 40대 이후에 결혼을 시키며 일을 잘 했을 경우 하루씩 같이 잠을 재운다. 혹시 임신을 하게 된 여자가 있으면 제일 힘든 일을 시키고 약을 먹여 애를 지우게 한다.

회령의 중봉 22호 관리소, 동포의 12호 관리소, 화성의 16호 관리소도 몽땅 정치범수용소이다. 수용소 내에는 각 마을을 이루어 이 마을들끼리는 거리도 떨어져 있고 일하는 곳도 다르다. 또 아래 웃 마을이라도 범죄자들끼리는 왕래가 있을 수 없다. 정치범수용소에 가느니 차라리 사형되는 게 좋다. 그곳에 가면 나오지도 못 하고 얼마나 고생스럽겠는지?

정치범들이 일하는 곳인 회령의 중봉탄광에서 있었던 일이다. 이곳은 아무나 들어가지 못하는 곳이다. 한 증기기관차가 회령의 중봉탄광에 들어가서 석탄을 싣고 나오는데, 어떤 사람이 다친 사람을 업고 막 뛰어오면서 기관사와 조수에게 손을 흔들어 태워 달라고 사정하더라는 것이다. 이 사람이 기차를 따라 뛰어오는데 그 기관사는 못 본체 했다. 기관사는 경험이 있는 사람이었고 보위부에서 교육받은 게 있었다. 조수도 역시 "거기 들어 간 사람들은 너네 원수들이다" 하는 교육을 받았지만 사람이 다리가 끊어져서 피 질질 흘리는 거를 업고 뛰어오니까 불쌍한 마음이 들었다. 그래서 두 사람에게 손을 내밀며 막 잡아 올리려고 하는데 기관사가 조수의 어깨를 잡아챘다. "정신 있나, 이 새끼야. 어떤 고문 치르려고 그러나?" 기관사가 그랬다. 그런 애들 세계는 동정을 주지 말라는 것이다. "한두 명 구해 줬다고 여기 있는 사람 다 구해 줄 것 같은가?" 하고 말하더란다. 업힌 사람이나 업은 사람은 모두 굴러 떨어졌는데 죽었을 것은 뻔하다. 그렇게 무자비하게 사람이 죽는다.

정치범관리소는 가까운 곳에 분소를 가지고 있기도 한데 분소는 정치범에 대해 뭔가 내용적으로 할 일이 있을 때에 이용하는 것 같다. 간부나 기술직으로 있던 정치범을 분소로 불러내서 일을 시키든지, 아니면 뭔가 더 취조할 것이 있을 때에 불러내는 곳이라는 것이다. 불러내서 매일 힘들게 로동을 시키고 저녁에는 연죄연유라고, 그전에 있었던 사소한 결함에 대해서 고백서를 제출하게 하면, 매일 적다가 어떨 때는 전혀 생각지도 않았던 것을 적게도 된다. 그러면 뭔가 건수가 잡히는 수도 있고… 어떤 사람은 하도 쓸 게 없어서 기차 대가리 팔아먹을 생각을 했었다고 적어낸 사람도 있다. 감옥에 가면 매일 연죄연유라는 것을 적게 돼 있다.

검덕광산이 있는 함남도 단천의 대흥수용소는 규모가 컸다고 한다. 검덕광산은 마그네사이트를 생산하는 곳으로 조선에서는 '크링카'라고 한다. 여기에 국군 포로들이 많다. 이 광산에 마그네사이트가 나오는데 이 광물을 사회에서는 못 내오고 안전부와 보위부 산하에서만 내왔다. 조선 사회안전부 관할 크링카 생산지라고 볼 수 있다. 크링카라는 것은 '로(爐)'의 벽을 쌓는 재료로 쓴다. 이 광물은 소련에서 많이 썼는데 인조로 만든 것을 쓰면 로가 10년 갈 것이 5년밖에 못 가지만 조선에서 나오는 것을 쓰면 10년 간다는 것이다. 그렇게 질이 좋다고 한다.

지금은 나라에서 이 관리소의 사람을 다 해방시켰다. 해방된 사람은 1~2년 동안은 자유도 없고 공민도 아니었다가 기한이 지나면 조금씩 풀어 준다.

내 동무 중에 군대를 사회안전부로 간 사람이 있었다. 군대에 못 갈 줄 알았던 동무이기 때문에 "야, 너 잘 됐구나. 군복 입게 됐다"라고 했다. 그 친구 성분이 좋지 않았다. 안전원은 8촌까지 본다. 그러던 동무가 군대 갔다가 몇 달만에 도망쳐 왔는데 "야, 가 보니까 다른 게 아니고 사회안전부 로동자였다"는 것이다. 그 동무가 일한 곳은 관리소였다. 관리소 죄인들을 다 해방시킨 곳에서 일을 했는데 그 해방이란 게 친척 방문을 한다거나 편지 거래를 하는 것은 없고 그 울타리 안에서 움직일 수 있게끔만 하는 것이다.

　수용소에서 사람 취급하는 것을 보면 1950년대 전쟁 포로 가둘 때나 똑 같다. 조선의 통치가 1945년도나, 1950년도나, 1990년도나 마찬가지이다. 수용자 중에 머리 깎은 사람들도 있고 안 깎은 사람들도 있는데 내 동무가 들어가면 "선생님, 안녕하십니까?" "선생님, 안녕하십니까?" 한다는 것이다. 그래서 궁금하니까 "도대체 누군가? 말해라" 하니 그쪽 사람이 "사실 우리는 이러이러한 죄를 지어서 생활하다가 당의 배려로, 어버이 수령의 배려로 해방된 사람들입니다"라고 했다고 한다. 정말 자기 할아버지가 무슨 죄를 지었는지도 모르는 손자들이 죄인으로 살고 있고… 지금 살고 있는 본인들은 죄를 지은 일이 없는 것이다. 이런 사람들을 다 해방시켜서 검덕광산으로 보내고 그 나머지도 약간 내놓았다. 본래 죄를 지었던 사람들은 이미 다 죽었기 때문에 그 2대 3대 되는 사람들을 해방시켜 준 것이다. 여자고 남자고 많더란다.

　정치범들에게는 '너네는 잔치(결혼)를 못 한다'는 규정이 있는데 대홍의 수용소 사람들을 해방시켜 주면서 '너네끼리 잔치를 하든지 집 얻어 가지고 살라'는 배려를 했다고 한다. 그래서 40살 짜리 남자가 20살 여자를 데리고 사는 경우도 있고, 20살 짜리가 남자가 40살 짜리 여자를 데리고 사는 게 있고, 별난 것이 많고 엉망진창이라는 것이다. 말이 그렇지 수용소라고 볼 수 있다.

　이런 사람들이 안 굶어죽고 사는 것은 그 안에서 농사를 짓고 사니까 가능하다. 된장이나 고추장을 만들 수 있고, 옥수수 등도 먹을 수 있다. 중앙에 올려 보내기 위해 수용소에서 생산한 고추장에 어쩌다 깨진 유리가 나오는 경우가 있었다고 한다. 이 사람 저 사람들이 우르르 만들어서 그런지, 누가 유리를 집어넣었는지 파악이 안 되고 그래서 고추장만 생산하는 사람, 된장만 만드는 사람을 따로 나누었다.

내 직장에서도 잘못해서 농촌이나 탄광으로 추방된 사람들이 있다. 그 도안에서 제일 산골인 탄광, 광산으로 보낸다. 함남도 장진군 메물리, 이곳은 정치적 성향이 나쁜 사람을 보내는 곳이다. 다 총살 가족들이다. 예를 들어 내 형이나 아버지가 총살당했거나 교화소에 갔거나 할 때 나머지 가족들은 장진군 메물리와 풍류리, 속시리 등으로 많이 보낸다. 함남도 장진군은 다 추방지이다. 또 부전군의 릉구리, 호반지, 차일리, 은하리하고 허천군으로도 보낸다. 수용소의 개념은 아니고 그냥 산골로 추방을 보내는 것이다. 추방당하는 곳에서 농사를 짓거나 탄광에 가서 일하기도 한다. 가족들과 다 같이 가는데, 산골이라 가두어 놓지는 않는다.

정치범 같은 경우는 3대를 멸족시킨다. 할아버지, 아버지, 본인, 이렇게 가두어 놓는다.

식량난 전에 직장을 다니면서 본 것과 행방 다니면서 본 정치범 수용소가 있다. 우리도 말로만 정치범 수용소를 이야기하는데 나도 처음으로 수용소 구경을 할 때는 좀 겁이 났다. 잘못하면 나에게도 번져지는 수가 있기 때문이다.

정치범수용소는 16호, 22호 등 호수로 나타나는데 이 숫자는 그 수용소가 '정령 몇 호'에 따라 생겼을 때 붙여진다. ○○호에는 종파분자만 넣는다든지, 지주나 자본가만 넣는다든지 한다. 어떤 시기에 중앙에서 "이번에는 어떤 사람들을 잡아 넣어라" 하고 정령이 내려오면 그 관리소가 서게 된다. 보위부가 차번호를 20을 가지고 있다. 국가 정령 20호에 따라 보위부가 성립되었다. 국가보위부가 국가정치부로 바뀌었다가 국가정치보위부로, 다시 국가보위부로 개편됐다. 원래의 정치보위부가 정치 자를 빼고 국가보위부로 됐다.

수용소는 북쪽이 대체로 많다. 저 남쪽에 나가보니 없었다. 왜 없는가? 북쪽에는 미개척지가 많아 할 일이 많고, 안전한 지대라고 볼 수 있기 때문이다. 중국 국경도 안전하다. 조선으로서는 지금도 중국이 안전하다고 본다. 서로가 조금은 틀어지기는 했지만 그래도 아직까지는 일없다.

함남도 부전 쪽에도 골짜기가 깊고 많다. 내가 가 보지 못했지만 그곳에는 특수부대 병력들이 많다. 이 특수부대라는 것이 무슨 비밀부대가 아니고 조선인민군 지도국이다. 장진호반이라는 곳이 전쟁 때 중국 인민지원군이 한국군과 미국군을 포위해서는 전쟁을 했던 고장이다. 그곳 지역이 성분이 나쁜 사람들이 많았던 곳이다. 지금은 많이 청산되었지만 아직도 성분이 나쁜 사람들이 남았다. 그런 곳이기 때문에 나쁜 사람들만 집결시키면 산이 깊어서 연락이 취해지지 않을 수 있기 때문에 빨간 물을 많이 먹은 젊은 사람들, 군대를 많이 집결시켰다. 우리는 정치범수용소도 각 도에 몇 개씩 있거나 하지를 않는다. 한 곳에 성분 나쁜 사람을 몰아서 두지는 않는다.

회령시 중봉의 22호는 온성군 창평리와 동포리에 있던 수용소가 옮겨진 것이다. 내가 알기로는 창평과 동포의 수용소가 1970년대부터 있었다. 이 창평과 동포가 중봉으로 옮겨졌고 더러는 회령시 전거리로 옮겼다. 배비(配備)변경한 것이다.

왜 배비변경 했는가? 동포리에 증산이라는 높은 산이 있다. 그것이 유사시에 낙하지점이다. 투하지역이라는 것이다. 그 지역에는 전쟁 때에 한국 군대의 패잔병들, 특공대들이 1958년까지 남아있었다. 공화국에서 이 사람들을 1958년도까지 토벌했다. 그때 산에서 살려면 백성들의 후원을 받아야 되는데 한국 군인들을 도와준 백성들이 있었다. 골짜기가 깊으니까 토벌할 때에 사람이 많이 죽었다고 한다. 그런 투하지역이기 때문에 거기서 이런 불순한 사람들이 계속 살고 있다가는 남쪽에서 비행기 하나를 보내서 무기를 떨구어주면 그 총부리가 무조건 돌려지게 된다. 그러니 "변경을 시켜라"라고 했던 것이다. 그래서 배비

변경이 된 것이다.

창평이나 동포의 수용자들이 옮겨서 간 회령 중봉과 전거리는 지형상 골짜기가 합치게 되어 있다. 이곳이 미개척지니까 죄인들을 다 밀어 넣고 철조망을 쳐 놓았다. 경비대가 지키고 있다.

창 평 수 용 소

동포리에 갔던 적이 있었다. 내가 갔던 곳이 수용소의 경계지점이라 그 안의 모습을 잠시 볼 수가 있었다. 토끼, 양, 염소, 소 등 다 있다. 살기가 좋다. 경계지점에서 양을 방목하는 사람을 보았는데 대체로 여자들이 양(洋)방목을 했다. 나나 그 사람이나 서로 말은 못 한다. 그 사람은 정치범이니까 말했다가는 나까지 수용소로 들어갈지도 모르기 때문이다.

1987년에 일 때문에 수용소 안을 들어간 적이 있었다. 그 안에 들어가 보니, 야! 어떻다고 할까? 별나게 수상하더라. 창평이나 동포는 정치범 수용소가 철수되고 일반 사민들이 들어가 살게 되면서 우리말로는 '신해방지구'라고 했는데, 수용소 적에는 창평에 큰 양수기가 있었다. 그 큰 양수기가 놓인 걸 보면 콘크리트로 기초를 치고 거기다 볼트를 설치해서 양수기를 올려놓고 나사를 채워 놓는데, 다 못 쓰게 해 놓았다. 다시 건설하지 않으면 작동 못 시키게 해 놓았다. 탄광도 물이 차고 설비가 말을 안 들었다. 그것을 보고 무엇을 느꼈느냐? "이 통제하는 속에서도 정치범이 있구나" 하는 생각이 들었다.

온성군 창평수용소에는 축전지와 신문도 나오고 있었다. 원래 수용소 안에는 통신, 출판 등 일체가 금지되어 있다. 그 속에서도 외부에서 들어간 출판물 축전지가 있는 것을 보면, 거기 사람들은 보위위원이나 안전원이나 죄인이나 다 한 덩어리이다. '그저 오직 너네는 밥 먹고 지게 지고 돌 줍고 농사짓고' 이것 이

외는 없는 사람들인데 그렇게 외부에서 들어가는 것이 있다. 통제해도 안 되는 것이다.

그 수용소 안에도 사람이 한 5천명씩 있으니까 식료공장, 장공장, 술공장, 축산반, 탄광도 다 있었다. 지하 콘크리트를 쳐서 음침하고 선선하게 만들어서 닭, 소, 돼지를 따로 쌓아 놓았다. 보니까 거기 죄인이 농장 작업반장도 하고 탄광 지배인도 한다. 그 안에서도 탄광 사람은 블록집 지어주고 농민은 흙집에 흙바닥 깔고 살았다. 기와공장도 있고, 일반 1개 군의 구조와 비슷하여 자체로 지방산업들이 다 있었다. 거기서 나오는 식량, 된장, 고기는 상품이 정말 잘 해서 나왔다. 배는 배대로 포장해서 나오고 된장, 고추장도 나온다. 이것은 다 중앙으로 실어간다. 거기서 나오는 것은 일반 백성들은 못 먹는다. 이 창평을 1987년 7월 3일날 철수한다고 했는데 내가 들어갈 때에는 기본은 다 철수하고 몇몇 사람

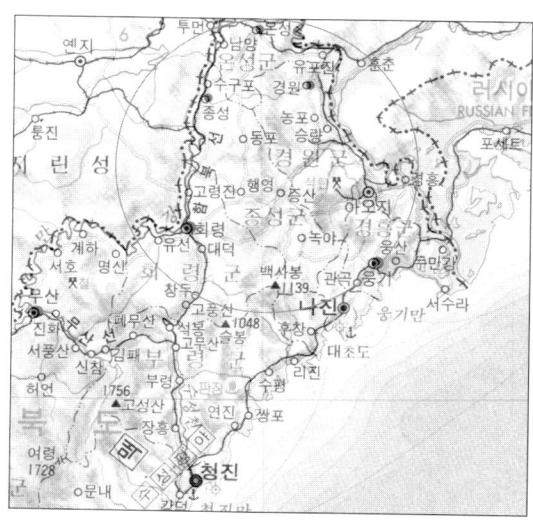

〈동포·창평·중봉·증산 일대〉

들이 남아서 정리하고 있을 때였다.

그곳의 학교체제는 인민학교 4학년까지는 일반교육, 그러니까 조선말, 산수, 이런 것을 배우고 중학교는 6년이 아닌 3년제로 축산을 가르친다. 양반(洋班), 닭반, 돼지반, 개반이 따로 있다. 너는 닭만 배워 주고, 너는 축산만 하게끔 돼지 기르는 법을 배워 주고, 너는 식료만 배워 주고, 농사는 농사하게끔 배워 준다. 그것이 실지 인재 양성제도라고 생각되었다.

거기 사람들의 생활은 새벽에 일어나서 저녁에 해질 때까지 일을 하는데, 딱 몇 시간 일한다는 것이 없다. 밥 먹는 시간외에는 일을 한다. 그러니 트집이 없어 못 죽는다. 밭에 김을 맬 때, 호미로 풀을 뽑는 것이 아니라 손으로 뽑아서 지게로 지고 다닌다. 그리고 밭을 일굴 때에 돌은 담아서 밭의 바깥에 던지고, 풀은 따로 골라서 풀더미를 만든다. 밭에 풀 한 포기 없고, 정말 주체농법으로 해서 강냉이가 다 좋다. 비료(화학비료) 한 방울 안 주고 풀 퇴비나 부식토를 긁어서 하고 똥도 갖다가 한다. 집의 벽에다 소똥을 발라놓고 사는데 그 소똥을 봄에는 긁어서 퇴비로 쓰고, 후에 다시 다른 똥을 바른다.

진료소도 있기는 하지만 진단을 내리는 정도이다. 다 죽어가는 것을 링겔을 꽂으며 살리는 정도는 아니다.

그곳에 일을 잘 하는 사람이 있었는데 거기서 3대를 살았다. 할아버지가 지주여서 수용되었는데 조그마할 때부터 거기서 자랐다. 이 사람이 학교를 졸업하고 청년이 되어도 장가를 못 갔다.

수용소에서도 결혼을 하면 잔치라는 것을 시켜 주지만 부부들은 둘을 서로 교대로 일을 시킨다. 너는 낮에 하고 너는 밤에 하라고 한다. 가정이라는 것이 없는 것과 같다. 잔치라는 거 하나 시켜주고는 "그것으로도 너네는 감사한 줄 알아라" 이런다. 씨를 없앤다고 하여 늦게 결혼시키고 교대로 일을 시키지만 그 속에서도 애 낳는 부부는 있다.

　수용소 안의 탄광에서 죄인들이 들어가 일할 때도 그 막장까지 보위부 특무들이 들어간다. 그러면 사람들이 그 보위부 특무를 어떻게 알고서는 죽여서 갱이나 얼음구멍에 처 넣는 게 많다. 그 산속에 들어간 사람들이 어쨌든 머저리들은 아니라는 것이다. 그 사람들이 사회에서 한 것만 봐도 그렇고 산(수용소)에 들어가서 자기네끼리 체계적으로 움직이는 것을 봐서도 그렇다.

　거기 들어간 사람들은 어떤 죄를 지은 사람인가? 한마디로 말하면 당, 나라를 반대한 사람, 말을 잘못해서 들어간 사람, 종파분자도 있고, 지주를 했던 자기의 옛날 죄를 자수 안 한 사람도 있다. 자신의 나쁜 과거를 왜 숨기는가 하는 것이다. 이런 곳에는 훔치거나 하는 일반 경제범죄자는 안 넣으니까 말 잘못한 사람, 예를 들면 '당(黨) 개좆 같다'는 말, 나이 드신 분 중에서는 '왜정이 더 괜찮았다'고 무심코 말을 한 사람, 이런 것이 다 당을 모욕한 사람이다.

　전에 어떤 사람이 싸리모자*에 카바이트 켜고 탄광에 들어가는데 갱내가 아쓸하니까, "개 좆 같이 오늘도 죽었다가 살자. 칸드레 불* 너만 좋아하는구만!" 이랬는데 "아! 너 정치범이다" 했다는 것이다. "아, 이 사람, 보챈 것 같습니다. 아, 깐드레 불 좋아한다는데 뭘 어쨌다고 합니다" 하고 밀고가 들어간 것이다. 당이 제시한 목표량이 있는데 일을 싫어하고 인민과 나라를 받드는 길에 그 따위 소리하는가, 이렇게 걸고들면 정치범이 된다. 말 한마디 잘못했다가, 그렇게 별나지 않게 걸려 들어가는 사람이 많다. 그래서 조선 인민들이 다 머저리가 되어 버린 것인지…….

* 싸리모자 - 싸리나무로 엮어서 쓰는 탄광안전모
* 칸드레 불 - 소주병 절반 크기의 철이나 동으로 된 칸드레 통에 카바이트를 넣고 물을 부으면 카바이트가증

발되어 가스가 나오는데 여기에 불을 붙이어 전등으로 쓴다. 칸드레 통에다 반사등을 달면 불빛이 멀리 나가게 되어 작업을 할 수가 있다.

광 복 의 해

창평수용소가 철수했을 때 가 보니까 야! 옥수수가 크더라. 가는 곳마다 소 새끼들이 옥수수 밭을 따라 죽어 넘어가는데⋯ 수용소가 옮겨갈 때 죄인 중에 소를 몰아가는 사람들이 몇 마리씩 막 내버리고 갔다. 소나 양이나 내쫓았다. 가는 길은 바쁘고 소는 많아 혼란스러우니 죄인들이 신경질이 안 나겠는가. 이때 일부러 풀려난 소들이 수십 마리였다. 풀려난 소들이 옥수수 밭에서 옥수수를 막 뜯어먹고는 배가 불러서 죽어 넘어가는데 주변의 사람들은 소고기 잔치를 했다. 야! 소고기 맛도 좋더라. 우리야 소고기 먹을 수 있는가? 어디로 가면 "여기 소 죽었다" 조금 가서 "또 죽었다" 그랬다.

소가 옥수수만 배터지게 먹었으니 견뎌내는가? 소의 위가 4개인데 처음 큰 위에다 배불리 가득 먹으니 배불러 죽은 것이다. 위벽이 풀 먹은 걸 분쇄하게 되어 있는데 옥수수 알은 분쇄하지 못한다. 마침 옥수수도 소가 딱 먹기 좋게 되어 있었다. 복실복실한 것을 배터지게 먹었으니까 죽어 넘어가는 것이다.

근처의 젊은 사람들은 소를 발견하면 "알리지 말라" 하고는 몇이 모여 술을 하나씩 가지고 올라가서 "야, 썩어지게 먹어보자" 고 했다. 1987년 그때도 생활이 구차해질 때였다. 고기도 못 먹을 때였다. 죽어 넘어진 소를 거꾸로 묶고 시키면 철판에다가 불을 태워 가지고 먹었다. 막걸리를 사발에 붓고 소고기를 구워서 소금에 찍어 먹으면서 놀았다. 그러다 들켜서 총살당한 것도 있다. 총살당한 사람들은 4마리를 잡았다고 했다. 이 사람들은 고기를 선별해 가지고 메고 내려와서 팔아먹기도 하고 식량과 바꿔 먹다가 들켰다. 소가 농촌의 기본 동력이니 죽은 것을 먹었다고 누가 인정하는가? 잡아먹었다는 것이다.

 우리도 소고기를 먹었는데, 밤에 숙소에서 먹다가는 들키겠으니 통에 담아 가지고 뜨락또르에 타고서는 "산에 나무하러 간다"고 했다. 그렇게 산에 가서 다 먹고 남은 뼈대는 던져버리고 돌아왔다. 어쨌든 그때 들키지 않고 소고기를 판 사람 중에 돈 번 사람은 많이 벌었다. 한 밑천 벌었다. 그 해에 창평에 들어온 사람들이 정말 꽃피는 생활을 맞았다. 그때를 '광복의 해'라고 했다.

 수용소가 철수하면서 그곳에 있는 것들은 국가에서 다 인계받게 되어 있다. 그래서 창평의 소나 가축들에 대해서는 공시를 했다. 죽은 소를 다칠 때는(손대면) 엄벌에 처한다고 하니까 머저리들은 그 말을 믿었다. 그때 수용소 물건을 지키는 사람이 있었지만 지키는 사람 10명이 도둑 1명을 잡는가? 우리는 새벽에 잠을 안 자고 뜨락또르의 발동을 끄고서 세워 놓고 열댓 명이 직접 가서 죽은 소를 실어왔다. 2톤 500짜리니까 인차 실을 수가 있다. 내려오다가 죽은 소를 인계받으러 온 사람한테 들켰지만 그 사람들 입에다 고기와 술을 막 쳐 넣으니까 그 사람들도 말을 안 한다. 그 사람들은 관리하는 사람들 체면에 도둑질은 못 하니까 2톤 500에서 500킬로그램을 주고 입을 틀어 막았다. 자기네들도 배부르고 좋다. 이때에 창평에 들어온 것들은 일반 사회에서 제일 불량한 사람들이었다. 다 머리 굴리는 사람들이다. 그렇지 않으면 제일 머저리들이다. 머저리 한 빵통, 부화뇌동 한 빵통, 도둑놈 한 빵통.

투 하 지 역

 창평수용소 사람들이 동포로 갔다가 중봉으로 가기도 했다. 증산을 가운데로 해서 동포, 창평이 붙어 있는데 증산의 면적이 창평 쪽으로 많이 치우쳐 있다. 그런데도 불안전했던지 위에서는 수용자들을 옮길 때 토끼심장해서 옮겼다. 증산의 지리적 위치 때문이다. 투하지역이기 때문이다. 수용자 5천명에게 총만 쥐어주면 악쓰고 싸울 테니 정규군보다 낫다. 한국 군대도 머저리가 아닌 이상 일단 유사시에 투하지역에 특전대 얼마를 내리 떨구고 무기를 몇 상자 내리 떨구면 수용된 사람들이 다 군사 노릇을 하겠는데 어찌 그 생각 못 하겠는가? 한 10명 떨구면 5천명을 얻는 일이다. "전쟁이다. 무기를 주겠는데 이것이 너네가 살 길이다" 하면 이 사람들이 몇 개 사단보다 더 좋을 수 있다. 정신이 좋으니까 후방을 교란할 수가 있다. 그 지역, 그거 괜찮다.

1987년에 창평에서 동포로 넘어가고, 동포 사람들이 중봉으로 간 것은 1988년 7월 정도이다. 동포도 지리적 위치가 증산하고 같이 끼고 있다. 그때 그런 말이 있었다. "이동할 때 사람이 20명 정도 없어졌다" 그 사람들이 어딘가로 뛰었던 것이다. 그래서 밤에 잠도 못 자고 나무 목재 총을 쥐고 수색전을 했는데 수색이라는 것이 그렇다. "너네는 이쪽으로 가라. 너네는 저쪽으로 가라" 해서 몇 명씩 가지만 머저리라고 수색을 하겠는가. "20명이 총 쥐고 튀었다고 하던데 그 사람이 아직 증산에 계속 있을 것 같은가" 하는 것이다. 밤낮 수색을 하다 보니 잠이 오면 나무숲에서 그냥 잔다. 도시락을 싸 가지고 총을 갖고 올라갔다가 몇이 모여서 자다 내려와서는 "올라갔다 왔습니다" 하고 보고만 한다.

증산에는 회령시의 중봉 쪽으로, 새별군 성내 쪽으로, 그 다음에 온성 쪽으로, 용남 쪽 등 사방으로 뛸 수 있는 그런 곳이 있다고 한다. 산 하나를 넘으면 종성 등 여러 곳으로 떨어진다는 것이다. 증산 위에는 비행장을 깔아도 된다. 산은 영 가파른데 정작 올라가면 벌이 있어서 비행기가 착륙할 수 있는 것이다. 그러니 투하지역이 아니고 뭔가? 일제 때에도 증산이 군사요충지로 숱한 물자를 쳐넣었는데 아직까지 찾지 못하고 있다는 말도 있다. 그곳에 일본 시기에 자갈로 깔은 닦은 도로가 있는데 지금은 나무랑 풀이랑 자랐다. 그 길로 라진, 선봉까지

들어가는데 몇 분 안 걸린다고 한다. 능선 타고 내려가면 바다가 다 보인다. 증산이 위치 상으로 괜찮은 곳이다.

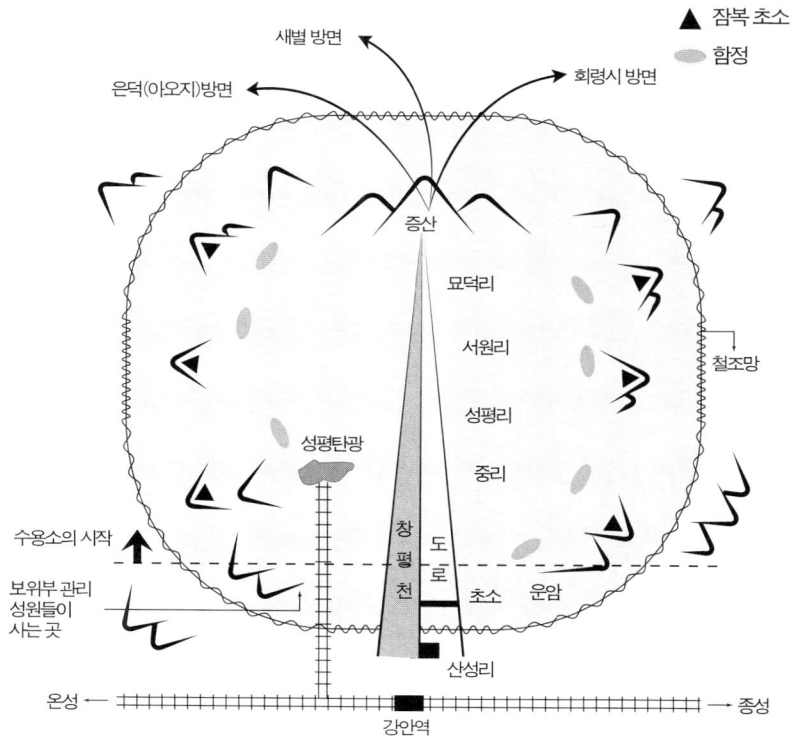

〈창평 정치범 수용소 배치도〉

* 창평 수용소는 1987년에 철수되고 지금은 국영 농장이 되었다.
* 함정은 집 세 채만하게 웅덩이를 파 놓았는데 풀이 자란 그곳에는 쇠꼬챙이나 나무꼬챙이를 박아 놓아서 도망치다가 그곳에 떨어지면 즉사하게 되어 있다.
* 강안역에서 산성리 까지 20리 이며 산성리에서 초소까지도 20리이다.
* 서원리에는 장공장이 있고, 성평리에는 탄광, 술공장, 식료공장이 있었다.

군인천하 시대본

조선에는 이런 말이 떠돈다.

"군단에서 말없이 떼 먹고 사단에서는 사정없이 떼 먹고 연대에서는 연속 떼 먹고 대대는 대대적으로 떼 먹고 중대는 중간중간 떼 먹고 소대는 소소하게 떼 먹는다."

그러니 하전사들에게는 차려지는 것이 얼마겠는가?

군대의 배급

군대와 안전부는 하루에 600그램은 보장한다. 그러나 중국처럼 육류나 부식이 흔하지 않으니까 군대 역시 허기증에 걸려있다. 반대로 군대에서 호의호식하는 사람도 있다. 어떤 사람들은 매일 통조림 따위를 먹고, 부대와 안전부문에서도 급이 높은 사람들은 좋은 생활을 한다. 특수 병종, 즉 미크 비행조종사 같은 사람에게는 최고급의 배급을 하고 텔레비, 냉장고 같은 것도 준다. 비행기를 몰고 도망할까봐서이다.

부대들은 군단에서 식량을 제공하니까 그럭저럭 지냈는데 최근 들어서 군대의 정황도 좋지 않다. 조선에서는 군대에 우선권이 있기에 식량을 무조건 제공하게 되어 있지만 하전사들은 굶는다. 군대도 지방과 상황이 같다. 국가에서 주는 물품들을 층층이 잘라내고 하전사에게는 차려지는 것이 별로 없다. 조선에는 이런 말이 떠돈다. "군단에서 말없이 떼 먹고 사단에서는 사정없이 떼 먹고 연대에서는 연속 떼 먹고 대대는 대대적으로 떼 먹고 중대는 중간중간 떼 먹고 소대는 소소하게 떼 먹는다." 그러니 하전사들에게는 차려지는 것이 얼마겠는가?

부대의 일용품은 부대들에서 제공하여야 한다. 원래 담배도 10곽씩 배급하였다. 양을 초과하는 부분은 자기 절로 사서 써야 한다. 1992년도부터 부대의 일용품 공급이 잘 되지 않았다. 그래서 군대들은 쌀을 가지고 마을에 와서 백성들에게 담배, 술을 바꾸어 간다. 그 식량은 부대에 배당되거나 군대 자체로 농사를 지은 것인데 그것을 떼 내어 차로 실어서 마을에 가지고 가는 것이다. 모든 물자와 먹을 게 부족하니까 도둑질과 비리는 어쩌면 당연한 건지도 모른다. 1997년부터는 장마당에도 가지고 가서 판다. 장마당에는 군수품들이 많다. 특히 군대 옷들이 많은데, 하전사들에게 낡은 옷이나 주고 그들에게 배당되는 새 옷을 장마당에 가지고 나와 파는 것이다. 그 돈으로 술, 담배, 통조림 같은 것을 사간다. 군대들의 군복은 1년에 2벌씩 주는데 지금은 제대로 공급하지 못한다. 그래서 지금 군대들도 낡은 옷에 낡은 혁띠를 띤 사람들이 많다.

군대 내부의 교제는 여유가 있는 시간에 모여서 이야기를 나눈다. 군대 내부는 규율이 엄하기에 보통 일을 마치면 정치학습을 많이 한다. 때문에 별로 교제를 할 시간이 없고 그저 누구 생일이라고 하면 특별한 음식을 한끼 제공한다. 요리도 몇 접시쯤 주고, 동료들도 모여서 축하를 한다. 결혼은 장교들이나 할 수 있다. 하전사들은 결혼은커녕 연애도 마음대로 못 하는데 연애를 하다가 들키면 생활제대를 당하기 때문이다. 연애를 하면 아무래도 일심으로 군복무를 할 수 없다고 근절한다. 부대에서는 술도 못 마시게 하지만 군인들이 쌀로 바꾸어 간 술은 장교들이 마신다. 이 사람들도 들키면 문제가 된다.

부대에 있을 때 도둑질을 했거나 규율을 위반했거나 연애를 했거나 하면 생활제대를 시키는데 3년 동안 입당할 자격이 없어진다. 또 감정제대가 있다. 군대 복무할 때 몸이 허약하거나 상했거나 하면 병원에서 군대에서 더 이상 복무할 수 없다는 증명서를 발급한다.

연애도 제대로 못 하다

　군대 갔다 와서 대학가려면 공부가 잘 안 된다. 내가 전에 남쪽 방송을 들었는데 거기서 북한에서 온 대학생이 말하기를 "북조선에서는 공부 못 해서 대학에 떨어지는 건 없구요, 개체생활을 잘 못해서 쫓겨나는 게 많다구요. 대학생이 연애를 하든가 행동이 불순하다든가 해서요"라고 했다. 최근에는 이런 현상은 크게 없어졌는데 예전에는 연애하는 거는 다 쫓아냈다. 연애를 못 하게 했다. 남자들의 결혼 시기는 27살부터 30, 32살 정도이다. 대학에 다니는 여자들은 25살 이상 되어야 결혼한다. 그러니 남자들이 힘들다. 재미난 시절이 없다. 나도 연애란 건 몰랐다. 못 해 보았다. 나는 중매로 결혼을 했다. 나라는 인간이 있으면 같이 일하는 직장 사람이 "내 중매 서 주겠다. 저기 좋은 여자 있더라" 이렇게 직장이나 친척들에게 소개를 받아서 했다.

　우리에게는 성분 차별이 있다. 학력의 차이가 있어도 성분상으로 맞으면 문제가 없다. 남자란 게 대학을 갈 수 없는 조건이 많다. 중학교 졸업하고 다 군대에 가니까 대학 가기도 힘들다. 그러니 제대한 사람 중에 대학을 다니며 결혼하는 경우도 있다. 대학에 못 다니는 사람도 그냥 결혼하는 경우가 있는데 여자와 학력 차이가 나게 되면 남자들이 대학에 못 들어간 게 민망하다. 여자들은 오히려 대학갈 조건이 되고 남자들은 군대에 가버리니 대학 졸업한 여자들이 누구를 찾는가 하면, 제대군인들을 많이 찾는다. 그리고 그 중에서도 당원을 선호한다. 전에는 그랬다.

인민군대에는 그런 사람이 없다

조선에서는 군인들이 범죄를 저지르면 그 지방에서 다스리지 못한다. 인민무력부에서 관계하기 때문에 군인들이 강도질하면 백성들은 어디 가서 말도 못한다. 변경에서는 장교들이 하전사를 시켜 중국에 건너가 물건을 훔치게 하는 일도 있다. 지금은 군인들 세상이다. 1997년부터 사회를 군인들이 장악하고 있고 군인들이 난봉을 피워도 누구 하나 말을 못 한다. 군대들의 횡포가 심하고 군인들이 강도, 도둑질을 많이 한다. 그래서 안전부와 군대간의 다툼이 심하다.

이런 이야기가 있다. 평양 원산간 고속도로에서 일어난 일인데 초소에서 군인들이 지나가는 차를 세웠다. 차를 털려고 운전수를 보고 "내려라!"라고 했는데 운전수가 바로 말을 듣지 않고 좀 버텼다. 그러니 "야, 임마 너, 무슨 말이 많은가?" 하고 협박을 당했다. 좀 무서워진 운전수가 "이분이 도당책임비서다"라고 한마디했다. 그랬더니 군인들이 "도당책임비서면 도당책임비서지 우리하고 무슨 관계 있는가?" 하고는 도당책임비서가 찬 좋은 시계를 보고는 "야, 이거 벗어라" 해서 시계를 빼앗고 "바지 벗어라", 바지 벗기고는 운전수 보고도 "너도 옷 벗어라" 했다. 그렇게 빼앗고는 차 뒤를 열어보더니 담배가 있으니까 그것도 다 빼앗었다.

옷도 다 빼앗긴 그 도당책임비서는 옷을 얻어입고 바로 평양에 회의하러 올라갔는데 생각해 보니 억울하기 그지없어 김정일 장군께 편지를 썼다. '원산간 고속도로를 오다가 군대한테 이런 일 당했다'고 편지를 쓰니 김정일 장군이 하는 소리가 "우리 조선 인민군대는 그런 사람 없습니다", 그래서 그 도당비서가 오히려 비판만 받았다는 말이 있다.

또 한번은 외국에서 강재(철판)를 들여왔는데 그거를 실은 보급차가 청진에 있는 김책제철소로 가던 길에서 일어난 일이다. 개성 옆에 있는 황해남도 백천에서 오자면 평양 옆으로 난 고속도로를 타야 하는데 그 중간에서 군대 몇 명이서 돌멩이를 들고 강재 보급차를 세웠다. 차안에는 여자 2명과 남자 2명, 별단 소장도 타고 있었다. 차가 서자 군대들이 단숨에 올랐는데 사람들 바지부터 여자들이 지닌 봇짐, 핸드백까지 다 뒤졌다.

원래 사람들의 예의 풍습이란 게, 여자들의 가방에 남자들이 함부로 손을 대지 못하는데 군대들은 손을 막 집어넣더라는 것이다. 그리고 "여기 담배 한 갑 있구나" 해서 제 주머니에 넣고 저것도 넣고, 거기 있던 물건들 모두가 제 것이라는 것이다. 차안에 소장 1명이 타고 있었는데도 이 군관은 말 잘못했다가는 얻어맞을 수도 있으니까 말도 못 하고. 그 군대 놈들이 있던 술도 빼앗어 먹고 그 옆에 앉았던 여자들에게 다가가서 "아주머니 돈이 있나?" 하고, 여자들 바지 주머니에다가 손을 막 집어넣고… 그놈들 사람도 아니다. 사람 한 둘도 아니고 숱한 사람이 있는데, 마구잡이이다.

보다 못해 먼저 타고 있던 소장이 "동무들 그래서 되겠나?" 하니, "뭘 그래요?" 하면서 젊은 하사관들이 싸우려 들었다. 말이 안 통하니까 다시 그 도둑 군대들의 대장인 소위에게, "동무가 이 사람 데리고 탔나?" 했다. 소위가 보니 이 소장이 자기 소속 부대의 상관같았다. '잘못 걸렸구나' 해서 "야, 너희들 그러지 말라" 했지만 군대들이 술이 취해서 대장 말을 안 들었다. 차에 타고 있던 별 단 군관은 계속 "이놈들 데리고 내려라!" "안 데리고 내리면 적당히 취급하겠다"고 협박을 했다. 소위가 강제로 야단을 쳐서 몇 명은 내렸는데 더러는 안 내리고 버티더라는 것이다. 대장이 가서 때리고, 겨우 차에서 내리게 했다고 한다. 군대들이 이렇게 악질을 부린다.

나도 군대에게 죽을 뻔했는데, 기차 안에서 군대들이 폭행하는 게 숱하게 많다. 군대가 기차 창문 밖에서 "보도 창문을 열라, 창문으로 올라가야겠으니 창문을 열라"고 했다. 열차를 타려는 사람들이 많아서 문으로 올라가지 못하니까 창문을 열라는 것이다. 그런데 자기 말을 안 듣고 창문을 안 열어 주면 올라와서 분풀이로 창문 옆에 앉아 있던 사람을 치고 박고 때리는데… 그 조그만 군인 아이들이 그러는 데도 사람들이 말 한마디 못 한다. 일단 군복 벗으면야 개밥의 도토리이다.

조선에는 군인들이 아무 데나 많다. 산이면 산, 이런 데서 단독으로 만나면 치고 박고 싸워도 말리는 사람도 없고 편드는 사람도 없으니까 괜찮은데, 조선처럼 군대 많은 데도 없으니까, 사람들이 많은 장소에서 군대를 잘못 건드려 싸움이 나면 군대들이 몽땅 달려들어서 군대 편에서 사람들을 때린다. 엄마, 아버지 같은 것도 필요없다. 그런 것에 관계없이 자존심이 있으니 군대는 군대끼리 옹호하자, 이런 주의이다. 사회(사람들은)는 다 죽어도 일없다. 그러니까 김정일 동지도 그렇다는 것이다. 전쟁이 일어나면 군대만 먹이고 일반 사회사람들은 다 죽어도 일없다, 이런 식이다. 세계에 이런 나라가 또 있을까? 일제 때에도 그렇게는 못했을 것이다.

군 인 천 하 지 대 본

지금 조선에서는 군대가 전 사회를 장악하고 있다. 농장, 철도 등의 여러 산업부문이 군대의 지배를 받게 되었다. 식량과 채소 일체도 군인이 다 감시하면서 보초를 서고, 농민들은 농사만 짓고 아무 권한이 없게 되었다. 철도 부문에서도 군대에서 파견 나간 사람이 안전원처럼 증명서 검사를 하고 역전에서 꽃제비 단속도 하고 쫓아 내기도 한다. 그래서 군인들이 감시하거나 통제하면 모두 무서워서 벌벌 떤다. 나이 어린 군인들이 늙은이들에게 "이 간나, 저 간나" 하면서 욕을 한다.

아마 한국 사람들이 와서 열차칸 같은 데를 보게 되면 한쪽 편에서는 증오심이 나고 한쪽 편에서는 피눈물이 나겠지. 조선 백성이 이렇게까지 됐다는 거, 다른 거는 모르겠는데, 군대들 하는 것을 보면 증오심이 난다.

군대 강도, 군대 날치기들.

당조직, 지도 속에서 살다

우리 조직생활은 어찌나 바쁜지 어떤 날은 학습이 2-3개 겹칠 때도 있다.

월요일은 각 조직별 학습, 화요일은 생활총화, 수요일은 집중학습, 목요일은 강연회, 금요일은 기술학습,

토요일은 간부면 간부, 근로자면 근로자용 학습을 한다.

위에서 '로동자를 무의미하게 가만두지 말고 계속 침투하라' 고 해서 쉴 틈을 주지 않는다.

사 회 적 생 명 력 인 조 직 생 활

조선의 정치조직에는 당조직과 근로단체가 있다. 당조직은 로동당원조직이고 근로단체조직에는 젊은 사람의 청년동맹, 나이든 사람의 직업총동맹(직맹)과 농업근로자동맹(농근맹), 집에서 노는 결혼한 부녀자들의 조선민주여성동맹(여맹)이 있다. 모든 인민은 자기의 조건에 따라서 이 조직들에 소속되어 정치생활을 해야 한다.

각 공장기업소에는 당조직, 직맹, 청년동맹의 조직이 각 작업반까지 다 조직 되어 있고, 농장에도 당조직, 농근맹, 청년동맹이 작업반까지 조직된다. 그리고 도시든 농촌이든 주민들이 사는 인민반은 여맹과 동사무소에 의해서 통제된다.

1996년에 사로청이 청년동맹으로 이름이 바뀌었다. 사로청은 사회주의로동청년동맹, 청년동맹은 김일성사회주의청년동맹의 약칭이다. 여기에는 만 14

세에서 30세까지 소속이 된다. 30살이 넘어가면 당원이 되지 못한 로동자는 직맹에, 농민은 농근맹에 자동 소속이 된다.

이 조직들의 정치생활에는 모든 인민들이 다 참가해야 한다. 정치생활에는 크게 강연회와 학습회, 그리고 생활총화가 있다. 학습은 위대하신 김일성 동지의 혁명로작과 김일성 사회주의 등을 공부하는데 대상의 수준에 맞게 반을 편성한다. 그래서 간부반과 당원 및 근로자반이 있는데 당원 및 근로자반은 다시 높은 반과 낮은 반으로 나눈다. 이 학습반에서는 학습총화도 있다. 학습과정안 집행이 끝나는 데에 따라서 필답과 구답 또는 문답식으로 진행하면서 각 개인이 얼마만큼 학습이 되었는지 알아본다.

강연회는 당의 유일체계를 튼튼히 세우고, 당 정책을 관철하기 위한 당 선전사업이다. 생활총화는 1주일 동안 생활에서 나타난 자신의 결점과 과오를 비판받는 사상투쟁의 자리이고, 그 지침이 되는 것은 김일성 동지의 교시와 김정일 동지의 지적이다.

근로단체는 당조직의 지도와 지시를 받게 되어 있다. 사회의 모든 부문에는 행정 책임자와 이를 통제하고 지도하는 당조직 책임자가 같이 있게 된다. 모든 지도 중심은 당이다. 조선의 각 사회의 뿌리까지 다 이 구조로 되어 있다.

북조선은 유치원부터 조직생활을 하게 되어 있다. 그러나 기본 조직에 들어가 생활하는 것은 인민학교의 소년단부터다. 이 소년단이 중학교에도 이어지다가 중학교 4학년이 되며는 청년동맹으로 옮겨서 조직생활을 한다.

중학교를 졸업하면 대학, 사회(직장), 군대 중에서 한 곳으로 나가게 되어 있다. 남자들은 대개가 군대로 나가고 여자들은 사회로 나간다. 남자들은 청년동맹의 맹원으로 군대에 나갔다가 군대에서 당원에 입당하고 제대된다. 그러나 입당이라 하여 한번에 정식 당원이 되게 하지를 않는다. 입당할 때 후보당 기간을 1년 거쳐서 정당원이 된다.

　17살에 중학교를 졸업하고 한 10여 년 군생활을 하는 사람들은 특수병종으로 조선 군대 중에는 비율이 적다. 여기서 10여 년 복무를 하면 80-90%는 정당원을 탄다. 일반병종은 복무기간이 6-7년으로 사람들 비율이 많다. 이 사람들이 후보당을 달고서 제대를 하는데 후보당을 달고 나와서 1년 있다가 정당원으로 입당한다.

　우리는 군대 제대를 시킬 때 무리제대를 시키고, 어느 직장에 무리로 배치를 한다. 경보제대군들, 특수훈련을 받은 사람은 고향에 보내서 유사시에는 어깨에다 별을 달아서 지휘관으로 쓰지만 일반병종은 탄광, 광산지대나 임업 쪽에 간다. 그런 데에 가면 청춘의 꿈이 아무리 커도 다시 한번 시작해야 하고, 새로운 꿈을 꽃피워야 한다.

　각자가 소속된 조직에서 학습하고 총화하는 것을 조직생활이라고 하고 그 외에는 사회활동이라고 한다. 사회활동이란 것은 어디 놀러가는 게 아니고 개인들에게 떨어지는 과업을 완수하는 것이다. '뭐 바쳐라, 어디 동원 나가라' 이런 것이다. 공장에서 일하는 것은 혁명과업 수행이라 한다.

　우리는 조직체계가 강하니까 위에서 지시가 내려오면 바로 아래까지 내려가고, 한가지 사상을 공유하게 된다. 모든 사람이 한가지 생각을 할 수밖에 없도록 체계가 강하고 과학적이라 인간들이 많이 고통스럽다. 자유를 다 구속해 놓았으니 하고 싶어도 못 한다. 내가 10가지를 하고 싶어도 당에서 1개를 하라면 1개를 해야 하는 것이 기본 구조이다. 1960년도부터 거의 이 체계였다.

　1974년 김정일 동지가 실제 집권했을 때부터는 생활총화 기간이 단축됐는데, 이 단축이라는 것이 생활총화 횟수가 줄어들었다는 말이 아니다. 생활총화와 강의가 각각 1달에 1번이었는데 그때부터 1달에 2번씩 하다가 4번씩 하게 되았다. 어떤 때는 생활총화를 2일에 1번 한 적도 있었다. 모든 생활총화는 혁명과업, 체제확립에 기본을 두었다. 그리고 1960년대에 10대 원칙 나오면서부터는 '10대 원칙을 좌우해서 모든 걸 배우고 자기 생활을 진행한다'고 해서 이를 기본으로 생활총화를 하게 되었다. 이 시기부터 학교에서 사상생활 부문을 높여 위대한 김일성 동지 혁명역사를 배웠고 대학에도 김일성 동지 로작과목들이 많이 늘어났다.

교 원 들 의   조 직 생 활

• 교원의 당조직

입당하는 사람들은 주로 로동자 등 생산현장 부문이라 비생산부문인 교육에는 당원의 비율이 많이 차려지지 않는다. 한 30% 정도이다. 당원들이 많지 않기 때문에 분과로 모아서 당(黨)세포를 만들어 조직생활을 한다. 1개의 당세포를 구성하는 인원은 그 단위의 당원 수에 따라 다르다. 당원이 2명만 되어도 세포를 구성할 수가 있지만 현실적으로는 기본 5-6명 이상이 1개의 세포를 이룬다.

교원들의 당세포 구성은 1분과 2분과, 이렇게 나누는데 중학교 1학년부터 3학년까지의 당원을 모아서 1개 분과 라는 식이다. 대학의 교원 같은 경우도 여러 과를 모아서 1개 세포를 만든다. 예를 들어 수학과에는 당원 수가 많지 않으니까, 기초과학 강의라고 해서 화학, 물리, 수학, 생물 이런 사람들을 그룹으로 모아 1개의 세포를 만든다. 기계, 공예, 전기 등 여러 과도 서로 모아서 만드는데, 기초과학 강좌가 인원이 적으면 기계과와 기초과학 강좌가 합해서 1개 세포가 된다. 이렇게 하면 7-8개의 과에 걸쳐서 1개의 당세포가 만들어지기 때문에 세포가 넓어진다. 이 말은 7-8개의 과에 당원 1, 2명씩은 꼭 들어가기 때문에 1개의 세포가 7-8개 과의 근로단체 교원들의 모든 정치성향을 감시하고 지도하게 된다는 말이다.

1개의 세포 안에는 대표인 세포비서가 있다. 그 세포들 위에 상급 당기관으로서 초급당이 있고 초급당 대표로서 초급당비서가 있게 된다. 이 사람이 1개 학교의 당대표가 되는 것이다. 보통 1개 학교의 제일 높은 당조직은 초급당이다. 공장에서처럼 부문당이나 분초급당이라는 것은 없고 당세포에서 초급당으로 이어지고 그 위의 당기관으로는 군당(郡黨)이 된다. 군당에는 군내의 리당비서, 군급기관기업소의 초급당비서들이 있다.

군당위원회 안에 교육부가 있는데 이것은 당적인 기구로서 교장선생님의 교육업무를 통제 받게 된다. 1개 군당의 교육부가 그 군 안에 있는 모든 인민학교, 고등중학교, 대학교의 당조직 이외에도 직맹, 청년동맹 등의 교원조직을 관리하면서 사상적으로 지도를 한다.

대개 1개 학교의 당대표가 초급당이 된다고 했는데 당원 수에 따라 학교의 제일 높은 당대표가 세포비서이기도 하다. 세포라는 것이 생명체로서 계속 살아 움직이는 유기체나 한가지이기 때문에 세포는 그 단위 안의 당원 수와 단위의 정황에 따라 다르다. 당세포란 이렇다고 딱 말할 수도 없고, 매우 복잡하다.

내 동생이 교원이자 당원이었는데 그 학교에는 1개 세포가 10명 정도였다. 전에는 이런 세포위원회가 5개 정도여서 그 상급 당조직으로 초급당위원회가 만들어졌는데, 지금은 세포위원회가 그 대표가 되었다. 당원들이 많이 없어져서 3개의 세포 밖에는 남지 않았고, 이 3개의 세포로는 초급당을 만들 수 없어서 이 3개를 합쳐서 1개의 세포로 운영한다. 우리는 당원이 31명 이상인 단위이어야지 초급당조직을 둘 수가 있다.

세포비서나 초급당 대표는 당비서 겸 교원이라, 수업은 하지만 시간 수가 적다. 교장, 부교장도 마찬가지이다. 이분들은 주로 당 정책을 수업한다. 새로운 당 지침이 내려오면 그걸 침투(교육)시키는 수업을 준다.

교원 중에 교장도 있고 학교의 당대표인 비서(세포비서나 초급당비서)도 있고 청년동맹위원장, 직맹위원장도 있다. 그리고 청년동맹 책임지도원 1명과 청년동맹지도원 2명 정도 있다. 청년동맹지도원은 학생들의 조직생활을 지도하는 사람이다. 청년동맹 책임지도원은 학생 수가 많은 학교에서 따로 두는 사람이다.

탁아소나 유치원 선생들도 대개 여자들이고 나이가 어려 당원이 많지 않아서 직맹에 들어간다. 그래서 1개의 탁아소나 유치원을 단위로 당세포가 만들어진 게 별로 없다. 이런 경우에는 근처의 유치원 여러 개를 합해서 1개 세포가 만들어지고 그 상급 당기관으로는 군당이 된다. 1개의 군(郡) 단위 안에는 유치원 수가 많지 않으니 군내의 유치원으로는 초급당이 이루어지지는 않고 바로 군당 직속 세포가 된다.

- 직맹과 청년동맹

다른 조직들보다도 직맹에 속한 사람이 제일 많다. 교원이 1백명이라면 50명이 직맹에 소속되고 30명이 로동당 당원, 나머지는 청년동맹이다. 학교 직맹 체계는 직맹위원장이 있고 그 아래에 초급단체들이 있다. 초급단체는 당조직으로 말하자면 당세포와 마찬가지이다. 보통 1개 학교의 직맹위원장이면 초급단체 4개를 운영한다. 이 초급단체도 당세포처럼 분과별로 합쳐서 만들고 1개의 초급단체 인원은 10명 정도가 된다. 이 초급단체가 직맹원들이 조직생활을 하는 단위이다. 학습회는 직맹의 초급단체가 다 모여서 한다. 경리도 당원이 아닐 때는 직맹에 들어온다. 직맹은 당조직처럼 회의를 자주 하고 그러지는 않는다.

젊은 선생님들을 조직하는 청년동맹에 청년동맹위원장이 있다. 이 위원장은 대체로 소년단과 청년동맹의 학생조직 지도원 중에서 1명이 담당한다. 교원의 청년동맹 조직에는 위원장 아래로 초급단체라는 게 없다. 인원이 적기 때문이다. 청년동맹위원장을 청년동맹비서라고 한다. 부비서가 2명이 있다. 이것은 학생조직이나 사회의 모든 청년동맹조직이 같다. 청년동맹비서는 수업을 적게 준다. 당생활이나 조직생활하는 데에 있어서 책임진 사람은 조직사업을 해야하기 때문에 수업이 적다.

학교에는 보위부, 안전원들 대신 담당주재원이 1명이 한다. 동(洞)의 분주소에 주재원이 몇 명 있는데 각자 담당 구역이 있다. 그래서 그 동(洞) 안에 있는 학교까지 담당한다. 이 1명이 자기 담당 구역의 유치원, 탁아소, 학교, 인민반까지 다 관리한다. 그 많은 것을 1명이 어떻게 다 감당하는가? 방법은 대중이 바로 주재원이기 때문이다. 대중 중에서 누가 나쁜 짓을 하면 옆의 대중이 바로 주재원에게 통보한다.

학 생 조 직

• 탁아소에서 유치원까지

부모들이 직장을 나가면 아이들을 탁아소에 맡기게 되어 있다. 탁아소는 젖먹이부터 유치원에 가기 전까지 가는 곳이다. 탁아소 아이들은 많이 어리니까 조직활동은 없고, 유치원부터는 조직활동을 한다. 탁아소 선생님들은 부모들이 직장을 마치고 데리러 올 때까지 애들을 데리고 있는다. 예전에는 큰 공장별로 탁아소를 가지고 있었는데 지금은 경제가 어려워지니까 기관이 커도 한 30명 정도의 아이밖에 없다.

　　유치원은 만 4살부터 만 5살까지 2년을 다니고 만 6살 부터 인민학교를 다닌다. 유치원 2년 중에 1년은 낮은 반, 1년은 높은 반이다. 유치원 1년, 인민학교 4년, 중학교 6년간을 포함해서 11년이 의무교육이다. 유치원은 아침에 가서 오후 3-4시까지 있는데, 거기서 우리말, 노래, 그림 그리기, 셈세기를 주로 배운다. 머리 좋은 애들은 인민학교에 들어가기 전에 우리말을 다 배운다. 인민학교 때에 배우는 것은 수학, 우리말, 수령님 어린시절, 공산주의 도덕, 도화공작(그림그리기), 음악, 자연 등이다. 수업시간은 1시간을 45분으로 해서 4시간을 치르고 오후에 과외시간이 있으면 여기에 참석한다.

　　6-70년대에 유치원은 몇백 명씩 되었는데 배급이 끊기면서 인원이 줄었다. 부모들이 장마당을 나가니 애들이 주로 집에 있다. 의무교육이지만 부모들이 장마당 나가거나 며칠씩 장사하러 다니면 애들이 유치원을 못 다닌다. 지금 어린 아이들은 영양실조에 의해 키가 크지 못하고 지력이 발달되지 못 한다.

- 학생조직

　　학생조직은 집단적 규율을 배우고, 사회의 조직생활에 필요한 교양을 받기 위한 것이다. 사실 말해서 조그만 아이들이 뭘 알겠는가? 소년단이나 청년동맹 조직을 만들어 놓아도 아이들이 알아서 하기보다 실제는 담임선생님이 지도원의 지시를 받고서 아이들을 조직하고 지시한다. 소년단이나 청년동맹은 그저 형식이다. 담임선생님이 교장의 지시도 받고 당비서의 지시도 받고 청년동맹지도원의 지시도 받게 되어 있다. 담임이 시끄럽다.

　　학생들에게 내려오는 지시나 과업들은 구역 청년동맹의 학생부에서 각 학교의 청년동맹지도원에게 하달된다. 분기계획이나 년계획에 의해서 시, 구역 청년동맹이 아래에다 지시를 내리므로 각 학교에서는 위에서 내려오는 지시에 따라 계획도 잡고 움직이게 되어 있다. 꼬마계획에서 1년에 학생 1인당 토끼 2마리를 내기로 했다고 하면, 구역 청년동맹학생부에서 요구하는 것은 학교에다 토끼장을 만들고서 전 학생들이 토끼를 길러 그것을 바치라는 것이다. 그렇게 하려면 학교 자체적으로 계획도 짜고 선생과 학생들이 움직여야 하는데 다들 그럴 시간이 있는가? 서로 조직생활에서 학습하고 생활총화하고 학급일 하기도 바쁘다. 그러니 담임을 통해서 그냥 "학생 1명 당 토끼 2마리를 바치라"고 지시를 내린다. 담임은 아이들에게 지시를 내리고, 그러면 학급간부들이 좀 움직인다. 이 토끼들은 인민군대 지원을 위한 것이다. 털은 모피공장에 가져다 주어 인민군대 옷에 넣고, 그 고기는 군대들이 먹는다.

- **소년단·청년동맹지도원**

　소년단이나 학교 청년동맹의 지도원은 시(구역)·군(郡) 청년동맹위원회의 지시를 받아 학생들이 어려서부터 당의 방침을 잘 수행하고 당의 이념을 꿸 수 있도록 교육하는 사람이다. 이 사람은 교원에서 뽑은 게 아니라 구역 청년동맹의 학생부에서 파견한 사람이기 때문에 언제든지 다른 곳으로 옮겨갈 수가 있다. 권한이 많다. 청년동맹지도원은 대학에서 뽑는다. 대학을 졸업하는 학생들 중에서 지도원을 조직하여 6개월에서 1년 정도 교육을 받는다. 지도원이 되기 위한 과목이 있다.

　이 사람들이 교원이 되어 학교에 배치되면 학생들 생활총화라든지, 뭐뭐 바치는 꼬마계획이라든지, 당에서 하는 학생들의 조직생활 방침을 종합적으로 책임지고 소년단과 학교 청년동맹을 운영해야 한다. 이 지도원이 소속되어 있는 구역 청년동맹의 정식 명칭은 시(구역)·군 청년동맹위원회로 그 위에는 도(직할시) 청년동맹위원회- 청년동맹 중앙위원회로 체계가 되어 있다.

애들 생활총화나 이야기 모임 등, 학생들의 정치생활이 있을 때에는 담임이 자기 학급에 들어가서 아이들의 조직생활을 지켜보지만 근본은 지도원을 통해서 다 한다. 지도원이 "애들 생활총화를 이렇게 하라. 저렇게 하라"고 교양체계를 지시한다. 학생들 간에 학습회를 하거나 이야기 모임을 하면 거기에 관한 자료도 주고, 학생들의 조직생활을 운영한다.

이 지도원은 학교 행정 대표인 교장선생님과 당 간부인 초급당비서와 비슷한 권한을 가지고 있다. 지도원은 정규 학과수업은 없지만 교양수업이라고 해서 학생들의 강연회를 1년에 몇 회 조직해서 학생들에게 교양을 준다는 규정이 있다.

지도원의 권한이 세다는 것은 학생들이 졸업하고서 대학이나 군대나 사회로 나갈 때 같이 가지고 가는 식량정지 증명서, 군사 이동증, 청년동맹 이동증을 책임지고 있기 때문이다. 이 증서들을 지도원이 끊어 준다. 그러니 지도원이 담임에게 "이거 해라, 저거 해라" 하고 요구해도 담임들이 다 들어주는 것이다. 지도원이 아이들의 평정서를 최종 수표하고, 또 증서들을 발급해 주는 일을 하니까, 서로 사이가 나빠서 좋을 게 없다. 좋게 좋게 한다.

식량정지 증명서란 이렇다. 학생 1명이 학교에 등록이 되면 거기에 따른 배급량이 있다. 인민학교는 400그램의 배급량이라고 하면, 이 학생이 중학교로 올라가면 500그램으로 바뀐다. 사람마다 이런 배급 급수가 있어서 학교를 졸업하고 사회로 나가거나 군대로 나가면 자기가 소속된 단위에서 배급을 타 먹기 때문에 식량정지 이동증을 가져간다. 내가 전학을 가도 새로운 학교에서 배급 급수를 받기 때문에 이동증을 가지고 간다.

우리는 14세가 되면 안전부 분주소에서 아이들의 신원을 파악해서 시·군의 군사동원부에 보고한다. 그러면 군사동원부에서 각 아이들의 군사동원카드를 작성한다. 14세 정도면 학생들은 붉은청년근위대의 민간군대에 편제된다. 붉은청년근위대는 고등중학교 4학년 이상의 학생들을 대상으로 한 민간 군사조직이다.

군사 이동증도 내가 학교 청년동맹의 민간군인으로 편제되었다가 이제 정규군으로 이동되는 것이기 때문에 군대에 갈 때 가지고 간다. 청년동맹 이동증이라는 것은 청년동맹조직이 학교에만 있는 것이 아니라 사회에도 있고 군대에도 있다. 내가 청년동맹원이라면 내가 소속된 단위에 이 증명서를 가지고 가야하는 것이다.

지도원이 하는 일 중의 중요한 일은 이 청년동맹 이동증 안에 그 학생의 평정서에 대한 수표(사인)를 하는 것이다. 평정서에는 청년동맹원으로서 생활을 어떻게 했는지가 기록되어 있는데 기본은 담임이 작성을 하지만 최종적으로는 지도원이 수표를 한다.

평정서에는 한 개인의 할아버지대부터의 성분이나 좋지 않은 행실이 다 기록되어 있다. 법기관에 서류처럼 나의 것이 만들어져 있다. 평생을 가는데, 평정서에 찍히면 소용이 없다. 제일 하부 말단에서부터 올라간다. 내가 청년동맹 소속이라면 청년동맹의 초급단체에서의 내 생활에 대한 평정서가 부문위원회로 올라가서 마지막에는 법기관에서 건사한다. 그 내용은 본인의 행동과 말에 대한 평가로 "이 사람이 술마시고 싸움했다. 성격이 우울하다. 도둑질했다" 하고 옆에서 본 정황과 증거물에 대해서 기록을 한다. 성격이 우울하다는 증거로 그 사람이 어떤 우울한 말을 했다는 거, 또 도둑질한 물건에 대해서 적는다. 학생 때는 담임선생님이 학생들의 생활을 직접 지도하고 관찰도 하니까, 담임이 작성한다. 학생 때에는 크게 일이 없으니까 담임이 성격이나 학습에 대해서 적는 정도이지만 사회에 나가면 정식으로 평정서라는 게 만들어진다.

　평정서는 어떤 시기에 모든 사람의 것을 다 기록하는 것이 아니라, 법기관에서 어떤 1명을 찍어서 그 사람에 대한 평정서를 올려보내라고 한다. 1명을 찍을 때에는, 내가 직장에 잘 안 나가거나 특별히 도둑질을 하다가 걸렸을 때, 윗사람한테 대들었을 때이다. 그러면 법기관에서 내가 소속된 조직, 즉 당조직이면 당조직의 대표나 청년동맹이면 그 위원장에게 내 평정서를 작성해서 올려보내라고 한다. 법기관의 지시가 내려오면 조직의 대표들이 내 주위 사람들의 말도 듣고, 그 사람도 나를 관찰한 것을 써낸다. 그 평정서가 법기관에 쌓이면 나한테는 그만큼 안 좋은 것이다. 법기관에서 내가 행동이 나빠서 나에 대한 평가서를 올려보내라고 하는 것인데 그런 것이 자꾸 반복이 되면 좋을 리가 있겠는가?

　법기관에는 그 담당 구역의 모든 사람의 평정서 철이 다 있다. 만약 내가 찍혀서 평정서가 올라갔는데 전에 내가 도둑질하거나, 결근을 했다는 내용의 평정서가 없다고 하면 처음이니까 무마된다. 그러나 이미 한번 평정서가 올라갔기 때문에 조심을 해야 한다. 계속 찍히면 어느 순간에 법기관에서 나를 데리고 간다. 그 안에 출신성분이 있으니까 그 성분을 보고서 내 행동에 따라 잡아가기도 한다. 평정서라는 건 태어나면서부터 생겨난다.

・**소년단 입단과정**

　소년단에 들어가는 것을 입단이라고 한다. 소년단의 가입대상은 만 7살에서 13살이다. 소년단의 가입은 인민학교 3학년 때, 한 학기에 이루어진다. 그 준비하는 과정까지 합치면 1년 동안이 가입 시기가 된다.

　입단식을 하는 날은 명절을 맞이하여 2월 16일(김정일 장군 탄생일), 4월 15일(김일성 장군 탄생일), 6월 6일, 3번에 나눠서 입단을 시킨다. 2월 16일이 입당 시기로는 제일 빠른데 이때 제일 잘 하는 애들이 입단을 하고 다른 애들은 4월 15일에 입단한다. 6월 6일은 소년단 창건일인데 이때 정도면 100%가 소년단에 입단하게 된다. 입단을 할 때 원래는 공부 잘 하는 애들 먼저 시키는데 간부집 애들부터 입단을 시키는 경우도 많다. 그래서 입단식을 늦게 하는 아이들이 심술을 많이 낸다.

소년단 가입절차는 인민학교 2학년까지 공부를 하다 보면 학급 안에서 추천을 한다. 당에 입당하는 것과 마찬가지다. 학교 단위원에서 각 학급의 조직에게 과업을 준다. "학생 몇 명을 소년단에 입단하도록 추천하고 이끌어라. 그리고 그 대상이 되는 아이들한테 공부를 얼마나 했는가를 물어 보라"고 한다. 그 과업에 따라 학급에서 총회를 연다. "아무개 아무개 동무의 소년단 입단을 위한 총회를 갖는다" 하고서 소년단에 입단하려는 아이들을 내세워 놓고 그 학급 전체 아이들이 입단하려는 아이들에게 물어 본다. "왜 소년단에 입단하려고 하는가? 소년단의 임무가 무엇인가? 권리는 무엇인가? 위대한 수령님이 어떤 분이신가?" 또는 노래를 불러 보라고 하는 경우도 있다. 1개 반 40명이 1번씩 다 물어 보는데 추천된 한 아이에게 5-6개씩 물어 본다. 그래서 5가지 중에 절반 이상 대답을 했을 경우에는 합격이 되고 대답을 하지 못하면 불합격이 된다. 그 아이는 다음 시기에 입단을 해야 한다.

추천된 아이들이라고 한꺼번에 다 입단시키지는 않고 3번의 시기로 나눠서 입단을 시키니까 그때마다 학급 내에서 추천을 하고 그 인원을 가지고 심사를 해서 합격된 아이를 학교 소년단으로 올려보낸다. 마지막으로 학교 소년단의 단위원들은 입단생들이 공부를 얼마나 했는가를 알기 위해서 물어 본다. 여기서 합격된 학생이 입단이 되는 것이다.

조직에 들어갈 때도 맹목적으로 하는 것이 아니라 시기별로 소년단 입단에 합격한 사람들을 모아 "나는 소년단에 입단해서 앞으로 어떻게 하겠다" 하고 소년단 깃발 앞에서 선서를 한다. 입단 맹세를 집체적으로 다 받아 읽게 한다. 그리고 붉은 넥타이와 휘장을 달아주고서 입단식이 끝난다. 소년단에 입단하는 과정을 통해서 '나는 공부만 잘 하면 된다'는 생각보다는 조직생활이 어떤 것이며 어떻게 해야 한다는 것을 인식할 수 있게끔 만든다.

소년단과 학교 청년동맹의 간부들은 학생 정치 간부들이다. 소년단과 학교 청년동맹은 기본 구성이 같다.

• 학급 소년단

한 학급이나 학교를 사회조직처럼 만들었는데 학생들도 간부들이 많다. 학교에서의 지시체계를 보면, 먼저 소년단지도원이 시(구역)·군의 청년동맹위원회의 지시사항을 그 학교의 소년단에 전달한다. 그러면 학교 소년단에서 회의를 한다. 그 구성원은 단위원장과 사상담당부위원장, 조직담당부위원장 각 1명과 각 학급에서 뽑아놓은 단위원들이다. 지도원의 지도하에 회의에서 결정된 사안들을 단위원들이 자기 학급에 전달하고, 각 학급의 학생들이 움직인다.

1개 학급의 조직체계를 보자. 소년단에서는 조직의 기본이 되는 1개 학급을 분단이라고 한다. 즉, 수업을 받을 때는 모란인민학교 2학년 1반, 2반의 학급이 되지만 소년단의 조직체계에서는 분단이 되는 것이다. 그렇기 때문에 학생 중에 1명이라도 입단을 하지 못하면 그 학급은 분단에 들 수가 없다.

모란중학교 3학년 1반이 있다고 하자. 이 3학년 1반은 1개 학급으로서 수업도 하고 체육도 하는 등 여러 가지를 한다. 그러나 이것이 생활총화와 정치학습, 과외활동 등의 조직생활을 하게 되는 소년단에 편제되면 3학년 1반은 학교 소년단조직에서 1분단이 된다. 이 분단이 아이들이 생활총화를 하는 단위가 된다.

학급의 조직생활을 지도하는 간부는 분단위원장, 조직담당부위원장, 사상부위원장 등이다. 분단위원장은 사회로 말하면 당세포조직의 책임자와 같이 한 학급의 정치대표이다. 학급 소년단조직의 대표자로서, 학급 생활총화와 소년단 회의를 진행하고 분단모임 등의 회의를 집행하는 일을 한다. 사상부위원장은 사상사업을 한다. 즉, 선전선동을 한다. 분단위원장이 학급에서 가장 힘이 쎄기는 하지만 학생들을 조직하는 건 다 조직담당부위원장이 한다. 학급반장이라고도 한다. 학급에서 청소하고 과외활동하는 데에 있어서 학생들을 조직한다.

1개 분단 안에는 다시 여러 개의 반으로 나뉜다. 1분단(학급)의 1반 2반 3반, 이런 식으로 나간다. 1개 분단이 40명이라면 반이 3개 혹은 5-6개로 나뉠 수도 있다. 1개 반에는 5-7명의 반원들이 있다. 이 반의 대표를 반장이라고 한다. 1개 분단을 다시 반으로 나누는 이유는 학생들도 청소나 농촌동원 등, 일이 많기 때문이다. 이 반이 일을 배치 받는 기본 단위가 된다. 각 분단에는 3-4명의 학급 분단위원이 있다. 이 위원들은 학습담당, 꼬마계획담당 등으로 나뉜다.

계급장을 보면 두 줄에 세 알이 분단위원장, 두 줄에 두 알이 학급반장, 사상부위원장, 그 다음에 두 줄에 한 알이 분단위원이다. 그 밑에 한 줄에 세 알이 반장들이다. 세 줄에 한 알은 단위원, 세 줄에 두 알은 조직, 사상담당부위원장이고 학생 전체의 정치 대표인 단위원장은 세 줄에 세 알이다. 세 줄짜리는 소년단 간부표식이다. 알은 별표식을 말한다. 견장의 바탕은 흰색에 별표식은 빨강, 줄도 빨강색으로 되어 있다.

매주 토요일은 소년단의 날이다. 수업을 2시간만 하고 나머지 시간에는 생활총화를 하고 생활총화가 없는 날은 과외활동을 한다. 학교에서는 아이들에게 부모들이 잘못하면 와서 말하라고 교육을 시키니까, 아이들은 순진하다 보니 생활총화 시간에 부모 이야기를 한 것이 고발로 되기도 하는데 요새는 7살만 되면 그러지 않는다. 세상 물정을 다 알고서 강(중국 국경)을 넘어오기 시작하는데? 벌써 10살 넘어서면 어른보다 더 깨었다. 애들이 식량난으로 고통을 받으니까 머리가 깨고, 말썽을 부리기도 한다. 우리 애들도 나보다 말도 더 잘 하고, 막 하는 것을 보면 어른보다 2배는 더 생각을 한다.

지금 애들은 우리처럼 멍청하게 안 움직인다. 벌써 우리하고는 다르다. 어른들을 능가한다. 난 우리집 아이들만 그런가 했더니 다른 아이들도 그렇다. 우리보다 잘 사는 다른 동포들은 자기네 17, 18살 아이가 조선 아이 10살 짜리 아이보다 못 하다는 말을 한다. 그런 사람들 애들은 말과 행동에서 어리광을 피우기 때문일 것이다. 조선 아이들은 누구에게도 따뜻한 보살핌을 못 받고 생활동파를 겪으면서 많이 성숙되었지만 대학을 가고 다 크게 되면 일본 등 다른 나라 사람들이 보는 시야나 행동보다 못한 게 있을 것이다.

조금씩 변하고 있다. 애들이 깨긴 많이 깨었다.

- 학교 소년단

보통 단위원장은 학교의 대표이기 때문에 소년단의 마지막 학년이 맡는다. 학교 소년단의 회의를 열 때는 단위원장이 "단위원, 분단위원장 모여라" 한다. 이 학급 대표가 모인 데에 가서 단위원장이 그날 사안에 대해 이야기한다. 하지만 이런 학생들의 움직임은 형식적인 것이고 실제 일은 지도원과 담임의 지도와 지시로 이루어진다. 학교 소년단조직도 학급조직과 마찬가지로 단위원장이 있고 사상담당부위원장이 있고 조직담당부위원장이 있다. 단위원도 있는데 각 분단(학급)마다 사람을 하나씩 뽑아 올려 학교 소년단의 일을 하게 되어 있다.

공부시간 외에 과외활동 시간이 있다. 이 시간에 농촌일 돕기, 자갈 모으기 등 일을 많이 시킨다. 임무를 줄 때도 학급단위원과 분단위원장을 모이라고 해서 지시를 내리면 이 학생들이 자기 학급에 가서, "우리 학급에서는 토끼 1마리, 뭐 몇 마리 하자"고 하면서 아이들을 조직하게 된다. 우리는 사상교육이 기본으로, 과외활동도 다 사상교육의 하나이다. 지금은 사상교육이라는 게 제대로 안 되고 마구잡이지만 어쨌든 형식은 다 그렇게 갖추어 놓았다.

단위원장은 학급에서 하는 일이 별로 없다. 소년단 지도선생님이 임무를 주기도 하고 그 임무를 수행하고 한다. 그리고 중학교 4학년부터는 청년동맹조직에 들어서게 된다.

우리는 어릴 때부터 규율이 있고 질서 있는 생활을 하라고 학교에서 알려준다. 평소에 등교할 때나 집에 갈 때에는 줄을 맞추어 가도록 하고 토요일마다 소년단의 날이라 하여 분열행진도 한다. 분열행진의 모습을 보면 단위원장이 앞에 나가 서 있고 많은 학급이 줄을 서 있는데 학급 단원들이 제일 앞에 선다. 그 다음 각 학급별로 정렬한 인원 수를 보고한다. 군대식이다. 분단 대표인 분단위원장이 앞으로 나온 다음에 뒤로 돌아서서 자기 학급을 향해 "분단 차렷!" 하며 구령을 넣고 대열 지휘관을 향해 "좌로 봐!" 하고 혼자 뛰어가서 단위원장에게 보고한다.

"단위원장 동지, 1분단은 어디에 참가하기 위하여 몇 명 중 몇 명이 참가했습니다. 분단위원장 ○○○" 이렇게 하고 돌아서서 자기 학급을 향해 "쉬엇!" 하고 뛰어온다. 이렇게 모든 분단의 보고를 받은 단위원장은 "단 차렷!" 하고는 소년단 지도선생님께 보고한다. "무슨 고등 중학교 무슨 학생…" 이렇게 보고한다. 보고를 받은 소년단 지도선생님이 "이제부터 분열행진을 시작하겠습니다" 하면 분열행진을 한다.

단위원장이 "분열행진!" 하면 군대식으로 분단 지도선생님(담임선생님), 분단위원장, 분단기수가 앞으로 나온다. 소년단 깃발이 학교마다 있듯이 각 분단에도 깃발이 있다. 먼저 분단 깃발이 앞에 가고, 분단(담임) 지도선생과 분단위원장이 따라간다. "제일 오른쪽 종대는 곧바로 나머지 종대는 좌로 돌앗!" 하고 "앞으로 갓!" 하면 첫 번째 줄부터 사열행진을 한다.

소년단 지도선생님은 학생들의 지도에 있어서 아이들뿐만이 아니라 교원들도 통제한다. 교원들에게 이래라 저래라 마음대로는 못 해도 각 반 담임선생님들한테, "오늘 무슨 시간에 이런 일을 해야 되겠습니다" "1반 선생님, 오늘 과외시간에 이런 거 하십시오. 청년동맹의 지시에 따라 이렇게 해야 되겠습니다" 하고 소년단 지도선생님은 담임선생님한테 임무를 줄 권한이 있다.

• 소년단에서 청년동맹으로

인민학교 2년부터 중학교 3년까지가 넥타이를 맨 소년단 시기라면 중학교 4학년부터는 넥타이를 풀고서 청년동맹에 가맹된다. 4학년 1년 동안은 전국에서 일제히 가맹하는 일이 진행된다. 처음부터 모든 학생들이 소년단의 넥타이를 한꺼번에 벗는 것이 아니라 소년단처럼, 가입 시기에 따라 먼저 합격된 아이들이 넥타이를 벗고, 공부를 못 하는 아이는 마지막까지 넥타이를 메고 다닌다. 그러나 4학년 때면 대체로 가입이 다 끝난다.

청년동맹의 입단과정은 소년단보다 더 복잡하다. 청년동맹은 당의 외곽 단체이자 후비대인 청년조직이기 때문이다. 우리 조선은 로동당 다음이 청년동맹이다. 대학에 가거나 할 때에 청년동맹에 가맹한 연월일을 적게 되어 있다. 이때 빨리 가입한 사람이 더 유리하다. 청년으로서 충직한 당원이 되기 위한 학습과 당의 방침을 수행한다. 그렇기 때문에 맹원이 되는 과정은 많이 까다롭고 공부를 많이 해야 한다.

청년동맹에 가맹하는 과정은 먼저 학급에서 추천하고 상급(학교) 초급단체에서 심의한다. 여기서 합격되어도 시나 군의 청년동맹 학생부까지 가야 한다. 거기서 합격이 되어야 최종적으로 합격되는 것이다. 그러면 소년단의 표식인 넥타이를 벗는다. 가입이 어려우니까 공부를 많이 시켜준다. 소년단 입단과 청년동맹 가맹 전의 교육은 청년동맹지도원과 담임선생님이 해 준다. 그런 내용을 적어주고 암기를 시키고 교육을 시킨다. 불합격되면 다음 시기에 다시 시험을 치른다.

- **청년동맹 학생부**

청년동맹의 지시가 내려오는 순서를 보면 중앙위원회에서 도(직할시)위원회로, 다시 시(구역)·군위원회로 내려온다. 각 계층의 청년동맹위원회 안에는 학생소년부, 노동청년부, 대학생청년부… 이렇게 나눠진다. 시(구역)·군위원회 밑에는 각 기관기업소의 초급단체 조직이 있다. 군대를 빼놓고 학교와 공장기업소, 인민반 계통의 청년동맹을 다 관할한다.

학교 청년동맹의 대표는 청년동맹위원장이다. 비서라고도 한다. 그 다음에 부위원장으로 조직담당부비서, 사상담당부비서가 있다. 이 학생들은 부비서로서 그냥 조직비서, 사상비서라고 부른다. 그 다음에 위원들이 있다. 1개 학급에 1명씩 청년동맹위원이 있다. 청년동맹 인원 몇 명 당 위원을 몇 명 둘 수 있다는 규약이 있는데 대개가 1명이다. 그 위원 밑에는 조직이 없다. 학교조직 아래에 학급조직이 있다.

청년동맹위원장은 졸업반인 6학년 학생이 한다. 부위원장은 5, 6학년이 하는데 대체로 다음 해의 대표를 위해 5학년이 맡는 경우가 많다. 1개 학급에 1명씩 청년동맹위원이 있으니 1개 학년이 6개 학급이라면, 청년동맹위원이 18명이다. 이 위원들이 학교 청년동맹의 모임과 총회가 있다고 하면 보고서와 집행계획서를 써서 학급 대표인 초급단체위원장에게 주기도 하고 월 사업계획서도 준다. 초급단체위원장들은 자기 초급단체(학급)의 분공안을 작성한다. 그리고 사업계획과 결과에 대해 초급단체위원장이 청년동맹위원 및 학교 청년동맹위원장에게 보고서를 올린다.

분공안이란 조직생활을 하자면 한달에 1-2가지씩 학급별로 분공을 주게 되어 있다. 예를 들어 위에서 동무들 조직생활을 어떻게 하라는 분공이 나온다. 과업이 주어지는 것이다. 그러면 학급반장이 학습담당위원에게 학습에 뒤떨어진 아무개를 도와서 어느 정도까지 하라는 임무를 준다. 이러한 계획은 학급의 초급단체위원장이 다 한다. 그리고 매달 생활총화가 끝난 다음에 발표를 한다. 학급반장이 해야할 것, 위원이 해야할 것 등 계획을 발표하고 분공을 발표하고, 이렇게 함으로써 학생들 누구나 다 움직이게 한다. 토요일에 나무를 심는다면, 초급단체위원장들에게 과업을 주기 때문에 준비를 다 해 온다.

- 초급단체

중학교의 1개 학급을 청년동맹에서는 초급단체로 규정한다. 말 그대로 가장 기초가 되는 조직으로 이 단위가 생활총화도 하고 학급총회도 한다. 초급단체는 근로단체에서 가장 기층 조직이다. 1개 학급의 인원은 40명 정도이고 대표가 초급단체위원장이다. 그 밑에 조직담당부위원장, 사상담당부위원장이 있다.

초급단체위원장은 분공안을 작성하고 월 사업계획서를 주고 생활총화 보고서와 총회 보고서도 다 작성한다. 그 밑에 조직담당부위원장은 학급반장이다. 조직을 책임지는 사람이다. 사상담당부위원장은 사상분야의 독보라든가 벽보를 발간하거나 속보를 발간하거나…. 어쨌든 사상적인 것을 집행하는 일을 한다.

그리고 그 아래로 초급단체 위원들이 3-5명이 있다.

1개 학급인 초급단체 아래로 분조를 형성한다. 분조에는 분조장이 있다. 과외활동을 할 때 분조별로 배치해서 일을 한다. 과외활동이라는 건 농촌동원이나 학교청소, 체육, 철도지원, 겨울에 눈 치우기 등이다. 철도지원은 철도에 나가서 자갈이 흘러내린 거를 정리하고 풀도 뽑고 한다. 이름이 다를 뿐이지 소년단과 조직 구조가 같다.

초급단체위원에는 학습담당위원, 꼬마담당위원, 위생담당위원, 체육담당위원 등 3-4명 정도가 있다. 이것은 학교마다 다를 수가 있다. 학습담당위원이 학습을 맡고, 꼬마담당위원이 꼬마계획을 맡고, 위생담당위원은 청소를 맡는다. 이 위원은 한 학급에 3-5명 정도가 있을 수가 있는데 학생 수에 따라 달라진다. 학급 인원이 50명이 넘어가면 5명의 위원이 선출된다.

학생들의 조직생활에는 학급 담임들이 다 들어간다. 담임이 자기가 맡은 초급단체의 지도원이기에 학급의 모든 행사에 다 들어가서 아이들 조직생활을 참관하지만 학생들의 조직생활에 있어서 특별한 결정권은 없다. 내가 중학교 다닐 때에 생활총화하는 내용을 보면 "지각하고 공부 안 했다, 숙제 안 했다, 누구하고 싸웠다" 이런 것을 비판한다. 상호비판 때도 마찬가지다.

군 대 의   조 직

• 군대의 당조직

군대는 분대가 하나의 작업반처럼 되어 있다. 그 위에 소대 중대 이렇게 나간다. 중대는 한 1백명 되니까 직장 규모로 봐야 한다. 맨 아래부터 분대는 8-12명이고 소대는 3개 분대로 30명 정도, 중대는 3개 소대로 1백명 정도, 대대는 3

개 중대로 3백명 정도이다. 당세포는 당원의 숫자에 따라 다르니, 소대에 가장 기층의 당세포가 조직될 수도 있고 중대에 조직될 수도 있다.

대체로 군대에서는 1개의 당세포라고 하면 1개 중대를 놓고 말한다. 중대 1백명 중에서 당원이 많은 데가 별로 없으니까 중대에 세포가 조직되는데, 당원 수가 많은 중대의 경우는 1개 소대가 세포가 되기도 한다. 만일 당원이 많은 중대라서 소대부터 세포가 조직되면, 소대에 당세포와 대표인 세포비서 – 중대에 부문당과 부문당비서 – 대대에 초급당과 초급당비서라는 당조직과 당대표들이 있게 된다. 그 위로 연대당위원회, 사단당위원회, 군단은 군단당위원회와 그 당대표들이 있다. 군단당위원회는 총책임자가 정치위원이다. 지금 군대를 다 바꾸고 있어 몇 개 군단인지는 모르지만 10개 정도의 군단이 있다 하면, 정치위원이 10명 정도 있다. 이 사람들이 군대를 대표하는 당대표이다. 그 위에 무력부가 있다. 육군이 이렇고 해군은 해군대로 또 있고 비행기도 그렇게 되어서 항공사령부가 있다. 사령부가 다 합쳐서 무력부 안에 들어온다.

원래 당조직 계층 체계가 세포 – 부문당 – 초급당 순서인데 만약 당원이 적은 군대라서 중대부터 세포가 꾸려지면 부문당이 빠지게 된다. 중대 당세포위원회 바로 위에 대대의 초급당위원회가 조직된다. 그리고 각각 세포비서와 초급당비서가 있게 된다. 학교 교원의 당조직도 부문당이 없이 초급당으로 올라간다.

- 행정권이냐 당권이냐

인민무력부에 정치국장이 있는데 이 사람이 정치대표이고 인민무력부장이 총 행정대표이다. 군대의 경우도 당권을 쥔 사람이 간부사업을 한다. 간부사업이라는 게 사람을 붙였다 뗐다 할 수 있는 권한을 말하는데 그래도 군대야 싸움을 할 사람들이니까 행정권을 좀 높게 해 주었다. 그래서 인민무력부장이 정치국장보다 좀 세기야 세지만 당조직을 무시하고 제 마음대로 명령을 내릴 권한은 없다. 당조직의 명령을 받아서 해야 한다. 정치국장과 상의를 해서 방침을 내리는 것이다. 결국 정변을 일으키지 못하도록 하는 방법이다. 이 두 사람이 권력을 가지고 다투니까 서로 통일되기 힘들다. 비슷하게 권력을 만들어 놓았으니 "내가 센가, 네가 센가" 하느라고 당 일꾼과 행정 일꾼이 서로 맞지 않는다.

행정권과 당권은 군대나 사회나 다 똑같다. 그리고 실제로는 사람들이 당쪽 권한을 더 중요하게 생각한다. 왜 그런가? 병사들은 군대 제대 후의 최종 목적이 조선로동당에 입당하는 것이다. 그래야 간부질 할 권리가 있으니까 너도나도 당에 들려고 한다. 군대의 가장 기본이 되는 조직인 중대에서의 행정 일꾼은 중대장이고 당 일꾼은 정치지도원이다. 입당시키는 권한을 가진 사람은 중대장이 아니고 정치지도자이다. 자연히 정치지도자한테 모든 병사들이 붙는다. 정치지도원의 말은 들어도 중대장 말은 안 듣는다. 결국 실권에 있어서 군대와 사회가 같다. 당권을 쥔 사람이 모든 병사들을 움직이기도 좋고 다스리기도 좋다. 세포비서인 정치지도원이 중대에서 세포회의를 할 때도 모든 걸 쥐고 움직인다. "중대장 동무, 그렇게 하면 되겠습니까? 그렇게 하지 마시오" 하면서 중대장을 비판하고 회의에서도 자기가 마구 결정한다. 중대장도 권력이 높다지만 정치지도원한테는 지는 편이다. 간부권을 못 쥐고 있으니까 자연히 지게 되어 있다.

사람들이 예전에는 다 군대에 가려고 했는데 1990년인가부터 달라졌다. 시작은 1985년부터였다. 이 당시에는 크게 안 나타났지만 서서히 당이 지시하는 것을 싫어하는 사람들이 많아졌다. 전에는 남자들이 제대하고 사회로 나가게 되면 여자들이 시집갈 마음으로 남자한테 하는 첫 질문이 "조선로동당에 입당했는가?" 였다. 이렇게 물으면서 시작했다. 반은 시작한 것이다. 요즘은 이렇게 안 묻는다. 그때까지만 해도 입당하려고 애썼다. 내가 입당했으면 여자 쪽에서도 순순히 결혼에 응하고, 입당을 안 했다면 사람 취급도 안 했다.

　군대에 나가서 대체로 입당하고 제대한다. 군대 가는 기본 목적이 당원하려고 하는 것이라 군대에서 입당을 제일 많이 시키고 사회에서 입당시키는 것은 극히 적다. 전에는 30살 되어서도 군대에 가고, 여자들도 군대에 많이 갔다. 가겠다고 자진하면 가고, 또 시기적으로 군대가 보충해야 되겠다고 하면 뽑기도 했는데, 요즘은 군대에 안 가려고도 한다. 간부집 자식들은 군대에 안 가려고 좋은 직장으로 많이 간다.

- 입당

　조선의 인구가 2천 4백명이라 하면 당원이 10%가 못 되었다. 사회주의라고 모든 사람이 다 당원이 되는 게 아니라 성분이 좋은 사람들로 선별한다. 권력이란 것이 사람의 욕망 중 첫 번째 자리라고 해도 틀리지 않는다. 권력이 있는 간부를 하면 먹고 살기 좋다. 그래서 돈이 곧 권력이고 권력이 곧 돈이란 말도 있다.

　지금은 인테리들의 생활이 힘들게 되었는데 조선에서 인테리라 하면 대학을 졸업한 사람들이다. 대학만 졸업한 사람들은 아늑한 방에서 공부를 했기 때문에 당원이 되기가 힘들다. 군대에서는 왜 당원 프로수가 많은가? 나라를 위해 자기 목숨도 서슴없이 바치는 인간이 당원이 되는 것인데 그것이 바로 군대라는 것이다. 그래서 기본 당원 프로수가 군대에 많고 당원이 되자고 모두 군대에 나간다.

　당원이란 당이 가장 어려운 시기에 처했을 때 자기 목숨을 서슴없이 바칠 준비가 되어 있는 사람이라 청년동맹이나 그 외 조직에서 당원 추천이 되려면 일도 잘 하고 사상적으로 준비된 사람들이어야 한다. 추천이 되면 당조직에서는 당원이 되려는 사람을 불러서 담화한다. "당조직에 들고 싶지 않은가?" 하면 누구나 당에 들고 싶은 생각은 한결 같은 마음이니까, "들고 싶다" "그러면 당에 들 준비를 하라"고 한다. 당에서 이들을 공부시킨 후에 사상적으로 준비가 돼 있는가, 즉 학습이 되어 있는가를 검토하고서 받아들인다. "당원이란 어떤 사람들인가? 동무는 왜 당에 들려고 하는가?" "이러이러한 김일성 장군의 교시를 받들고 동무는 어떻게 하겠는가?" 그러면 "당을 위하여 당이 위험에 처했을 때 자기 한 목숨 바치겠다"는 각오를 이야기한다. 이런 사람들이 당원이 되는데, 말이 헐하지 실지로 조국을 위하여 자기 몸을 바치자고 하는 것이 힘들다.

군대에서는 무리제대를 시킬 때 일반병종으로 군복무 6-7년을 한 후보당원을 탄광, 광산으로 많이 보낸다. "이번 제대자들의 뽄트는 몽땅 탄광이다" 하고 무리제대를 시킨다. 때문에 이 사람들은 복무도 한 군대에서 하고서 군복을 벗을 때도 탄광으로 같이 보내진다. 당에서 직장을 배치한다. 그러니까 말을 못 한다. 당에서 가라는 데 안 가면 어떻게 되는가? 후보당 생활은 당의 말을 안 들으면 정당원이 되지 못하니까 대개가 배치지에서 일을 하고서 정당원이 되면, 무슨 방법을 대서든지 다른 곳으로 직장을 옮기는 일이 많았다.

다들 당원이 되고자 하는 것은 사회적으로 출세를 할 수 있는 발판이 되기 때문이다. 간부나 책임자를 뽑는다 하면 당원 중에서 시킨다. 만약 무산철광에서 1백명의 근로자가 청진으로 농촌지원을 나가는데 그 책임자를 뽑는다고 하자. 그 사람들 중에서 당원이 1명이고 나머지는 여맹, 직맹 사람이다. 직맹원 중에 어떤 사람이 정말 똑똑한데, 결국은 책임자로 당원을 시킨다. "너는 아무리 똑똑해도 당원만큼은 못 하다"는 것이 있다. 지원 나가는 데에 아바이가 있고 어마이도 있다 해도, 30살 짜리 당원이 있다 하면 "그 당원을 책임자로 해서 며칠 동안 농촌지원해라" 하는 것이다. 당원들은 누구나 다 간부로 될 수 있으니까 당원들 힘이 더 높다. 이런 농촌지원의 책임자가 된다는 것은 사회적으로 명예, 위신이고 지배인이나 초급당비서가 될 수 있는 발판이 될 수 있다.

간부들은 간부니까 차를 타고 다니고 일도 안 하고, 자기보다 윗사람에게 바치기만 한다. 옛날 자본가처럼 그것과 같다. 우리는 도, 시에 안전부 감찰과도 있고 검열과도 있어서 자기 공장에서 생산된 건 비법이 아니면 빼내기가 힘들지만 그런 것을 빼내서 위에다 바치면 어쨌든 자기 앞날에 좋기는 좋다.

공 장 의 조 직

- 공장안전부

공장에는 공장안전부가 있다. 이것은 군(郡)안전부 소속이다. 군안전부 밑에 리 분주소도 있고 공장안전부도 있다. 그렇다고 모든 공장에 안전부가 있는 것은 아니다. 1천명 이상 되는 공장에 있고 조그만 공장에는 없다. 우리 공장에는 안전원이 10명 정도 있었다. 근로자가 한 1천명 이상이면 안전부 사람이 직장별로 다 맡는다. 근로자 1천명의 공장에는 각 직장이 10개 정도가 있게 된다. 안전부 사람이 각 직장마다 다 안 들어가도 작은 직장 2개를 1명이 맡는다. 1개의 직장 안에 다시 4-5개로 작업반이 나뉘어져 있기 때문에 안전원은 요소요소에, 자기 밑으로 간첩망을 챙기면서 움직인다. 공장안전부에서 하는 일은 직장에서 혹시 제품생산을 하다가 도둑질이 일어난다고 하면 조사를 해서 "왜 도둑질 하느냐?" 하고 죄인을 잡아 내는 것이다.

이렇게 안전부는 공장에 나와 있지만 보위부는 공장에 없고 보고하는 사람들만 심어 놓는다. 체계가 그런 무서운 체계이다. 지금은 먹을 게 없으니 다 마비상태이고 함흥 같은 데는 완전 마비상태이다. 청진은 외국에서 배가 들어오는 곳이고 쌀 배가 들어올 경우에는 바로바로 쌀을 뽑아서 배급소로 돌릴 수가 있기에 그 중 낫다. 나머지 공장기업소는 마비상태여서 올해는 어떻게 될지 모르겠는데, 복잡하다.

분주소는 사회안전부 산하에 있다. 1개 군 사회안전부 밑에 리분주소가 있다. 그건 남쪽도 같겠지? 중앙의 사회안전부 밑에 도·직할시 안전부 – 시·군 안전부 – 동·리분주소인데 리분주소는 남조선에서 말하는 경찰서, 파출소 개념이다. 기본은 리이다. 리마다에 있는 분주소 사이에 지역 담당이 있다. '어느 지역은 누구 책임이다' 라는 것이 있다. 1개 지역에 1,200–1,500명 정도 되는 사람을 안전부 1명이 다 관리한다.

- 공장보위부

보위부도 안전부처럼 하는데 인원은 적다. 리에 기본 1–2명 정도가 있다. 보위부는 사람들의 정치적인 건수를 담당한다. 사회 정치에 반대하는 사람들을 조사하는 데, 제일 강한 것이 보위부 간첩망이다. 보위부 반장이 있어서 이 사람이 1개 제련공장의 ○○직장에 들어오면, 그곳에 심어 놓은 간첩들이 지나가면서 이 사람에게 쪽지를 전한다. 보위부 반장이 돌면서 걷어오는 쪽지의 내용을 보면, 보위부 간첩이 하루 동안의 직장 사람들의 움직임을 살펴본 것이다. 어느 사람이 어떤 행동을 하고 이런 발언을 했다는 보고 중에서 그 사람의 발언이나 행동이 문제가 되면 요시찰 대상이 된다. '간첩을 보내야겠다' 하고서 그 직장에다 간첩을 집어넣는다. 이 간첩은 한 사람을 전문 감시하게 된다.

보위부는 리나 동에 1–2명 있고 군에는 많다. 보위부 수사과, 보위부 감찰과, 등이 있다. 2천명 있는 공장에는 보위부가 1–2명 있고, 그 2명이 자기 밑에 사람을 두어서 각 직장 안의 작업반까지 관찰한다. 밑에서 보고하는 사람들이 한 40-50명 정도로 실제 보위지도원은 적다. 군(郡)에 5명 정도인데 직위는 불분명하다. 이 사람들이 곳곳에 감시자를 이용해 모든 정보를 수집한다. 그래서 가족 이외에는 누구도 잘 믿지 못 한다. 상호 감시체계가 잘 확립되어 있다.

    작업반원 25명이 있다면 당세포 대표인 세포비서와 부비서가 있고 작업반장, 보위부 사람, 안전부 사람도 있다. 또 당조직에서 파견한 사람, 당조직에서 동향 파악하는 사람, 당조직 임무 수행하는 사람이 있고, 직맹과 청년동맹의 초급 일꾼이 있다. 작업반 내에 보위부, 안전부 사람들이 많은데 누가 누구인지는 모른다. 비밀리에 하는 것이니까 그것을 알면 안 된다. 그러니 보위부 1-2명이 2천명 정도의 공장 소식을 다 알게 된다. 보고 체계를 보면, 그 밑에 움직이는 간첩들이 많으니까, 작업 중에 다 보고를 받을 수가 없기 때문에 '1일 날에 어느 방면 조직이 어디서 모여라. 모임장소는 어디다. 2일 날은 어느 조직이다. 3일 날은 어느 조직이다' 이렇게 조직별로 나누어 관리한다. 모든 공장과 농장, 인민들이 있는 곳곳마다 다 있다.

    1997년인가, 함경도에도 군대 우두머리들을 300-400명을 쳤다. 황장엽씨 망명 이후로 인민무력부장을 비롯해서 군대 요직에 있는 많은 간부를 숙청한 무력부 사건이 있었다. 사회가 불안하다. 다니다 보면 사회의 질서가 문란하다는 것을 자연 느낀다. 이것은 사회의 최하층에서 살고 있는 백성들의 정황을 가리키는 것인데 위에서는 여전히 이전처럼 통제하고 있다. 전하고는 달라진 것이 있지만 지금도 사회가 보위부와 안전부의 통제로 유지되고 있다. 백성들이 자기 살길을 찾아 하는 일은 별로 관계치 않으나 그들의 정치적 동향에 대해서는 철저하게 통제하고 있다. 주민들 속에서 많은 안전원들이 잠복되어 있는데 그들은 백성들의 동향을 수시로 장악하고 고발한다. 백성들은 어느 사람이 안전원인지 모른다. 나와 아주 친한 벗이라 해도 그가 안전원인지 어떤지는 모르는 것이다.

그래서 감히 속심의 말을 할 수가 없다.

 내가 지금 여기 중국에 있는 것을 보위부에서 알 수가 있다. 내가 말없이 떠나기는 했지만 누군가 우리 가정에 와서 물어 보거나 해서 알 수가 있다. 중국에 갔다오다 잡히지만 않으면 크게 처벌하지는 않는다. 또 먹을 게 없어 건너갔다 오는 건 일없다. 중국에 가서 돈만 벌어오라 하는데, 나처럼 남쪽 사람 만났다든가, 중요한 임무를 받았다든가, 이런 것이 문제이다. 얼마 전에 김정일 당비서가 중국 갔다온 사람들을 엄하게 처벌하지 말라고 지시를 내렸다. 이 중국에 들어온 사람만 해도 30만명이 넘는다는데 그 사람들 다 족치고 나면 사실 성한 사람이 없다. 저렇게 사회가 곤란을 겪고 있는데 그런 일까지 저지르면 국가에서 일할 사람 없다. 이럴 수록 더 뭉쳐야 되는데…….

• 공장당조직
 1개 공장의 근로자가 1천명이 안 될 수도 있고 1만명이 될 수도 있다. 단위마다 인원이 다르기 때문에 조직도 다 다르다. 공장 규모라는 것이 여러 가지이지만 그 생산체계는 작업반 – 직장 – 분공장 – 공장, 이렇게 된다. 이 공장기업소가 또 여러 개를 묶어서 연합기업소를 만들기도 한다. 생산단위인 공장기업소 아래에는 여러 개의 분공장과 직장이 있다. 분공장은 자체적으로 1개의 상품을 만들어 공장에 필요한 것을 공급하기도 하고 근로자들의 생필품 같은 것을 만들어 공급하기도 한다. 또 공장 생산물의 중요부분을 담당하기도 한다. 분공장 바로 아래 단위로 여러 개의 직장이 있다. 직장은 다시 4-5개의 작업반으로 나뉜다. 생산단위의 규모가 클수록 당조직이나 근로단체의 규모도 커지고 간부들의 권력도 세진다.

 보통 작업반이 25-30명 정도이고 직장이 100여 명, 분공장이 200-300명 정도이다. 그런데 가만히 보면 분공장은 공장의 생산물과는 다른 것을 만드는 것 같다. 물감분공장이라 하면 명판(간판)에 물감공장의 무엇, 비료공장의 화학제조 무엇, 이렇게 하고는 화학 폭발물을 생산한다. 화학비료라는 것이 그 자체가 폭발물이다. 전체가 군수공장인데 밖으로 얘기 하기는 물감분공장, 비료분공장, 무슨 공장, 이렇게 얘기하는 것이다.

공장은 생산부문이라 당원의 프로수가 높다. 그래서 당조직의 가장 기본인 당세포가 작업반에서 만들어진다. 작업반의 세포위원회 - 직장의 부문당위원회 - 분공장의 분초급당위원회 - 공장의 초급당위원회이다. 이 초급당이 그 공장의 가장 높은 지도계층이 된다. 만일 연합기업소가 엮어지면 연합당위원회가 제일 높게 된다. 규모가 아주 작은 기관기업소에는 그냥 기층의 당세포와 그 위에 초급당이 만들어지기도 한다.

25명의 작업반원 중에 당원이 10여 명이라면 이 사람들이 하나의 세포를 이룬다. 그 당 대표가 세포비서이다. 보통 작업반 4-5개가 모여서 직장이 되니까, 1개 직장 안에 4-5개의 세포와 그 세포비서가 있게 된다. 이들을 묶어 상급의 당조직이 만들어지는데 그것이 부문당이다. 부문당비서의 선출 방법에는 그 직장 안의 4-5명의 세포비서들 중에서 뽑거나 다른 직장의 부문당비서를 앉히거나 한다. 그 직장의 세포비서 중에서 부문당비서가 될 경우에는 세포비서의 빈자리를 세포위원회에서 다시 충원한다.

분공장이 있을 때는 분초급당이 만들어지고 연합기업소이면 연합당이 만들어진다. 연합당 안에는 기업소도 여러 개 있고 농장도 여러 개 있다. 규모가 굉장히 크다. 이런 연합당들과 군당(郡黨)들이 모여서 도당(道黨)이 되고 도당들이 모여서 중앙당이 된다. 사상적 지도에 있어서 연합당은 군당의 지시를 받지 않고 도당에서 직접 지시를 받는다. 연합당은 군당과 같은 권력이 있다.

1980년대 중반부터 조선의 규모 있는 공장기업소를 연합기업소로 편제했다. 그전에는 탄광이면 탄광기업소끼리 연합체를 이루었고 제철은 제철끼리 연합체를 이루었다. 그런데 구조가 이렇게 되니까, 국가기업이기 때문에 공장기업소끼리 교류하는 데에 단점이 많았다. 제철기업소에서 철을 녹이는데 필요한 석탄을 공급을 받으려면 중앙에다 석탄공급요청서를 내고 중앙을 통해서 탄을 받아 와야 하는데, 일이 복잡했다. 그래서 서로 필요한 산업끼리 같이 묶어서 연합기업소를 만들어 이 안의 공장기업소가 서로 서로 필요한 원자재를 주고 받게 했다.

   식료연합기업소를 예로 들어 본다. 이 연합소의 주 생산물이 담배라면 먼저 잎담배가 필요하다. 그래서 잎담배를 생산하는 농장을 조직하고, 담배잎을 부드럽게 하는 데 물엿이 필요하니 물엿을 생산하기 위한 낟알과 연료의 확보를 위해 농장과 탄광을 묶는다. 또 담뱃가루를 쌀 종이가 필요하니까 종이공장을 또 엮는 식이다. 담배를 생산하기 위한 모든 필요한 요소를 묶어서 식료연합기업소를 만드는 것이다.

   탄광연합기업소라고 하면 탄을 캐기 위해서는 기계공장을 확보해야 한다. 또 채굴을 위해서는 배수, 공기주입과 탄차를 움직이기 위해서는 전력이 많이 필요하므로 발전소를 묶고, 직접 탄을 캐는 탄부들의 영양을 담보해야 하니까 그에 따른 농장을 묶고, 이런 식이다.

   연합기업소도 그 산업의 성격에 따라서 크기도 다르고 조직도 조금씩 다르다. 이 연합기업소도 1999년부터는 김책제철소 같은 큰 데 몇 개만 남기고 나머지 공장기업소는 자체로 알아서 원자재를 조달해서 생산하고 그것을 국가에 수매한다고 한다. 로동자들에게는 생산한만큼 이익이 돌아가게끔 한다고 하는데 어떨지…

이렇게 연합기업소의 생산(행정)체계가 만들어지면 거기에 생산을 위한 간부들이 있고 또 당간부들이 있다. 이 사람들은 다 유급이다. 유급이란 생산노동은 하지 않고 사무만 보는 사람들이다. 조선의 공장기업소에 당조직이 만들어진 것은 사상적으로 통제하기 위한 것이다. 상품의 계획생산과 유통과정에서 보다 철저한 사상으로 무장된 당 일꾼들이 생산담당 간부들을 지도하여 생산의 능률을 높이고 경제적 손실을 줄이자는 것이다. 물론 생산담당 간부들도 다 당원들이다. 당 일꾼이 생산 일꾼의 우위에 서지만 생산책임직도 간부이기 때문에 당원이 아니면 될 수가 없다.

공장 당조직의 계층이 세포위원회-부문당위원회-분초급당위원회-초급당위원회-연합당위원회로 올라간다면 생산계층으로는 작업반 – 직장 – 분공장 – 공장 –연합기업소, 이렇게 올라간다. 생산일꾼의 각 대표로는 작업반의 반장, 직장의 직장장, 분공장의 지배인, 공장의 지배인, 연합기업소의 연합기업소 지배인이 있다.

연합기업소와 그 밑의 공장들이 서로 지시를 받고 주고 받는 데에 있어서는 물론 위의 간부들이 한다. 생산에 있어서는 공장지배인들이 연합기업소 지배인의 지시를 받고 또 생산을 다그치는 데에 있어서 당적 방침이나 근로자들의 정치생활에 있어서는 공장의 초급당비서가 연합당비서의 지시를 받는 것이다.

연합당은 내가 잘 모르겠고, 초급당비서 아래에는 부비서 2명이 있다. 부비서 중에 1명은 적위대 대대장을 겸임하는데 공장의 민간 군사조직을 책임진다. 노농적위대는 주로 제대한 로동자, 농민을 대상으로 한 민간군대이다. 시집간 여자들은 내놓고 시집안 간 여자들과 남자들은 다 총을 든다. 교련 형태로 적위대 훈련을 한다. 농장도 1개 군사 단위이다. 적위대는 전시에 무장을 하고서 자기 마을과 단위를 보호하는 것이다.

초급당비서는 1개 공장기업소의 모든 로동자에게 정치방침을 전달하고 지도하는 사람이다. 그 공장기업소에서는 제일 세다. 초급당비서는 현장에서 작업을 하는 게 아니고 정치성향만 감시하는 일을 전문한다. 정치에서 일어나는 사건들, 이런 것을 총체적으로 움직인다. 또 사람들에게 사상을 불어넣는 임무가 있어서 생활총화를 안 하는 로동자가 있으면 "왜 참가하지 않았는가?" 또 "생활총화 방식은 이런 식으로 한다"고 지도한다. 우리는 일률적 지도체계, 유일적 지도체제를 세우라고 한다. 그러니 지시가 내려오면 전달하고 그대로 감독하고 통제한다.

작업반장도 당원이기는 하지만 그렇다고 세포비서를 시키지는 않는다. 세포비서는 직장의 부문당에서 임명한다. 세포비서와 작업반장은 꼬마 간부이다. 간부이기는 하지만 권력이 없다는 것이다. 이 사람들도 일은 하면서 같은 작업반 사람의 정치적인 성향을 감시한다. 그리고 회의도 집행하고 생활총화도 1주일에 한번씩 진행한다. 당세포, 모든 당조직의 시작은 여기서부터이다.

1천명 정도 되는 공장에는 당원이 500명일 때도 있고 600-700명일 때도 있다. 당원이 7백명이라면 세포 갯수는 1백개가 더 될 수도 있고 안 될 수도 있다. 당원이 많은 공장에는 1개의 세포가 20명, 30명으로 되는데 이렇게 세포가 큰 것은 세포위원단이 만들어진다. 세포위원단이란 세포위원장, 세포비서, 부비서들이 있고 그 밑에 세포위원도 있다. 청년동맹조직과 비슷하다.

또 군당 아래로 직속세포라는 게 있다. 아주 작은 사업소의 경우, 예를 들어서 교원강습소나 유치원, 병원이나 사적관, 이런 데는 여자들이 많기 때문에 당원들이 적다. 그래서 이런 사람들을 시·군당 아래의 직속세포로 만들었다. 여기 직속세포에는 대개 당원이 15명 정도가 모여서 1개의 세포를 이룬다. 군당이 사상기구로서 이 세포들을 통제한다. 서로 일하는 곳이 달라도 1개의 세포로 조직되어 생활총화나 학습을 할 때는 이 조직에 모여서 같이 한다. 또 1백명 정도의 아주 작은 직장급의 초급당조직이 군당 아래에 있는데 기술직이나 사회봉사 부문, 교원들이다.

군당은 학교, 지방산업의 모든 사상적인 것을 통제하니까 그 산하에 초급당 비서가 아주 많다. 웬만한 단위가 다 초급당비서이다. 이것과 같은 급으로서 농장만 리당비서라 하는데 초급이라는 것이 사회체제의 하나의 단위이다. 대체로 한 체제의 제일 아래의 당조직이 당세포라고 한다면 제일 마지막은 초급당이다. 이것도 당세포처럼 각 단위별로 그 규모에 맞게 만들어진다.

당세포라는 건 중앙당 간부들도 생활총화를 해야 하니까, 거기도 다 세포별로 꾸려졌다. 그 중앙당세포는 권력이 막강하다.

• 근로단체

1개 공장의 청년동맹위원장은 당원을 앉히기 때문에 개인으로 보면 당기관 소속이고, 청년동맹조직은 군(郡)청년동맹 소속이다. 공장기업소나 농장의 청년동맹은 그 상급 조직인 시·군(郡)청년동맹의 지시를 받는다. 그러면서 소속 공장기업소의 당조직의 지도도 동시에 받는다. 이것은 다른 근로단체들도 마찬가지이다. 각 근로단체 내의 책임자들 역시 당조직의 지도를 받게 되어 있다. "너희들은 이렇게 해라, 저렇게 해라"라는 당의 지시가 내려온다.

1개 작업반원이 25명이고 그 중에서 당원이 10명이면 이 사람들이 1개의 당세포를 조직하고 당원이 아닌 나머지 15명은 각 근로단체에 소속이 된다. 공장이면 청년동맹과 직맹이 있다. 그래서 청년동맹원이 6명, 직맹원이 9명 정도로 조직이 만들어진다.

청년동맹 등의 근로단체들은 대개 구조가 비슷하다. 초급단체가 있고 그 위로 공장 초급당에 해당하는 초급위원회가 있다. 인민군대도 같은 체계다. 체계는 김일성 동지가 만든 건데 꼼짝 못 하게 되어 있다. 위에서 "야" 소리치면 밑에도 "야" 해야 된다. 또 초급당비서가 소리치면 밑에도 다 받아 먹게 되어 있다.

지금 북조선에서는 40살 미만은 간부로 등용을 안 시킨다. 젊은 간부는 별로 없다. 젊은 사람들 쓰자면 경험이 없고 과오를 범하기가 쉬워서 그렇다. 간부는 40살부터 60살까지 하는데, 행정간부, 직장장, 부문당비서 정도 되면 간부이다. 세포비서는 간부가 아니라 로동자로 되어 있다.

• 정치생활

우리는 조직생활이 말도 못 한다. 각 조직별로 하는 주(周) 생활총화나 학습회, 강습회 말고도 생산을 다그치기 위한 3대 혁명 붉은기쟁취운동에서 1달에 4번 총화도 했다. 1990년대 초에 이 붉은기운동은 없어졌지만 그때까지만 해도 3대 혁명총화를 작업반별로 했다. 생산부분이기 때문에 작업반 내의 모든 사람이 같이 했는데 세포비서가 지도하고 작업반장이 집행했다.

우리 조직생활이 어찌나 바쁜지 어떤 날은 학습이 2-3개 겹칠 때도 있었다. 작업반에서 학습하자고 하지, 또 내 소속된 조직에서 학습하자고 하지…… 1주일을 두고 보자면 월요일은 각 조직별 학습, 화요일은 생활총화, 수요일은 집중학습, 목요일은 강연회, 금요일은 기술학습, 토요일은 간부면 간부, 근로자면 근로자용 학습, 이렇다. 또 2주 학습회라고 직장의 조직끼리 다 모여서 학습을 한다.

강연회는 시기별로 하는데 거의 매일이다. 2일에 1번 하기도 하고. 위에서 '로동자를 무의미하게 가만두지 말고 계속 침투하라'고 해서 여기저기서 쉴 틈을 주지 않았다.

　주 생활총화나 학습과 강연회는 각 조직별로 하는데 당세포의 생활총화라면 세포비서가 진행하고 기록을 한다. 청년동맹원은 작업반에 있는 청년동맹 초급단체위원장이, 직맹원은 직맹 초급단체위원장이 생활총화를 진행을 해서 한 주에 있었던 자신의 과오를 내놓고 비판하고 또 호상비판도 한다.

　지금 1달에 2번씩 있는 강연과 학습은 공장에서 조직한다. 공장당위원회 선전부에서 나와서 강연회를 조직하고 학습도 선전부에서 하는데 각 공장마다 '위대한 수령 김일성 동지 혁명사상연구실'이 있다. 그 연구실 안에 연구실장이란 사람도 있고 각 작업반마다에 학습강사가 있어서 작업반원을 학습시킨다.

　학습강사들이 학습제목과 자료를 나누어 주고 사상연구실에 들어가서 계획도 받아온다. 이 학습강사는 작업반 또는 직장마다 있다. 일도 하면서 임무를 부여받는다.

　이전에는 매주 종업원들을 집결시키고 붉은기운동을 벌리고 생활총화와 정치강연 같은 것을 하였는데 지금은 공장에 남아있는 간부들이나 이런 활동을 한다. 원래 철썩같이 지켜야 하는 목요일 강연회도 조직하기가 힘들다. 공장기업소의 정규화 체계가 무너지고 있다.

농 촌 의　　조 직

- 농장의 구성

　농민들은 기본적으로 농근맹 소속이지만 농촌도 당조직이 있고 청년동맹 조직도 있다. 우리는 리(里)가 1개의 농장으로, 생산단위이다. 그래서 리(里)에는 농촌관리위원회가 있다. 이 1개의 농장에는 작업반이 농산반, 남새반, 축산반, 과수반 등으로 나뉘어져 있다. 남새반이나 축산반, 과수반 등의 작업반은 리에 1개씩 있고 보통 작업반이라는 이름으로는 농산반이 많이 구성이 된다.

농산반은 지역적 특성에 따라 다르기 때문에 작게는 3개에서 많게는 7, 8개로 나뉘어서 1작업반 2작업반, 이런 식으로 나간다. 마을 하나를 중심으로 해서 1백명 정도의 농업근로자로 작업반이 구성이 된다. 이 작업반은 다시 분조로 나뉘어진다. 1개의 분조는 10-15명으로 1개 작업반은 7-10개의 분조로 나뉜다. 그 외에 농촌 관리위원회 직속단위인 부기원과 로동기술원이 있다.

분조원은 각자 개인들이 일구는 텃밭이 작게 있고 분조가 공동으로 관리하는 논밭이 있다. 분조 7-10개 정도가 1개의 작업반이 되고 이 작업반 여러 개가 모여 1개 리가 되는 것이다. 농장의 인원은 400-600명에서 1천명이 되는 리도 있다. 파종 시기가 되면 전국 로동자들, 학생들의 지원 아래 파종한다. 수확 시기도 마찬가지이다.

생산을 위한 행정조직인 리의 협동농장관리위원회 위에 군(郡)협동농장 경영위원회, 이 위에는 도농촌경리위원회, 그 위로 중앙에 농업위원회가 있다. 리의 당조직은 리당위원회가 있고 작업반이 있는 마을마다 부문(마을)당위원회가 있다. 그 밑으로 세포조직이 있다.

• 행정조직

생산조직에는 협동농장관리위원회 안에 관리위원장, 관리부위원장, 생활부위원장, 기사장 등이 있다. 관리부위원장 아래에 부기장, 로동지도원, 창고원 등이 소속된다. 생활부위원장이 농장원들의 생활을 위한 물자공급과 상점을 관리한다. 기사장 아래에는 축산기사, 과수기사, 농산기사 등 기술원이 있다. 기사장은 1개 농장의 생산에 있어서 기술적인 것을 책임지는 사람으로 농장 전반을 관리한다. 또 관리위원장이 없을 때 기사장이 대신하기도 한다. 관리위원장이 다른 농장이나 공장과 사업도 벌리고 하면 기사장은 관리위원장의 일도 도와 주고 농장의 생산 기술을 책임진다. 기사장은 도시의 공장에도 있다. 기사장 아래에는 부기사장이 있을 수 있다.

부기장은 돈 관리하는 사람이다. 부기원과 통계원을 두고서 각 작업반원의 출근일수를 비롯한 노력공수를 계산한다. 로동지도원은 로동력을 취급한다. 학생들이 졸업하거나 군대 제대자들 중에 무리배치되어 오는 사람의 수급을 맡는다. 또 누가 일하는가, 누가 안 하는가 살피는 노력관리를 하는 사람이다. 감시는 안 하지만 통제하는 사람이라고 볼 수 있다.

1개 농장의 관리소 직원은 20명 정도이다. 관리위원장, 부위원장이 2명, 기사장, 부기사장, 부기장, 부기원이 있다. 작업반마다 기사들이 1-2명 있고 정량원도 있다. 정량원이란 올해 농사가 얼마나 되었나 하고 정량을 따지는 사람이다. 농장 출판물이나 농장 기술서적 등을 보관하는 보급소의 사람도 포함된다.

농장의 생산체계는 농장관리위원회 아래에 몇 개의 작업반이 있다. 1개 작업반에 작업반장이 있고 그 밑에 기술지도원 1명씩 선출한다. 작업반마다 기술원과 통계원이 있다. 이 기술원이 자기 작업반의 기계를 기본적으로 수리하고 점검한다. 통계원은 분조원들의 출퇴근 시간을 파악하여 분조원들의 노력공수를 매일 작성한다. 이것으로 연말결산 때, 식량배급과 함께 하는 현금 지급에서 가감을 하게 된다.

작업반 아래에는 분조가 있다. 농장에서 일하는 단위로 가장 작고 기본이 되는 게 분조이다. 농촌은 분조관리제에 의해 생산이 된다.

인민반의 조직

• 인민반

　남한이 20개 가구 정도가 모여 1개 반을 이루고 그게 몇 개가 모여 1개 동이 된다는데 우리하고 같다. 인민반이라는 거는 그저 인민자가 붙어서 그렇지 반(班)이다. 함경북도 ○○군 ○○읍 몇 반이라고 한다. 그 위에 리나 읍, 동이 된다. 이 행정단위부터는 군행정위원회 소속으로 들어가는 행정조직이다. 그래서 동사무소 또는 읍사무소가 있다. 행정단위 책임자가 있고 집을 따로 지어 놓는 것이다. 이 사무소가 모여서 시·군 행정위원회를 만든다. 그 위로 도행정위원회, 중앙인민위원회가 있게 된다.

　도와 직할시는 같은 개념이다. 그 밑에 시·군이 있다. 군이나 시도 같은 개념이다. 시 아래에 구역이 있다. 청진시면 청진시 ○○구역 ○○동, 이렇게 된다. 군 밑에는 동, 리, 읍이 있다. 읍에는 군 소재지가 있다. 구역 밑에는 대체로 동, 리가 있는데 혹시 구가 있기도 하다. 구란 4백명 이상의 공장로동자들이 사는 로동자구를 말한다.

　도시에는 아파트도 많고 3-5층 짜리 건물로 1개 동에 10집씩 사는 곳도 있다. 땅집이라고 하여 개체집(단독주택)도 있는데 농촌이 대개가 땅집이다. 1개 인민반에는 20-25 정도의 세대가 있다. 1개 세대에는 세대주와 부인이 있고 아이들이 있거나 한다. 남편이 죽거나 이혼한 여자 중에서도 세대주가 되기도 한다. 1개의 인민반에 120명 좌우의 공민들이 산다. 도시의 아파트 경우는 1개 동이 1개 인민반이 되는 경우도 있다. 1개 동에 70호 정도의 집이 있으니 약 4백 명의 공민이 사는 것이다.

　인민반 각 가정에는 세대주가 직장에 나가서 일하고 아이들은 유치원이나 학교에 나가고 하는데, 집에서 노는 사람들이 있다. 우리도 사람 사는 데니까, 아픈 사람도 있고 연로보장된 노인도 있고, 결혼해서 살림 사는 사람도 있다. 그러나 무조건 놀 수는 없다. 조선은 죽을 때까지 조직생활을 해야 하기 때문에 집에서 노는 사람들도 다 조직에 소속이 되게 된다. 이 노는 사람들을 동사무소와 여맹위원회에서 관리한다. 한집에서도 부부와 아이들이 각자 조직에서 통제를 다 받는다. 가정생활이 조직에 다 들어있다. 그래서 흔히 육체적 생명보다 사회, 정치적 생명이 영원하다는 말이 있다.

도시의 경우는 결혼한 부인 중에서 집에서 살림을 살면서 대개가 그 지방 단위의 가내협동조합에 적을 둔다. 이 협동조합이란 것이 집에서 놀면서 사탕이나 옷을 만들어 위에다 바치는 것이다.

이 가내협동조합의 윗 단위는 군(郡)이다. 이렇게 적을 두지 않으면 사회동원에 전부 동원이 되기 때문에 전부터도 집에서 노는 부인들이 가내협동조합에 적을 두고서 몰래 장사를 나가기도 했다. 이런 아주머니들이 학습이나 강연회, 생활총화를 할 때는 여맹의 지도를 받고, 사회생활은 동(리)이나 구역 사무소가 있어서 거기의 지시를 받는다. 사회생활이란 (인민)반장들을 모이게 해 놓고 "오늘 몇 반 뭐 하시오" "오늘 콩밭 가꾸러 갑시다" 이런 사회동원을 말한다. 콩밭 지원을 한다면 부인들을 몽땅 조직해서 산에 데리고 간다. 아무튼 무슨, 하라는 것도 많고 거두는 것도 많다. 연로보장된 사람도 같다. 가내반이나 부업반에 소속이 되어 생산활동을 해야 하고 각종 동원에도 나가야 한다.

인민반장은 리(동)사무소의 지시를 받는다.

• 가두조직

인민반에도 당조직 세포가 있다. 인민반의 당조직을 가두세포라고 부른다.

이것은 당원 수에 따라 다르다. 인민반에 있는 당원이라야 나이 들어 연로한 사람들이거나 아픈 사람들이라 당원이 많지 않다. 또 당원이 아닌 연로한 분들의 조직인 노인분조가 있다.

인민반에서 가두세포가 조직되는 것을 보면, 20-25호가 되는 1개 인민반에 연로보장 받은 당원 아바이가 보통 1-2명씩 있다. 그런 아바이들 10명 정도가 모여서 1개의 세포를 이루기 때문에 한 10개 인민반의 당원 아바이들이 합해진다. 이를 가두세포라 한다. 10개 인민반이라면 200-250세대 정도가 되는데 가구수가 이렇게 많아도 당원 수는 몇 명 없다. 남자는 다 공장에 가고 없고 여자들의 경우는 당원에 입당을 잘 안 하기 때문이다. 보통 가두라고 했을 때는 그냥 인민반을 말하기도 한다.

집안의 가장이 당원이라 해도 직장을 다니면 공장의 당조직 성원이다. 원래는 마을에서 살고 있는 사람이 모두 인민반 성원에 들어가기는 하지만, 실제로 인민반으로 떨어지는 반(班)일을 할 때는 기본 부녀자들을 통제하는 것이다. 가두(인민반)에는 청년동맹이란 건 없는데 여자들이 청년동맹에 소속되다가 시집가서 가정 살림을 하게 되면 조직이 없게 되니까, 20살이든 21살이든 나이에 관계없이 여맹에 들어가서 여맹생활을 한다.

여자들은 사회생활에 참가하다가 당원이 아닌 이상은 시집가면 여맹에 넘긴다. 이런 여자들은 집에서 놀면서 인민반 사업에 복종해야 한다. 즉 인민반에서 지시하는 사업도 하면서 지역별로 조직된 가두 여맹의 통제도 받게 되어 있다. 동네마다에 여맹위원장, 여맹초급감시위원장 등이 있다. 부인들이 여맹에서 생활총화를 한다. 부인 중에서 당원인 사람은 가두세포에서 조직생활을 한다.

동(리)사무소가 있어서 그 사무소 안에는 지도원이 있고 비서도 있다. 여기서 인민반의 학습을 담당한다. "오늘은 어느 지역, 어느 때에는 어느 지역이다"

이렇게 지역별, 조직별로 모여 학습시키고 강연회를 조직한다. 집에서 노는 사람은 다 참가해야 한다.

늙어 연로보장을 받은 할아버지가 당원이라면 당생활을 하고 여자들은 여맹생활을 하는데 아무것도 안 하려는 사람들이 있다. 어떤 사람은 당원이란 것이 시끄러우니까 당생활 안 한다. 이런 사람을 제명당원이라고 한다. 당원이면서도 당생활은 안 하는 것이다. 할머니들도 여맹생활을 안 하려고 한다. 여맹에서는 나오라며 싸우고 해도 어쩔 수 없으니 제명여맹원이 생긴다. 조직생활을 하기 싫어서 요즘은 막 버티는 사람들이 있다.

- 인민반장

예전에는 인민반 안에 아무리 사회적으로 지휘가 높은 사람이 있다 해도, 인민반장에게 다 복종이 되었다. 인민반장 권한이 셌다. 인민반장은 그 인민반에 제일 통솔력 있고 인민반원을 지휘할 수 있는 능력이 있는 사람이다. 반장 선출은 인민반에서 사회적으로 일정한 지위가 있고 당원인 사람, 사회적으로 존경받을 수 있는 사람, 사람들이 다 따를 수 있는 사람을 선택한다. 안전부에서 쭉 보고 요해해 본 결과 '이 사람이 적당하겠다' 하면 담화를 해서 선출한다. 어느 집에 친척이 찾아왔다 해도 다 인민반장에게 보고하도록 체계가 서 있다. 나쁜 사람들이 들어오지 못하게, 인민반장의 통솔력으로 인민반별로 딱딱 1개의 그물을 쳐놨다. 사람이 하룻밤 와서 자도 숙박등록을 해야 하고 안전부의 승인을 받아야 한다. 승인을 못 받으면 못 잔다.

승인을 못 받는 경우를 보면 이렇다. 숙박등록책이 있는데 오늘 누가 와서 이 집에서 잔다고 하면 "어째서 왔는가?" 하고 묻고는 "병구완으로 왔다" "누가 사망되어서 왔다" "친척 방문 왔다" 이러면 숙박등록책의 친척란을 본다. 그래서 친척이 아닌 다른 사람이 오면 자지를 못 한다. 숙박등록을 안 해 준다. 이런 것이 다 간첩을 막자는 것이지만 불의에 숙박검열을 해서 등록을 안한 사람을 재우면 벌금도 물고 조사도 받기 때문에 무섭다.

간첩들이 들어오면 먼저 민간에서는 분주소에 간다. 분주소는 안전부보다 조금 작은 단위이다. 거기에 신고하면 사람들이 내려온다. 분주소가 동마다 하나씩 있다. 안전부는 시면 시, 군이면 군, 구역이면 구역마다 하나씩 있고 매 동에는 분주소가 있다. 구역은 시보다 작고 동보다 크다. 보위부도 그렇게 같이 있다. 검찰은 안전부 산하에 있다. 인민들의 안전을 담보하는 것으로 주로 경제범과 교통안전을 취급한다.

인민반 모임이 있을 때는 반장이 지시를 한다. 인민반장 아래에는 위생반장, 세대주반장도 있다. 인민반 회의는 딱히 정해지진 않았지만 1주일에 1번 정도 있다고 봐야 한다. 꼭 모여야 하는 회의는 다 모이고 그 외에는 반장이 자기 아이들을 시켜서 지시를 전달하기도 한다. 1달에 1번씩, 또는 계기에 따라서 2월 16일, 4월 15일, 또 봄 가을 때에는 위생월간이 있다. "이번 달은 위생월간이기 때문에 모두 집집이 회칠을 하고 거리를 아름답게 문화적으로 해야 한다" 하면 회의를 열고 대책을 토론한다. 이번 달은 개체 위생달이기 때문에 집집마다 위생을 잘 지켜야 한다고 하면 또 인민반 회의를 연다.

'농사를 잘 짓자' 는 것을 가지고도 회의를 하고는 "농사를 잘 짓기 위해서는 거름을 농촌에 많이 보내야 된다. 한 집에서 얼마씩 내라" 한다. "한 집에서 몇 킬로씩 해라" 하는데 똥이란 것이 한계가 있는데도 어쨌든 똥을 다 퍼서 하라고 한다. 그것을 해서 바치고서, 바쳤다는 쪽지를 인민반장한테 가져가서 회수했다는 확인을 받는다. 매일 인민반 동원이 많다. "우리 인민반이 세대주를 동원해서 철도지원 해야겠다" "옛날의 낡은 기관차들 바퀴 기름칠 좀 해야겠다. 바퀴 닦이 해야겠다, 뭐 수리한다" "석탄 캐는 데 장갑 필요하다. 장갑 1켤레씩 만들어 내라" "무엇을 만들어 내라" 는 게 부지기수다. 그리고 조직사업도 한다.

어떨 때는 한집에서 정신없이 과제가 겹치는데 방침이라는 것이 복잡하다. 여맹에서 아주머니한테 방침이 나오고 인민반에서 남편한테 "세대주가 다 같이 가서 뭐 만들어라" 하면 만들어서 바친다. 또 자기 공장에 무슨 지원품을 내야 한다고 해서 내고, 아이들은 아이들대로 학교에다 내야 한다고 해서 또 만들어서 바치고. 예를 들어 '철도 복구하는데 장갑이 필요하다' 하고 위에서 과제가 내려오면 인민반으로도 나오고 여맹에서도 방침이 내려온다. 그러면 한 가정에서는 2개씩 만들어 바쳐야 되는데 남편이 다니는 공장에서도 하라고 한다. 애들 학교에서도 내라면 학교에도 바치고, 결국 1명씩 내라는 것이다. 어른들은 시키다 말겠지 하고 지나가는데, 애들은 순진하니까 가져가려고 하면 부모들이 "학교 가지마라" 하고 학교에 안 보낸다.

• 여행증 발급

우리 공민증은 18세에 나온다. 번호로 되어 있다. 이름과 사진이 나와 있고 사는 곳이 찍혀 있다. 결혼 등록란도 있고 이혼 등록란도 있다. 결혼하면 누구와 언제 했다는 것, 이혼했으면 누구와 이혼했다는 것이 찍힌다. 자식 칸도 있어서 자식이 몇이라는 것도 다 써 있다. 거주란에 거주지와 어느 공장에서 몇 년부터 몇 년까지 일한 것이 나온다.

여자들의 경우는 결혼한 다음에 직장을 그만두고 부양이 되거나 늙은 사람들은 정년으로 부양이 되면 그러한 내용도 적힌다. 공민증이 몇 장 된다. 거기에다 사용법으로, 그 누구도 빌려 줄 수 없으며 그 어디에도 줄 수 없다, 잘 보관해서 다녀야 된다는 것도 적혀 있다. 공민증이 없으면 간첩인지 안기부인지 남조선 사람인지 모르기 때문에 항상 가지고 다녀야 한다. 여행을 가서도 자기 신분을 확인하자면 공민증을 가지고 다녀야겠는데, 요즘 북조선에 공민증이 있는 사람이 몇이나 있는지… 나도 공민증이 없다.

여행증 발급은 내가 공장을 다니다가 어디 다른 지방을 가겠다고 하면 공장에 먼저 제기를 한다. 그러면 공장 조직에서 안전부에 가서 친척관계를 확인하고는 가라던가, 못 간다던가 한다. 안전부에서 허가가 나면 더 높은 급에 가서 여행증을 발급해 가지고 간다. 여행증을 받는 절차가 힘들다. 우선 여행증이 제한되어 있어서 잘 안 내준다. 우리 공장이 여행증이 1달에 1백개로 제한되어 있는데 신청자는 2백명이다. 이러면 1백명밖에 못 가는 것이다. 인민반에서의 여행 신청은 집에 있는 사람들이 신청을 하는데 동사무소에서 안전부로, 다시 군 2부로 가서 허가를 받는다

• 기 타

이발소, 목욕탕, 자전거수리, 상점, 영화관, 라디오 수리, 이것들을 편의봉사사업소라 한다. 자기 수공업이다. 손으로 텔레비, 라디오를 수리하거나 이발을 하는 것이다. 이것은 경노동이라 장애인들이 많이 한다. 이 편의시설은 한 건물이나 가까운 곳에 다 같이 있다. 1개 구역에는 공민들 수가 많기 때문에 편의시설이 여러 개 된다. 또 인민들의 편의를 도모할 수 있게끔 어떤 동(洞)의 아파트 1층에 급양들만 들어가게끔 만들고 2층부터는 인민들이 들게끔 해 놓았다. 1층의 한 칸은 안경수리, 한 칸은 신발수리, 라디오, 텔레비, 도장, 안경집… 이렇게 한다. 사진관과 양복집은 따로 있다. 어느 지역이나 똑 같다. 서로 모여 있다.

편의봉사사업소에도 지배인과 초급당비서가 있고 작업반장이 있다. 편의사업소에는 당원이 얼마 없어서 다른 지역의 사업소와 합쳐져 당세포를 만들기

도 한다. 세포가 3개만 조직이 되어도 초급당으로 될 수 있기 때문에 군당 아래의 초급당으로 들어간다.

  식당, 여관은 급양부문, 급양관리소에 들어간다. 편의봉사사업소 하고는 다르다. 여관은 구역에 1개밖에 없고, 식당은 띄엄띄엄 분포되어 있다. 여관은 출장 온 사람, 사회로 무리배치된 군인이 잠깐 이용하는 곳이다. 이 여관이 지금은 방랑자들 수용소로 많이 쓰인다.

  요즘 급양분야에서는 다 간부집 여자들이 한다. 일도 쉽고 요즘 같은 때에 어쨌든 입질은 하지 않는가? 식당 1개를 만들었다면 전부 간부집 마누라들이 들어간다. 이 여자들이 돈을 얼마 버는지는 모르지만 어쨌든 자기 하나라도 먹고는 산다. 간부들은 이런 것을 안 해도 먹고는 살지만 그래도 여자들은 이런 부문에서 일을 하고 싶어한다. 사회적으로는 간부집 여자들을 놀리지를 않고 조직생활이나 사회동원을 시키니까 사회동원을 안 하는 급양관리소로 들어가려는 것이다. 조직생활은 하지만 사회동원을 안 하는 것이 어디냐는 것이다.

  식당에 들어오는 쌀, 고기 등은 나라에서 국정가격으로 넣어 주는데, 이 여자들이 중간에서 떼어 다른 사람한테 야매가격으로 비싸게 팔아먹는다. 또 내가 거기서 일하는데 개고기 삶아 썰면서 그 고기를 입안에 넣게 생겼지 어느 누가 침만 삼키겠는가. 개고기 국물이라도 먹으면 몸에 살이 오르니 개인한테 좋은 것이다.

  국가가 관리하는 수산사업소의 행정간부는 지배인이고 초급당비서가 당대표이다. 여기에는 선단이 있다. 1개 선단은 1개 배를 이야기한다. 선장 밑에는 부선장이 있고 1개의 배가 1개의 작업반이 된다. 각 배에 세포비서가 있어서 각 세포비서를 거느린 초급당비서가 있게 된다.

  임업도 같다. 임산사업소가 기본 단위인데 지배인이 있고 초급당비서가 있고 기사장이 있다. 지배인 밑에 기사장이 있다. 그 밑에 작업반이 있고 작업반장이 있다. 임산사업소에는 작업반이 6-7개 된다. 1개 작업반은 10-20명 정도이다. 나무하는 사람들도 당원이 있고 직맹원도 있다.

4. 교시의 나라

고	참	탄	광
공	장	이	기
	이	야	국
	전	업	장
부	업	직	
협	동	농	장

고참탄광

"수정주의 날라리 풍에 물 젖어 가지고, 남자가 아니라 여자 머리를 길러 놓았다.

너 여자야 남자야?

고 참 탄 광

• 2급 기업소

함경북도 명천군에는 고참탄광, 명천탄광, 양정탄광, 독포탄광, 오호탄광이 있다. 명천탄광은 근로자가 2천명이고, 양정탄광은 1천명 좌우, 독포와 오호탄광은 작은 탄광으로 600-700명 정도이다. 이 중에 고참탄광과 명천탄광이 국가 소속이고 나머지는 군(郡) 소속이다. 조선의 모든 기관기업소들이 다 국가의 것이지만 관리를 누가 하느냐에 따라 소속이 정해진다. 국가가 직접 관리하는 중앙기업소가 있고, 그 지방에서 관리하는 지방기업소가 있다. 중앙기업소는 국가 전체의 계획경제에 관계하고, 지방기업소는 그 군 자체의 경제에 관계한다. 중앙기업소 소속의 탄광에서 캔 탄은 국가에서 정해준 기업소로 보내진다. 군 소속의 탄광에서 캔 탄은 군(郡) 내부로 보내져 자체적으로 쓰여진다.

1995년까지 내가 다닌 고참탄광은 2급 탄광으로 근로자가 4천명 정도였다. 1급 탄광은 몇 군데가 있는데 함북의 아오지탄광, 평남 안주시의 안주탄광이다. 고참탄광은 현재는 무력부 소속이지만 전에는 명천지구탄광연합기업소 소속이었다. 연합기업소는 도당이나 중앙의 지시를 직접 받는다.

고참탄광이 무력부 소속으로 넘어간 이유가 있다. 탄광에서는 로동자에게 줄 식량을 자체로 마련해야 했는데 그렇게 하자니까 다른 농장에다가 탄을 주고서 식량을 구하는 방법밖에는 없었다. 채탄량도 많지 않은데 그것마저도 길주 팔프에 가지 못하고 중간에서 없어지고 마니까 무력부에서 거머쥐고서 탄이 다른 곳으로 새지 못하게 하기 위한 것이었다.

연합기업소는 규모마다 다 다르겠지만 명천지구탄광연합기업소에서 명천지구라고 했을 때는 명천, 화성, 길주지역의 탄광 중에서 일부 탄광을 묶은 것이다. 그래서 이 명천지구탄광연합기업소들은 길주에 있는 팔프공장에 연료를 대준다. 이 팔프공장은 조선에서 가장 큰 팔프공장이다. 고참탄광의 탄은 길주의 팔프공장과 어느 사업소인지는 몰라도 양강도 혜산의 어디로 보낸다고 했다.

길주 팔프공장은 원래 학습장과 교과서 용지를 생산했는데 1997년부터 인민군 신문지와 군인생활이라는 잡지와 훈련 참고자료를 생산하는 용도로 바뀌었다.

고참탄광은 채탄을 위해 각 1천여 명의 로동자들이 일하는 2개의 갱과 탄을 캐기 위해 뒷받침이 되어주는 2개의 분공장, 그리고 4개의 직장이 있다.

- 분공장

분공장은 흙보산비료분공장, 생필분공장이 있다. 이 공장의 역할은 채탄과정에서 필요한 물자를 공급해 주고 근로자에게 생활에 필요한 재료를 보장해 준다.

　　흙보산이란 탄에서 나온 찌꺼기, 우리는 버럭이라고 하는데, 이것을 가지고 만든 비료를 말한다. 우리는 화학비료가 부족하기 때문에 대용으로서 시멘트먼지 같은 것으로도 비료를 만든다. 이 비료를 부업농장에서 사용한다. 이 공장의 위치는 운탄직장 바로 옆에 있다. 운탄직장에서는 지하 막장에서 캐온 탄에서 버럭을 골라내는 일을 하는데 이 버럭이 비료분공장으로 보내진다. 생필분공장은 가구공장으로 기업소 식구들의 가구를 담보해 준다. 이불장, 옷장, 식장, 열쇠와 문짝, 창틀도 만든다. 명천읍과 용암구 계선(경계선)에 있다. 버럭에는 돌버럭과 삼버럭이 있다. 돌버럭은 돌처럼 굳어진 찌끼로 쇠처럼 땅땅한 것이 있고 잘 깨지는 것이 있다. 삼버럭은 석탄도 아니고 돌도 아닌 모래 같은 가루이다.

　　* 버럭: 버력 이라고 하여 광물이 섞이지 않은 잡돌을 말한다.

• 직장들

　　고참탄광에는 4개의 직장이 있다. 부재직장, 운탄직장, 공무직장, 부업농장이다.

　　부재직장에서는 외지에서 들여온 세멘으로 블록을 찍는데 이 블록은 갱도영구화와 주택건축용으로 쓰인다. 갱도영구화용이란 세멘 벽돌을 갱 천장에 박고 허물어진 갱도를 보수하는 데에 쓰는 것을 말한다. 주택건축용으로는 재블록이라 하여 석탄재에다 세멘 등 다른 재료를 섞어서 벽돌을 만드는데 벽돌이 부실부실하다. 주택을 지을 때 이 벽돌로 벽을 쌓고 미장을 한다. 미장 세멘도 고마르끄 70%에다 저마르끄 30% 비율로 해야 하는데 저마르끄 90%에 고마르끄 10%을 섞으니 새로 지은 집이라 해도 들어가 살자마자 벽이 툭툭 갈라지고 습기가 찬다.

운탄직장은 채탄한 것을 선별하여 버럭을 골라낸다. 이 안에도 여러 공정이 있다.

공무직장은 베아링 생산 등 기계의 부속을 생산하고 기계를 수리한다. 배수기 운전, 선풍기 운전, 권양기 운전 등 기본 기술적인 것을 다 하니까 기술자들이 많다. 부재나 운탄, 공무직장에는 1백명 좌우의 근로자가 있다.

부업농장은 축산반, 농산반, 과수반 등이 있는데 근로자는 3백명 좌우이다. 부업직장에서 나온 것들은 영양제식당으로 들어가서 로동자들이 먹게끔 되어있다. 또 기업소 청사 뒤컨에 술공장이 있어서 부업농장에서 생산된 옥수수가 이 술공장으로 들어간다. 여기서 술을 생산해서 어쩌다 퇴근할 때에 직접공들에게 술을 나누어 주기도 한다.

• 기타

군수동원이라는 게 있다. 그냥 사람들이 부르는 이름인데, 로동자들이 30명 정도 일을 한다. 거기서 하는 것은 탄알 등 무기를 생산한다. 정확히 무엇을 생산하는 지는 아무도 모른다. 무기 생산하다가 화약 폭발로 사람이 죽은 경우도 있다. 그 안의 작업장은 다 칸으로 나뉘어져 있어서, 한 칸에 한 사람씩 들어가서 일을 한다. 이것이 한 공정인 셈인데 칸이 막혀 있어서 다음이나 앞의 칸에서 무엇을 하는지 모른다. 군수동원에는 토대가 나쁘면 못 들어가고 성실한 사람들이 들어간다. 무기를 만드는 공정에 물엿이나 콩기름이 필요한지 그런 것이 군수동원 건물로 들어가기도 한다. 쇠를 몇 도에 달군 후 물엿에 얼마 정도 담그는 것이 있다고 한다. 여기 30명의 로동자들은 대개가 청년동맹 소속이다. 행정일꾼 대표는 군수동원과장이다. 세포비서가 있고 청년동맹비서가 있다. 건물이 따로 있기 때문에 여자들이 무기를 들고 하루 3교대로 보초를 선다.

    4·15 기술혁신돌격대가 있다. 김정일 동지의 지시로 1980년 말에 내온 것으로 고참탄광에는 20명 정도의 대학 졸업생들이 있었다. 4·15는 기업소 자체적인 기술개발 및 생산공정 개선을 추진하려는 게 목적이다. 인력으로 하기 힘든 일을 어떻게 하면 기계로 할 수 있는지, 창안품을 만들어 내자고 한다. 여기 사람들은 대학을 졸업하고서 현장에 보내진, 대개가 당원들이다. 3대 혁명소조가 현장 지도를 하는 것이라면 4·15는 힘든 현장체험을 많이 한다. 큰 기계가 고장 났을 경우에 2교대를 하는 시간, 즉 16시간 정도가 지연되었을 때, 이 사람들이 기계 옆에서 고장난 곳도 보고, 수리도 한다. 사무실은 공무직장 맞은 편에 있는데 20명 가량의 남녀가 섞여서 자기들끼리 아침에 조회도 하고 작업 배치도 그날그날 받는다. 이 지시는 행정 일꾼인 대장이 시킨다. 남자가 많다. 20명 중에 여자가 3명 정도였다. 이 사람들이 하나의 작업반처럼 돌아간다.

    고참탄광의 경우는 3대 혁명소조가 1993년까지 있었고 그 이후에 없어졌는데, 그 이유는 정확히 모른다.

    기업소 내에 화약고가 있다. 20명 좌우의 작업반으로 국가에서 들여온 화약을 보관했다가 군수동원에도 주고 발파할 때 주기도 한다. 군수동원에서 무기를 만들었을 때 보관도 담당한다. 화약고는 갱 안에 있는데 이 역시도 여자들이 교대로 무장 보초를 선다.

• 갱내의 구조

    고참탄광은 기본 탄을 캐는 갱이 2개가 있다. 전차갱(電車坑)과 대사갱(大斜坑)이다. 탄광마다 갱의 수가 다르고 이름도 다르다. 탄광은 갱을 중심으로 일을 한다. 전차는 탄을 실은 탄차를 평지에서 끌고 다니는 것이고 사갱이란 오르

막 길이 많기 때문에 꼭대기에서 동력기를 이용해 탄차를 끌어 올리거나 내리게 되어 있다. 전차갱은 오르막보다 평지가 많다는 것이고 대사갱은 경사진 갱도가 많아서 붙여진 이름이다.

평안도 같은 경우는 무연탄으로 대개가 수직갱이다. 이 수직갱으로 가기 위해서는 갱에서 얼마 정도를 걸어 들어가거나 인차를 타고 평지를 간 후에 수직승강기를 타고 지하로 내려가서 작업하게 되어 있다.

전차갱과 대사갱은 석탄을 생산하는 곳으로 하는 일은 똑같은데 들어가는 갱 입구가 다르다. 전차갱은 1,700여 명의 로동자가 있고 대사갱은 1,200-1,300여 명의 로동자가 있다. 전차갱은 입구가 3개가 있고 대사갱은 들어가는 입구가 2개이다. 갱 입구에 들어가면 굉장히 넓고 크다. 그 안으로도 각각 또 여러 갈래의 갱도가 있고 선로가 쭉 놓여 있다. 또 계속 새로운 갱도를 뚫고 파 내려가기 때문에 갱도에 잘못 들어서면 나오지 못하게 된다.

조선에서는 모든 산업의 기본이 되는 게 탄광이다. 연료의 기본이 되니까 공화국이 생기고부터 채탄작업에 대해서 특별히 관심을 갖고 생산을 다그쳤다. 그래서 갱내에서는 작업이 군대식으로 편제가 되어 있다. 전차갱에 1천 7백여 명의 근로자가 있다면 이 사람들이 1백명씩 나뉘어진다. 일반 공장으로 보자면 직장규모인데 탄광에서는 중대라고 부른다. 1중대 2중대 3중대… 이렇게 나간다. 여기서 다시 1개의 중대마다 25명 좌우의 작업반으로 나뉘어진다. 이것을 소대라고 한다. 어떤 작업반의 경우는 초소로까지 나뉘어져서 일을 한다. 초소는 5-6명씩 되는데 작업의 성격에 따라 초소가 만들어지기 때문에 초소는 굴진 한 군데에만 있다.

일단 갱내에서 제일 기본이 되는 것이 작업반인 소대이다. 4개 소대 중에 3개의 소대는 교대, 즉 하루 8시간씩 돌아가면서 일을 하고 1개 소대는 상일군 소대이다. 상일군 소대는 아침 7시 30분에 출근해서 오후 5시까지만 일한다. 이 상일군에는 몸이 약해서 교대로 일을 못하는 사람들이 소속되고 공무나 운반같이 기술이 있는 사람들도 상일군에 배치된다.

갱내 로동자들이 하는 일을 보면 직접공, 간접공, 굴진, 정비, 공무, 차도 등이 있다.

• 탄광의 직종

대사갱이나 전차갱이나 그 갱 안에는 여러 개의 갱굴이 있고 또 새로 파 들어가는 갱굴이 있게 된다. 새로운 갱굴을 파기 위해서는 어느 곳에 탄밭이 많은지를 먼저 조사해야 한다. 그래서 채굴기사가 갱안에 들어가서 석탄밭이 어디에 있는지 조사를 한 뒤에 도면을 작성한다. 탄밭을 조사하는 사람이다. 이 도면을 가지고 채굴기사와 전차갱의 유급 간부들이 회의를 한 다음에 고참탄광기업소에 제출하면 기업소의 간부들이 다시 논의하게끔 되어 있다. 여기서 비준이 떨어지면 새로운 갱굴을 뚫는 것이다.

전차갱의 유급 간부에는 청년동맹비서, 갱장, 부갱장, 노동지도원, 기사장, 기사장 밑의 채굴기사, 통계기사가 있다. 또 초급당비서, 초급당부비서, 직맹위원장도 유급에 속한다. 다 당원들이다. 유급이란 갱 안에 들어가지 않고 전문 사무직만 보는 사람이다. 반유급은 갱 안에 들어가면서 사무직도 한다. 1달에 15일만 갱안에 들어간다든지, 며칠만 들어가 로동을 한다. 일반 로동자들은 다 무급이다. 1달 내내 갱내나 자기 작업장에서 로동을 해야 한다.

갱장은 1개의 갱을 책임지는 행정일꾼으로 생산을 담보한다. 부갱장도 역시 생산을 담당한다. 로동지도원은 인원지도를 하는데 갱마다 담당하는 사람이 하나씩 있다. "우리 탄광에 새로 로동자가 몇 명이 필요하다"고 하여 중학교 졸업생이나 무리 제대해 온 사람 중에서 인원을 보충 받는다. 무리 배치된 사람들을 탄광의 각 직장에 배치하고 여행증명서를 떼 주는 일도 한다.

　탄이 매장되어 있는 탄밭까지 굴을 뚫기 위해서는 발파공과 굴진이 계속 발파하고 돌을 치우는 작업을 하게 된다. 발파공들이 발파를 하면서 덩어리가 큰 바위들이 나오면 굴진반이 이것을 치우면서 채탄을 할 수 있게 작업장을 만들어 준다. 굴진은 각 갱도에 5명으로 된 초소가 들어간다. 발파공은 채탄장에 들어가서 발파를 해 주기도 하는데, 5명 정도이다. 이 사람들은 하루 3교대를 하나로 합쳐서 조직생활을 한다.

　갱내에 작업장이 만들어지면 이제부터는 탄을 캐기 위해 직접공들이 채탄작업을 하게 된다. 전차갱 내의 각 갱굴마다에는 1개 작업반인 25명 정도가 들어가 채탄을 한다. 이 작업반에서는 다시 탄을 캐내는 조, 동발 세우는 조, 콤베아 운전하는 조로 나누어서 일을 한다. 채탄을 하는 직접공은 우선 많은 양의 탄을 캐야 하고 일이 힘들기 때문에 로동자들이 제일 많이 배치된다.

　간접공도 있다. 탄차를 타고 다니면서 석탄 캔 것을 운반하는 사람들을 말한다. 탄차는 5-6개 짜리도 있고 12-15개 짜리도 있다. 이것을 탄차 한 줄이라고 한다. 탄차를 운전하는 사람에는 승차공과 전차운전공으로 나뉜다. 갱내에는 평지와 오르막길이 있기 때문에 갱도 역시 사갱도와 전차갱도로 나뉘는데 승차공은 사갱에서 탄차를 담당하고 전차공은 평지인 전차갱도에서 탄차를 끈다.

　공무는 기술직들인데 권양기 운전공, 배수기 운전, 선풍기 운전공, 수리공이 있다. 선풍기를 틀어서 공기를 주입시키고 나쁜 공기를 빼낸다. 각각 1교대에서 25명 좌우이다. 정비는 일명 대보수라고도 하는데 갱도의 수리작업을 하는 곳이다. 각각 1교대에 25명 좌우가 있다. 그 외에는 차도가 있는데 선로를 수리하거나 갱을 뚫고 들어갈 때에 선로를 깔아주기도 한다. 1교대에 15명 정도이다. 그리고 충전실이 있는데 여기서는 탄광로동자들의 안전등 충전기를 담당한다. 로동자들은 출근해서 자신의 패쪽지를 내고 안전등을 찾아가고 다시 퇴근할 때 바친다. 이 충전실에는 한 6명 정도가 있어서 조직생활을 할 때는 3교대가 모여서 한다. 탄차수리가 있다. 고장난 탄차를 수리하는 곳으로 1교대에 7-8명 정도이다. 이 사람들은 대부분 직맹으로 나이든 사람들이 많다. 여기 역시 3교대를 합쳐서 조직생활을 한다.

보통 직접공이라 하면 채탄, 굴진, 대보수들이다. 이 사람들은 배급도 1급 대상이 된다. 간접공이라 하면 나머지 운반공, 공무, 차도, 충전 등이다. 배급 급수가 2, 3급 대상이 된다.

탄부들의 생활

• 탄광기업소 청사

기업소 청사는 3백평 좌우로 3층 건물이다. 1층에 10개의 방이 있다. 1층에는 노력관리하는 사무실이 많다. 정양기사방, 로동지도원방, 로동과장방, 부기실 등등.

로동과장 밑에 로동지도원과 수급지도원이 있다. 노력관리의 실제 일은 로동지도원이 다 한다. 과장은 큰 것만 하는데, 연합기업소에 가서 노력(인력)을 받아오고 로동지도원에게 지시한다. 몇 명은 대사갱, 몇 명은 흙보산분공장, 이런 식이다. 노력이 들어오는 것은 1년에 1번 정도인데, 학교 졸업할 때 탄광 자녀들이 많이 들어온다. 탄광이 아닌 다른 직장으로 뽑으려면 중학교 2학년 정도에 전학을 보내야 하는데 이것도 쉽지 않다. 어쩌다가 무리 제대로 새 노력이 들어온다. 4-5년에 1번씩, 150-200명 정도가 들어오지만 이 사람들은 좀 일하다가 다 알아서 다른 곳으로 나간다. 로동과장이나 지도원에게 뇌물을 주고 다른 기업소로 가는 것이다. 다른 곳으로 빠지기 위해서 로동과장에게 뇌물을 먹이고 지도원, 정양기사에게 뇌물작전을 한다. 뇌물이 많이 들어가면 들어갈수록 좋다.

부기실에는 부기과장, 부기원 2명이 있다. 부기과장은 남자, 부기원은 여자들로 돈 계산을 한다.

2층에는 로동안전교양실, 경리과 등이 있다. 로동안전교양실에는 로동안전원이 있는데 기본 갱내 로동자의 안전을 책임을 진다. 1교대에 4명이 있어서 대사갱과 전차갱에 둘 씩 들어간다. 갱을 돌아보고 사고위험이 있는 곳을 찾아내서 기업소 지령실에 보고한다. 또 로동자들이 갱내에서 담배피는 것을 단속하고 감시한다. 이런 사람들은 기사장, 중대장, 부문당 비서를 하던 사람이다. 몸이 안 좋아 연로보장 받기 전에 쉬운 쪽으로 들어와서 근무를 하는 것이다.

경리는 기업소 로동자들이 출장증명서나 여행증명서를 떼려고 할 때 그 일을 맡아서 한다. 로동지도원이 신청명단을 가지고 오면 이 중에서 추려서 경리가 가지고 있는 기업소 도장을 찍은 다음에 지배인 도장을 받아온다. 지배인은 경리가 가지고 간 신청자를 보지도 않고 찍어 주니까 경리가 가져온 명단 자체는 다 통과된다. 그걸 가지고 경리가 탄광안전부에 가서 비준을 받은 다음에 군(郡) 2부에 가서 여행증을 받아온다.

3층에는 초급당비서, 조직비서, 지배인, 행정부지배인, 업무부지배인, 직맹위원장, 사로청위원장, 부위원장 방들이 있다.

초급당비서가 하는 일은 잘 모른다. 가끔 얼굴을 보는데 축전채택모임, 궐기모임 때이다. 이런 모임은 3교대로 하는데 각 교대마다 일이 끝나기 전이나 후에 한다. 7백석 좌우의 고참탄광로동자 문화회관에서 한다. 축전채택모임은 김일성 수령의 생일날에 축전편지를 보내기 위한 모임이다. 모임을 하기 전에 사회자가 나와서 초급당비서가 읽을 내용을 미리 읽어 주면서, 박수 칠 곳과 노래가 들어갈 곳을 알려 주어 연습을 한다. 궐기모임이란 1년에 3번 정도 한다. 생산성을 위한 모임으로 축전채택모임과 거의 같다.

• 3교대

우리는 3교대를 각각 갑번, 을번, 병번이라고 한다. 갑번은 저녁 11시에 출근하고 현장에서 일하는 시간은 12시부터 해서 아침 8시까지이다. 일이 끝난 후에는 작업총화 짓고 생활총화나 학습이 있을 때가 있으니까 퇴근은 보통 아침 10시나 10시 반이다. 을번은 아침 7시에 출근해서 8시부터 작업을 시작, 오후 4시까지 일한다. 퇴근은 5시 반이나 6시이다. 병번은 오후 3시 출근해서 4시부터 밤 12시까지 일을 하고 퇴근은 새벽 1시 반이나 2시에 한다. 이 3교대는 1주일에 1번씩 돌아간다.

1987년 정도까지는 탄부들만의 제복이 따로 있었는데 지금은 작업복만 있다. 북한의 공통적인 탄부의 제복은 회색으로 되었고 견장이 있어서 까만 판에 빨간 줄로 계급장이 그어져 있었다. 이후에 먹을 게 없으니까 옷이 나올 곳도 없고, 제복이 없어졌다.

작업복 역시 공동의 모양이 있다. 쥐색의 옷에 신발은 지하족으로, 군대신발 같이 생겨서 발목까지 올라온다. 가죽이 아니라 천으로 되어 있다. 모자는 하이바 식으로 된 것에 안전등이 있고 소대카바라고 해서 종아리에 묶는 것인데, 천을 누벼서 그 사이에 나무대를 끼워 놓아 부딪히더라고 다리가 상하지 않게 하였다.

• 출근 풍경

출근할 때 보면 기업소 정문에 기동선전대가 풍악을 울리며 선전을 한다. 이 사람들은 아침 6시 30분 경에 출근해서 7시부터 악기를 울리는데 약 15분 가량 선전작업을 한다. 이 사람들이 하는 노래를 좋아하는 사람도 있지만 대개가 싫어한다. "그럴 시간이 있으면 탄을 한 삽이라도 퍼 올리라"는 것이다.

기동선전대 25명 중에 12명 정도가 악기를 다루고 대개가 남자들이다. 나머지는 깃발을 흔드는 깃발 춤을 추고 노래는 여자들이 돌아가면서 부른다. 그리고 선전원이라고 하여 목소리가 좋은 여자를 뽑아 구호를 하게 한다. 이 사람들은 아침에 출근해서 저녁에 퇴근하는 사람들로 실제 로동은 잘 안 한다. 작업

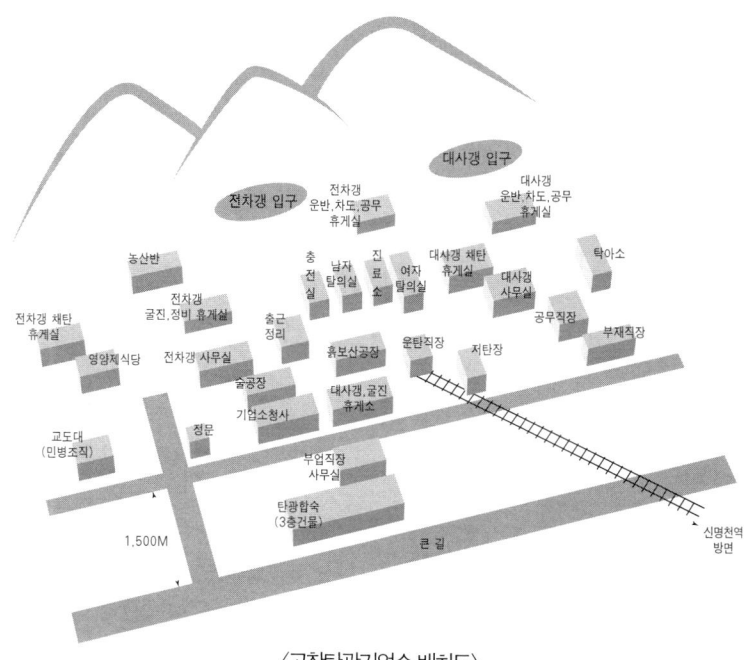

〈고참탄광기업소 배치도〉

의욕을 고취시킨다고 각 직장 별로 1주일에 1번씩 작업시간에 들어간다. 2-3시간 힘든 일도 같이하면서 노래도 하고 선전선동을 하는데, 맨 노래나 하던 사람들로서 전문 일꾼이 아니니 들어와서 같이 일을 한다고 해도 시끄럽기만 하다.

• 탈의

7시 30분까지 일할 수 있는 준비를 해서 작업장에 도착하려면 7시까지는 출근을 해서 옷을 갈아입고 준비를 할 수 있다. 출근해서 제일 먼저 출근표를 찍고 충전실에 가서 자기의 패쪽, 즉 번호표를 맡기고 안전등을 찾고 탈의실에서 자기 작업복 보따리를 찾는다.

탈의실에는 탈의공이 1교대에 2명씩 있다. 보따리를 담당하는 1명과 외출복을 담당하는 1명이 있다. 로동자는 자기가 갖고 다니는 보따리 패쪽을 맡기고 보따리를 찾아서 탈의실에 들어가서 작업복으로 갈아입는다.

갱내의 로동자들이 쓰는 안전등은 소련제, 중국제, 강안제, 함북의 샛별제가 있다. 뽈스까제(폴란드), 김책제도 있다. 김책제는 철로된 충전통이고 다른 것은 수지로 된 충전통이다.

• 독보와 작업지령

작업복으로 입은 후에 각 작업반원들은 정해진 휴게실로 간다. 휴게실은 아침에 작업지령을 받고 또 하루 일을 마치는 마지막 시간에 작업총화를 짓는 곳이다. 3평 정도 되고 앞쪽에 김일성, 김정일 동지의 초상화가 걸려있다. 초상화를 중심으로 서로 마주보게끔 가운데에 긴 탁자 2개가 연결되어 있고 의자들이 놓여 있다. 탁자 앞에는 소대장과 세포비서가 앉는 탁자와 의자가 놓여져 있다. 소대장과 비서는 자기의 의자에 앉아서 이것저것 지시한다. 이 외에 휴게실은 일이 끝나고 총화 짓기 전까지 작업반원들이 잠시 휴식을 하거나 이 건물과 가까이에 있는 작업반 중에서 일이 없을 때에 잠시 와서 쉬기도 하는 곳이다.

사람들이 다 모이면 소대장은 작업지령서를 받으러 기사장실에 가고 나머지는 독보를 한다. 작업반 내에 선동원이 독보를 한다. 매일 한 15분 정도를 하는데 우리가 다닐 때는 로동신문 독보를 1달에 1번 정도 했다. 1990년 초에 로동신문이 나오기는 나와도 늦게 배달이 되는 경우가 많고 로동신문을 구독하는 사람이 세포비서 1명이었기 때문에 로동신문을 보기가 힘들었다.

독보시간에는 김일성 회고록, 선동원 수첩, 정치지식도 낭독해 준다. 새로 나온 노래를 보급을 할 때도 있다. 노래 보급은 선동원이 할 때도 있고 노래 잘 하는 사람이 할 때도 있다. 김일성 회고록이라 하면 김일성 동지의 탄생부터 죽기 전까지의 일대기이다. 김일성, 김정일 동지에 대한 것은 선동원 수첩, 정치 지식에도 나온다. 선동원 수첩이란 파란 뚜껑의 작은 수첩으로 선동원들에게 나오는데 주로 생산단위들에 있어서의 모범적인 일들이 인쇄되어 있다.

'정치지식'은 새카만 종이로 매일 아침에 나온다. 정치지식을 타 오는 사람이 따로 정해져 있는데 일반 로동자 중에서 일을 잘 하고 사상이 좋은 사람으로 달마다 1명씩 정해진다. 선동원 수첩에는 긍정적인 사례들만 인쇄되어 있다면 '정치지식' 안의 내용은 김정일 동지의 명언과 다른 사업장에서 벌어진 긍정적인 면, 부정적인 면이 다 나온다. 어느 지배인이 잘 한 일, 국가 재산을 빼돌린 일 등등. 매일 똑같은 말들의 반복이다.

독보가 끝난 다음에는 15분간 작업준비를 하면서 소대장이 받아온 그날의 작업지령을 듣는다. 소대장은 25명 좌우의 작업반장을 말한다. 지령을 주는 방식은 먼저 시작하는 말이 '타박, 감전, 일주사고 방지" 하고서, 어느 탄광에서 사고 난 것을 알려준다. 사고 난 부분을 특별히 강조를 하고는 조심하라고 한다.

일주사고라는 것은 탄차나 인차의 연결고리가 잘못되어 일어나는 사고이다. 탄차를 사갱으로 끌어올리거나 내리다가 탄차와 탄차를 연결하는 뼁이 빠져서 선로를 이탈하는 것이다. 우리는 바람이 났다고 말한다.

내가 일할 때 있었던 일이다. 사람을 실으러 사갱도 위에서 권양기가 인차를 내려보냈다. 인차에는 승차공이 타고서 권양기 운전공하고 "딱딱" 신호를 주고받으며 내려오는데 인차의 뼁이 빠져버린 것이다. 인차가 아주 빠르게 내려왔다. 한 로동자가 "바람났다"고 소리를 쳤고 인차를 기다리던 사람들이 동발(쇠나 나무로 된 버팀목이나 받침목) 사이로 몸을 피했다. 인차에 타고 있던 승차공도 미리 뛰어내려서 별 사고는 없었지만 23세 처녀가 머리가 크게 다쳐 사망되었다. 이런 사고가 많다.

권양기는 기대장에 설치된다. 기대장이란 1대의 권양기를 단독으로 들여놓는 집을 말한다. 450마력 권양기의 경우는 50평의 건물 안에 기계 1대가 들어간다. 100마력은 한 30평 정도이다. 기계가 그 안에서 움직여야 하니까 기대장은 기둥 하나 없이 통으로 지어졌고 천장이 높다. 전차갱의 기대장은 15-16개 정도가 있다. 전차갱의 각 3개의 굴에 들어가서는 또 수십 개의 갱굴이 있기 때문에 처음 갱에 들어가는 사람은 구로동자들이 따라다니며 길을 알려주고 군데군데 전화기도 설치되어 있다.

우리는 윤번로력이 있다. 탄광은 1주일에 1인당 돌아가면서 노는데 한 소대로 보면 하루에 소대원 몇 명씩 교대로 논다. 이 자리를 메우는 것이 윤번로력으로 이 사람들이 대신 배치된다. 윤번로력은 1소대가 25명 정도이니까 이 사람 중에서 4-5명을 배치한다. 이런 사람들은 특별하게 맡은 일이 없는 다기능공이다. 채탄, 공무, 운반을 다 한다. 그러니 언제든 하루의 휴식이 가능하고 다른 사람도 1주일에 1일 놀 수 있다. 윤번로력의 배치는 중대의 각 소대장이 알아서 한다.

• 굴진

제일 먼저 채굴기사가 탄발을 조사해서 기업소에서 갱을 뚫기로 결정하면 굴진이 발파대의 협조를 얻어 탄발까지 파 들어가는 일을 한다. 그 다음은 채탄하는 사람들이 탄을 캐면서 동발과 선로를 세우며 더 깊은 갱도로 뚫고 들어간다. 어쨌든 굴진이 탄발을 만들어야 채탄을 하게 되니까 발파공들이 폭파를 한 다음에 나온 버럭을 삽으로 탄차에 옮겨 놓는다. 돌버럭은 쇠덩이만큼 무겁다. 버럭을 치운 다음에 쇠나 나무로 동발 세워서 굴이 무너지지 않게 한다. 이렇게 굴진은 탄발이 나올 때까지 발파 후에 나온 버럭을 치우면서 동발 세우는 일을 계속한다. 이때 버럭을 실을 탄차가 작업장까지 와야 하니까 차도공들은 계속 선로를 깔아 준다.

'짐 받는다' 는 것이 있다. 굴을 뚫고 동발을 세워도 굴이 자꾸 좁아드는 현상을 말한다. 대부분의 굴이 짐을 약간씩 받기는 하지만 특별히 세게 받는 구간이 있다. 우리 고참탄광의 경우 새로 만들려고 했던 2사갱이 그랬다. 거기가 탄발이 많았는데 뚫다가 못 뚫은 곳으로, 굴을 뚫어 놓으면 하루만에 굴 입구가 줄어들고 하여 포기했다.

• 채탄작업

굴진공들이 탄발을 만들면 그 다음에는 채탄공이 석탄을 캐면서 들어간다. 이때도 동발을 세운다. 채탄공 25명이 서로 일을 나누어 채탄하고 동발을 세운다.

전차갱은 1교대에 5백명 정도이고 1개 갱굴마다의 채탄 막장에 들어가서 직접 탄을 캐는 사람이 70-80명이었다. 각 채탄막장에는 20-25명 정도가 탄을 캐는데 이 사람들이 다시 3군데로 흩어져서 일을 한다. 채탄장에서 곡괭이나 삽질은 완전 기능공이다. 탄을 캘 때 삽으로 밥숟갈 떼듯이 뚝 떼야 하니까 이것을 못 하면 채탄장에서 천대를 받는다. 여자의 경우도 "이 간나, 저 간나" 하고 욕을 먹는데 이것은 기본 욕일 뿐이다.

채탄장에서 여자들이 삽질을 하는 일이란, 막장에는 채탄한 것을 실은 콘베아벨트가 돌아가면서 조구통에다가 탄을 담게 되어 있다. 이 운전을 여자들이 맡아서 하는데 벨트가 돌아가면서 아무래도 탄이 흘러내리기 때문에, 이것을 여자 운전공들이 퍼 올리는 것이다. 이때 삽질을 잘못하면 욕을 먹게 되어 있다. 일도 힘들기 때문에 채탄장 일을 하는 여자들이 시집을 빨리 간다. 20살부터 해서 시집을 간다. 한 채탄장에는 운전공이 2명이 있다. 흐르는 석탄을 퍼서 올리고 기계 스위치를 조작한다. 이 콘베아에 실린 탄은 조구통에 담아져서 다음 공정으로 이어진다. 조구통은 밑이 막혀있고 수동으로 끈을 조절하여 사람들이 열었다막았다 한다.

• 탄수송

그 다음 작업순서가 탄차에 탄을 담는 것이다. 앞의 조구통이 있는 곳은 평도이기 때문에 전차가 들어온다. 전차공은 운전만 하고 그 협조원이 수동으로 된 조구통에서 석탄을 뽑아서 탄차마다에 꼴뚝(가득) 싣는다. 탄차 한 줄이 10-12개 정도이다. 탄차 하나가 차면 협조원은 안전등을 멘 머리를 흔들어 표시하거나 갈구리로 탄차를 두드려 소리로 운전공에게 알려 준다.

사갱을 다니는 승차공은 협조원 없이 혼자 탄차에 올라 타고서 권양기 운전공과 신호를 주고받으며 탄차를 오르내린다. 이때 쇠갈구리로 소리를 낸다. 소리 표시는 2번 치면 망끼(당기다), 3번 치면 사세(풀어라), 2번 치고 또 여러번 치면 곧 아우망끼(천천히 당기라), 3번 치고 곧 여러번 치면 아우사세(천천히 풀

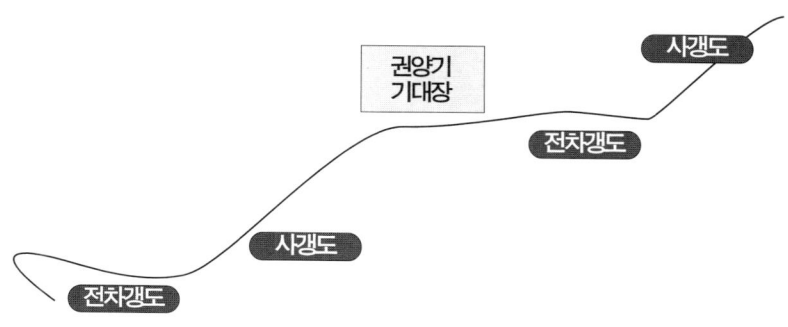

〈갱내 그림〉

어라)이다.

    갱내에는 평도도 있고 경사길도 있으니까 처음 탄을 실은 전차가 평도를 지나면 어떤 지점에 경사길이 나온다. 이 경사길에서는 탄차를 끌어올리거나 내려야 하니까 경사진 꼭대기에는 권양기 기대장이 설치가 되어 있다. 탄차를 끌어 올린다고 했을 때는 먼저 권양기에서 쇠줄로 연결된 무까이에 승차공이 올라 타고 평도로 내려온다.

    무까이란 권양기에서 평도의 탄차를 올리기 위해서 쇠줄을 내려보내는데 그냥 쇠줄만을 내려보낼 수가 없기 때문에 빈 탄차를 연결하여 내려보내는 것을 말한다. 탄차 3개로 된 무까이에는 무게를 주기 위해서 하나는 버력을 꼴똑 채우고 두 번째 탄차에는 반쯤 채우고 세 번째에는 빈차로 해서 내려보낸다. 이 무까이의 탄차와 탄차 사이에 승차공이 타고 내려가서 평도에 있는 탄차의 삥과 연결해서 올라온다.

    권양기에는 100마력도 있고 200마력, 450마력이 있는데 200마력은 사람만 싣는데 사용한다. 이것은 차를 3-4개 정도 달고 다닌다. 마력이 커질수록 탄차를 많이 끈다.

- 운탄직장

갱내에서 실려 나온 탄은 운탄직장으로 넘어간다. 운탄직장은 과부직장이라고 하여 탄광에서 사고나 병으로 죽은 사람의 안해들이 이곳에서 일을 한다. 운탄직장의 제일 처음 공정을 운탄 외원이라 한다. 탄차를 연결해 주는 삥을 풀어 탄차 1개씩을 찜뿌라라고 하는 기계에 밀어 넣어 주면 그 기계가 탄차를 하나씩 물고 휙 뒤집어서 조구통에 탄을 넣는다. 여기에는 5명 정도가 일을 한다. 그 다음이 삐또이다. 앞의 조구통의 탄을 뽑아서 선탄장에 내보낸다. 그러면 선탄장에서는 탄이 콤베아벨트로 쭉 나오는데 이 벨트가 세 칸으로 되어 있다. 그러면 양쪽에 사람들이 서서 세줄 중에 가운데 줄로 버럭을 골라낸다. 이 버럭은 흙보산비료분공장으로 보내져서 비료로 만들어지게 된다.

그 다음이 저탄장인데, 창고이다. 탄을 모아 놓으면 그 안까지 연결되어 있는 선로로 기차 빵통이 들어오게 되어 있다. 기중기가 탄을 실어 빵통에 옮겨 놓는다. 그리고는 기차 대가리가 빵통을 실어가는 것이다. 많이 실어 갈 때는 10개 빵통 정도 가져간다.

- 청년동맹의 생활총화

금요일에는 각 작업반에 있는 청년동맹 초급단체별로 주 생활총화를 하는데 많아야 13-14명 정도이다. 휴게실의 중앙의자에 청년동맹 초급단체위원장이 앉아서 진행을 한다. 기록은 초급단체부위원장이 한다. 위원장이 먼저, "지금부터 주 생활총화를 시작하겠습니다. 준비된 사람부터 토론에 참가하시오. 호상비판에 다 참가해 주기 바랍니다"라는 고정된 말을 한다.

1990년대 초의 청년동맹 생활총화를 보면 사람들이 빨리 집에 가야 되니까 대충 빨리해서 끝냈다. 어떤 위원장은 총화를 빼먹고 각 개인의 생활총화록을 보고 기록부에다 적어 놓기만도 한다. 가끔 갱위원장이나 부문위원장이 검열을 하기 때문에 반드시 적기는 적어야 한다. 원래 생활총화는 개인이 일어나서 자신의 과오를 비판하는 것인데 비판 할 것도 없고 하니까 그저 생활총화록에 써서 죽 읽고 만다.

월, 년 생활총화는 결함을 좀더 많이 말해야 한다. 주든 월이든 생활총화를 잘 안 하니까 갱청년동맹위원장이 암행어사 식으로 청년동맹들의 생활총화하는 곳에 들어가서 참가한다. 만약 월 생활총화에 들어왔을 경우 자아비판에 있어서 결함이 적으면 "동무, 동무는 1달 동안 나타난 결함이 그게 다야?" 이런다. 결함이 없는 사람이란 없지만 매일 똑같은 결함을 얘기한다. 1년에 1번도 아니고 주마다 1번이니까, 어제 한 것 같은데 또 생활총화가 돌아오는 것 같았다. 할 말도 없으니까 우리끼리 "또 거짓말이나 하자"고 말한다.

분기 생활총화는 3개월에 1번씩 하는데 이때는 좀 무섭게 한다. 갱내에서 제일 말썽쟁이들 4-5명을 앞에 놓고 비판을 하는데, 망신을 시키는 거나 같다. 전차갱 중에 일하러 들어간 1교대만 빼고 전체 청년동맹원이 다 모여서 한다. 분초급당 옆에 있는 갱 종합휴게실에서 한다. 무대에 갱청년동맹위원장이 나가 서 있고, 분초급당 부비서 1명, 갱부위원장 2명이 나가서 있는데 갱부위원장 중에 1명이 사회를 맡고 1명은 기록을 맡는다. 분초급당 부비서는 당 일꾼이기는 하지만 당조직이 모든 근로단체의 조직생활까지도 지도를 하니까, 청년동맹의 조직생활을 감시하러 나온 것이다.

사회자가 나와서 총화보고서를 읽어주는데 그 내용은 3개월 동안 잘 된 점과 잘 안 된 점을 읽어 준다. 1990년대 초면 일도 잘 안 하고 먹을 것도 부족하기 시작할 때라 비판하는 일도 많았다. 이 총화보고서를 읽어 주는 어간에 사회자는 김일성 동지의 지적이나, 김정일 동지의 말씀을 2-3번 정도 인용한다. 조선에서는 무얼 하든 시작부터 끝날 때까지 말씀이 인용된다.

"먼저 처음으로 토론할 사람은 굴진 1중대 1소대의 아무개가 토론하겠습니다" 하고서 비판에 들어가기 시작하는데, 이때는 미리 토론하라고 어떤 사람에게 지적을 해 주기 때문에 자아비판할 사람이 미리 준비를 해 온다. 이 사람이 자기비판이 끝나면 갱위원장이 이 사람을 세워 놓고 한참을 욕을 한다. "야, 이 개새꺄, 너 같은 게 있기 때문에…" 이러면서 사상적으로 비판의 말을 하다가 혹, 보통 사람보다 머리가 약간 길렀으면 머리카락을 쥐면서 "수정주의 날라리 풍에 물 젖어 가지고, 남자가 아니라 여자 머리를 길러 놓았다. 너 여자야 남자야" 하기도 한다. 어떤 때는 연변에서 유행하는 머리를 한 19-23정도의 청년들이 분기총화에 갔다가 앞으로 불려 나와 망신을 당한 적도 있었다. "야, 너 몇 줄에 몇 번 나와, 이게 머리야 가발이야" 이런 식이다.

토론 대상이 되는 사람은 결근, 싸움, 도둑질하는 사람, 간부들한테 자꾸 대드는 사람들이다. 싸움을 하는 경우는, 작업장에서 일하다 서로 마음이 맞지 않아 서로 싸우기도 하고 술 마시고 싸움질하다 병원에 입원하는 사람도 있다. 1980년대까지는 패 싸움하는 경우가 많았다. 개인 싸움이 패 싸움으로 번져 맞은 사람이 인원을 모아 와서 삽들고 곡괭이를 쥐고 들이부시는 것이다. 대개가 결근하는 사람들이 토론 대상이 된다. 일하기 싫고 일이 힘들어 직장을 옮기고 싶은데 내보내지를 않으니까 버티는 사람들이다. 옛날부터 이런 사람이 많았다. 도둑질은 개인집에서 먹을 거, 돈, 옷 등 닥치는 대로 훔친다.

- 토론 대상자의 처벌

고참탄광에는 무단돌격대가 있다. 소소한 도둑은 여기에 보내서 강제로동을 시킨다. 1-6개월 정도인데 여기에 들어가면 매도 많이 맞는다. 1980년대에는 없었는데 일을 하지 않는 사람이 많아지니까 1990년대에 생겼다. 여기에 들어갔다는 기록이 평정서에는 남지 않는다. 탄광 합숙 3층에 있었는데 1994년에 무단돌격대에 들어갔던 남자 1명이 여기서 뛰어내려 죽은 일이 있은 후에 창살을 만들었다. 탄광 합숙은 원래 먼 곳에 집이 있는 사람들이 사는 곳이다.

돌격대에 들어가면 맞아대고 먹을 것도 적고 배고프고 일은 힘들고, 고참탄광에서 제일 힘들고 지저분하다는 일은 이 사람들이 다 돌아가면서 한다. 잠을 11시에 재우는데 재우기 전에 10대 원칙을 암송을 하게 하고 암송을 못 하면 잠을 재우지 않는다. 매일 매일 확인 암송을 한다. 기상은 5시에 일어나서 "조국통일" 구호를 외치면서 달리기하고, 구내 사택 등 일정한 곳을 돈다. 아침 먹기 전에 독보와 방 청소를 한다. 아침 먹고 일하고 점심 먹고 일하고 저녁 먹은 다음에는 총화 짓고 공부한다.

무단돌격대 대장이 있는데 기업소에서 아무 직장에서나 지독한 사람을 뽑아 놓는다. 이 사람들은 왜정 때의 순사보다 악독하다. 여기 들어간 사람들 식구는 자기 가족을 빼내기 위해 이 돌격대 대장에게 담배, 먹을 것을 고이는데 그러면 좀 편하게 지낸다. 시간을 받고 집에 하루나 이틀 정도 갔다올 수도 있다.

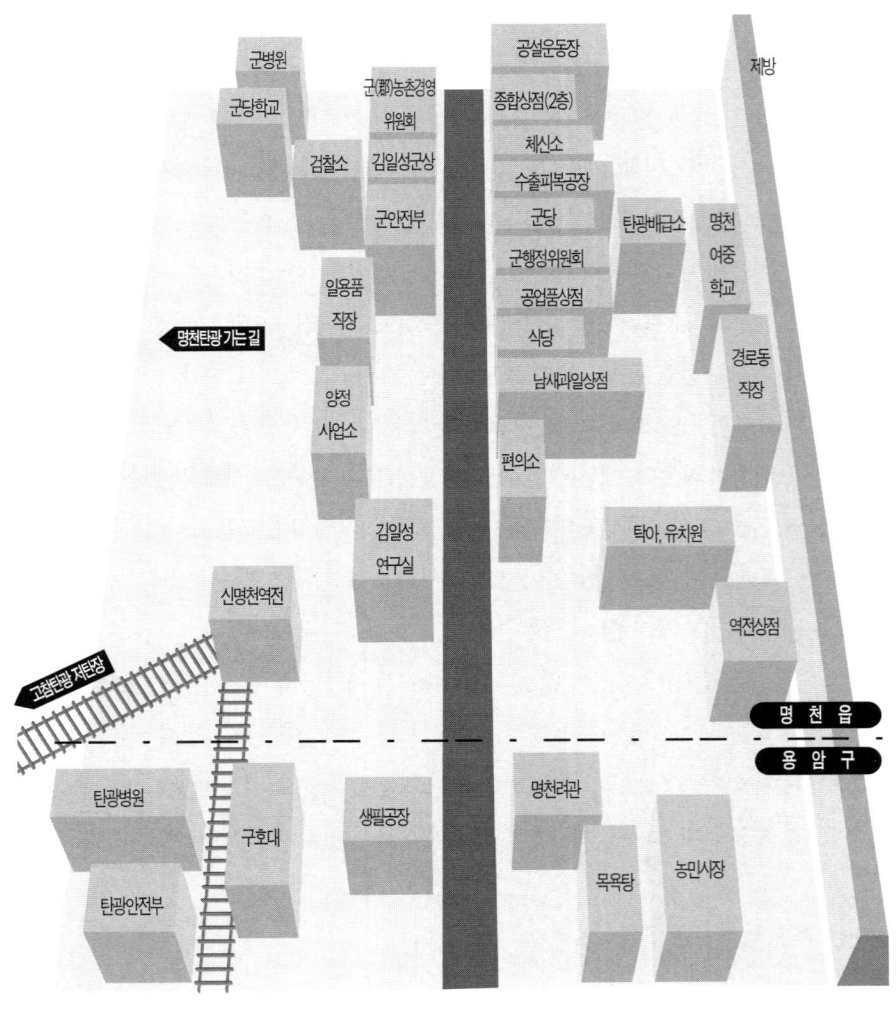

〈명천읍·용암구 지역 배치도〉

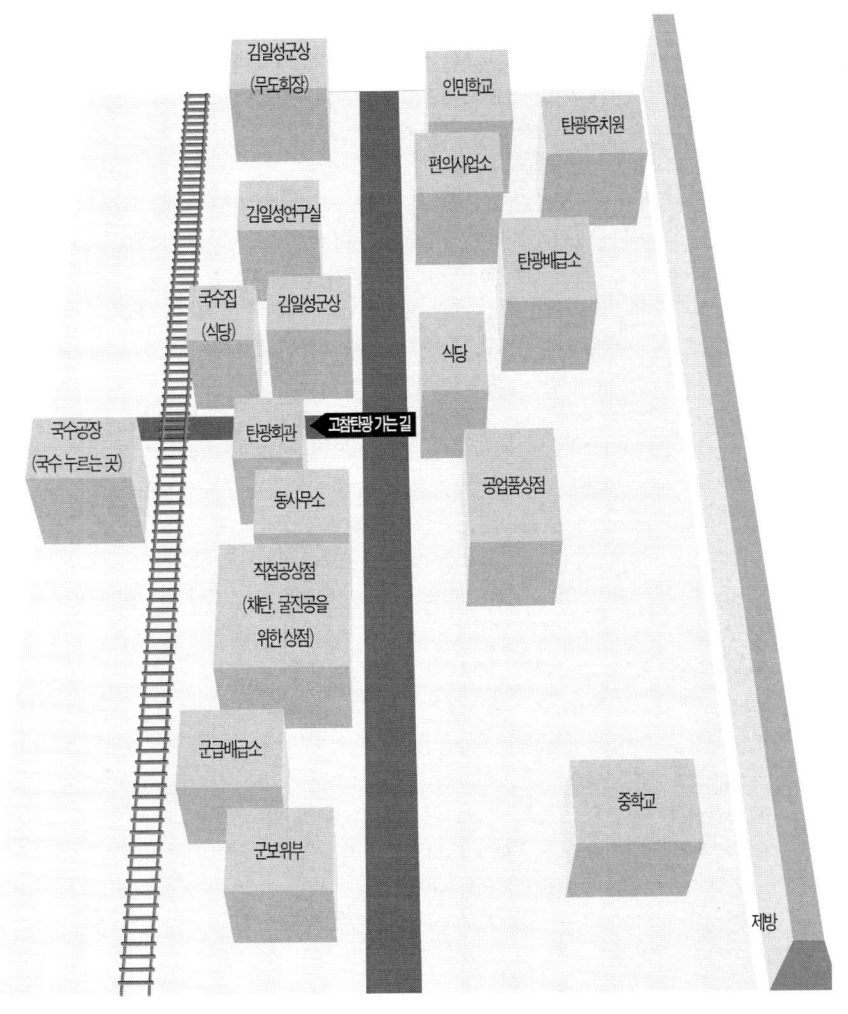

〈용암구 지역 배치도〉

● 용암구
- 용암구는 인민반이 한 100반 정도이다.
- 구호대는 탄광의 풍락사고, 즉 굴이 무너지는 사고가 있거나 가스사고 등 사고가
  발생했을 때 사고현장에 가서 구조작업을 하는 곳이다. 고참탄광은
  다른 탄광에 비해서 가스사고는 많이 없다.
- 김일성군상이란 사진을 대형화해서 세워진 것을 말한다.
  그 앞이 광장으로 되어 있어서 무도회장으로도 쓰인다.
  사진은 김일성 동지가 백두산에서 국내로 진출할 때, 온성에 나와서
  진달래꽃에 파묻혀 있는 사진이다. 김정숙 동지랑, 남자 여자 대원들과 꽃을 들고 서
  있는 모습이다. 김일성 군상이 있는 곳은 대개가 학생들이 청소를 한다.
  인민학교, 중학교 학생들이 새벽에 5시 30분에서 6시 정도까지 청소를 하고
  학교에 간다. 누가 강요하지 않고 자발적으로 하는 학생도 있지만
  학급 자체로 조직을 해서 청소를 하는 것이 많다.
- 용암구는 농민시장이 매일장으로 된 것이 1995년 정도이다.
  명천읍과 용암구에 공동으로 설치 된 농민시장의 하루 장세는 5원이나 10원이다.
  농민들이 나와서 농산물을 판매하기도 하고 노인들이 바구니나 싸리 빗자루, 키, 떡가
  루채, 떡집게(떡 모양 내는 틀) 등을 집에서 만들어 와 팔기도 했다.
- 편의사업소는 이발소나 각종 수리소를 말한다. 건물이 단독으로 지어진 게 아니라
  일반 주민이 사는 아파트의 1층에 사업소가 있다. 이것은 전 조선이 거의 같다.
- 국수집을 이용하려면 양표가 있어야 한다. 식량난 전에는 배급소에서
  배급눈깔을 떼고서 그 만큼의 양표를 탈 수가 있었다.
  그 양표를 가지고 식당에 가서 음식을 사 먹을 수가 있었는데
  양표 1장과 돈 1원 50전 냈다.
- 국수공장은 개인이 강냉이를 가져가서 가루를 내거나 국수를 만들 수 있는 곳이다.
- 탄광회관에서는 영화도 보고 써클하고 축전채택, 충성모임도 여기서 한다.
  써클이란 탄광 사람들이 일종의 노래 발표도 하고 장기자랑을 하는 것이다.
- 군급배급소는 일반 주민들이 배급을 타는 곳이다.
- 탄광배급소는 탄광의 근로자만이 배급을 탈 수 있는 배급소이다.

● 명천읍
- 읍은 130-140반 정도의 인민반이 있다. 1개 인민반에 10가구 정도이다.
- 검찰소는 재판하는 곳. 기관이나 직장, 상점 주변에는 사택들이 있다.
- 제방은 1990년대 이후 청춘들이 손을 잡고 데이트를 많이 하게 되어 일명 청춘제방이라고 불린다.
- 수출피복공장은 소련에서 천이나 실을 들여와 사람들을 동원하여 완성제품을 만들어 소련으로 들여갔다.
- 경로동직장은 장애인들이 일하는 곳이다. 편의사업소 같은 곳으로 식료품을 많이 취급했다.
  펑펑이가루(속도전가루)나 속도전과자를 파는 곳도 있고, 정미소도 있고, 사진 찍는 곳, 못을 생산하는 곳 등이 있었다. 속도전가루는 떡을 해서 먹었고 속도전과자는 길게 뺀 과자로 인민들 개인이 강냉이 1kg을 가지고 가면 과자를 800g을 주었다.

공장이야기

자기가 권한이 좀 있으면 일 못 하는 사람은 뚝 떼어서 다른 곳에 앉히겠는데,
지배인이라고 해서 별 권한이 없으니 욕질만 밤 12까지 한다.

교 시 와 생 산

• 생산지침은 수령님의 교시

　우리는 무엇을 기준으로 생산계획을 잡는가? 원래는 전년도의 생산실적을 기준으로 자기네 공장계획표를 기재하는데, 모든 계획의 기준은 위대한 수령님의 교시이다. "이 공장에서 시멘트를 연간 얼마 생산해야 되겠다" 하는 교시가 내려오면 그 교시가 지침이다. 교시 집행을 위주로 계획을 세운다. 만약 교시가 "이 공장에서 석탄을 이만큼 생산해야 되겠다" 하면 그만한 생산고지로 올라서기 위한 전투를 한다. 공장에서는 한 10만톤밖에는 생산을 못 하는데 교시가 20만톤을 만들라고 내려오면 20만톤 생산을 위한 계획을 세워야 한다.

　교시가 하달되는 과정을 8·3제품으로 예를 들어보자. 한번 쓰고 남은 것을 재활용하여 물건을 만들어 파는 8·3제품이 있다. 1984년 8월 3일 김정일 지

도자의 교시에 의해 '8·3 인민소비품' 생산운동이 일어났다. 인민경제가 어려워지면서 어쨌든 자력갱생하라는 소리다. 8·3제품의 가격은 사람들이 손으로 직접 만들었으니까 국정가격보다 좀 비싸게 받는다.

만약 지도자께서 "이런 제품을 만들어라"라고 교시를 내렸다면, 먼저 평양에 있는 중앙로동당 내부에서 회의를 하고 준비한다. 당에는 선전선동부, 조직부가 있는데, 그곳에서 8·3에 대한 인식을 주는 강연회와 학습을 조직한다. 이런 조직이 꼭대기에서부터 지방의 하부 말단까지 쭉 내려가게끔 조직체계가 되어 있다. 중앙에서 도당으로, 도당에서 군당과 군급 당기관으로, 그리고 그 밑의 각 기관기업소로 이어진다. 이렇게 1개 공장기업소에 교시가 하달되면 먼저 로동당조직에서 움직이고 그 다음에 생산단위가 움직이게 된다. 행정적인 지침의 하달은 크게 의의가 없다. 교시가 떨어지면 중앙의 공업부나 각 지방의 공장기업소에서는 조직을 안 한다. 나중에 당적으로 결의가 되면 생산에 들어가는 일만 하게 된다. 그래서 당적인 결의에 있어서는 작업반의 당세포위원회에까지 내려간다. 각 작업반의 세포들은 "김정일 장군님의 방침이 이러이러하게 내려왔다" 하고 당세포회의를 열어 그 방침을 접수한다. 제일 밑의 조직인 당세포에서 실질적인 생산을 위한 회의를 하고 나서, 그 회의 내용이 공장당위원회로 올라가서 생산을 위한 조직사업을 한다.

생산을 위한 조직사업에서도 실천하는 단위부터 회의를 조직한다. 먼저 생산의 가장 기본 단위인 작업반에서 생산에 대한 결의를 한다. 직장의 제1작업반에서 "우리는 핀침을 하겠다"고 생산을 결의하면, 제2작업반에서 "우리는 머리핀을 만들겠다"고 생산을 결의한다. 이러한 생산 결의가 그 직장의 부문당으로 올라가서 다시 회의를 연다. "그렇게 해야 되겠다. 이 작업반에서는 핀침을 하자. 저 작업반은 뭐 하자"고 회의에서 결정나면 직장부문당책임비서가 다시 직장장한테 최종적으로 임무를 준다. 그러면 직장장이 "너희 작업반은 이렇게 해라" 하고 작업반장들에게 임무를 준다. 작업반 내에서는 다시 당세포가 결의를 하고 작업반장이 작업반 성원들에게 "이런 게 떨어졌는데, 이거 집행해야겠다" 하고 임무를 준다.

- 8·3제품

8·3제품의 목적은 인민들이 쓸 생필품이 많이 부족하고 나라적으로는 생산하기가 바쁘기 때문에 일반 공장에서 경공업부문을 생산하여 필요를 충족시킨다는 데 있다. 그러면서 8·3제품을 내놓는 곳이 필요하게 되어 직매점이 나왔다. 직매점은 시내에 한두 군데 있다. 전에는 국영상점에 물건이 없어서 직매점을 많이 이용했다. 도끼자루를 만들어 넣어 두면, 도끼자루가 필요한 사람이 와서 사 가고, 불삽을 용접해 직매점에 내다놓으면, 불삽이 필요한 사람이 사 갔다. 국영상점에서는 국가의 통제와 계획을 통해 생산된 국가상품을 들여놓는 곳이다. 이것도 시내에 한두 군데가 있다.

8·3제품을 직매점에 내다놓으면 돈을 바로 주지 않는다. 작업반별로 "얼마치를 해라" 하는 수행량이 있어서 그것을 직매점에 내게 되면, 직매점에서는 물건을 받을 때는 직매점가격으로 처리해서 일부 돈은 영수증으로 넘겨준다. 여기서 나온 돈은 국가은행에 들어간다. 실제 작업반에 떨어지는 게 없지만 8·3제품을 만들었으면, 그 돈으로 로동자의 로임을 주자고 했는데… 다른 생산은 못 하고 하니까 8·3생산을 한다.

원래 공장별로 재활용을 해서 8·3제품을 만들어 직매점에 넘겨야 하는데, 공장에서는 그렇게 하자니 시끄럽다. 일할 원료 자체가 없으니 일을 할 수가 없다. 일을 해야 배급을 주고, 배급을 주어야 공장이 돌아가는데, 배급도 공장도 안 돌아가니까, 노는 사람들한테 각자 집에서 8·3제품을 만들어 공장에 내라고 했다. "너, 며칠 동안 시간을 줄테니 나가서 얼마 만들어 내라, 아니면 돈으로 바쳐라. 그러면 로임을 주겠다" 했다가 지금은 8·3제품을 바쳐도 로임을 못 주니까 "1달에 3백원이면 3백원을 바쳐라. 그리고 직장에 안 나와도 좋다. 한달 동안 놀면서 하고 싶은 일 해라, 행방을 가든지 알아서 해라"라고 한다. 로동자들도 어쨌든 공장에 나와봐야 조직생활이나 과외동원을 다니니까 차라리 공장에 얼마를 바치고 행방을 다니는 것이 좋다. 공장에서 인정한 행방을 다니려면 공장에 돈을 밀어 넣어야 하기 때문에, 돈 없는 로동자는 행방도 마음대로 다니지를 못한다.

    8·3제품 중에서 지금까지 제일 잘 팔린 물건이 유모차이다. 지금도 없어서 못 판다. 공장마다 유모차는 거의 다 만드는데 철로 만들어 무겁다. 쇳대를 용접해서 그대로 끌고다니는 데도 잘 팔리는 이유가 뭔가? 유모차에 함통을 만드는데, 거기에 여러 가지 상품을 넣어 1백리고 2백리고 끌고 갈 수 있기 때문에 먼길을 가는 사람들은 다 유모차를 끌고다닌다. 모양도 바퀴가 앞뒤로 2개 있으니까 편리하다.

    유모차는 물자를 수송하는 데도 좋고 장마당에서 나무꼬챙이를 꽂아 판매대 놓기도 좋고, 비가 올 때는 비닐을 쳐서 비를 막기에도 좋다. 유모차가 못 하는 일이 없으니 대단히 잘 팔린다. 보통 가격은 조선 돈 3백원이고 유모차 바퀴에 베어링을 넣은 것은 5백원 내지 6백원 한다. 그렇게 요긴하게 쓰이니 유모차 도둑놈이 많아 바깥에 내놓지 못하고 방안에 들여다놓고 잠을 잔다. 그래서 사람들이 "남쪽에서는 승용차를 타고 누워 다니는데, 우리는 유모차를 끌고다닌다"라고 한다.

    당의 생산방침이 작업반과 맞지 않거나 불합리하더라도 세포비서가 "당의 방침이 이렇다. 해야 한다"고 하면 해야 한다. 당의 방침에 대해서는 추호도 양보할 수 없다. 혁명과업하는 데 완전히 엉터리는 아닌 것 같지만 불필요한 방법으로 하라고 지시가 내려오면, 우리야 그게 나쁘다는 걸 알지만 일단 방침이 내려오면 방침대로 회의를 한다. '절대성, 무조건성'의 정신으로 무자비하게 하라는 것이다. 이런 길 저런 길도 있지만 당의 방침대로 곧바로 나가라는 소리이다. 그러니 직접 현장 책임자인 작업반장과 지배인들은 불만이 많다.

우리는 과제라는 것이 많다. 공장당위원회 말고 군당(郡黨)에서도 주는 임무가 있다. 군당도 자기 도당에서 임무를 받고 내려온다. 군당에서 "오늘 산에 가서 콩대를 해다 바치라"고 하면, 그 직장에서 작업반원들을 다 끌고 가서 콩대를 해다 내고 영수증을 받아서 직장에 준다. 이런 사회적 과제를 무조건 준다. 공장에 일감이 있을 때도 그랬고 일감이 없는 지금은 더 하다. 나무 식수, 자갈 채취, 중국에 외화벌이를 하는데 나무 몇 개 내기… 계속 과제를 준다. 또 공업부에서 내려오는 지시는 지시대로 있고, 군에서 내려오는 지시도 지시대로 있고, 내가 사는 인민반에서도 과제가 내려온다. 한 인간이 직장, 조직, 가정 등 이중, 삼중으로 쳐진 그물에 갇혀져 있는 셈이다. 이렇다 저렇다 한마디 이야기 할 수도 없고, 그 체계를 보면 폭동이 일어날 수가 없다.

"인민군대에 지원한다고 식량 1킬로그램 내시오" 하면 어떤 수단과 방법을 대서라도 내야지 '밥 먹을 것도 없는데 그거 어떻게 내느냐?'는 의견은 못 낸다. 그러니 체제가 강하다는 소리이다.

3대 혁명소조

• 지금은 현장체험

1970, 1980년대에는 성분이나 조건이 좋은 남자들의 경우, 군에서 입당하고 나서 제대하면 대학에 들어가서 졸업하고, 그 다음 3대 혁명소조로 가서 3년 정도 일을 했다. 그리고 나서 30대 초나 중반 정도 되면 모두 증표를 탄다. 이때부터 출세의 길로 들어서는 것이다.

3대 혁명소조란 생산에 있어서 사상, 기술, 문화 3대 혁명을 하자는 것이다. 이 3대 혁명은 1970년에 나온 것으로, 1950년대에 나온 천리마운동과 한 가지이다. 한마디로 생산을 추켜세우자는 것이다. 사회주의 건설에 있어서 혁명정신으로 생산을 다그치자면 머리를 빨갛게 물들여야 하니까, 거기에 따른 문화공세와 사상공세를 한다. 이 3대 혁명소조의 검열이 무섭다. 지도 주체는 소조원으로 대학을 졸업하고 바로 사회에 나가 생산현장을 책임지고 지도한다. 지도 대상은 로동자, 농민이다.

1970년대에 김일성 동지가 대학생들은 진취성도 강하고 지식도 있으니 졸업하자마자 직장에 바로 배치하지 말고 사회경험도 쌓을 겸 사회 일꾼들이 잘못하는 일을 청춘의 기백으로 현장에 나가서 지도하라는 교시가 있었다. 이 교시가 내린 후에 각 직장에 소조를 파견했다. 그것이 3대 혁명소조이다. 3대 혁명 붉은기의 소조원들은 각 사업장에 파견되기 전에 교육을 받고 당원이 된다. 한마디로 출세의 발판이 마련된 셈이다. 당 일꾼이나 행정 일꾼이 되는 자격이 생기니까 간부가 되기 위한 징표가 되는 것이다.

1990년대 이후에는 3대 혁명소조가 없어지고 '현장체험'으로 바뀌었다. 졸업한 대학생들이 소조 역할을 제대로 못 하고 곧바로 작업장에서 일을 한다.

현장에서 기술도 배우고 새로운 기술도 창안하게끔 하는 것이다. 그전에는 일을 안 시키고 현장에서 로동자들의 사상검열을 하는 3대 혁명소조를 시켰다. 3년 동안 현장에서 체험을 하라는 거다.

　　3대 혁명소조들이 공장기업소로 파견되는 것을 보면, 20명이면 20명으로 조를 만들어 "너희는 어느 공장에 가라!" 한다. 이것이 1개 소조가 된다. 1개 공장에 배치된 같은 그룹빠(소조)에서 "너는 고무직장, 너는 가공직장…" 이렇게 직장별로 담당이 있게 된다. 1개의 직장에는 4개 정도의 작업반이 있다. 만약 내가 고무직장 담당 소조라면 내 소조가 그 직장에 가서 각 작업반마다 들어가 지도를 하는 것이다. 그 지도내용은 각 작업반마다 3대 혁명 등록장, 3대 혁명 작업일지, 3대 혁명 결의목표 등이 있다. 또 작업반원 개인에게 떨어지는 지침을 수행하기 위한 3대 혁명 개인 결의목표, 작업반 결의목표, 직장 결의목표… 무슨 결의목표가 많고, 아무튼 그거 다 수행하기 힘들다.

　　작업반에 3대 혁명소조가 와서 검열하는 것이 무엇인가? 1개 작업반에서 사상혁명의 계획을 세운다면, 제 1주에는 '김일성 동지 조직론'과 '김정일 동지 조직론' '리상기' '인민의 자유와 해방을 위하여' 등을 학습한다. 이런 학습은 중앙에서 내려오는 것도 있고 작업반에서 자체적으로 하는 것도 있는데, 거의 다 위에서 내려오고, 작업반에서는 그 지침에 추가할 내용이 있으면 보충한다. 기술혁명, 문화혁명에 대한 것은 작업반에서 자체적으로 한다. 기술혁명은 이번 주에 우리 직장에서는 어느 기계를 어떻게 개선해서, 생산능력을 제고한다는 것이다. 문화혁명은 '우리 직장 건물을 회칠한다, 전등을 깨끗이 한다, 옷장을 깨끗이 한다'는 것이다. 문화는 주로 위생이나 예절, 노래, 혁명적 내용을 담은 장편소설을 읽거나, 위대한 춤을 감상하는 것을 포함한다.

　　3대 혁명에 따른 계획은 소조원이 짜 주는 게 아니라 위에서 지침이 내려오면, 작업반에서 그 지침에 추가할 내용이 있으면 추가해서 집행한다. 작업반에서 계획을 짜면 그 밑의 개인들에게 "이런 계획이 있으니 개인수행에 대해 계획을 작성하라"고 작업반원들이 잡아야 하는 계획을 마구 내려보낸다.

만약 "우리 작업반에서 3대 혁명 붉은기쟁취운동을 이렇게 하기로 결정했다" 하면 모든 개인마다 '나는 1주는 뭐를 하고 2주는 뭐를 하고 3주는 뭐를 하고…' 하는 계획을 작성해야 한다. 3대 혁명 책은 작업반 말고도 작업반 성원들마다 다 있다. 여기에다 '나는 이렇게 하겠다'고 계획을 적어야 한다. 3대 혁명 기록부에다 한 주간의 계획을 적어 넣는다. 만일 사상혁명에 회상기를 학습한다면 '회상기 내용을 나는 어디까지 하겠다', 기술혁명이면 '난 기계조작을 공부하겠다', 문화혁명이면 '나는 1만 페이지 독서행군을 어떻게 참가하겠다. 무슨 영화를 구경하겠다'라고 다 적어 넣는다.

그리고 마지막에 기타가 있다. 여기에는 '전쟁준비를 위해 나는 모자를 만들겠다, 뭐를 만들겠다'는 계획을 적는다. 그러면 3대 혁명소조가 내려와서 책부터 검열한다. 또 3대 혁명운동을 작업반에서 제대로 하고 있는지를 검열한다. 학습을 세게 시키고 물어 보고, 안 하면 욕질하고 회의를 하는 등 위에서 파견한 사람들이라 권한이 세다. 이 소조들이 직접 작업반에서 일어난 일을 당중앙위원회에 가서 보고하는 권한을 가졌다.

- 3대 혁명총화

생활총화는 자기가 당원이면 당원끼리, 사로청원이면 사로청원끼리, 직맹원이면 직맹원끼리 각 조직별로 모여서 한다. 그리고 거기에 따른 개인 생활총화 기록부가 다 있다. 이런 생활총화 말고도 3대 혁명 붉은기쟁취운동에도 총화 시간이 있다. 여기에는 월 생활총화와 주 생활총화가 있는데 대체로 주 생활총화를 했다. 1달에 4번의 3대 혁명총화를 한다.

"이번 주에 너 이거 하기로 했는데 했는가? 못 했는가?" 하고서는 "사상혁명에서 했다, 못 했다" 이렇게 총화를 한다. 생활총화가 각 조직끼리 모여서 한다면, 3대 혁명총화는 작업반끼리 하는데 세포비서가 회의를 지도하고 작업반장이 사회를 본다. 총화시간은 보통 안건에 따라 빨리 하는 사람이 있고 늦게 하는 사람도 있다. 총화시간은 일을 마치고 과외시간에 한다.

정말 바빴다. 생활총화가 매 주 1번, 3대 혁명총화, 3대 혁명계획을 수행한다, 1주일에 3-4일은 학습이다 강연이다 뭐다, 시기별로 동원… 요즘은 그렇게 하라고 해도 하지 않는다. 배고픈데 언제 그런 것을 하겠는가? 강연회 학습도 잘 안 한다. 빠지는 사람이 50% 정도 된다.

공 장 생 활

• 정치생활

생활총화는 1주일 동안 내가 무엇을 잘못했는가를 비판하는 것인데, 잘못한 것이 없어도 해야 된다. 생활총화는 하나의 형식인데, 1주일 동안 나타난 자신의 결함을 조직 앞에 일어나서 검토한다. 친애하는 지도자 동지 말씀 인용하기도 한다. 한 사람이 일어나서

"주위에 나타난 본질적인 결함을 조사해 보겠습니다. 혁명과업 수행을 잘 하려 합니다. 지난 주에 지각을 많이 했고, 김일성 동지의 초상화 관리를 잘 해야 하는데 못 했습니다. 이러한 결함을 퇴치하기 위해 당의 방침과 의도를 정확히 알고 사업과 생활에서 당이 요구하는 대로 잘 하겠습니다"

하고 한 주간에 나타난 자신의 결함을 일어나서 발표한다. 그리고 호상비판을

한다. 다른 동무들한테 비판을 자청하는 것이다.

"아침에 계속 지각을 한다든지 간부가 이야기하는 것을 제대로 듣지 않는 사람 일어나라"

하면 일어나서 1주 동안 3번 지각했는데, 왜 지각했는지 이유를 말하고 다음부터는 출퇴근 질서를 잘 지키겠다고 한다. 그런데 지난 주에는 지각을 했지만 이번 주에 지각이 없어 제기되는 게 없다 해도 어쨌든 자아비판을 해야 한다. 옆에서는 생활총화하는 것을 기록한다.

당세포들의 생활총화를 보면, "생활총화를 시작하겠습니다" 하고 시작하면 1명씩 일어나서 보고한다. "내 잘못을 보고합니다. 우선 위대한 영도자 김정일 동지께서는 다음과 같이 지적하셨습니다" 하고서는 10대 원칙을 인용한다.

10대 원칙은 첫째, 위대한 수령 김일성 동지의 혁명사상으로 온 사회를 일색화 하기 위해 목숨바쳐 투쟁하여야 한다. 둘째, 위대한 수령 김정일 동지를 충성으로 높이 우러러 모셔야 한다. 셋째, 위대한 수령 김일성 동지의 권위를 절대화 하여야 한다. …… 열 번째, 혁명위업을 대를 이어 끝까지 계승하며 완성하여 나아간다. 이 첫째 안에 1조, 2조 그런 게 또 있다. "위대한 수령 김일성 동지밖에 모른다는 높고 확고한 충성심으로…" 그런 게 죽 있다. 몽땅 김일성 동지이다. 10대 원칙이란 게 김일성 말 아니면 그게 원칙이 아니다.

우리야 로동하는 부분이니까 1명씩 일어나서 "위대한 영도자 김정일 동지께서는 당의 사업지도를 다음과 같이 10조 2항, 8조 6항을 말씀하셨습니다" 하고 10대 원칙을 죽 인용하면서 "혁명과업 수행에 투신하고 로동투쟁에 참가하며 정치적 과정을 통하여 혁명은 한다. 나의 이번 주 결함은 무슨 로동에 성실히 참가하지 못했습니다." 그리고 그 실례를 들어

"창고에 물이 들어와 기계를 옮겨야 하는데 하기 싫어서 옮겨 놓지 못했습

니다. 이것이 잘못되었습니다. 원인은 개인 이기주의가 많은 탓에 그랬습니다"하고 다시 혁명가 리인모 동지는 어떻다고 하면서 결부한다. "리인모 동지는 이렇게 당에 투철하셨는데, 나는 당에 그만큼 충실하지 못했습니다. 앞으로 리인모 동지처럼 당에 충실하겠습니다"라고 한다. 생활총화의 마지막에는 다른 사람을 호상비판하는데 "다른 사람도 비판하겠습니다" 하고 다른 사람 비판을 꼭 해야 한다. 안 하면 안 된다.

비판하는 내용 중에는 별 내용이 다 있다. 공장에 못 나오면 우리는 병원에서 내가 아프다는 것을 확인해 주는 진단서가 있다. 동무 1명이 아프다고 공장에 결근했는데 집에서 쉬었던 것이 호상비판에 걸렸.

"아무개 동무는 아파서 진단서를 떼어서 공장에 못 나갔는데도 집에서 돼지에게 물을 주었다는데…" 하는 비판도 있고, "아무개 동무는 아프다고 하면서 어디 가서 무슨 일 했다"는 비판도 있다. 걸을 수 있으면 출근을 해야 된다는 것이다. 솔직히 말해서 사람이 목숨이 붙어 있는 한 서 있지 못하는 사람은 일어날 리 없다.

같이 일하던 사람 중에서 "내, 이 현장에서 일하다 죽겠다!"고 하던 사람이 있었다. 한마디로 순직하겠다는 것이다. 이 사람들이 자기 직업이 좋을 때는 그런 소리 하다가 나쁜 직업으로 떨어지고 나서는 직장에 안 나온다.

김일성 동지도 순직했다고 한다. 집에서 자다 죽었는데도 순직했다는 것이다. 순직이란 일하다 죽은 사람보고 순직이라 하지 않는가? 그런데 집에서 잠을 자다가 밤 10시에 심장마비로 상사가 났는데 순직이라고 썼다.

세포비서는 자기 세포에 소속되어 생활총화를 진행하다가 맨 마지막에 일어나서 자기 생활총화를 한다. 청년동맹이나 직맹, 농근맹도 같다.

1개 작업반의 인원이 25명이면 그 안에는 작업반장, 당세포의 대표인 세포비서, 청년동맹초급위원장, 직맹초급위원장, 그 밑에 부위원장, 선동원, 학습강사 등이 있다. 이렇게 직책과 임무가 주어지니 모든 로동자들이 간부가 된다. 각각 직책이 있어서, 그것을 집행하고 계획도 짜고 책임도 진다.

사람들은 출근하자마자 준비한 자료로 독보시간을 갖는다. 로동신문이나 당보에 나오는 사설과 논설도 독보한다. "지금은 씨부리기다. 제 철에 하자" "지금은 베기다. 제 철에 하자" 하며 시기마다 제강을 읽는다. 이런 제강을 세포비서가 읽기도 하는데 선동원은 시기마다 당의 정책이 관철되게끔 호소한다. 로동신문이나 제강은 직장의 통신원이 가져다 준다. 또 로동속보원이 있다. 속보원이 하는 일은 부서에서 어떤 로동자가 무엇을 잘 했다 하면 그 내용을 공장당위원회에 제출한다. 그러면 당위원회의 기관지에 실리게 된다. 반원마다 1개씩 책임을 부여한다.

우리가 하는 학습과 강연은 다 사회주의 체험공부이다.

조직생활 중에서 특히 정치강연회와 생활총화는 어김없이 진행했다. 정치강연회는 위에서 보내준 강연 제강을 로동자들에게 해석해 주고, 그날 강연회 정황을 위에 보고해야 하니까 기업소에서는 그것을 가장 중요하게 여긴다. 지금이야 기업소가 잘 안 돌아가니까 정치활동을 하지 않는 사람에 대한 처벌이 별로 없지만 이전 같으면 큰일났다.

우리의 학습내용은 새로운 것을 배우기보다는 늘 똑같은 내용을 반복해서 배운다. 정치과목이니까 옛날부터 한 것이 많다. 우리는 '위대한 수령 김일성 동지'의 어린시절부터 마지막까지 학습했다. 이런 내용을 학교, 직장, 인민군대에서도 배운다. 범위가 좀 넓어지면서 고전적 로작, 현행 로작 등 로작공부를 세게 시킨다. 문답식 학습도 시키는데, 1명을 불러내어

"김일성주의화란 무엇입니까?" 하고 물으면 그 사람이 대답한다. 대답을

채 못 하면 학습강사가 대답을 해 준다. "김일성주의화란 온 사회를 철저히 주체사상으로 하는 게 김일성 사회주의화다" 또 "민주주의란 무엇입니까?" 하고 물으면 "인민 대중의 이익을 집대성한 정치입니다"라고 대답하는데, 김일성 로작 그대로를 말한다. 우리 민주주의란 게 그렇다. 인민 대중의 이익을 집대성화한 정치다, 이렇게 말한다. 그게 민주주의란 거다. 우린 그저 배워주는 대로 그렇게 말하니까 정치적 술어를 많이 안다.

조직생활을 제대로 하자면 눈코 뜰 새 없다. 그러나 지금은 하기 싫으니까 안 한다. 아침에 독보도 할 수 없이 한다. 선동원이란 사람은 자기가 하기 싫으니까 선동잡지가 내려오는데도 다른 사람보고 "읽어라"고 하면서 책임 맡은 일을 안하고 핑계를 댄다.

옛날에는 공부 잘 하는 사람들이 많았다. 대부분 기업소가 비슷한데 현재 가동되고 있는 공장들은 배급을 주기 때문에 로동자들은 배급을 타기 위해서라도 정치활동을 한다. 평상시에는 몰라도 2·16, 4·15, 12·24에는 거의 모든 기업소에 있는 로동자들이 참석한다. 이런 명절날에는 기업소 회관에서 기념행사와 선물 전달, 충성맹세의 시간을 갖는다. 참가하는 사람 말로는 당과 수령에게 충성하여 참석한다고 하지만 거의 선물을 받기 위해 참석한다.

김일성 사상과 김정일 사상, 그리고 김정일 동지가 '사회주의는 과학이다'라는 논문을 발표했다면 '왜 사회주의가 과학인가?'를 계속 학습시킨다. 1주일이 얼마나 바쁘겠는가. 야! 정치생활이 복잡하다.

• 휴가

우리에게는 여름휴가와 겨울휴가가 따로 없다. 그저 1년에 15일 휴가를 주는데, 그것도 1년 365일 동안 하루라도 무단결근이 없으면 휴가를 준다. 무결이라도 지각 3번이면 휴가를 박탈한다. 휴가는 휴가신청서를 내면, 기관책임자, 재정책임자가 수표(싸인)한 조건에서 위의 지배인에게 올라가 '놀아라'라고 결정하면 휴가를 준다. 휴가 이외에도 사결이 있다. 사결은 살아가다 보면 집에 일이 생길 수도 있고, 앓아 누울 수도 있다. 그때 사결신청서를 낸다. 예를 들어 '내 결혼식이다. 뭐다 뭐다' 해서 1주일 휴가를 신청하면 기관장이 지배인에게 올려보낸다. 지배인이 "이 동무는 무단결근 없소?" "없습니다" "그러면 사결휴가를 주라"고 하면 휴가를 준다.

- 로임 산출

로임은 로동하는 사람들이 많이 받는데 아무래도 생산 직종에서는 지배인이 제일 많이 받는다. 당간부보다는 행정간부들이 많이 받는다. 로임받는 순위를 보면 지배인, 초급당비서, 기사장이다. 지배인이나 기사장은 거의 비슷하다. 지배인 로임은 170원 정도이다.

일반 로동자들은 보통 70-80원이고 조금 더 받는 로동자들은 100원, 120원 정도이다. 1달 월급이 70-80원 한다면 제할 것 제하고 보통 50원을 받았다. 80원이면 적은 편이다. 제일 적은 사람은 60원도 받는다. 남자나 여자나 모두 자기가 일한 만큼 받는다. 낮에 일하는 사람들이 제일 적다. 그리고 후야근 하는 사람은 낮에 일하는 사람보다 50전을 더 받는다. 낮과 전야근 하는 사람의 하루 일당이 2원쯤이고, 후야근 하는 사람만 50전이 더 비싸다.

로동자 중에서도 숙련 로동자가 있는데, 이들에게 기능 급수가 붙는다. 같이 일해도 급수가 다르고, 7급까지 나간다. 6급부터는 고급 기능공이다. 기관에 따라서 특수 기능 급수로 8급이 있는데 이 8급은 자기 기술에다 논문을 쓸 수 있을 정도의 고급 기능공이다. 용접이라고 한다면 이것에 대한 기술을 다 알 뿐만 아니라 다른 사람도 교육하는 사람이다.

만약 내 로임이 순수 135원이면 그걸 그대로 주는 게 아니라 독립채산제를 하기 때문에 정액 로임으로 못 타고 반도급(작업반별로 생산고지를 달성했을 때, 그 작업반원들에게 똑같이 분배)으로 타 먹는다. 작업반별로 생산고지를 100% 했으면 100%로 타 먹고 120% 했으면 120% 타 먹는다. 반면에 생산고지를 달성하지 못하면 그만큼 깎인다.

예전에 내 안해의 로임 65원 중에 기관에서 부조금 10여 원, 군대지원 15원, 공장운영비, 송별회, 회식 등 이것저것 다 빼고 나니까 97전 받았다. 그래도 그때는 좀 먹을 것이 있을 때이고 지금은 그런 것도 없다.

최근에는 로임을 못 주니까 무슨 방법을 쓰느냐면 모든 사람들에게 저금통장을 만들어 주었다. 여기다 그 동안 못 탄 로임을 다 올려 주었다. 이것이 1998년 1월이었다. 그래도 공장이 생산을 못 하니까, 통장에 저축된 것이 얼마 없다. 공장에서 생산수행 계획이 없으니 로임을 못 받는 것이다. 통장에 조금 있는 돈이 1천원도 안 된다. 1년치가 그 정도이다. 국가에 돈이 없으니까 그런 저금통장을 받은 것이다.

또 재미난 일이 있다. 옛날에 저금한 사람들이 저금을 찾아야겠는데 찾을 재간이 없으니까 은행에서 일하는 사람이 "네 저금통장에 있는 돈을 찾아 줄테니 절반씩 나누자"고 수작을 한다. 그러니 사람들이 억울하다. 자기가 애타게 저금한 돈을 절반씩 나누자니, 그래도 그렇게 타 먹은 사람은 그나마 다행이다. 그렇게라도 얻지 못하면 저금통장은 있으나 마나이다.

- 매달 당자금 2%를 뗀다

조선에는 세금이 없다. 그런데 어떤 것을 세금이라고 하지? 장마당에서 장사를 하거나 물건을 사도, 세금은 붙지 않는다. 대신 국영상점에서 물건을 사면 그 돈은 국가로 들어간다.

지금 조선이 저렇게 된 것은 국가가 돈이 없어서이다. 국가가 물건을 못 만드니까 상점에 가도 물건이 없다. 영도자가 놀음을 해서 빚으로 나라를 잃어버린 거나 같다. 각종 기념행사, 파티, 호텔 짓는 데 든 돈이 국가의 돈이지 개인의 돈인가? 모두 당자금에서 쓴다. 당자금은 당원들이 매달 자기 로임의 2%를 의무적으로 바치는 돈을 말한다. 청년동맹과 직맹, 농근맹에서도 맹비를 2%씩 바치는데, 여맹은 돈을 못 버니까 10전을 낸다. 또 금을 캐서 팔은 돈과 외화벌이로 해서 생긴 돈도 다 당자금으로 들어간다. 1989년 청년학생축전 때 쓴 돈도 당자금에서 나왔다. 이것이 나랏돈이다. 인민들이 자기 로임에서 내는 조직비로 나라 살림을 사는 게 아니라 행사 돈으로 쓰니, 사실 인민들은 당자금이 1년에 얼마나 걷히고 얼마나 썼는지 모른다. 일체 알려고도 하지 않고, 알려고 하지도 말라고 한다. 1년 조직비가 얼마 걷혔다면 그것을 어디에 얼마씩 쪼개 쓰겠다는 결정을 위에서 한다.

- 보험제도

지금 북조선 사람들은 돈을 찾지 못할까봐 저금을 안 한다. 1980년대까지는 평균적으로 1백명 중에 1-2명 정도는 저축을 했다. 로임을 타도 그저 100원, 200원으로 1달 살기 바쁘니 저금할 돈이 없다. 지금은 저금을 해도 은행에 돈이 없으니까 저금을 안 하고 저금이란 것이 필요가 없다.

나도 인체보험에 넣은 돈이 500원 정도 있었는데 하나도 못 탔다. 제한저금과 마찬가지로 인체보험도 3년이다. 만약 내가 인체보험을 5백원 짜리 들었다면, 매달 로임에서 20원씩 떼서 저금통장에 넣는다. 그리고 마지막 3년이 지났을 때, 5백원을 찾는다. 정확히 말하면 3년이 지나서 480원 되는데 거기다 20원 붙여서 5백원을 준다. 그런데 이 인체보험을 하다 죽으면 어떻게 되는가. 만약 1천원 짜리 하다가 5백원쯤 모았다 해도 1천원을 준다. 그래서 그것을 인체보험이라고 하는지 모르겠다.

또 재해보험이 있다. 이것은 내가 하고 싶어서 하는 게 아니라 국가적으로 한다. 로임에서 자동적으로 나가는 것으로 1달에 1원이면 1원씩, 모든 사람한테서 다 뗀다. 그렇다고 어떤 사람이 재해를 당했을 때 돈을 주는 건 아니다. 우리야 다 무상으로 치료를 해 주니까 재해라는 게 없다.

- 지금의 간부들

예전에는 성실한 간부들이 많았다. 그래서 김정일 동지가 집권한 이후부터 중요한 발언들이 많았다.

"로동자가 주인인 나라에서 간부들이 모든 걸 결정한다"는 김정일 동지의 말씀이 있었다. 이 말이 1980년대에 나왔으니까 오래됐다. 간부들이 모든 걸 결정한다는 말이야 맞다. '로동자가 주인인 나라…', 그것이 다 모순된 말이다. 어느 사회에서나 대가리가 주도를 잘 해야 모든 공장, 기업소가 가동된다. "위의 사람 지시를 정확히 빨리 수행한다"는 말은 한마디로 "낮추어 붙어라"는 뜻이다. "내가 사장이면 사장인 나에게 낮추어 붙어라"라는 말로 결국 "예, 예" 하고 따르라는 소리이다.

지금 간부들은 제 배를 채우기가 바쁘다. 조선에 가 보면 '인민을 위하여 복무함'이라는 구호들을 많이 볼 수 있는데, 그것은 허울뿐이다. 조선 간부들의 말을 거꾸로 들어야 한다는 것이 백성들의 말이다. 즉 '인민을 위하여 복무 안 함'으로 들어야 한다는 것이다. 원래 간부는 대체로 권력을 많이 쥔 사람으로, 행정 간부 중에는 공장장과 지배인 이상은 돼야 좀 먹고 살만하고, 당간부 중에는 초급당비서는 되어야 먹을 걱정 안 하고 산다. 그 외 다른 사람들은 모두 비슷한데, 그 중에서도 자재를 관리하는 사람들은 물자를 바꾸어서 먹기도 하고, 일반 백성들도 장사 머리를 어떻게 쓰느냐에 따라 다르다. 간부들은 대체로 찔러주는 게 있으니까 백성들보다 잘 산다. 간장과 된장 같은 것을 먹으면 형편이 괜찮은 편이다. 규모가 작은 공장 책임자들의 정황은 어려운 편이다. 제대로 돌아가지 못하는 공장기업소는 짤라 먹을 것도 없기 때문이다.

힘없는 간부도 보면 시끄럽다. 장사는 자본주의의 것이기에 공장 간부나 당 간부들의 가족은 내놓고 장사를 못 하게 한다. 행정 간부들이 과오를 범한 경우에는 처벌도 많다. 당의 지시를 어기면 모든 것을 짤리우고, 엄한 경제적인 과오를 범하면 감옥에 보낸다. 그리고 당의 지시대로 임무를 완수하지 못한 경우는 '10일 영창'에도 갇히는데 그래도 일반 죄인들과는 다르게 취급된다.

10일 영창은 조선에서 매월 시·군당 전원회의를 소집하면 그때 당위원들, 당비서, 지배인, 행정비서들이 참석하는데 여기서 비판의 대상을 찾는다. 예를 들어 어느 공장의 지배인이 생산을 잘못 지휘하여 손실을 보았거나, 임무를 완수하지 못했다던가 하는 것을 찾아낸다. 엄중하면 그 공장의 행정비서는 "10일 영창"에 가야 한다. 시·군당의 책임비서들이 이러한 법권을 가지고 있다. 영창에 들어간 사람은 10일 동안 안전부의 구류장에 갇혀야 한다. 일반적인 죄수와는 다른 것이, 자기의 행위를 반성하고 어떻게 더 잘 할 것인가를 인식하게 한다. 그리고 10일 후 풀려나오면 다시 행정비서직을 회복한다. 당의 책임자들은 영창에 들어갈 이유가 없다. 당은 영원히 정확한데 어찌 그런 곳에 들어갈 수 있느냐는 것이다.

한 공장의 지배인이 연로보장이 되어 자리에서 물러났다. 이 사람이 나가고 나서 공장이 숨을 거두게 되었다. 사람이 머리도 좋고 일하는 솜씨도 다른데, 지배인이 바뀌고 나서 공장이 돌아가지 않는 것이다. 능력 있는 사람으로, 남조선에서 일하는 사람처럼 오직 생산과 실력을 외치는데, 그런 사람이라면 사회주의가 아니라 자본주의 사회에서도 좋은 사람이다. 그 사람한테 욕먹는 사람은 대체로 일을 잘 못하는 사람이었다. 이 사람이 욕하는 것을 보면 사람을 개 취급하듯 한다. 자기가 시킨 일을 바로바로 못 하니까 그렇다. 자기가 권한이 좀 있으면 일 못하는 사람은 뚝 떼어서 다른 곳에 앉히겠는데, 지배인이라고 해서 별 권한이 없으니 욕질만 밤 12시까지 한다.

이 지배인은 일 못하는 사람을 현장에 데리고 가서 "이것 보라. 이건 이렇다"고 가르쳐 준다. 일하는 사람의 머리가 자기 분야에 파악을 잘 하고 머리가 좋은 사람들은 잘 대해 주고 같이 노력해서 손 맞추어 일했다. 자기 일도 못 하고 기술을 못 배운 사람들에게는 열심히 욕하고 사람들 앞에서 망신을 준다. 그런데 그 사람 나가고서 사람들이 "그 사람이 나가고 나니 공장이 금방 숨을 거두고 마는구나"라고 했다. 그만한 실력을 갖춘 사람이 없다는 것이다. 그래 능력이 중요하긴 중요하다고 생각되었다. 우리는 사람을 뗐다 붙였다 하는 게 다 당비서의 권한이므로 생산을 하는데 실지 기술이나 능력이 있는 사람들은 힘을 못 쓴다. 행정 간부들도 자기 직책을 유지하려고 당간부에게 맞춰 산다.

조선은 특권이 있는 사람의 세상이기에 백성들은 말 못 하는 짐승과 같다. 조선에서도 당과 행정 간부들이 부정부패를 하면 당 중앙까지 고소할 수 있다. 하지만 도(道)의 각급 영도층과 군(郡)의 영도층도 모두 도책임비서의 측근들이니, 누가 감히 그들을 건드리겠는가. 당과 행정 간부들의 부정부패를 고소한다는 것은 자살하는 거나 다름없다. 또 고소장은 반드시 다른 군 혹은 시에 가서 부쳐야 한다. 그렇지 않으면 그 고소장이 되돌아와서 피고소인에게 온다. 그때 고

소를 한 사람이 당해야 한다. 그래서 조선의 백성들은 간부들의 부정부패에는 그렇겠거니 하고 관계치 않는다.

간부들이 왜 잘 사는가? 여기저기서 뇌물을 고이는 것도 있지만, 권한이 있으니까 물자를 뒤로 빼돌린다. 1995-1996년 수해로 집이 떠내려가서 피해를 많이 봤는데도 실제 피해를 본 인민들은 산에서 살았다. 세계 여러 나라에서 수해 구호물품이 많이 왔지만 기관을 통해 나누어 주었다. 그래서 피해자인 인민들은 하나도 못 받고, 간부들이 국정가격으로 받아서 장마당에서 팔았다. 일본에서도 실로 짠 담요가 보내졌다는데, 어느 간부 집에서만 담요 10장을 받았다. 그 담요에 짜여진 실을 빨간 실, 파란 실로 나누어 600-700원에 팔았다.

간부들은 물건을 국정가격으로 살 수 있지만, 나는 최근에 물건을 국정가격으로 사 보지 못했다. 작년에 1번, 내가 알고 있는 부문당비서의 배려로 배급을 좀 탈 수 있었을 뿐이다. 간부들은 가을 추수 때에도 차 타고 가서 농장에서 바로 식량을 받아 온다. 그러니 간부들은 잘 살 수밖에 없다. 또 간부들은 크게 습격 당하는 일이 없다. 왜? 동네 안전부가 다 군당책임비서 밑에 있으니 군당비서가 소리 한번 지르면 안전부가 총 들고 나온다. 못 건드린다. 그저 백성들 중에 돈 많은 사람을 습격한다.

지금 높은 직위에 있는 사람들이 몸조심을 한다. 옛날 지주들은 몽둥이에 얻어맞아도 남쪽으로 도망갈 길이라도 있었는데, 지금은 도망 칠 데도 없다. 간부들은 돈을 모아 두었다가 중국이나 다른 나라로 도망 갈 준비를 한다.

1998년도 연길에서 김정일 장군 생일을 기념할 때 참가한 조선의 간부와 기자들이 5천-1만달러씩 썼다고 한다. 조선에서는 돈이 있어도 제대로 못 쓰니까, 또 김정일 장군 생일 때 돈을 쓰니 정치적으로 걸리지도 않는다. 그래서 나돈 말이 "그 사람들 주머니에 있는 돈 다 써야지, 다 못 썼다가는 원스러울 것이다"

라는 말이 있었다. 한쪽에서는 백성들이 굶어죽는데 거기다 돈을 그렇게 썼으니…….

아마 해외에서도 이렇게 뜻깊은 행사를 한다고 사진을 찍어서 조선으로 들고 와 텔레비에 보이려는 것이 목적이었을 텐데, 그 행사에 참석했던 중국 사람들이 모두 욕을 했다고 한다.

최 근 의 공 장 분 위 기

• 요즈음의 생활

최근에는 새벽 3시에 일어나서 빵을 만들어 안해가 장마당에 내다 팔기도 했고, 조건이 안 되면 아침 5-7시쯤 일어나 수수를 가루내서 수수가루죽을 해 먹었다. 출근했다가 바로 집으로 돌아와서, 낮에 애들과 같이 나무하러 산에 간다. 그것을 장마당에 나가서 팔 때도 있고, 장사하는 집에 넣어 주기도 하고, 집에서 때기도 한다. 장사하는 집에 넣어줄 때는 가격을 정하면 그걸로 빵도 주고 돈으로도 받는다.

애들이 학교에 가지 않고 집에 있으니 선생님과 학급애들이 계속 데리러 온다. 딸은 학교에 안 나가고 집에서 밥도 하고 청소도 하고 앓아 누운 안해의 병간호도 한다. 불은 아침 저녁으로 2번을 때는데 딸애가 때기도 한다. 끼니는 아침을 좀 많이 해서 점심 때까지 먹는다.

저녁이면 뭐 할 것도 없고 전깃불도 없고, 각시나 애들하고 얘기를 나누는 사람이 있기는 있겠는지? 문화생활도 없고 불도 없어 어두워서 초저녁부터 이불을 펴 놓고 잔다. 내가 사는 마을은 저녁 6-7시만 되면 온 마을이 새카맣다. 어두우니 돌아다니는 사람도 크게 없고 새벽까지 잠만 잔다. 그 동안 안해가 장마당에서 장사를 해서 먹었고, 텃밭을 일구어서 그나마 밥은 못 먹어도 죽은 먹을 정도였다. 그런 안해마저 앓아 누웠으니 정말로 어렵다.

하루에 식량 500-600그램으로 네 식구가 살았다. 1달에 4-5킬로그램으로, 한끼에 강냉이 150그램을 먹는 것이다. 그것으로 풀죽을 하면 먹기도 좋고 영양가도 있다. 딸은 학교에 가지 않고 나랑 같이 나무하러 다녔다. 나무를 하려면 한 30리는 걸어가야 하니 어린 딸에게는 힘겨운 일이다.

우리 사는 것을 보면 형편없다. 종이로 방바닥을 장판삼아 발랐는데, 떨어진 곳에 바르고 또 바랐다. 헤져도 종이 살 돈이 없으니, 종이를 다시 바르지 못한다. 집집마다 너덜너덜하고 어지럽다. 집의 어딘가가 떨려나가도 보수는 엄두도 못 내고 청소도 하지 못한다. 대체로 여자들도 1년 가도 목욕하기 어렵다. 아침에 일어나서 장사하러 가기 바쁘니, 목욕하러 갈 새도 없고 수돗물도 안 나온다. 빨래는 시간 있는 사람이 하는데 나와 딸애가 번갈아가면서 했다. 보통 보름에 한번씩 개울가에 가서 하는 데 비누를 살 수 없으니 양잿물을 사다 빨래한다.

- 출근 도장 찍고 달아나다

내가 떠나오기 전에 3천명 되는 공장에 사람이 없었다. 일할 것도 없고, 출근해도 출근 도장만 찍고서 중간에 다 달아난다. 장마당으로 가고, 나무하러 가고, 쌀 구하러 간다. 퇴근 확인은 없으니까 제 가고 싶은 곳으로 다 간다. 공장에 들어가면 조용하다. 사람은 보이지도 않고, 출근할 때도 사람이 많지 않다. 내 있던 곳은 그래도 관리부서라 사무실에서 근무하다 보니 나은 편이다. 형편이야 다 비슷하지만 사리적으로 볼 때 로동자보다는 인텔리적인 맛이 있으니까 할 수 없이 나오는 거다. 요즘도 학습과 강연은 사람이 없어도 계속한다. 사람들이 다 달아나도 직장에서는 "오늘 강연회 다 참가시키라"고 요구한다. 그러면 세포비서가 출근하자마자 당세포들에게 "오늘 어디 갔다가 5시에 강연회이니 이 시간까지는 와야 된다"라고 하면 집에 있는 사람들은 거의 다 온다.

생활총화는 사람이 2-5명이어도 한다. 만약 참가하지 못했으면 글을 써서 보내든지, 아니면 개별적으로 세포비서가 찾아가서 당세포들에게 "내 생활총화 이런 거 있습니다" 하고 생활총화 한 것을 받아다 기록부에 올려야 된다.

농촌 같은 경우는 보위위원(보위부)들은 농민이 출근을 안 했다 하면 그 집에 사람 있는가 없는가를 확인하는데 나오라는 소리는 못 한다. 농촌은 인민반원이 작으니까 일일이 확인할 수 있지만, 내가 다니는 직장에서는 일일이 확인하지 못한다. 그래도 어떤 사람이 식량 구하러 가서 계속 안 나타나면 찾아본다. 집에다 황해도에 쌀 얻으러 간다고 하고 행방을 나가면, 황해도까지 갔다 오려면 1달은 걸리니까 공장에서 집으로 찾아온다. 집에서는 "우리 나그네가 황해도에서 쌀을 구해 온다고 했는데 인차 돌아올 것 같지 못하다. 언제언제 올 것 같다"라고 얘기하면 그 사람이 또 공장안전부에 가서 말한다. 그러면 안전부에서 그 행방간 사람을 찾아오라고 하면 집에서 찾으러 다니기도 한다.

지금의 인민반장은 자기 인민반에 누가 없어졌다고 파악은 하지만, 찾아나서지는 않는다. 인민반장직도 안 하려고 한다. 누가 그것을 하려고 하겠는가? 인민반장도 장마당에 나가는 판이다. 살기가 바쁘다는 말이다. 인민반장도 부녀자들에게 내려오는 지시만 그냥 전해 주고, 뭐뭐 하는 거 싫어한다. 집에서 노는 부녀자들을 조직하는 여맹의 초급감시위원장이 있다. 이 직책도 사람들이 서로 안 하려고 버티다가 한 사람을 붙잡아 놓고 선거 끝에 사람을 뽑는다. 살기는 바쁘고, 조직생활을 할 생각은 없고, 우리 인민반 같은 경우는 작년부터 지금까지 1년이 넘도록 생활총화를 한 번도 안 했다

• 사회동원만 쌩쌩

배급이 나오지 않는다고 해서 공장으로 가는 발길이 뜸하면 안 된다. 공장이 안 돌아가 제품생산은 없어도 내내 사회동원이다. 전쟁준비, 전략물자, 군사지원 등 동원될 일이 많다.

소안평 유격근거지는 김일성 동지가 유격활동을 하던 곳으로 연길 어디라던데? 소안평은 산에 붙어 있어서 그때 일본 군대들이 아무리 몰려들어 왔어도 끝내 유격대를 물리치지 못했다고 한다. 그래서 전국을 그런 식으로 요새를 만드느라 매 군(郡)마다 창조운동을 한다. 산을 파내고 바깥을 돌을 쌓고 문도 만든다. 앞으로 전쟁이 일어나면 거기로 대피시킨다는 것이다.

해안에서는 방둑도 만든다. 모래로 조선 동해안을 다 쌓았다. 바람이 불거나 파도가 들어오면 무너지기 쉬우니까 집체만 하게, 집보다 더 높다. 두께는 한 10센티 정도이다. 이 공사에 전체 백성이 다 붙어서 쌓았다. 그리고 나서 무너지면 가서 복구하고 또 가서 복구한다. 전화선 공사도 한다. 전기선이나 전화선을 까벨이라 하는데 이 까벨공사를 한다. 전쟁이 날 것에 대비해서 위로 깔려 있는 군대 전화선은 지하로 묻는 공사를 한다. 이 공사는 끝난 곳도 있고 아직 하는 곳도 있다. 철도공사도 있다. 그것은 나무침목을 새로 까는 것인데 이것 때문에 공장에서 작업반별로 나가 일을 한다. 전기가 없으니까 침목할 나무를 깎지 못해 인민들한테 손으로 깎아서 내라고 한다.

해마다 전국에서 농촌지원이 벌어지는 데 농한기에는 주로 비료를 보내고 농번기에는 농사일을 한다. 농촌동원에 가면 사람들이 좋아하기도 하지만, 동원 간 사람들이 거기 있는 옥수수를 훔쳐먹고 하니까 싫어하기도 한다. 농민들은 로동자들이 오게 되면, 와서 농사일 해 준 만큼 가을에 쌀을 바쳐야 된다. 그것을 일해 준 사람 몫이 아닌 국가에서 가져가서 다 군대용으로 보낸다. 1997년도에 농촌동원 나갔을 때 농민들도 일하러 나오는 게 별로 없었다. 15명 작업반에서 보통 5명 정도였다.

겨울에는 기본으로 농촌에 보낼 비료와 퇴비를 한 사람 당 3톤씩 하라고 한다. 어떤 방법으로든지 만들어 내라는 것이다. 퇴비하기 싫은 사람들은 농장에 가서 사업확인서를 받아오라고 한다. 여기서 사업이란 돈을 내고 기름을 사서 바치는 것을 말한다. 기름 1킬로그램에 비료 1톤을 대신하기로 하고 기름 3킬로그램을 사서 비료확인서를 받아와서 바친다. 돈 있는 사람들이나 할 수 있는 사업이다. 퇴비와 비료는 인분을 말하는데 먹은 것이 있어야 비료도 나오지? 사람들이 1년 내내 잘 먹어도 똥이 그렇게까지는 안 나온다. 그래서 사람들이 가짜 인분을 만든다.

우리는 도시와 농촌의 거리가 멀지 않다. 그래서 공장에서 석탄을 때고 버린 재를 군마다 싣고서 농촌에다 갖다 주면, 농촌에서 그 재를 비료로 만들어 쓰기도 했다. 나라에서 비료를 바치라고 하니까, 사람들이 이 재를 빌려다가 물을 쳐서 비료처럼 만들어서 갖다 주는 수법을 쓴다. 원래 석탄재에다 똥을 섞어서 바쳐야 되는데 똥이 얼마 없으니까 물을 섞어 얼려놓아 덩어리를 만들어 '비료다' 하고 바친다.

그 외에 파철수집이 있다. 이것을 수집해서 바치면 어떤 때는 쌀로 바꾸어 준다. 이런 쇳덩어리는 바치는 장소가 있다. 거기다 갖다 주기만 하면 훗날 쌀이 들어오면 쌀로 바꾸어 준다는 것이다. 고철 6킬로그램에 쌀 1킬로그램이 기준이다. 쇳덩어리는 모아서 외화벌이를 통해 중국 쪽으로 나가고, 그러면 중국에서 쌀이 들어온다. 단위별로 쇠를 많이 바친 사람들은 많이 준다. 그러니 외화벌이들이야 그저 쌀을 들여올 뿐이고, 인민들은 다 장사를 해서 외화벌이로 쌀 사 먹기 운동을 한다.

칠보산 동원도 간다. 칠보산 가는 길을 닦는 것인데 관광지를 꾸리느라고 전 구간을 고속도로를 낸다. 공사도 거의 끝났는데 1997년도에는 이것 가지고 동원을 많이 했다. 동원된 사람들에게 식량과 부식물을 줘야 하고, 겨울에는 추우니까 술도 줘야 한다. 도의 공장마다 10명 동원되어 가면 그 보장사업을 공장에서 하는데 종업원 1인당 얼마씩 내라고 한다. 이 모은 돈으로 술도 사서 보내주고 다른 것도 보내 주고 한다. 보장사업을 하는데 돈을 안 내겠다고 하면 "네가 동원에 가라"고 한다. 사람들이 사회동원 가면 춥고 먹을 것도 없으니 가기 싫어한다. 공장 사람들이 다 가는 것이 아니라 뽑아서 보내니까, 일부러 아프다고 누워 버리는 사람도 있다.

• 공장의 미래

그 동안 로동자들은 전동기 안의 코일을 뜯어 팔아서 쌀을 사 먹었다. 사람들이 일단 먹고 살아야겠기에 전동기가 고장났다고 하고 수리한다면서 그 안에 있는 구리선을 뽑아냈다. 1997년 하반기부터 당의 지시에 따라 각 공장기업소들에서 생산회복운동을 벌였는데, 안전부에서 잃어버린 기계 부속을 찾는 운동과 조사를 해서 조금 찾아내기는 했다. 안전원들이 장마당에서 파철장사꾼으로 가장하고 기계부속을 파는 사람을 잡아내는 방법을 썼다.

로동자들도 기계가 돌지 않으면 자기들의 살길이 더 힘들다는 것을 알지만 별 도리가 없다. 로동자들은 한끼 먹으면 다음 끼를 어떻게 해결해야 할지 고민한다. 앉아서 맨 그 고민이다. 당장 다음 끼니에 먹을 것이 없으니 공장의 기계설비가 아무리 비싸다 해도 한끼 밥을 위해서라면 기계를 뜯어낸다. 또 나라에서도 자재가 없으니까 인민들한테 폐철을 바치라고 요구한다. 매인 당 몇 킬로그램을 내라고 규정한다. 원래는 폐철 7-8킬로그램을 받치면 강냉이 1킬로그램을 배려하였는데, 후에는 폐철 17킬로그램에 강냉이 1킬로그램을 주었다. 백성들에게 그 많은 폐철이 있겠는가? 하는수없이 공장 안의 기계를 뜯어 폐철로 바치는 것이다.

김책에 있는 성진제강소는 조선의 4대 제철소에 속하는 큰 기업소이다. 이게 몇 년째 제대로 가동되지 않고 있다. 1996년부터는 대부분 용광로가 정지되었다가 1997년 초에는 약 1/4 정도 가동되었고 그해 6-7월에는 1개가 겨우 드문드문 돌아갔다. 1998년 들어서는 그래도 약 3-4개의 용광로가 돌고 있다. 그 용광로는 각강을 생산하는데 주로 중국과 무역을 했다.

조선의 기업소가 생산을 회복하려면 우선 각 기업소가 동시에 작동되어야 한다. 공장끼리 연결되어 있기 때문이다. 예를 들면 제철소가 가동하려면 철광, 전기공급소가 가동되어야 하고, 제철에 필요한 콕스, 기름, 합금 등이 보장되어야 한다. 그런데 각 기업소가 동시에 작동한다는 것이 거의 불가능하다. 먼저 로동자들의 식량을 해결해야 하는데 지금 가동되고 있는 공장들도 자기들의 식량을 해결하기가 어렵다. 조선의 공장들이 생산을 회복할 수 있겠는지? 이 고리를 풀자면 전면적인 물자공급을 회복해야 하는데 아주 어려울 거라는 생각이다.

황장엽 사건 이후 인민무력부장이 사라졌는데 아직 공석이고 뽑지도 않고 있다. 믿을 사람이 없다는 거다. 군대의 당 대표인 정치국장도 공석이다. 정치국 다른 간부도 무슨 사건에 관계됐는지 정치범을 수용하는 깊은 골짜기로 보내버렸다. 사회가 불안하니까 누가 누군지 알 수 없다. 백성들도 소란스럽다.

인민들의 의식은 철저하게 경직되었다고 할 수 있다. 조선의 백성들은 외부에 대해 전혀 모르고 있다. 물론 떠도는 소문은 많으나 그들의 의식은 그런 것들을 받아들이지 못한다. 예를 들면 중국이 잘 산다는 것은 알고 있으나 남조선이 중국보다도 더 잘 산다는 것은 떠도는 소문이 있으나 믿는 사람이 적다. 북조선 인민들은 굶어죽어도 자기의 나라가 잘 산다고 말한다.

요사이는 인심이 이전보다 많이 동요되고 있다. 주요하게는 당에서 몇 년이나 백성들을 속여 왔기에 당을 별로 믿지 않는다. 작년에도 고난의 행군을 마치면 잘 산다고 말했으나 결국은 더욱 어렵게 되었다. 이제는 당에서 뭐라고 해도 잘 받아들이지 않을 것이다. 텔레비에서 어느 곳에서 식량을 얼마 지원했다고 보도하고 있으나 백성들은 우리 입에 들어와야 믿을만 하다고 한다. 조선의 백성들은 한결같이 입으로는 결사옹위, 충효를 외치지만 속으로는 그렇지 않다. 발을 디딜 자리도 없이 복잡한 기차안이 조용한 것만 봐도 알 수 있다. 모두 수심에 잠겨 말없이 앉아 있다. 웃음이라고는 볼 수도 없다. 그들이 생각하는 것은 물론 내가 어떻게 살아가겠는가하는 것이겠지만 정부의 호소같은 것은 믿지도 않는다는 것은 겉모양만 봐도 알 수 있다.

개방에 대해서는 의논을 하고 있는데, 주요하게는 나진선봉 개발구에 대한 소문들이 많다. 그곳은 자본주의를 실시한다느니 그곳 사람들은 이미 배불리 먹고 산다느니 하는 말들이 많이 돈다. 그런데 개혁이라는 명사는 여기와서 처음 들었다. 조선 사람들의 사유로는 개혁을 할 수 없다. 당은 영원히 정확한데 개혁은 왜 하는가?

남조선에서도 쌀과 국수 몇만 톤 보냈어도 우리한테 차려지는 게 별로 없지만, 그래도 남한이 저렇게 경제발전을 했기 때문에 그나마 우리가 이 중국땅에서 불법적으로라도 살 수 있는 거라 생각한다. 남한도 북한 같았으면 중국에 와서도 엄청난 멸시를 당할 것인데, 우리가 이렇게 사는 것도 남한 덕분이다. 남한 경제가 어려워져 북한 꼴이 나면 아마 조선족은 역사상에서 1백년은 사라질 운명일 거라고 한다.

전업국

전업국에서 설비와 보수에 필요한 자재는 1960년대부터 공급이 중단되었으며,

내부 예비자재를 가지고 1990년까지 조금씩 사용해 왔다.

예비자재를 쓰면서 현상유지를 해 오다가 1990년 이후부터는 예비자재마저도 없어졌다.

철새와 같은 전력

조선의 전기공급은 여름에는 수력이 기본이고 겨울에는 화력이 기본인데, 석탄이 없으니 겨울에는 전기공급이 제대로 안 된다. 여름에는 수력발전으로 부족하나마 전기를 공급할 수가 있고 비가 오면 전기공급 상황은 좀 나아진다. 그러나 강원도 같은 경우는 수력발전소가 없으니 더 어려운 상황이다. 전력이 달리니 조선의 전기기차 운행이 어려운 것은 당연한 것이다. 1997년 1월에 '국경변의 군 소재지 이상 급의 도시에는 전기를 공급하라'는 지시가 내려졌다. 그렇지만 그 이외의 지역에는 전기공급이 안 되었다. 정치범 수용소인 지역에는 전기공급이 아예 안 된다.

우리는 국가나 인민이 움직이는 기본적인 게 철도이다. 공화국이 생기고서도 계속 철도 노선을 새로 만들고 시기마다 지원도 나가고는 했다. 두만강 국경변의 기차가 증기에서 전기기차로 완전히 개통한 것이 1994년이다. 조선에서는

석탄의 질이 낮아서 증기기관차를 포기하고 전기기관차를 쓰기로 했던 것이다. 그러나 원산 김종태기관차공장에서 기관차를 생산하지 못하자 기관차가 모자라서 운행이 정상적으로 되지 못했다. 전동기와 변압기를 주로 생산하는 대안 중기계공장에서도 외국에서의 원자재 수입이 중단되었다. 전동기 생산이 어렵고 전압과 주파수 등이 보장되지 못하는 질 낮은 전기가 전동기 작동에도 영향을 미쳐 운행에 어려움이 많다. 북부는 기관차가 적어 통행이 어려운 반면 앞지대는 전기가 없어 교통이 두절되는 경우가 많다.

겨울에 물이 얼어서 수력발전으로 인한 전기공급에 차질이 많자 1988년부터 우선을 두고서 전기를 공급하라는 지시가 내려왔다. 11월부터 4월까지는 다음 순서대로 전기를 공급한다. 첫째, 군수공장의 공업용수와 도시 주민의 음료수 및 군수, 방직공장 등, 정전이 되면 국가 손해가 막심한 곳 둘째, 철도와 상하차 설비(기중기, 항구, 철도 화물역, 철도 견인 수송) 셋째, 주민들에게 공급하는 식품공장이다.

군수공장에 필요한 전기를 기본적으로 공급하며, 농업분야에는 4월에서 8월 중순까지 주로 공급하는데 특히 양수장이 설치된 지역에 전기를 공급한다. 농사를 짓는 시기에는 양수시설을 가동하기 위해서 우선적으로 전기를 공급하고 겨울에는 전기가 부족하여 전기공급 차단 시기를 둔다. 댐의 수위를 표시한 곳에는 부족한 전기를 효율적으로 사용하기 위해 가장 아래 부분에 군수용수, 그 위에 농업용수… 등의 식으로 표기를 해 놓았다.

함북지역에 전기를 공급하는 발전소는 서두수발전소, 부령발전소, 청진화력발전소가 있다. 서두수발전소는 산악지역의 물을 청진으로 돌려 낙차를 이용한 발전소로 1-3호기까지 있다. 부령발전소는 댐으로 물을 막아 발전하며 1-3호기까지 있다. 청진화력발전소는 석탄을 이용하여 쓰다가 석탄 부족으로 1996년

12월에 가동을 중단했다. 북한의 최대 발전량을 보유한 수풍발전소는 80만킬로와트를 생산하는데 중국과 40만씩 나누어 쓰다가 1996년부터 전량을 중국에 주고 평양에 공급할 기름을 받았다. 수력발전으로 장진강과 허천강발전소가 있다. 화력발전은 평양화력, 북창화력, 청진화력발전소가 있다. 평양화력발전소는 열 소비율이 높은 화력발전의 비효율성을 보완하려고 소련의 설비를 들여와 공사 중이다.

황해도지역은 1980년도부터 전기공급이 제대로 되지 않는 곳이었으며 최근에는 전기를 공급하지 못해 농사짓는 데도 많은 차질이 있다. 식량이 제대로 지급되지 않자 로동 강도가 저하되고 생산량이 저하되니 경제난이 순식간에 전 부분으로 확산되었다. 현재 조선에서 그나마 조금씩 가동이 되고 있는 부문이 전기, 철도, 보건, 체신부문이다.

연형묵이 자강도 도당비서로 있는 동안에 만든 중소형발전소는 계곡의 물을 막아서 수력을 이용한 조그만 발전 설비인데 자강도 일부 지역에서는 산골이지만 중소형발전으로 인해 풍족하게 전기를 쓰는 곳도 있다. 1997, 1998년에 집중적으로 만들었다. 도내에서 생산한 전기는 해당 도에서 소비하고 남은 생산량은 타도에 공급하라고 했다. 강원도에는 발전소가 없어 제대로 공급이 안 되는데 타도에서는 자기네 도에서 쓸 전기도 모자라니 강원도로 잘 보내 주지 않았다. 그 대안으로 금강산발전소를 짓기로 하였다.

연료의 주 공급원인 탄광이 정지된 과정은, 배급이 제대로 되지 않고 탄광에 필요한 갱목과 폭파작업에 필요한 자재 등이 공급이 안 되어서이다. 석탄 생산에 차질이 생겨, 화력발전소가 가동되지 않으니 전기공급도 충분하지 않았다. 그에 따라 탄광의 물을 제때에 퍼 올리지 못하여 침수가 가속화되었다. 또한 정격 전압이 보장이 안 되고 전압과 주파수 등이 기준 미달상태가 되다 보니 전동기가 바로 작동되지 않아 배수를 제대로 하지 못하게 되는 것이다. 이미 침수가 되어버린 탄광은 물을 빼면 붕괴되어 못 쓰고 다른 곳으로 뚫어나가야 하나, 조선의 석탄질이 그리 좋은 편이 아니므로 비경제적이라고 할 수 있다. 전기공급이 제대로 안 되어 대부분 침수한 탄광부문에서, 아직까지 가동되고 있는 탄광은 예전과 비교하여 5% 미만이라고 생각한다.

현재에도 전기소비가 많은 단위는 청진의 김책제철소와 김책제강소이다. 이곳은 군수공장에 필요한 자재를 공급하고 있다. 전기 생산량은 식량난 이전의 50% 정도를 생산하고 있다. 식량난 이전에 350만킬로와트 가량을 생산했는데 최근에는 200만킬로와트 이하로 감소했다.

전압은 220볼트를 생산하는데 송전설비가 미흡하여 발전량의 100%를 송전하지 못한다. 식량난 이후에 많은 공장과 기업소가 기계 등을 팔아먹어 자재가 남아있는 것이 없으나 송전설비는 위험하기 때문에 아직까지 훼손된 것이 별로 없다.

전업국에서 설비와 보수에 필요한 자재는 1960년부터 공급이 중단되었으며 내부 예비자재를 가지고 1990년까지 조금씩 사용해 왔다. 전기설비가 한번 수리하면 꽤 오랜 기간동안 사용할 수 있으므로 30년 동안 예비자재를 쓰면서 현상유지를 해 오다가 1990년 이후부터는 예비자재마저도 없어졌다.

사 용 료 (전 기 세)

전기 사용 가격은 1 kw/h에 조선돈 1전이며 전업국 소속의 전기요금 수금반 사람들이 집집마다 받으러 다닌다. 또한 수금반 사람들은 전기를 과다하게 사용하지 못하도록 감시를 한다. 전기 기구마다 사용량에 대한 규정이 있다. 전기 요금은 1달 사용을 기준하여 40와트 짜리 전구에 45전, 텔레비도 45전, 녹음기는 10전 정도이다. 또한 군 소재지 이상 급의 도시에는 선풍기와 불 피울 때 쓰는 풍로도 규정되어 있다. 하모니카 집이라고도 하는데, 부엌 하나와 방 하나가 1가구로, 이런 구조로 8-10가구가 쭉 연결이 된 집을 말한다. 조선에는 이런 집이 많은데, 보통 방 1개와 부엌 1개에 전등을 각 1개씩 설치하거나 부엌과 방이 하나로 연결되어 전등을 1개만 쓴다. 전기 담요와 전기 가마는 사용할 수가 없지만 사람들이 전기재료를 사다가 선을 이어 만들어 몰래 사용하다가 들키기도 한다.

전력부문에서 일하는 사람들은 50% 정도가 당원이며 여자들이 적다. 전력일꾼들에 대해 일반 백성들은 대체로 싫어하는데, 가택수색을 하고 세도를 발휘하고 전기를 많이 쓴다는 이유로 압수하는 게 많기 때문이다. 반면에 힘있는 단위들과는 서로 친하게 지내며 거래를 한다. 탄광부문의 간부들이 전기를 충분히 공급해 달라고 하면서 석탄을 우선적으로 전력부문에 지원해 준다. 또 다른 단위가 석탄을 배급받아서 운반을 하자 해도 차량을 구하기 힘들어 애를 먹는데 철도부문에서는 아예 기차 차량을 통째로 지원해 주어 운반을 편리하게 도와 준다. 농장에서도 농사지원을 가는 전력일꾼들에 대해 대접을 잘 해 준다.

사회안전부에서는 전력부문에 증명서 발급을 잘 해 주고 출근 보고를 안 해도 추궁을 잘 하지 않는다. 조선에서 타 도로 이동하는 증명서를 떼는데 2백원에서 3백원의 뇌물이 필요하고 평양에 가는 증명서는 1천원이 필요하다. 또한 앞지대도 비싸서 황해남도로 가려면 5백원에서 1천원 정도가 요구된다. 보위부와는 별 거래가 없지만 그러한 조직은 24시간 일을 해야 하므로 전기공급을 중단할 수가 없다. 겨울에는 온방 시스템을 자주 요구하기도 한다.

전기 단위의 간부들은 검열 업무를 담당하는 국가감독원 사람을 제일 겁낸다. 도국가감독원이 1명이 있고 도에 직속으로 시·군 국가감독원이 해당 지역에 1명씩 배치되어 전기부문의 검열업무를 한다.

　신입은 무시험으로 1급을 받으며 매년 시험을 봐서 급수 상승이 가능하다. 4-6급은 기능공으로 2년마다 시험을 보며 7, 8급은 고급기능공으로 역시 2년마다 시험을 쳐서 급수가 올라간다. 시험에서 이론이 차지하는 비율은 10-20% 정도이며 주로 평소 그 사람의 말이나 행동 등의 생활 표준을 보고 진급이 된다. 로임은 급수에 따른 기본 로임에다가 인민경제 수행률이라는, 과업에 대한 완수의 비율을 프로수만큼 더 가산해서 지급한다.

　행정 일꾼으로는 행정 대표인 소장이 있고 소장 아래에 책임기사가 있다. 그 아래에 부문별 기술지도원이 있다. 부문별 기술지도원에는 송전지도원, 변전지도원, 수급지도원이 있다. 그 밑으로 10개의 작업반이 있는데 각 작업반마다 담당하는 지역이 있다.

　작업반은 8-12명 정도로 그 안에 작업반장이 있고 세포비서가 있다. 당원의 비율은 1개 작업반에 5:5정도 된다. 전업국은 매주 강연회를 하고 비정기적으로 학습을 하고 있다. 지금은 시대가 어려우니까 모든 것이 예전만 하지는 못하다.

　생활총화는 주로 형식적으로 참가한다. 서로 비판하는 것에 대해 얼굴 붉힐 필요도 없고 대부분 요식행위로 그친다. 생활총화에서 자아비판하는 내용으로는 "어느 집에 전기단속을 갔는데 인민성이 없이 가택을 수색하고 그러다가 주민들과 다투었다. 그러한 불미스러운 행동은 전력단위에 비방 중상이 들어올 수 있다"는 내용도 있고 "농촌지원을 가서 강냉이를 훔쳐먹었는데, 누가 그것을 보고는 전업국의 누구가 훔쳐먹었다는 소리를 했다. 이런 일들이 기업 이름을 망쳤다"는 식으로 한다.

　작업반의 기본 업무는 자기 지역 내의 송전, 배전, 전기 소비와 공급 등 일체의 전력사업을 관리하는 것이다. 요즈음 작업원이 하는 일은 주로 설비보수인데, 구간별로 나누어서 담당한다. 또한 전기낭비 현상을 단속하는 일이 있는데, 전에는 공장과 가정 내에 전기단속으로 인해 사회안전원보다 권력이 강했다. 하지만 최근에는 작업원이 농사일을 한다.

전업국 직원이 농사를 짓다

얼마 전에 1개 작업반에게 2정보의 땅을 나누어 주었다. 농사일은 서로 밭을 나누어서 돌아가며 하고 거기서 나온 수확물을 나누어 가진다. 그러나 애초에 질이 낮은 땅을 나누어 주어서 생산량은 많지 않다. 이제는 1주일 중에서 작업이 얼마 없으니까 농사와 장사를 하러 다니게 되었다. 평일은 그렇게 보내고, 주말에는 할당된 농사일을 한다. 이 할당된 농사일이란 퇴비 바치는 것과 농촌동원이다. 봄에는 퇴비를 1인당 얼마씩 생산하여 납부하고 확인서를 받아야 한다는 규정을 지키기 위해 주말에도 쉴 틈이 없다. 여름에는 김매기를 하고 확인서를 받으며 가을에는 자기 밭에 추수를 하거나 김매기를 한다.

지금은 군대도 식량공급이 제대로 안 되어서 전군(全軍)에서는 몸이 허약한 군인들을 훈련도 적게 시키고 배급도 조금 낫게 주는 영양회복소대를 각 대대마다 편성하고 있다. 조선 경제의 재건을 위해서 가장 필요한 것은 농업부문의 개혁이다. 생산량을 올리면 그 생산된 양식으로 인민들이 배불리 먹으며 일을 열심히 하여야 각 부문에서 경제력을 회복할 수 있다. 그때까지는 외부에서 지속적인 식량원조가 있어야 한다. 그 이후에 조선의 시책 변화와 남북 경제협력을 통해 조선 경제가 회복되어야 한다고 본다.

북부탄전 이야기

북부탄전에는 1950년대에 포로병들과 남쪽 출신들이 강제 이주되어 분산 배치되었다.

집이 없어서 그냥 돌로 쌓아서 집을 짓고 너무 배고파 비눗물을 다 먹었다.

산 업 의   동 력 인   탄 전

함경북도 고무산 위쪽은 광산지역이다. 이쪽에는 광산연합기업소와 탄광연합기업소가 같이 있는데 무산광산이 가장 큰 공장이다. 자강도나 양강도에도 광산이 있는데 갑산광산이 크다. 이것은 금광이다. 금광이기 때문에 다량 생산을 하지 않으니 연합기업소가 될 수가 없다. 이쪽은 특히 산을 끼고 있기 때문에 임업이 많고 군수가 많다. 중부는 안주탄광연합기업소를 중심으로 하는 평안도 쪽, 남부는 강원도 쪽을 말한다. 북부지구, 안주지구 이렇게 부른다. 보통 탄광이라고 하면 북부를 말하는데 함북의 온성군을 중심으로 한 탄광을 말한다. 함경도 탄광은 기본 갈탄, 덩어리로 된 탄이다. 평안도나 강원도는 가루로 되어서 구멍탄을 만들 수 있는 무연탄을 생산한다. 평안도에서는 안주탄광이 1급 기업소로 제일 크다. 함경도에서는 아오지탄광이 제일 크다.

온성군에 주원탄광, 풍인탄광, 온탄탄광, 강안탄광, 동포탄광, 상화탄광이 있고 새별군에 하면탄광, 고건원탄광이 있고 은덕군에 6·13탄광(아오지), 회령시에 유선탄광, 세천탄광이 있다. 아오지가 1급 탄광이고 2급은 하면, 풍인, 고건원, 세천(학포), 온탄(온성), 주원, 상화, 궁심, 유선탄광이다. 3급 탄광은 산성(강안), 동포, 창평탄광이다. 상화탄광 안에 상화갱과 청년갱이 있다. 이 둘은 같은 탄광 소속인데 거리가 한 2킬로 정도로 떨어져 있기 때문에 사람을 한 군데에서 관리하기가 힘들어서 갱을 나누어 관리한다.

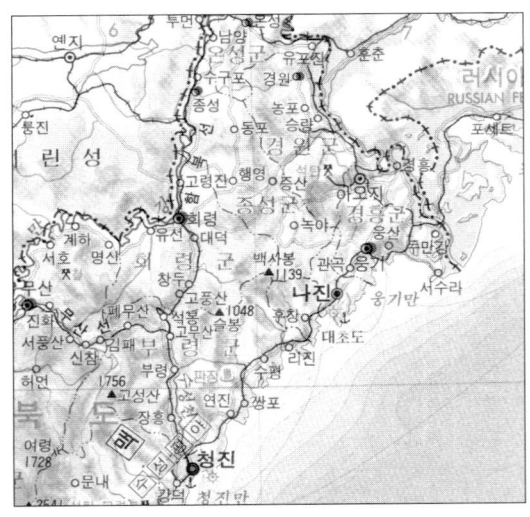

〈온성·회령일대〉

1980년대까지만 해도 함경도지역의 탄광을 총 관리하는 북부탄전연합기업이라는 사무실이 청진에 있었다. 이곳이 북부탄전관리소였는데 산업의 규모가 커지니까 1985년대 이후에 연합기업소로 바뀌었다. 주원탄광이 청진 시민들의 화력을 담당하는 것처럼 제철, 섬유, 화력발전소, 군수공장 등 이런 각 화력이 필요한 산업과 탄광들을 묶었다.

상화탄광은 청진 화학섬유공장의 화력을 담당하고 함북에서 제일 큰 아오지탄광은 7·7화학연합기업소의 탄을 담보한다. 7·7은 은덕군 오봉에 위치하는데 주변의 6·13탄광, 용연탄광의 탄도 7·7로 침투된다. 아오지가 은덕에서 경흥, 다시 은덕으로 되었다.

광산도 그렇지만 탄광업도 몹시 힘든 일이다. 그래서 탄부나 광부들에 대해서는 영양공급 대상자로 특수한 우대공급을 한다고 해서 전에는 많은 물자와 노력이 투하되었다. 직접공들, 즉 탄을 캐는 사람들의 배급량이 900그램이다. 거기에 부식물로 영양제, 돼지고기나 닭알이 공급되기로 했지만 충분하지가 않았다. 사상공세는 하면서 물질적 생활은 마련해 주지 못했다. 사람마다 먹지 못하여 일을 제대로 할 수가 없는데도 상급에서 내려보낸 임무는 날이감에 따라 더 과중해졌고 사고도 많았다. 아직까지 1960년대에 쓰던 설비들을 가지고 탄을 캐자니 생산량이 줄 수밖에 없었다. 어떤 갱에는 설비가 다 낡아지니까 오소리굴 같이 파 들어간다. 그 좁은 굴에 들어가서 허리도 못 펴고 구부리고 일하고, 일제 때 쓰던 장비를 그대로 쓰니까 생산이 늘어나겠는가? 그리고 계획량이 못 치니까 배당되는 배급량이 줄어가는 것이다.

탄광에서의 재해는 1990년부터였다. 석탄생산이 줄어들고 작업현장의 조건이 더 나빠지기 시작했다. 또 소련에서 들여오던, 탄을 캐면서 굴을 버티게 하는 동발나무가 없어지기 시작하였다. 지금은 저마다 굴은 관리하지 않고 석탄을 조금씩 캐내오다 보니 막장은 붕락되고 모든 기계설비가 다 움직이지 못하게 되었다. 탄광, 광산지구가 제일 처음으로 도적들과 굶주림에 시달렸다고 생각한다.

전 쟁 포 로 가   탄 광 지 대 에   이 주 되 다

　북부탄전에는 1950년대에 포로병들과 남쪽 출신들이 탄광으로 강제 이주되어 분산 배치되었다. 김일성 동지는 남반부 출신들을 금싸라기처럼 아껴 주어야 한다고 했는데 사실 그들은 탄광 지하 막장에서 일하면서 집은 돌막집을 쳐 놓고, 식생활은 된장도 남한테 받아 먹으며 살았다.

　조국전쟁 때에 함북도 부령 부근과 자강도 쪽으로 피해를 받았고 두만강 쪽은 비행기는 한두 번 떴는데 별 피해가 없었다고 한다. 전체가 곤란한 것은 아니었다. 전쟁은 겪었지만 그렇게 가난한 형편은 아니었다. 그러나 이주민들이 북부의 탄광지역에 와 보니 집이 없어서 그냥 돌로 쌓아서 집을 짓고, 토굴 같은 곳에서 살았다. 노인들의 말에 의하면 포로병 생활 때 너무 배고파 비눗물을 다 먹었다고 한다. 나라에서 포로병들에게 생활비로 얼마를 주었다고 하는데 의지가지할 사람이 없는 사람들한테는 힘든 것이 사실이다. 아무 기반이 없는 형편으로 하나에서부터 살림을 다 꾸려야했기 때문이다.

　전쟁 포로에서 풀려난 남반부 출신들이 건설대로 가서 일을 했는데 사민(일반 시민)이라고 볼 수 있었지만 행동에 제약이 있었다. 포로들끼리 같이 모여 살고 주위에는 울타리를 치고 감시를 하고, 이 안에서는 이 사람 저 사람을 만날 수는 있었지만 다른 곳으로 이주할 수가 없었다. 이 3천명 되는 사람들이 처음에는 고건원, 하면탄광으로 이주되었다가 그 뒤에 다 흩어졌다.

　그때는 북부탄전에 큰 탄광이 학포, 하면, 고건원, 아오지 4개 탄광이었는데 이 큰 탄광에 일손이 부족했다. 조국전쟁 후에 후방복구건설대 지원자보다 상대적으로 탄광지역의 로동 인원이 적으니까 남쪽 출신이나 죄인들을 대대적으로 배치했는데, 1956년부터 1962년 사이에 틈틈이 다른 곳으로 일부가 분산되었다. 그 탄광을 보자면 주원탄광, 상화탄광, 풍인탄광, 고건원탄광, 아오지탄광 등이다.

주원탄광에 남쪽 출신이 300-400명 정도 있었다. 탄광작업의 특성이 있으니 전체 종업원은 한 5천명 정도이고 이 중에 탄을 캐는 채탄부문의 탄광종업원 수가 2천명 정도 된다.

고건원탄광은 하면탄광과 같은 시기에 왔다고 한다. 고건원, 아오지, 학포탄광, 이것들은 전쟁 전에도 있었다. 온성에 있는 주원, 상화, 풍인탄광 등은 1960년대 이후에 만들어져서 그 이후에 사람들을 뽑아서 이곳으로 보냈다. 그러니까 초기에 이주해 온 곳은 하면, 학포, 고건원, 아오지탄광, 이 네 군데였고, 나머지 탄광은 그 이후에 이동해 간 것이다.

남반부 출신들은 언제나 의심 속에서 살았고 포로병의 자손이라고 하면 민족의 앞에 총부리를 대였다는 사람들로 취급했으니 살기가 어려웠다. 자신의 아버지나 할아버지가 괴뢰군(국방군) 중대장을 했기에 자녀들의 장래문제 혼인문제에서 아무리 총명해도 쓸 데 없는 것이다. 태어날 때부터 불행이라는 행운을 타고난다. 복도 아닌 불행을 타고나 처음 이력서 쓸 때부터 성분이 나쁜 계층에 속한다.

포로병집 자식들은 당원이 되기도 어렵고 군대도 거의 못 갔었다. 어쩌다 중학교를 졸업하고 2, 3년 후에는 군대로 내보내기도 했는데 어떤 군대에 내보냈는가? 총도 쥐어보지 못 하는 건설부대로 보낸다. 무산광산 같은 데에 건설부대가 있었는데 거기 가면 군복을 다 입히고 광산에서 일을 시킨다. 898부대 건설부대, 군대명인데 그저 번호이다. 지금은 해산했다. 젊은 사람들로 군대 방식을 가지고 일을 했는데, 탄광을 하나 돌린다는 게 맨 젊은 사람들만 가지고는 못하는 일이다. 기술도 함유되어야 하는 것이고, 거기다가 자금도 달리고 식량도 달리니까. 식량을 주면 일이야 하는데 그게 맞지 않으니까 해산시키고 사민복을 입혔다.

　　남쪽 출신 중에 북쪽을 반대하거나 일을 잘못했다거나 해서 온 가족이 추방되고 집결소로 간 사람도 있다. 정치범으로 잡혀간 것이다. 6, 70년대에는 청년단체도 있었다고 한다. 이 단체 사람들은 옛날에 잘 살다가 사회가 바뀌면서, 압력을 받는 사람들끼리 모여 활동하다 노출이 되었다. 그 활동이라는 것은 테러를 하는 거였는데 간부를 칼로 찔러 죽이고 기차를 전복시키는 기도를 했던 사람들도 있었다. 간부나 철도부문에 일하는 사람 중에도 그런 사람들이 있었다. 서북 청년단인가 그랬는데 본부가 신의주에 있었고 그 밑에 또 조직이 있다고 했다. 지부도 있고 강령도 세워 놓고.

　　우리 학교 다닐 때는 나라를 반대하고 그런 일은 생각도 못할 때고, 그때는 다 학교교육을 받을 때라서 복종할 생각만 했다. 그저 자기 아버지가 간부인 아이들은 자랑스러워하며 까불고, 간부집 자식들이 잘 사는 건 뻔하니까 로동자집 자식들을 낮추어 본다. 인민학교 때는 크게 몰랐는데 중학교에 올라 와서는 불만이 생겨서 동무들과 같이 모여 간부집 자식을 때려준다든가, 하는 일을 했다. 어렸을 때니까 속에서 불이 나면 그저 패주는 것이다. 남쪽 출신 자식들도 보면 개인적인 감정이 있어서 누구를 때려주는 일은 하지만 나라를 반대하는 일은 하지 않는다. 왜 그런가? "내 아버지 어머니가 조국에 총뿌리를 겨누었는데 우리까지 그러면 안 된다" "아버지 어머니처럼 과오를 짓지 말자" "남보다 일어서자" 이런 생각을 가지고 산다. 우리 동무들끼리도 남쪽 출신을 얕보다 싸우고, 그런 때가 있었다.

　　남반부 출신들은 조선이나 중국에 연고자가 없으니까 양식곤란이 왔을 때 방조받을 친척이 없어 제일 먼저 굶어죽었다. 초기에 대량 아사한 사람들이다. 박수남, 리원기, 강락 등은 내 동무들의 아버지들인데 그 사람들은 거의 다 굶주림과 탄광의 고역살이에 진이 빠져 사망했다. 이분들을 보면 거의 모두가 활기 없고 주눅이 들게 생활했다. 모두가 고령한 분들이었다. 하라는 대로 하고 주는 것 밖에는 더 못 얻어먹었다. 일은 죽게 하고서 언제나 풍족하지 못한 공급생활에 매달려 살았다. 다 굶어죽었다. 홍은식이라는 분도 굶어죽었다. 이분은 의용군 출신인데도 먹을 것이 없어서 굶어죽었다. 처와 자식들이 나간 후 죽그릇을 다 훔쳐먹다가 들켜서 자식들한테 멸시받고… 80% 이상은 다 죽은 것 같다. 북부 탄광마을에 가보니까 늙은 사람들이 거의 다가 없었다.

의용군 출신들이 지배인도 하고, 다 한 자리한다는 말이 도는데 어쩌다 혹간 있기야 있다. 그러나 대체로 남반부 출신들은 안 시킨다. 남반부 출신이 공화국에서 자리에 앉은 거를 보면 손가락으로 꼽을 정도이다. 전혀 없다고는 볼 수는 없지만 어디 장자리를 하는 게 있나? 없다. 의용군들은 통일되면 다 무슨 자리를 내준다고 약속을 하나씩 받았다고 한다. 그러나 그 자식들도 대단히 어렵게 사는데, 친척이 있어야 들여다보겠는데, 아무도 안 들여다본다. 그저, 예전에 일 시킬 때는 배급도 주고 괜찮았었는데.

내 동무 아버지는 당원이었고 갱내에서 고생하지는 않았다. 기술자로 기계나 고쳐주고… 그런데 의용군 출신이라도 남반부 출신들은 일 하는 거를 보면, 다 고정되어 있다. 그래서 간부질을 못 한다. 아무도 곁에 뭐가 없으니 외로우니까, 그저 머슴처럼 시키면 시키는 대로 한다. 우리 동무들, 재일이랑 출이랑… 다 내 동무지간인데 남반부 출신들은 마찬가지이다. 그 자식들도 볼 차라면 볼 차고 공부하라면 공부하고, 학습하라면 학습하고. 출신이 자식들에게까지 번져지니까 학교에서도 남반부 출신의 자식들은 견장다는 간부질은 안 시킨다. 그렇게 자식 세대들이 달통이 안 되니 그 아버지들은 주눅이 더 드는 것 같다. "할 수 없지, 뭐 어쩌겠니?" 이렇다.

의용군들도 주위에 자기 혈육이 없으니 다 당에서 보살펴 준다고 하지만 그게 세심한 곳까지 되는가? 어디가 아프다 해도 다 어떻게 보살펴 주겠는가. 그리고 누구 말대로 조선에서는 배려받기가 무섭다. 배려를 받으면 그보다 곱절 더 해야겠으니 그걸 어떻게 배려라고 해야 하는지. 무슨 책상다리 자그마한 거로 "이 동무는 이번 과업에서 충실히 했다"고 표창장 하나를 준다고 해도 반갑지 않다. 아! 그거 받고 썩어지자고 그렇게 하겠는가? 하나도 필요 없다.

숱한 사람 앞에서 상을 받고 모범이라고 했으니 모범을 보여야지 어떻게 하겠는가. 그러니 사람들이 속혀 산다. 이만한 일 하면 뭐 주고, 이보다 더 하면 뭐 주고… 이렇게 얼리고 얼리고, 그래서 죽도록 일한다. 결국 그것이다. 그래서 그 사람이 죽은 다음에는 뒤도 돌아보지 않는다. 죽은 후에야 그 죽은 혼이 '아이구, 속혔구나' 이렇게 되겠는지. 내 동무들도 죽을 때까지 속혔다. 행여나 나만이라도 일을 잘 하고 생활을 잘 하면 어떻게 되겠지, 이랬다. 그 동무들 중에 사망되기도 했는데 기관에서 들여다보는 게 하나도 없더라. 그전에도 그런 생각은 하고 있었지만 이제는 더 믿을 게 아니다란 생각이 저절로 든다. 간부들은 제 배만 채우고 남은 내 몰고, 자기네 술자리만 펼치고 그런다. 간부들이란 게 다 그렇다.

탄 광 이 야 기

1999년에 들어서면서 하면탄광은 돌아간다. 공화국에서 증기기관차에 때는 석탄을 캐는 탄광이다. 크다. 가 보긴 했는데 갱이 몇 개인지는 정확히 모른다. 고건원탄광은 1998년도 초까지 못 돌아갔다. 완전히 서 버렸다. 거기도 큰 탄광으로 탄의 질이 좋고 갱이 여러 개 있다. 고건원구에 아파트도 있고 마을이 크다. 여기 사람들도 식량난 이후에 어디 다른 지방으로 도망도 못 가고 거의 다 죽었다. 고건원도 살기 바쁘다. 농촌을 끼고 있지만 탄광 로동자는 로임에 매달려 살아야 하는데 돈이 없으니까 농촌에서 식량이 나오더라도 못 사 먹고. 이 식량이 외지로 빠진다. 식량가격이 10원을 하든 20원을 하든 돈이 없으면 못 사먹는 것이고 100원을 해도 돈이 있으면 사 먹는 것이다. 사 먹고 싶어도 돈이 있어야 사 먹지? 그렇게 되어 있다.

아오지탄광은 유일성탄광인데 북부탄광에서는 제일 큰 탄광이라고 볼 수 있다. 거긴 탄광 영웅들이 있다. 영웅이란 힘도 세고 탄도 많이 캐고, 김일성 주석이 시찰 나왔을 때, 같이 현장에서 있으면서 잠도 같이 잔 사람들이다. 일을 많이 하고 잘 하는 사람들이다. 김직현이라고, 이 사람이 2중 영웅(영웅 칭호를 2번이나 받음)이었다. 삽도 다른 사람 삽의 4배나 되는 것을 쓰고, 김일성 주석하고 술 경기까지 했다. 김일성 주석이 술을 좋아하고 술도 센 것 같다. 술내기 해서 그 사람이 먼저 꼬꾸라졌다. 탄광부문에 2중 영웅이 그 사람 하나로, 천리마 운동 때 대우받고 사회주의 봉화 불길을 지피는 운동 때 일을 많이 해서 2중 영웅이 되었다. 2중 노력 영웅 훈장을 받은 사람은 공훈 배우도 있고 많지만 이렇게 영웅 칭호를 받은 사람은 드물다. 이 아오지탄광은 1980년 초에 6·13탄광으로 이름을 고쳤는데 김주석의 현지 교시에서 아오지탄광에서 나오는 탄을 7·7화학공장으로 분배하라고 하였다. 7·7공장은 비료공장으로 기본적으로는 화약을 생산한다.

은덕에 7·7화학공장, 은덕화학공장이 있는데 다 서다시피 했다. 아오지 탄광에서 7월 7일 화학공장에 탄을 대주어야 하는데 1998년 말에 가 보니까 1월 11일이라는 분공장 하나가 겨우 돌아가고 거기서 비료 같은 걸 생산했다. 말은 비료라는데, 비료라고 믿어야지 어쩌겠는가? 사실 군수품이나 같다. 불을 끄면 안 될 형편이니까 겨우 불씨 하나는 살구는 정도이다. 그때 가 보니까 공장이다 죽었다.

　　7·7공장 정식 이름이 7월 7일 화학연합기업소이다. 원래 로동자가 몇만 명으로 크다. 이 공장의 분공장들이 1월 11일 공장, 3월 8일 공장 등 많다. 이름이 숫자로 되어 있는 것은 그 날에 세워졌기 때문이다.

　　아오지탄광은 처음 시기에는 정치범 같은 사람들을 보내서 고생시키고 나오지도 못 하게 했다. 이것은 공화국 세우면서의 이야기다. 학교 졸업자나 군대 제대자들을 탄광에 합법적으로 데려오기 전에, 처음에는 몰래 데려와 일을 시키면서 수용을 했다. 말하자면 통제하면서 일을 시켰던 것이다. 수용소는 아니고 집체기숙사로 그저 일만 시켰다. 나도 딱히는 모르겠는데, 그런 말을 듣기만 했다.

　　온성군의 주원탄광은 청진시 화력을 담당하고 있다. 그래서 청진시에서 겨울을 지내기 어려우니까 1997년도에 주원탄광에 석탄을 캐달라고 하면서 나무 한두 차 또는 양식 몇 차를 주겠다고 했는데 이것으로는 하루의 채탄작업도 완수할 수 없는 재료였다. 탄광이 어려워지면 그 보장지역도 어려워졌다. 조선에서 제일 큰 제철기업소인 청진 김책제철소도 북부탄전 쪽에서 석탄이 안 내려오니까 연료가 달려서 공장이 정지되었다. 거기다 인민들 난방도 되지 않는다. 조선의 고층아파트는 김주석 교시로 1980년대에 건설이 되었는데 제철소나 화력발전소에서 나오는 열을 가지고 온수 난방하거나 거기서 나온 물을 가지고 쓴다.

　　세천탄광은 회령에서 약 60리 떨어져 있으며 주위에는 농촌도 없고 전부 바위에 둘러 싸여 있다. 산채나 풀을 뜯자 해도 20여 리를 가야 한다. 정말 어렵다. 1998년 봄의 모내기 때에는 길가의 모들은 지도원들이 시찰을 나오니까 눈가림으로 어느 정도 심어 놓았지만 조금만 들어가면 모내기도 못 한 곳이 아주 많았다. 그 돌산에는 1미터 정도의 크기가 가장 큰 나무로 되었다. 여자들은 영양이 결핍이 되니까 가슴이 하나도 없이 말라붙었고 옷차림은 말할 것도 없다. 전 북부탄광지역이 마찬가지로 아주 어렵다. 국가에서 배급을 주지 않으면 식량이 올 때가 전혀 없다. 3천명 로동자 중에 근 8백명이 죽었다고 했다. 탄광에는 물이 차서 들어갈 수 없어서 로동자들은 굴 어구에서 석탄을 곡괭이로 파서는 등짐을 지고 나와서는 회령시장이 가 팔아서 매일 생계를 유지한다.

매년 1월1일, 2·16, 4·15, 5·1, 7·1(광부절), 8·15, 9·9, 10·10, 12·24일을 애타게 기다리는 사람들은 하루나 이틀 분 식량을 타면 그것으로 4-5명 식구가 근 1달씩은 늘여 먹는다. 그러니 실상 탄광 광부들에게 공급되기로 한 영양제는 꿈도 꾸지 못할 일이다.

부업직장

그래도 소 관리할 때가 제일 좋았다. 일하다 졸리우면 잔디밭에 척 드러누워 자고,
또 소 잔등에 올라타고 "이리 가라, 저리 가라" 하면서 어슬렁거리기도 하고.

　　　기업소의 종업원이 몇만 명 정도 되는 큰 공장에는 후방단위가 크다. 강재를 만드는 공장이면 강재를 생산하기 위한 직장들이 있고 이것을 보장해 주기 위한 후방단위가 있다. 후방단위에서는 영양제 대상인 로동자를 위한 부식물을 생산하고 외화벌이도 한다. 내가 처음 사회에 나와서 일한 곳이 부업직장이었다.
　　　환경이 아주 열악한 작업반에서 일하는 사람들을 '유해대상'이라고 하는데, 그런 사람들에게는 다른 사람들보다 좋은 음식, 영양가 있는 음식, 즉 영양제를 챙겨준다. 우유나 약가루를 먹이는데 그런 사람들을 위한 음식을 만들어 주는 식당을 유해식당이라고 한다.
　　　식당은 공장 안에 있는데 영양제식당과 로동식당이 있다. 로동식당은 일반 로동자들이 음식을 먹는 곳으로 밥만 싸 오면 반찬은 식당에서 주고, 영양제식당은 영양제 대상들이 음식을 먹는 곳으로 밥, 반찬과 영양제를 준다. 일이 힘들

고 위험한 1급 로동자가 타 먹는다. 일반 로동자들은 밥을 싸 오지 않으면 자기 돈을 내고서 밥을 사 먹어야 된다. 일반 식당에서 나오는 반찬, 국은 질이 형편없다. 배급이 끊기기 전에도 그랬다. 쌀만큼은 공화국에서 철저하니까, 배급 탄 걸로 집에 가서 먹든지 도시락을 싸 오든지 하는 것이다.

후방기지에는 젖소 말고도 닭사, 개사니사, 해리서사, 돼지돈사가 있다. 돼지는 한 2천 마리쯤 키운다. 닭은 한 5백 마리. 개사니(거위)도 알을 놓는데 고기는 잡아서 영양제로 준다. 해리서는 4백 마리쯤 키우는데 이거로는 외화벌이를 한다.

정식 명칭은 후방과라고 하는 후방기지에는 물고기 잡는 데와 밭일하는 데와 가축 키우는 데가 있다. 가축을 키우는 데는 여러 사람이 한다. 소만 해도 10명이 필요하다. 부업직장 안에서는 옮겨다니며 일을 한다. 소 키우는 곳에도 가고 돼지 키우는 곳에도 간다. 후방기지에서 일하는 로동자는 한 1천명 좌우였다. 부업직장에 농장도 있고 축산반이 1개의 직장으로 있다. 거기서 소, 돼지, 닭, 개사니, 해리서 키우는 집단이 각각 1개의 작업반으로 일을 한다. 물고기 잡는 곳도 1개 직장이 된다.

부업직장에서 하는 농장 안에는 농산 1반, 2반, 3반이 있는데 이 사람들만 가지고는 밭을 다 못 관리하니까 매 직장마다 땅을 분할해 주었다. 'ㅇㅇ직장은 어느 밭을, ㅇㅇㅇ직장은 어느 밭을 관리하라' 이런 식으로 해서 자기네가 관리해서 나누어 먹는 것이다. 밭에는 옥수수, 감자, 배추, 무를 키우고 간부들을 위해서 따로 오이 등도 키운다. 각 직장마다 대개가 다 똑같은 종류를 키워 먹는다. 직장들이 3교대이니까 낮일을 한 교대는 오후 4시에 일 끝나고 그때부터 밤늦게까지 일을 하고, 저녁일을 하는 사람은 오후 4시부터 일을 시작하니까, 낮 12시에 점심을 먹고서 밭일을 하다가 작업에 들어간다. 또 밤일을 하는 사람들은 밤

12시부터 아침 8시까지 일하고 나서 밭일을 한다. 땅은 다 조선 땅이니까 손들인 만큼 수확한다. 자기 직장에서 생산한 농산물은 다른 직장 사람들은 먹지 못하고 자기네들만 나누어 먹었다.

물고기 잡는 공장은 다른 데 있다. 우리 공장이 제철소라 하면 소속은 제철소 소속이지만 어장이니까 바닷가에 있다. 배는 한 8대 정도인데 잡은 물고기는 공장 사람들이 나누어 먹었다. 조선에서 물고기를 잡는 곳은 수산협동과 수산사업소가 있는데 체계를 볼 때 농장하고 같은 위치이다. 배는 주로 당원들이 탄다. 배타고 남한으로 뜰까 봐 조선로동당 당원으로 태운다. 간혹 작은 배, 연락선 같은 거는 청년동맹원들이 탄다. 대개가 성분이 좋은 사람들이다. 1배에 10명이 타면 10명이 전부 당원이고 정치적인 것에 있어서 세포비서가 당원들을 관리한다. 선장, 부선장, 기관장이 있고 선원들이 있다. 제일 밑에 10-20명 정도의 작업반이 있다. 공장기업소가 가지고 있는 협동, 농촌에서 가지고 있는 부업협동도 있고 군(郡)에서 가지고 있는 수산협동도 있다. 국가적인 수산업은 수산사업소에서 운영을 한다. 신포의 경우 수산사업소는 7개 기업소에서 통제한다.

하나의 배를 타는 사람들이 1개 작업반이다. 내가 다닌 공장에는 배가 8척이니까 8개 작업반으로 이루어져 있었다. 한 배에는 보통 12-13명, 취사원까지 포함해서이다. 지금은 기름이 없으니까 매일 못 나간다. 그전에는 1번 나가면 5일 정도 있다가 들어온다.

이 루 지   못 한   설 레 임

내가 맡은 일은 축사 일이라 강을 낀 외진 곳에 직장이 있었다. 동해로 흐르는 강에 있는 작은 섬에서 여자 6명이랑 남자 3명, 9명이서 일을 했다. 우리들이 소 200여 마리를 관리했는데 한 5리 되는 산도 있었고 벌판도 있었다. 섬이 알찼

다. 그런 데서 젖소를 키웠다. 좀 떨어져서는 개사니, 돼지들도 키우는 작업장이 있었고 과일을 키우는 과수반도 있었다.

　잔디밭도 넓고, 사방은 강이 쫙 흐르지, 향어, 중어, 돌가재미, 게, 모샘치, 버들치 따위들이 많다. 같이 일하는 여자들 보고 "야! 소 풀어 놓은 거 잘 봐라" 그러고는 나 혼자든 동료든, 봄철이나 가을철까지 낚시질을 했다. 내 역할 중 하나는 소 키우는 작업반 여자들을 보호하는 것이다. 간혹 주변의 애들이 몰래 섬에 올라와서 여자들을 겁탈하는 일이 있었다. 그런 일이 있을까 봐 남자들이 함께 있게 하는 것이다. 또 다른 일은 여자들이 소젖을 짜서 통에 담아 놓으면 그 통들을 운반해 가지고 배에 실어서 강역까지 건네다 준다. 그래야 공장 차가 와서 그 통들을 실어다 '유해식당'으로 내 간다. 그 일을 했다.

　1주일 동안은 자기 맘대로 집으로, 섬 밖으로 못 나간다. 섬 안에 주거시설이 다 되어 있으니까 1주일 동안 그 섬에서 살고, 1번씩 교대해서 논다. 매일 아침에 작업반장이 생산공장 후방과에 가서 작업지시를 받아온다. 작업반장의 집은 섬밖에 있으면서 아침에 출근하고 저녁에 돌아갔다. 그러면 아침에 "오늘은 누가 교대 시간이어서 논다"고 보고하고 작업반장이 없었을 때 소가 새끼를 낳거나 사고가 일어나면 보고하고, 작업반장은 반원들에게 그때그때마다 필요한 영양제 공급 계획과 작업 지시를 해 준다.

　섬으로 왔다갔다 하는 배는 미리 약속하거나 신호를 보내지 않으면 보내 주지 않으니까 딱 필요한 때만 배가 왔다갔다 한다. 이런 때가 아닌 때에 섬에 들어오거나 나가려면 헤엄쳐야만 한다. 물이 폭은 좁아도 물살이 빠르고 깊기 때문에 웬만큼 헤엄을 잘 치지 않는 사람이면 죽거나 다치고 만다. 내가 배를 움직이는 책임을 맡고 있었기 때문에 사정이 있어서 집에 가야 하는 작업반원들이 나한테 부탁을 한다. 내가 허락해 주면 돌아올 때는 술이랑 먹을 걸 싸 가지고 돌아온다.

    내가, 연애라기보다도 나를 따르는 여자가 1명 있었다. 나랑 한 직장에 일을 했었는데 한 반 년 사귀고 그만두었다. 여자가 자꾸 자기집에 놀러가자는 거, 가지 말았어야 했는데… 그 여자집은 나보다 성분이 좋았다. 내가 부업직장에서 소를 키우는 일을 할 때 그 여자는 한 1킬로미터 떨어진 곳에서 개사니 키우는 일을 하고 있었다.

    소 키우는 일을 하면서 소를 몰고 강녘으로 나갔다가 개사니를 끌고 나온 그 여자를 만났다. 가끔 얼굴을 보고 말도 건네고 했는데 몇 달이 지나니까 며칠에 한번씩 누가 내 옷을 빨아서 탁탁 개어놓았다. 내가 배를 태워주면 여자는 집에 갔다온 후에 담배 같은 것도 갖다주고… 좋았다. 그리고 여자집에 몇 번 놀러가게 되면서 여자의 아버지랑 마주쳤다. 여자 집이 나보다 성분이 많이 좋았다는 걸 알았으면 내가 절대 놀러가지 않았을 것이다. 여자는 조국 전쟁 때 피살자 가족으로 그 아버지가 군당에서 일하고 있었다. 여자의 아버지가 나를 한번 보고는 나에 대해 좀 물어 보고 했던 것 같다. 그 여자는 별스럽지 않게 대답했다는데 우리를 좀 다르게 생각했는지 계속 딸에게 누구냐고 물으니까 여자가 같은 직장에 있는 사람이라고 말했다.

    그 아버지가 나에 대해서 알아봤다. 알아봐야 내가 다르게 책잡힐 일이 없었지만 나를 반대했다. 군당에서 일하면 그래도 자기 포부도 있을테고 내 조건이 마음에 안 드니까 여자에게 나를 만나지 말라고 하고 딸을 개사니 작업반에서 뽑아갔다. 그리고 나에게는 압력이 들어왔다. 생활을 경건하게 하라는 말이 내려왔다. 이런 지시는 공장사로청위원장에게 한마디 견지를 넣으면, 공장사로청위원장이 직장사로청위원장에게 압력이 내려오고, 그러면 나한테까지 압력이 내려오게 되어 있다.

그래서 내가 그 여자를 찾아가서 말했다. "나는 너를 대상할 때 사랑이란 감정을 가지고 대한 적이 없다. 그저 한 직장에서 일하는 사이로서, 동무로서 대했을 뿐이다. 남자라고 해서 여자 친구를 못 갖고 있다는 법도 없고, 여자라고 해서 남자 친구를 못 갖고 있다는 법도 없다" 이렇게 말했다. 그랬더니 그 딸이 나보고 미안하다고 했다. 그 뒤 작업반 여자들이 내가 혼자됐다면서 "당선될 수 있을까?" 하면서 농담하더라. 약삭 빠른 여자동무가 어디서 갖고 왔는지 좋은 술을 마련해 와서는 마시라면서 주고 그랬다.

그래도 그 소 관리할 때가 제일 좋았다. 일하다 졸리우면 잔디밭에 척 드러누워 자고, 또 소잔등에 올라타고 "이리 가라, 저리 가라" 하면서 어슬렁거리기도 하고. 우리가 관리하던 소에는 코뚜레를 안 뚫었다. 그래도 소들은 반원들이 척 애기하면 말귀를 알아듣고 말을 잘 들었다. 1번 소, 한마디로 대장 소이다. 이 소한테 "야, 1번! 오라!" 그러면 뚜벅뚜벅 온다. 그 소를 타고 "야, 가자! 쉬쉬쉬!" 하고 몰면 나머지 소들이 1번 소를 따라 온다. 그럼 양어간에서 나머지 반원들이 "워이워이" 하면서 소를 몰고 우리에다 넣고 젖을 짠다. 하루에 두 번 젖을 짜는데 그 젖 짠 것을 사람들이 나눠 마시고 저녁 먹을 때에도 우유에다가 감자를 썰어 넣고 술 한잔 하기도 한다.

우리 작업반의 방은 2개였는데 방 하나에는 나랑 동료들이 같이 지냈고 다른 하나에는 여자들이 지냈다. 밥이랑은 다 여자들이 했다. 아침을 다 해 놓고서 상을 차려 놓은 뒤 문을 두드려서 우리를 깨운다.

여자 동무들이 집에 갔다올 때는 몇 시까지 온다고 미리 말해 둔다. 보통 집에 갔다가 밤 10시에 돌아오는데 밤 10시에 강 건너에서 전지(손전등)로 신호를 보내면 남자반원들이 배를 몰고 가서 태워온다. 그때 집에 갔다온 사람들은 빈손으로 오지 않고 떡이랑 빵, 과일, 술 같은 것들을 챙겨오면 다들 그걸로 잘 먹었다. 그때는 식량사정도 괜찮았으니까 괜찮게 먹고 지냈다. 그곳이 경치가 아주 끝내주게 좋았다. 4월말부터 5월은 강바람이 세서 춥고 6월부터 9월까지가 제일 좋다.

협동농장

농장에도 간부가 많아서 어떤 일을 하자고 비준 도장 하나 찍자면,

정말 용지 한장에다 뻘건 도장을 글자가 안 보일 정도로 찍어야 된다.

부속 하나도 상점에 가서 사 오면 될 일도……

첫 자유선거

우리는 리(里)가 1개의 농장이다. 생산만 전문 담당하고 있다. ○○도 ○○군 ○○리라고 하는 것은 농촌, 즉 농장을 말한다. 농장의 생산관리기구는 리협동농장관리위원회이고 그 대표는 관리위원장이다. 사상적 지도는 리당위원회에서 하고 있다. 그 당대표는 리당비서이다. 이 사람이 농장에서는 힘이 제일 세다. 리협동농장관리위원회의 상급 기관으로는 군경영위원회가 리를 행정적으로 관리하고 있고 사상적인 면에서 군당(郡黨)위원회가 리당을 지도한다.

1997년 12월에 리관리위원장 및 작업반장, 분조장, 그리고 리당 일꾼들을 선거로 뽑았다. 그전에는 상급 기관인 군당(郡黨)에서 농장 일꾼을 내려보냈다. 군당에서 리당비서를 뽑고 리당에서는 작업반장, 세포비서 등을 뽑고 거기서 분조반장, 분조비서를 뽑는 식으로 해서 농장의 간부문제는 다 리당에서 했다. 그런데 1997년에 당에서 처음으로 리당비서까지를 민주적 자유선거로 선출한 것

이다.

　리당비서를 선출할 때에는 당비서이기 때문에 농장 내의 당원들만 모여서 "누구를 뽑았으면 좋겠는가?" "나는 누가 좋겠다" 하고 후보를 추천하고 투표를 했다. 관리위원장은 행정 일꾼이니까 그 농장의 모든 농민들의 의견을 듣고 후보가 나오면 사람을 간추리고서 결선 투표를 했다. 이런 방법으로 리당비서, 리관리위원장, 작업반장, 작업반비서, 분조장, 분조비서, 이 6명을 국가 전역에서 다 뽑았다. 임기가 1년이고 매년 12월에 선거를 하기로 했다. 이 자유선거를 군당 이상으로 할 것 같지는 않다. 군당까지 하면 엉망진창이 되겠지? 처음 실시한 일이다.

　전에는 분조장이 분조가 맡는 10정보의 농사와 관련이 있기 때문에 출신 성분을 따졌다. 성분이 안 좋아도 분조장은 할 수 있다지만 그런 사람 중에서 분조장하는 것을 못 봤다. 분조장이 뭐 대단한 거라고, 있기는 있을 것이다. 그런데 작업반장이라면 군당비서처의 비준 대상이었다. 즉 리당에서 사람을 뽑고서 군당비서처의 수표(사인)를 받아야 한다. 한 농장의 생산기술을 담당하는 기사장의 비준은 도당까지 가야 한다. 이렇게 리당비서, 리관리위원장, 기사장들은 군당 이상으로 더 올라갔다. 아무나 못 한다. 분조장도 그렇다. 분조장을 시킬 때도 먼저 당원으로 만들고 적당한 대상을 시키지 보통 사람이면 안 시켰다.

　1997년도부터 협동농장의 큰 밭들 중에는 군대를 동원하여 다루기도 하였다. 농사를 짓는데 물자부족으로 많은 애로를 겪었다. 우리는 옥수수농사를 지을 때 먼저 모판에 심어서 옮겨 심게 되어 있는데, 1998년에는 영양단지를 기를 비닐박막이 없어서 농장원들을 동원하여 수집하였다. 비닐박막 15미터에 쌀 1킬로그램을 배급하였다. 어떤 고장에서는 종자가 부족하여 제때에 파종도 못 했다. 오죽하면 "봄에 올라오는 감자순을 뽑아 가면 남쪽에서 들어온 안기부가 중국 국경변에 앉아서 감자순 한 바랑에 돈을 얼마 준다. 북조선이 다 마비되도록 안기부가 그런 작전한다"는 말이 있었다. 이런 말이 일반적인 사람들의 말인지 아니면 당적으로 나온 말인지, 어떻게 그런 얘기가 도는지는 잘 모르겠다. 별난 말이 다 있다.

농장에서는 농사를 제대로 잘 짓지 못하고 수산업은 바다에 배가 나가지 못하여 생산물은 점점 없어지다시피 하니 나무쪽배를 손질해서 개인이 고기를 잡아서 팔아 쌀을 사 먹는다. 농장원들은 자기가 가지고 있는 식량을 조금씩 팔아 소비할 돈을 쓰면서 살게 되었다. 원유문제, 식량공급문제가 생기면서 수습하기 힘들게 되었다. 고산지대 농업은 산 돌밭을 개간해서 심는 농사인데 날이 가물면 다 타 들어 가고 비가 많이 오면 흘러서 떠내려가고, 정말 억지로 심는 농사였다. 식량 해결을 위해서 지방마다 특산물로 변강무역을 하라고 하여 산을 다 뒤져서 약초와 산나물을 캐고 바닷가에서는 수산물을 잡아서 변강무역을 하고 있다.

농 장 의   규 모

온성군에는 농장이 22개 정도 있다. 회령도 한 20여 개 된다. 온성에서의 제일 큰 농장은 창평농장이라고 볼 수 있다. 창평농장은 담배 심는 곳으로 군(郡)농장이 아니라 국영농장이다. 낟알 심는 농장은 대개가 다 비슷한데 고성농장이 좀 크다. 규모가 큰 농장이 온성읍농장과 고성농장, 시험농장이다. 이 3개의 농장은 원래가 고성농장이었는데 갈라 놓은 것이다.

시험농장에는 농사를 위주로 하지 않고 종자 재배를 주로 하고, 종자 개량을 위해 시험하는 곳이다. 2분조에는 양덕 1호를 재배하고 다른 분조에는 화성리 9호를 재배하는 식이다. 벼, 강냉이 등의 종자를 개량하는 어떤 연구소가 있으면 그 부속농장이라고 볼 수 있다. 그래서 농업 대학생들이 많이 내려와서 농사도 짓고 경험도 쌓고 한다. 농사짓는 사람에게도 도움이 되니까 이 농장을 잘 만들었다고 볼 수 있는데, 좀 일찍이 만들어야 했다. 농장을 1980년대 지나서 창설했으니 얼마나 인재양성이 떨어졌겠는가? 온성군에서는 이 시험농장과 창평농장, 하삼봉농장이 국영농장이다.

국영농장은 협동농장과는 좀 다르다. 리협동농장이 군협동농장경영위원회의 소속이라면 국영농장은 도농촌경리위원회가 관리한다. 국영농장은 도 전체의 농업에 관련된 일을 맡아서 하게끔 되어 있다. 시험농장에서 만들어 낸 종자를 땅이 좋은 농장에 심어서 그 종자를 그 도안에 있는 각 협동농장에 나누어 준다. 이 국영농장은 도농촌경리위원회의 요구에 따라 일을 해야하므로 도에서 직접관리하는 것이다. 국영농장의 농장원들은 로동자와 같이 매달 임금과 배급을 탄다.

하삼봉농장은 개산툰 앞에 있는 농장인데 온성군에서 제일 농사가 잘 되는 곳으로 종자를 심는 농장이다. 중국의 개산툰에서 바라보면 편평한 들판이 있는데 개산툰 팔프공장 바로 앞에 있다. 그 아래는 종성농장이다. 벌이 넓은 하삼봉농장은 옛날부터 농사가 잘 되었다. 물이 좋다. 일본이 개산툰 팔프공장을 하삼봉에 만들려고 하다가 거기서 나오는 쌀 때문에 두만강 건너편에 세워 놓았는데 해방되고 나니까 원래 조선 것이었던 팔프공장이 중국 것이 되었다고 한다. 지금도 물이 메마르지 않고 농사가 잘 된다.

개산툰 상류에 조선의 방원리가 있다. 삼봉 위인데 거기서부터는 회령이다. 방원리도 농사가 괜찮다. 산골농장으로 아늑한 곳이다. 거기로 밀수꾼이 많이 다니고 옛날부터 밀수 통로로 많이 쓰였다. 방원리 부소대장하던 사람도 밀수꾼을 넘겨주다가 군기대에 붙들려서 어디로 갔는지 모르게 되었다.

한 농장의 농장원은 500-600명 정도 된다. 많은 곳은 1천여 명에 이르기도 한다. 수전은 생산량이 1-2톤 정도, 한전은 2-3톤 정도 된다. 한전은 거의 강냉이를 심는다. 생산량은 농장마다, 땅의 질마다 다르다. 1개 농장이 5-8개의 마을로 나뉘어져 그 마을을 중심으로 작업반이 구성되어 있고 각 작업반은 다시 7-8개의 분조로 나뉜다. 1개 작업반이 농사짓는 면적은 몇십 정보 된다.

1정보가 3천평이고 1평은 가로 1.8미터 세로 1미터이다. 1개 분조가 농사짓는 땅이 10정보가 넘으니까, 1개 작업반은 분조의 수에 따라 대개 50정보, 큰 농장은 100정보를 맡아서 농사를 짓게 된다. 한 농장의 크기는 딱 규정된 것이 아니지만 '총 농장 면적이 얼마다' 라는 것이 정해져 있다. 작업반 수나 분조 수도 농장의 상황마다 다르기 때문에 정확한 규정은 없지만 '농장 단위로 얼마만한 땅을 몇 개 분조, 몇 개 작업반으로 운영한다' 는 것이 농장의 자율로 되어 있다. 공화국 전체로, 매 작업반에 기본적으로 어느 만한 면적을 가져라 한다. 분조도 대충의 면적은 나와 있지만 대체로 지형의 요구에 맞게 배치해 놓는다. 지형상 산을 끼고 있어서 밭이 드문드문 떨어져 있는 곳에는 독립 분조도 만들어 놓았다.

지금도 농장 사람들에게는 가을에 조금씩 분배를 준다. 원래는 가을걷이 끝내고 1년 양식을 배급해야 하지만 배급이 전혀 없는 일반 로동자들보다는 나은 편이다. 그래서 농장은 굶어죽는 비율이 적다. 농민들이 큰 장마당이나 중국으로 더 못 나오는 이유도, 얼마라도 받는 식량으로 농민들을 조직생활에 결집시키는 것이 있기 때문이다. 조금이라도 배급을 주니까, '너가 행방 다닐 일이 뭐 있느냐?' 한다. 물론 농장 사람들도 3월이 되면 양식이 떨어지니까 행방을 다니는 사람이 있긴 있지만 농장을 멀리 떠나지는 못 한다. 분조라는 것도 사람이 뻔한 것이라 하루라도 빠지면 바로 노출된다. 작업반장이나 분조장 같은 사람은 농장관리의 핵심이니까 쉽게 빠질 수가 없다.

또 농장 사람들이 못 나오게끔 되어 있는 조건이 있다. 가을에 배급을 타니까 3-4월까지는 견디다가 4월이 되어 중국으로 도망치려고 하면, 이때는 두만강 얼음이 풀릴 때이다. 얼음이 풀려서 강으로 막 떠내려오니까 사람이 건너지를 못 한다. 그러다 7-8월이면 또 장마철이다. 이때 또 건너오려고 해도 9월부터는 식량을 풀어주니까 그것 타 먹는 재미에 못 나온다. 그러니 여름에 풀을 캐 먹으면서 견디고 견디는 것이다.

농장의 일을 알자면 작업반장쯤이면 알 수 있다. 특히 기사장 아래에 있는 기술원들이 면적 당 수확량 등 모든 농사에 대한 일들을 잘 안다. 작업반장 중에서 개뿔도 모르고 "빨리 빨리 해라!" 하고 소리나 치지 농사일을 잘 모르는 사람도 있다. 물론 전혀 모르면 사람들 지도를 못 하니까 초보적인 것은 아는데, 상세하게는 기술원이 잘 안다. 기술원들은 각 작업반마다 다 있다. 분조장은 행정조직 체계에 관한 것만 빼고는 기본 농사 일정에 관한 것을 기술원에게 많이 물어본다.

기술원의 배급은 농장원하고 같다. 로임을 더 높이 받지는 않지만 일 할 때는 농장원하고는 같이 안 한다. 이 사람은 지도사업하는 사람이다. 농장 아래 단위가 되는 작업반의 관리 일꾼에 들어간다. 농장관리위원회의 관리 성원 중의 하나인 기사장 아래에 기술원이 있게 된다.

우리 동무 하나가 기술원으로 농장에서 일한다. 가서 옷이랑 입은 걸 보니… 아! 처참해서 못 보겠더라. 발에는 천 신발 하나 신고 다니면서 일하는데, 12월이 되었는데도 옥수수대를 아직 베지 못했다. 옥수수는 이미 다 따 먹고 소 사료용으로 쓰려고 옥수수대를 베는데, 사람들이 옥수수를 따 먹고 옥수수대를 막 팽개쳐서 눈 속에 파 묻힌 것을 농장 사람들이 세워서 베어 내고 있었다. "이

봐, 오지 말라. 절대로 오지 말라" 몸집도 조그만 것이 그랬다. 정말 억울해서⋯ 분조장도 원래는 같이 해야 하는데 일을 잘 안 한다.

농장 작업반에는 쌀 농사짓는 농산반만 가지고는 안 되니까, 축산반도 있고, 기계화 작업반도 있고, 수리 분조도 있고, 여러 가지가 있어서 그것들을 다 관리 운영하게 되어 있다. 통제하는 것이 없이도 농사를 잘 지어서 쌀이 남아 돌아가면 괜찮은데⋯ 어떻게 된 판인지, 그렇게 체계적으로 만들어 놓아도 안 된다.

야! 무슨 체계가 그리 복잡한지⋯ 농장에도 간부가 많아서 어떤 일을 하자고 비준 도장 하나 찍자면, 정말, 용지 한장에다 뻘건 도장을 글자가 안 보일 정도로 찍어야 된다. 뻘건 도장, 검은 도장, 조그만 거, 큰 거⋯ 체계가 복잡하다. 부속 하나도 상점에 가서 돈 주고 사 오면 될 일도 어찌나 복잡하게 만들어 놓았는지⋯⋯.

농 장 의   구 성

농촌은 대개가 땅집이다. 리 중에서 큰 곳은 인민반(人民班)이 한 10반으로 2백호 정도 된다. 1가구에 5명을 기준으로 하니까 1천여 명의 공민들이 있는 것이다. 리에는 마을이 여러 개 있다. 중심이 되는 집단 주택 마을이 있고 그 주변으로 마을들이 흩어져 있다. 이 마을을 중심으로 작업반이 조직된다. 내가 잠깐 있었던 리에는 집단 주택단지에 50%의 집이 몰려 있었다. 우리는 도시나 농촌이나 몇십 가구를 묶어서 1개의 인민반을 만든다. 1개의 인민반에는 인민반장이 있다. 대개 여자가 한다. 농촌의 인민반장들은 1년에 1번씩 가을에 결산총화를 짓고서 이때에 선거형식으로 선출한다.

인민반장이 하는 일은, 시기마다 사회가 요구하는 일에 공민들을 동원시킨다. '군대에 식량이나 장갑을 바쳐라' 하는 과제가 있고 도로닦기 등의 사회동원도 있다. 도시에서 농촌지원으로 뭐를 준다고 하지만, 결국 주었다 뺏는 격이다. 또 인민반장은 마을 주변을 감시한다. 놀러 다니면서 이 사람 저 사람의 말을 듣고서 안전원에게 알린다. 어느 집에서 주패나 마작을 많이 한다, 누가 장고 치고 술 마신다는 등등. 성분이 안 좋은 집은 낮에 다니는 손님이 누구인지도 알아본다. 인민반장은 하루의 그 인민반의 정황에 대해 이상있다, 이상없다 하는 보고를 분주소 안전원에게 매일 올려야 한다.

인민반에는 가두세포 2-3개가 꾸려진다. 나이든 당원들을 조직생활에 묶어두기 위한 당조직이다. 이 가두세포의 대표인 비서는 리(里)단위의 초급당에 직속될 수도 있고 또는 한 개의 리가 서로 멀리 떨어져 있는 지리적 조건이 있을 때, 해당 마을 당위원회에 등록될 수도 있다.

농장의 배치가 어떻게 되는가?

1. 리분주소

리분주소에는 안전원 1명이 있는 경우도 있고 여러 명이 있을 수도 있다. 조선은 기본적으로 안전부와 보위부 건물이 크다. 안전원 5명이 있는 경우 수사, 감찰, 호안의 일을 담당한다. 수사에서는 국가 재산이 없어지거나 마을에 도둑질 사건이 생기면 그것을 해결하고 범인을 잡아서 감찰로 넘긴다. 감찰은 도둑질을 한 사람을 다룬다. 호안은 마을의 도로질서나 산불을 관리하는 사람이다. 이 안전원들은 다 당원으로 알짜 빨갱이다.

2. 출판물보급소

대개 여자 1명이 일을 한다. 도서관 형식으로 되어 있다.

〈里 농장배치도〉

3. 리진료소

　의사 1명에 준의사 2명, 간호원 1명 정도가 근무한다. 침실은 없고 주사실, 진단실이라 하여 진찰만 하는 곳이 있다. 약국은 아니고 자그마하게 약을 내주는 곳도 있다. 진료소는 야간에 직일(당직)을 서서 24시간 운영한다.

4. 편의봉사실

　농촌이라 단층으로 되어 있고 이발소, 미용실, 간단한 수리점이 있다. 3명 정도가 일을 하는데 이 사람들이 사는 곳은 그 주변 마을이지만 농사는 안 짓는다.

5. 기계화작업반

　차고와 사무실이 있는데 이 사무실을 작업반 선전실이라고도 하고 휴게실이라고도 한다. 여기서 작업지령과 생활총화도 하고 선전도 하고 휴식도 한다. 작업반 인원이 20명으로 농지정리를 할 수 있는 기계를 자체적으로 가지고 있다.

6. 보수반

건설반 일도 한다. 리의 인민들의 집을 짓기도 하는데 로동자들과 마찬가지로 국가로부터 땅과 재료를 얻어서 짓는다. 주택을 지을 때는 보수반의 전문 일꾼과 집을 짓는 곳의 작업반 사람들이 붙어서 같이 집을 짓는데, 벽돌이나 자재는 외부에서 가져온다. 이 돈은 자기가 소속된 단위, 즉 농장과 국가가 서로 적당히 분담을 나누어서 결제를 한다. 예전에는 집을 지어야겠는데 자재는 한참을 기다려야 하니까 위에다 돈을 고이고서 자재를 먼저 끌어와 집을 짓는 사람들도 있었다. 보수반은 평소에는 주로 기계를 수리 하는 곳이다. 집도 보수하고 뚝도 보수한다.

7. 철공소

야장반 일이라고 해서 쟁기를 불에 달구어 두드려 만드는 일을 한다. 달구지, 농기구를 만든다. 우리는 한 마을이 다 자체적으로 일하면서 굴러가게끔 구조를 만들어 놓았는데, 그게 잘 안 되어서 지금 이 모양이다.

8. 주택중심지

주택이 집중적으로 모여 있는 곳에 꼭 보위원 1명이 있다. 이 사람은 리보위원으로 큰 사무실 겸 집이 있다. 거기에 머물면서 리 인민들의 사상 동향을 살핀다.

9. 협동농장관리사무실

농장에서 제일 큰 건물이다. 농촌의 사무실들은 대개가 단층으로 되어 있다. 입구에 경비실이 있고 부기과, 관리위원회, 기사장실, 관리위원장실이 있다. 한쪽에는 행정적인 것들이 쭉 있고 다른 쪽에는 초급당위원회, 부비서실, 사로청위원회, 농근맹 사무실이 있다.

관리위원회방은 로동과장, 창고장, 관리부위원장, 기사들이 있다. 로동과장은 농민들의 여행증을 내주고 농촌의 인력관리를 한다. 관리부위원장은 1개 농장의 생산 총 담당인 관리위원장의 업무를 돕는 사람이다. 부기과에는 계산원, 통계원, 부기장, 부기지도원이 있다. 리 사무실은 리사무장과 여맹위원장이 있다. 이 사무실은 리의 주민들의 조직적 통제를 담당하고 인민반원을 관리한다. 집에서 노는 노약자나 장애인 관리도 한다. 또 공민증 문건도 관리를 하는데 이 안에는 생년월일, 학력이 나와 있고 부모 형제관계가 기록되어 있다. 이외에 리 사무소에서 하는 일은 가정적으로 사회적으로 해야할 위생문화, 생활문화 같은 일반적인 것도 관리한다. 마을과 집의 청소, 시기마다 조직되는 동원, 나라에 뭐

부기과 관련 서류실	관리위원장 서류실			창고-출판보급, 악기 등 리에서 공동으로 쓰는 물품을 보관한다				
초급당 위원실	부비서실	사로청 위원회실	농근맹 사무실	리 사무실	부기과	관리 위원회	기사장실	관리 위원장실	중요 시약 보관처
					경비실			

출입문

〈협동관리위원회 사무실 배치도〉

뭐를 바친다든지 생활에서 불손하고 단정치 못한 것 등 사회주의 생활문화에 대한 것이다.

10. 상점

리의 상점의 계산대는 사방이 막혀 한쪽에 출입문이 나있고 홀쭉으로 유리판이 있어 그곳으로 돈을 받고 계산을 해 준다. 상점에는 점장이 있고 판매원, 계산원(출표원) 3명이 일을 한다. 더 작은 상점은 2명이 있는데 점장이 출표원도 겸한다. 계산원과 판매원의 로임은 70-80원 정도이고 점장은 경우에 따라 다른데 한 100원 정도를 받는다. 계산원은 농장원들이 물건을 살 때 돈을 입출하고 판매원은 진열대와 매대에서 물건을 내준다. 상점에서 일하는 사람들은 다 여자들이다. 점장은 상점을 총지휘한다. 계산원을 오래하면 점장이 된다.

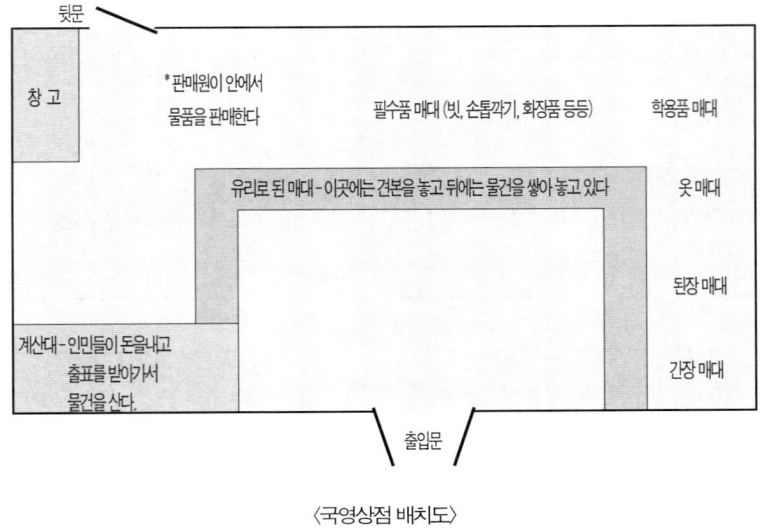

〈국영상점 배치도〉

상점에 진열된 물건 중에는 제정된 상품의 경우는 표가 나와있다. 된장, 간장, 기름, 학생복, 단체복, 이런 것은 그때그때 배급량이 있고 배정표를 가져야만 물건을 살 수가 있다. 그 외의 물건은 돈만 있다면 살 수가 있다.

11. 작업반

한 마을 단위로 이루어진다. 한 1백명으로 구성된다. 보통 작업반은 곡물을 주로 하는 농산반을 말한다. 1개 작업반이 6-7개라면 그 안에서 분조가 7-8개 정도 나누어진다. 수전과 한전이 같이 있으면 이 둘을 적당히 할당받아서 같이 농사를 짓는다. 작업반 중심으로는 마을이 있다. 그 마을마다 이름이 다 있다. ○○군 ○○리 ○○마을, 이렇다. 1개의 리 중에서 제일 큰 마을 외에는 대개 비슷비슷한 가구가 산다.

12. 축산반

돼지, 양, 염소 등을 키우는데 돼지분조, 양분조, 염소분조, 방목분조, 사료분조가 있고 작업반장, 수의사, 통계원이 있다. 사료분조는 먹이를 끓여주는 곳이고, 방목분조는 가축 방목을 전문으로 한다. 우리에서 가축을 관리하는 사람을 관리공이라고 하는데, 대체로 여자들이 한다. 방목하는 사람은 방목공이라 하여 남자들이 한다. 가축들이 방목을 나가면 관리공들이 우리를 청소, 정리하고 방목 중에 다치는 가축들이 많기 때문에 치료 준비를 한다.

전에도 개인 축산이 있었다. 개인이 키우는 짐승들은 산채로 국가에다 수매를 해서 국영상점으로 들어갔다. 농민시장에서는 개인이 키운 짐승이라도 개인이 공개적으로는 팔 수가 없었다. 그러다 1980년대 이후에 농민시장에서도 고기를 팔았다. 법으로는 금지를 했지만, 농민 말고도 집에서 짐승을 키워 고기를 내다 팔게 되니까, 나라에서도 어쩔 수가 없게 된 것이다.

조선에서는 소에 대해서는 엄격하다. 전부터도 소가 귀했다. 소는 무조건 협동 재산이다. 1개 작업반에 일소가 20마리이다. 이 소가 분조 당 3마리 정도 배당이 되는데 일을 하는 데에 있어서 소가 많이 부족하다. 송아지는 태어나면 축산반의 수의사에게 알리고 등록한다. 수의사는 자기 축산반의 짐승 수의 통계를 내고 농장 전체의 소의 숫자를 장악하고 있다. 소는 개인이 관리도 하고 공동 관리도 하면서 키운다.

우마차 사업소라는 것이 있다. 물건을 싣는 데 소를 빌려주고는 돈을 받는 것을 우마차 사업이라고 한다. 여기의 소는 농사일을 할 수가 없는 도태된 소나 나이가 많은 소로 달구지를 끌어 수송만 한다. 내가 만약 군(郡) '우마차 사업소'에서 일을 한다고 하면 국가에서 소 1마리를 준다. 소를 돌보면서, 흙을 파서 실어 나를 일이 있는 사람에게 소를 빌려주고 돈을 받는다. 소를 맡아 기르는 사람은 국가에서 정해 준 액수를 바쳐야 배급과 로임이 나온다.

소를 관리하는 사람은 우마차 사업소에 적을 두고 있지만, 그 사람이 관리하는 소는 자기 것이나 마찬가지로 소를 운영한다. 소가 많지는 않다. 우마차 사업소 직원이 20명인데 소는 10마리라 하면 직원 중의 10명에게 나눠 주어서 개별적으로 관리하게 한다. 이 사람은 아침에 우마차 사업소에 출근하고, 소는 집에서 기른다. 개인이 관리하던 소를 겨울에는 한데 모아서 관리한다. 이때 교배도 한다. 소가 송아지를 낳으면 국가에다 등록을 한다. 우마차 사업소가 소의 등록 단위가 되는 것이다. 구역 단위에서 우마차 사업소를 관리한다. 우마차 사업소는 '지방산업'이다. 군단위의 작은 기관 기업소를 말한다. 전쟁이 나도 군 자체가 돌아갈 수 있게끔 장공장, 옷공장, 규모가 작은 탄광 등 인민이 생활을 유지

하는 데 필요한 것을 만들어 내는 군급 공장들이다.

작 업 구 조

농장의 생산구조는 리협동농장관리위원회 – 작업반 – 분조 – 개인이다. 벼, 강냉이, 감자는 농산반에서 하고 배추, 무, 시금치는 남새반에서 한다. 농산반, 남새반이 각각 작업반으로 나누어지기도 하고 1개 작업반 안에 농산분조, 남새분조로 같이 있기도 하다. 남새분조가 같이 있는 경우는 작업반과 남새반의 거리가 많이 떨어져 있을 때에 작업반장의 지시에 의해서 분조를 만들 수가 있다. 우리는 기본적으로 양곡생산이 주이기 때문에 남새분조를 1개 작업반에 같이 두는 예는 별로 없다. 이 둘을 같이 두면 일이 복잡하고 능률도 오르지 않는다. 과수반이나 축산반도 1개의 작업반이나 같다.

남새나 과수의 생산물은 리관리위원장의 지시에 의해 다른 곳에 얼마를 유통하고서, 그 나머지는 농장 사람들이 나누어 먹는다. 농장에서 생산한 것을 공장 로동자에게 보내야 하니까 국가에서 공급 지시가 내려온다. 기업소마다 식당이 있으니까 어느 기업소에 판매해라 하면 판매하고 시내에 있는 남새, 과일상점에도 보내서 그 이익을 나누어 먹는다. 팔 때는 국가가격이 있다.

작업반의 구성원은 1백명 좌우로 그 안의 각 분조들은 15명 정도이다. 작업반은 7개나 8개가 될 수 있고 4개가 될 수도 있다. 작업반의 규모에 따라 분조가 만들어진다.

각 작업반마다 반장이 있고 기술원, 통계원 등이 있다. 반장은 그 작업반의 생산을 담당한다. 기술원은 농사에 대한 기술을 지도하고 통계원은 생산량이나 개인의 로동량만이 아니라 생활, 즉 출퇴근시간도 공수(점수)를 내어 통계를 낸다. 그래서 연말계산이 나오게 된다. 이 세 사람은 실제 농사를 짓지는 않지만 배급이나 현금을 받을 때 자기 작업반의 평균을 낸 것에 따라 배당을 받는다.

각 작업반에는 창고가 있고 선전실이 있다. 넓은 마당에 울바자와 지붕을 씌운 탈곡장도 있다. 한 해의 수확물을 탈곡장에 모아서 생산량을 계산하고 각 분조들의 공수에 따른 분배도 하게 된다. 작업반에 딸린 사무실은 따로 없고 선전실에서 관리자들이 모여 서로 논의도 하고, 사무실처럼 사용한다. 1개 농장의 총 생산 책임자는 리관리위원장이고 기사장이다.

농장의 생산(행정)담당 대표인 리(里)관리위원장 밑에 관리부위원장이 있고 그 밑으로 작업반장들이 있다. 관리부위원장과 같은 급으로 기사장이 있는데 농장의 기술을 총 지도한다. 그 밑으로 기술원들이 있다.

당간부는 리초급당 대표인 리당비서와 리당부비서가 있다. 근로단체에는 농근맹위원장도 있고 사로청위원장도 있다. 1개의 작업반에 당원들이 몇 안 되니까 농장에는 작업반 단위로 당세포가 1-2개 만들어진다. 이 작업반이 8개의 분조로 나누어져 있다면 각 분조에 1-2명씩 당원이 있다.

대개 농촌 사람들은 성분이 나쁘다. 그러니 농민들의 당원 수는 로동계급보다 드물어서 농촌에서는 제일 말단의 당조직인 당세포가 농업근로자 1백명인 작업반까지 내려간다. 일반적으로 1개 직장에 로동자가 1백명 좌우가 있다면 이 안에 적어도 당세포가 4-5개는 꾸려지고 부문당위원장이 있게 되는데 농촌은 같은 인원이라도 세포비서밖에는 안 되는 것이다.

노 는 날 에 도 전 투 하 기 바 쁘 다

농장원의 하루 생활은 로동자하고 같다. 보통 분조별로 작업반 선전실에 모여서 작업지령을 받고 조회를 하는데 독보와 작업지령도 받는다.

농장원들을 10일에 1일씩 휴식시킨다고 하는데 말이 휴식이지 어떻게 하든 계속 일을 시킨다. 로동자들도 일요일 날 쉰다는 게 없다. 사회동원이 없다고 해도 쉬지를 못 한다. 국가적으로 지정한 명절이야 그렇지만 여기 중국처럼 토, 일요일이란 것이 없다

조선은 처음부터 전투면 마지막까지 전투라는 말이 있다. 가을 전투 끝마치고 농한기인 겨울에는 새 농사하기 전투라는 게 있다. 협동농장 주위의 허물어진 울타리를 치느라 산에 가서 회초리 같은 나무를 해 온다. 우리는 차가 없으니까 소가 다 한다. 봄이 되면 밭갈이 전투가 있다. 시기마다 씨뿌리기 전투, 밭갈이 전투, 모내기 전투, 김매기 전투, 풀베기 전투, 그저 전투다. 쉴 새 없다.

1년 동안의 농사일을 대충 말하면 이렇다. 농촌은 양력 1월-2월까지는 새해 농사 차비, 영농준비를 한다. 인분, 흙, 풀, 짐승 똥 썩은 것으로 1년 사시사철 모아둔 퇴비를 밭에다 내놓는다. 3월에 종자 싹을 틔우기 위한 준비들로서 비닐박막이나 방풍림을 위한 나무를 준비한다. 개별적으로는 집 손질을 하고 쌀을 배급을 받을 때 현미로 안 주고 겉곡으로 주기 때문에 쌀을 찧는 일도 한다. 정미소에 가서 옥수수는 다 발가서 가루 낼 것은 내고 쌀을 만들 거는 만들고 또 국수로도 만든다.

3-4월은 종자씨를 키우는 작업이 기본이다. 작업반 단위로 하는데 밭에다 방풍림을 마련해서 키운다. 이 방풍림할 나무는 1, 2월에 집체적으로 산에서 해온 나무를 가지고 울바자를 만든다. 이 안에다 종자씨를 키우는데 물도 주고 비닐박막 치고 햇빛도 좀 보이고, 4, 5월 되어야 밭을 간다.

5월 달에 파종에 들어간다. 6월 달에 김매기를 하고 7월에도 김매기를 매는데 총 4번을 맨다. 김매기는 새벽 5시부터 아침 9시까지 맨다. 낮에는 쉬고 저녁 3시, 4시부터 해서 밤 8시까지 한다. 새벽에 일을 시작할 때는 평소의 절차없이 곧장 작업터로 가서 일을 한다. 작업반의 1개 분조가 맡아서 일하는 밭이나 논은

그해 1년 동안만 고정되고 해마다 돌아가면서 한다. 분조원도 정황에 따라서 바뀐다. 내가 이 사람과 일하기 힘들면 저쪽으로 간다. 작업반장이 힘세기나 연령을 고려해서 사람의 구성을 조절하기도 한다.

8월에는 수전의 경우는 물도 갈아주고 한전은 약 뿌리고, 9월에는 가을(수확) 날 준비를 약간씩 한다. 벼를 베기 위한 농쟁기 등을 갈고 하는 일이다. 10,11월은 가을걷이를 한다. 12월은 가을걷이를 해서 들어온 낟알을 정리한다. 위에다 바칠 것은 바치고 둘 것은 두고 종자로 남길 건 남겨 두고 배급을 준다.

협동농장의 배급은 가을 농사 끝에 1년치를 1번에 주는데 실제로는 배급을 가을에 3번으로 나누어 준다. 1차는 10킬로 정도 옥수수 속갱이 채로 주는데 바수미라고 해서 첫 수확한 것을 9월에 준다. 아직 곡식이 덜 여물 때이니까 우선 기쁘게 밥을 해서 제사도 지내고 조상들하고 맛이나 보라고 주는 것이다. 옥수수 속갱이란 알갱이가 붙어 있는 채로의 옥수수를 말한다. 2차부터 1백여 키로로 통옥수수를 준다. 10월에 주는데 아직 벼베기를 다 하지 않은 상태에서 농민들의 배급식량이 다 떨어진 시기이기 때문에, 먹고 가을 일 할 정도로만 식량을 준다. 그리고 3차에 마지막 결산을 해서 다 준다.

봄 가을로 파종 시기나 벼베기 시기에는 로동자, 학생들의 동원이 온다. 또 시기별로 자원진출이라고 하여 도시 사람들이 농촌에 가서 2-3년 정도 일하는 것이 있다. 농민의 날은 3월 5일로 이 날은 전 농장원이 쉰다. 법적인 휴식일은 로동자들이 7일 간격이라면 농민들은 10일 간격으로 1, 11, 21에 쉬기로 되어 있다. 이때에 맞추어서 농민시장도 서게 되었다.

농민들에의 분배

협동농장에는 크게 생산반과 보조반이 있다. 보조반에는 몸이 허약한 사람들이 배치되기 때문에 생산반원에게 년 300킬로그램이 분배되면 보조반원은 220-240킬로그램이 분배된다. 그리고 배급 곡물의 비율 규정이 있는데 평균 1개 농장원에게 년 배급량이 260킬로그램이라면 이 중에서 200킬로그램은 입쌀로 분배하고 나머지 60킬로는 옥수수로 한다는 것이다.

한 농민에게 딸린 가족들의 배급량은 서로 다르다. 생산 담당인 농민에게는 말한 것과 같지만 돌 되기 전의 아이에게는 하루에 100그램에 해당하는 식량이 분배되고 1-2살 아이는 년 90킬로그램, 11살 정도까지는 년 140킬로그램으로 하루에 300그램 정도가 된다. 중학생이 되면 거의 어른하고 같이 되는데 이때는 년 180킬로그램으로 하루에 575-600그램 정도가 된다.

협동농장에서 생산된 쌀이 일반 로동자들에게 배급되는 과정은 국가의 수매에 의해서이다. 농장의 양곡을 국가가 수매하고 수매를 받는 단위는 군(郡)양정사업소다. 양정사업소의 수매원들이 각 농장에 나가서 수매를 한다. 이 수매한 곡식이 양정사업소에서 관리하는 배급소로 보내지는 것이다.

각 작업반에 창고가 있고 탈곡장이 있다. 분조에서 쌀을 수확하면 거기에다 모두 집결한다. 작업반장, 통계원, 기술원, 작업반 성원들이 100톤이면 100톤, 50톤이면 50톤… 이렇게 수확량을 측정한다. 이 수확량이라는 것은 무조건 나오는 것이 아니다. 계획생산이니까 농사 시작하기 전에 "올해에는 이만한 땅에서 이만큼 계획하라"고 하는 국가에서 받은 1년 농사에 대한 계획이 있다.

수확할 때 보면 그 계획량이 문제가 된다. 농장 분배도 농장원들이 농사 지은 것만큼 배당된다. 계획의 60%밖에 못 했다면 농민이 받는 식량도 60%밖에 받지 못한다. 원래 받는 규정에서 그만큼의 %밖에는 못 받는다. 이러니까 농민들이 국가계획에 몇 % 미달했느냐, 넘쳤느냐 하는 데만 생각을 하게 된다.

원래는 농장원들이 배급을 받는 절차가, 모든 생산물을 작업반을 통해서 국가에 바치고 다시 각 작업반과 분조별로 배급을 타게 되어 있다. 그러나 절차가 번거로우니까 생산량 중에서 배급량은 작업반 창고에 놔 두고 나머지는 다 국가에 납부한다.

　농민들의 배급에는 두 가지가 있다. 식량분배와 현금분배이다. 어쨌든 농민들도 돈이 있어야 생필품도 사니까 현금분배를 하는데, 정보당 목표량이 있어서 이것을 달성하면 노력공수에 따라 현금을 준다. 공수는 점수라고 볼 수가 있는데 한 분조가 10톤을 생산해서 바치면 국가에서 그에 따른 돈을 농장에 준다. 그러면 작업반은 농장을 통해 돈을 받은 다음에 각 분조원들의 1년간 총 공수를 더한다. 그 더한 공수에 국가에서 나온 돈을 나누면, 공수 1점당 돈이 계산이 된다. 이렇게 분조원 각각의 점수대로 돈을 계산해서 주는 것이다.

　공수를 매기는 기준으로는 '로동공력기준'이 있다. 예를 들어, 분조당 맡은 밭 중에서 한 사람이 450평을 김매기 했다면 그 사람에게 1.4공수가 가산이 된다. 소로 밭갈이를 할 경우에 하루 2천 8백평을 했다면 3공수가 된다. 씨뿌리기는 여럿이 같이 하는 것이니까, 3-4명이 2천평을 했다 하면 1인당 5백평을 한 것이 된다. 이때는 2.4 공수의 가산점이 붙는다. 이런 식이다. 이런 공수의 계산은 분조의 분조장이 하고서 작업반의 통계원에게 올리면 이 사람의 점수를 최종 합산한다. 이 공수는 매일매일 분조장이 계산을 해서 연말에 총 결산을 할 때 목표량을 초과 생산하면 현금으로 결산해 준다. 한달에 대개 40점 정도의 공수가 나오니까 연 5백점 정도가 된다. 국가에서 현금을 내려보낼 때는, 10톤이 목표였는데 12톤을 했다 하면 20% 초과인데, 이 초과 %에 대해 돈과 배급량을 더 쳐주는 규정이 있다.

　현금을 주는 것은 그전부터 있었지만 식량으로 성과급을 준다고 한 것이 1995년 이후이다. 오죽하면 성과급을 마련했겠는가? 목표량을 초과 달성한 농장이 거의 없다보니까 성과급 이야기가 나온 것이다. 그러나 1995년도에도 이미 현금분배를 하지 못했고 공장에서도 로임을 주지 못하는 상황인데 어떻게 농장원들에게 돈을 주겠는가? 농민들에게도 현금을 주지 못하면서 위에서 하는 말은 은행에다가 저금을 시킨다는 것이다. 그야말로 그림의 떡이다.

토질에 따라 다르겠지만 원래 계획대로 하자면 벼는 정보 당 3톤 정도 해야 되고 강냉이는 5톤 정도 해야 된다. 땅이 좋은 곳도 있고 하니 일부 작은 부분에서는 100% 정량이 나오기는 하겠으나 100%를 초과하는 경우가 별로 없다. 보통 계획에서 그저 80-90% 정도 한다. 이것도 잘 했을 경우의 양이다.

전에 현금이 나올 때는 총 결산을 12월에 하면서 주었다. 결산분배는 현금이 도착하면 결산총회를 협동농장의 농장원이 다 모인 상황에서 한다. 보통 농장원들이 2천에서 3천원 정도를 받았다.

김 주 석 도 속 다

농장에서 나라에 보고되는 것은 생산량이다. 그 절차는 농장관리위원회 - 군경영위원회 - 도경리위원회 - 중앙의 농업부로 올라간다. 군(郡)경영위원회라는 것이 군(郡)내의 각 협동농장을 총괄하는 지휘부라 할 수 있다. 한 개의 리(里)가 생산만 담당하기 때문에 군에서 리의 농업행정 업무를 총괄 담당하게 된다.

군에 농업생산물 보고가 올라갔기 때문에, 양정사업소에서는 공급에 대한 증명, 절차, 그리고 공급한 양을 보고하게 되어 있다. 농장에서 쌀의 생산량을 보고하면 양정사업소에서는 공급 계획에 따라 배급을 하고 공급량을 위에 보고한다. 양정사업소에서 정미를 다 하고 국수도 만들고 옥시쌀도 했다 하면, 각 배급소에서 실으러 온다. 각 배급소에서 가져가서 백성들에게 나누어 주는 것이다.

조선은 벌써 보고체계에서 많은 잘못이 발생된다. 중앙당의 간부들은 김일성 수령과 김정일 장군의 심려를 덜어드려야 한다며 아래 단위에다가 희망적이고 건설적인 내용만 올려보내기를 강요하기 때문이다. 실례를 든다면, 1990년대 들어서 온성군에서는 1년 농사를 지으면 10월부터 다음해 3월달까지 먹을 식량밖에 농사를 못 지었다. 원래는 8월까지의 식량이 있어야 하고 실지로는 9-10월까지 먹을 식량을 농사 해야 하는데, 비극이다. 이걸 국가에 보고할 때는 한 6-7월까지 먹을 식량을 지었다고 보고한다. 제대로 보고하면 농사를 잘못지었다고 자기의 목이 떨어질 것이고, 또 농사를 잘 지었다는 평가를 받으려고 그렇게 보고한다. 그러니 식량난을 해결할 길이 없다. 이런 현상이 한두 곳이 아니다. 우리 조선 영화에서도 그런 게 공개적으로 나왔다. 허위 날조보고.

실제로 백성들은 수확량이 어떤지를 모른다.

식량난이 오기전의 현상을 보면, 군(郡)의 간부들도 군의 식량창고에 얼마가 있다고 평가를 받고 칭찬을 받았다고 했는데 실지 창고의 식량은 얼마 없었다. 그래서 어떤 조치를 취하느냐면 암암리에 식량을 꾸어온다. 황해도 농장이나 다른 큰 농장을 다니며 외교사업을 벌린다. 식량이 다 떨어졌다고 사실대로 보고를 하면 "보고에 의하면 아직 식량이 남아있는데 왜 벌써 다 떨어졌느냐?" 하고 욕을 먹으니까 농장을 찾아다니며 외교사업을 벌인다. "우리 농장, 아니면 우리 군에서 다음 번에 무엇을 해결해 주겠으니 이번에 도와달라" 이렇다. 농산물을 보고할 때는 농장 간부들과 군(郡)급 간부들이 책임이 있다. 수확량을 거짓으로 보고했으니 중앙에서는 이만큼 분배하라고 양정사업소에 지시가 나오고 하니까 거짓으로 보고한 것만큼 배급할 식량이 부족하게 되고, 그러니 농장 간부나 군 간부들이 다른 농장과 외교사업을 하는 것이다.

양정사업소에서도 "보고와는 다르게 너네들 왜 이것밖에 못 만들었는가?"

하고 따져야 되는데 양정에서 나온 사람이 농장에 따질 형편이 못 된다. 군행정위원회의 군급 일꾼들이 다 합의해서 보고하는 것이기 때문이다. 초급당비서, 직맹위원장, 관리위원장, 창고장, 이런 간부들이 '너나 내나 잘못되어서 좋은 게 뭐 있는가?' 하는 것이다. 양정사업소 일꾼도 군당책임비서 눈치를 보고 아무래도 꾸며진 각본대로 하는 것이다. 서로 다 연결이 되어 있으니, 결국은 누구한테 따질 일이 못 되는 것이다. 조선에서 일 하자면 이렇게 하게 되어 있다.

쌀이 없으면 제일 답답한 것은 온성군 내의 책임자들이다. 말하자면 인민위원회 부위원장 같은 사람이다. 양정사업소는 어디 기업소에서 쌀을 달라고 하면 "야, 우리 쌀 들어온 거 없다" "농사는 지었다는데 들어 온 게 없다. 그러니 너네를 어떻게 주나?" 이러면 그뿐이다. 인민위원회 일꾼들이 쌀을 구하러 다니기 바쁘다. 각 시나 군에 있는 당의 일꾼들, 행정위원회 일꾼들이 바쁘다. 그렇다고 이 사람들이 바쁘게 돌아다닌다 해도 식량이 뜻대로 구해지는가? 잘 안 된다.

처음에는 쌀을 꾸어 오고 다른 것으로 돌려주고 하는 융통이 있었다. 농장끼리도 서로 그렇게 하고 다른 부분과도 교제를 하는 것이다. 탄광에서는 석탄으로 도와 주고 농장에서는 식량을 좀 대 주고, 이런 식이다. 이렇게 융통하는 쌀은 양정이나 농장 창고에 1년씩 묵는 예비쌀로 미리 돌렸다. 탄광은 탄광대로 자기들이 좀 써야 되니까 국가에 채탄량을 적게 보고한다. 100톤 나온 걸 한 80톤 나왔다고 하는 것이다. 이 20톤으로 쌀 등과 유통을 하는 것이다. 생산이 잘 될 때는 이렇게 지속되어 왔다. 식량난을 겪으면서 탄도 메마르고 식량도 메마르니까 서로가 교제가 잘 안 됐다. 보고할 생산물도 빡빡한데 교제할 게 있겠는가? 서로 교제하다 메마르고 보니 결국은 다 들통나고 말았다. 나중에 김일성 주석도 속였다는 것을 알았다. 생산은 계속 침체가 되는데도 정상적으로 농산물 생산 수확고가 그대로 잘 굴러온 줄 알았다는 것이다. 보고는 계속 그대로 정상적이었으니 '아직도 일이 제대로 되는구나' 했는데 점점 노출되기 시작했다. 이것이 1990년도부터이다. 이후로 식량배급을 제 때에 못 주고 밀렸다 주기 시작했다. 감자를 실어다가 배급이라고 주기도 했었는데, 쌀 배급 대신 감자를 주는 이것이 바로 쌀을 꾸어 다니는 실정을 말하는 것이다.

또 하나의 비극은 농민들의 배급량의 허위이다. 자기 배급을 작업반에서 타올 때 수금표를 먼저 보고 옥시갱이 %를 준다. 수금표가 68%면 68%를, 67%면 67%를 준다. 강냉이를 67% 타려면 한 100킬로그램을 타야 탈곡했을 때 67킬로그램의 알갱이가 나온다. 그런데 그렇게 타도 킬로그램수가 제 67킬로그램이 안 나온다. 56이나 60킬로그램이 나오는 것이다. 왜 그런가? 농민들 자신도 제 알곡 수확고를 위에다 속였기 때문이다. 결국은 농장의 리급이나 군급에서도 계속 속였으니까, 농민 자신도 속여야 말이 된다. 자기네 수확이 원래는 50밖에 안 됐는데 100이었다고 속였다. 그리고 이제는 공급하는 사람에게도 속여야 된다. 배급받는 백성들한테 속여야, 그 빈 양을 채우지 않겠는가? 그래서 이번에는 백성한테 속인다.

서로 서로 다 끼고 한다. 해 먹는 것은 다 해 먹게 되어 있다. 권력은 권력이 해 먹고 백성은 백성대로 해 먹고, 죽어나는 건 하층의 로동자나 농민이다. 탄광, 광산 계층에게 식량을 풀어 주면 식량을 찾으러 오는 것은 다른 사람들이다. 간부가 명칭은 어디 로동자, 무슨 로동자, 그렇게 달고 오는 것이다. 배급을 못 탄 로동자들의 배급표를 싸게 사 가지고 배급을 타고 그것을 자기가 먹든 아니면 장마당에 돌려 팔든 한다.

농촌의 진료

조선은 기본 체계가 하나이기 때문에 농촌도 로동자들과 마찬가지의 절차를 가진다. 본인이 아프면 먼저 진료소에 가서 진찰을 받고 병력서를 작성한다. 병력서에는 치료과정, 환자호소, 진료과정을 기록한다. 환자호소란 환자가 어디가 아픈지 직접 이야기한 것을 기록한 것을 말한다. 병이 간단한 거라면 진료소에서 준 약을 타서 나오지만, 더 진찰을 받아야 한다면 큰 병원으로 가야 한다. 큰 병원에 가서 진찰을 받으면 진단서를 끊어준다. 진단서에는 병명을 기록한다. 만약 입원 치료를 받아야 한다면 마을의 진료소에 와서 진단서를 보이고 식량정지를 끊어간다.

농장원이 입원을 하면 배급과 현금배당을 어떻게 처리하는가? 일단 입원하면 병원에서 주는 밥을 먹으니까, 그만큼의 배급량을 병원이 국가에 요청하게 된다. 그래서 식량정지를 끊어 가는 것이다. 년말에 배급받을 때에 그만한 량을 제하고 받는다. 그리고 농민이 년말 총 결산을 하면서 받는 현금배급, 즉 공수문제가 남는데, 이것은 그 사람이 평소에 하던 일의 성과를 보고서 평균을 내어 기본 공수를 준다. 이 사람이 하루에 보통 1.4공수를 했으면 이 점수를 주는 것이다. 그러나 이것도 공상이라고, 일을 하다가 다쳤을 때에 이렇고 개인적으로 다쳤을 때는 점수를 안 준다. 입원한 만큼 공수가 깎이고 년말 결산 때에 돈을 적게 받게 된다.

흥 분 제   농 장 이 야 기

농장에 아편농사를 짓는데 바깥으로 내올 때는 씨와 진액을 뽑아서 따로 실어 나른다. 나도 직접 보았는데 솜 같은 게 달려 있다. 아편씨가 앉을 동안에는 진이 묻어나지 않도록 가재천을 씌웠다. 거기는 통제된 곳으로 일하는 사람들을 아무나 안 쓴다. 농장의 16호 분조나 8호 분조에서 생산하여 모아두면 농장의 차가 와서 실어간다. 그걸 실어서 다른 제약 공장에 가는지 어쩌는지… ○○지역

제약공장은 순도가 40%이고 순천 제약공장에서는 73-75% 정도 된다고 했다. 아편이란 게 대단히 비싸서 조선에서 부르는 값이 3천달라라고 한다.

아편농사를 모르는 사람도 많지만은 일정하게 아는 사람도 많다. 아편 분말이라고 하면 아편 침(針)보다 농도가 높은 것이구나 하고 안다. 조선 사람들은 아편을 어디에 쓰는지 모르고 그냥 약으로 쓰는 정도라고 알고 있다.

아편에 대한 설명서를 보니까 조선 말로 홍분제… 어디 약재에 쓴다고 되어 있었다. 내가 아편 잎사귀를 피워 보았는데 골속에서 아무 생각이 없어졌다. 옛날에 아편전쟁이라는 게 중국에서 있었지 않은가? '아, 이래서 나라가 망했다'고 생각되었다.

누가 아편을 몰래 한 봉지 얻어서 개에게 먹였다. 꽈배기에 묻혀서 먹였는데 개가 그걸 먹더니 뒷다리가 땅을 짚지 못하고 질질 끌고 기어서 갔다. 그래서 가마니 안에 개머리를 집어넣고 꼬리를 툭툭 치니까 쑥 들어갔다. 그렇게 해서 개를 잡아먹었다고 하는데 사람들이 그걸 보더니 "야, 아편이란 게 이렇게 하는 거구나" 했다고 한다.

함북도 연사군에서 아편농사를 많이 한다. 1991년부터 그랬다. 위에서 하는 것이다. 통제구역 안에도 많이 심는다. 국가보위부… 무슨 무력부, 다 그런 데로 간다. 8호 분조에게 "심어라!" 하면 심는다. 8호 분조면 거기서 나온 돈이 당자금으로도 들어가고 미사일도 쏘는 곳으로도 들어간다.

군대와 평양시민만 사람인가

식량공급에 대한 방침이 작년과 올해에 다 내려왔다. 식량공급은 우선은, 첫째 인민군대, 둘째 탄광 광산, 셋째 평양시 공급, 그 다음에 공급 대상은 없다. 그러니 사람들이 의견이 많을 수밖에 없다. "군대만 사람이고 우리는 사람이 아닌가?" "평양시 사람은 사람이고 우리는 사람이 아닌가?" 이런 식으로. 그리고 무력부는 자기네가 첫째 대상이니까 군대를 파견해서 곡창지대부터 들어온다. "너희 군(郡)에서는 군량미 얼마 내라" 군대(軍隊)란 게 매개 군(郡)에 다 있으니까, 주둔지 군단이나 사단에 임무를 준다. "어디 농장에 얼마만한 식량이 있다는데, 너희가 그거 다 점거해라. 너희가 몽땅 다 틀어쥐어라" 그러면 농장에 트럭이 가서 쌀을 실어서 자기 군대 창고에 틀어 놓는다.

군비용 군량미로 쌓아 놓으면 군대가 그 다음부터 보초를 선다. 군대들이 군량미만 뽑으면 사회 사람들, 탄광 광산, 시내 사람은 먹을 게 없다.

농민에게는 돌아가는 게 있다

전에는 농사를 100% 했으면 농민에게 100% 돌아가고 10% 했으면 10% 돌아갔다. 자기 일한 만큼 배급이 돌아가고 수확이 더 많이 났을 경우에는 쌀을 약간 더 보충해 주었다. 정상적인 절차에 따르면 그랬다. 로동 의욕을 불러일으키느라고 우대상품이라는 것도 공급해 주었다. 지금에는 이런 것이 다 없어졌지만 그래도 농민들에게는 아무리 농사가 안 되었다 해도 기본적으로 돌아가는 게 있다.

배급이 모자라기 시작해서부터는 식량을 충당시켜 주지 못하고 조금씩 나눠주었다. 1달에 명절이 오면 출근하는 공인들은 1-2킬로그램씩 공급해 준다거나 이런 방법으로 드문히 배급하더니 그 다음에 1995, 1996년이 되면서 농민들도 보장을 못 받았다. 생산 %수에 따라 쌀 수확해서 받은 식량 외에는 못 받았다. 그래도 일반 공민들보다 양이 많은 편이다. 일반 로동자들은 1990년도부터 처음에는 보름 치를 다 탈 때도 있고 못 탈 때도 있고, 그러다가 1994년도 지나서부터는 막, 몇 달씩 못 주더니 그 밀린 배급을 못 준다는 거 자체도 없어졌다.

하도 밀린 배급이 많으니까 밀린 것은 없어지고 새로 배급할 양만 취급을 하게 되는 것이다. 그렇다고 새로 배급을 주는 게 제대로 공급된 것도 아니다.

농민들에게는 소채전이 얼마간 있어서 자신들이 심고 싶은 걸로 심어 식량이나 소채 해결을 한다. 국가에서 비료생산이 중지되고 인분 같은 것도 돼지 사료로 되다 보니 수확고가 낮다. 혹 힘이 있는 농장원들은 그래도 혹시 국외에서 들여온 화학비료를 조금씩 여러 번 얻거나 훔쳐서 자기 소채전에 내어 농사를 짓는다.

대부분 농민들은 반년 남짓이 지나면 1년 식량이 떨어지게 되는데 역시 들, 산나물에 매달려 끼니를 늘쿤다. 이전에는 국가에서 돼지를 수매했으나 지금은 자신이 잡아 팔 수 있으니까 부지런한 농민은 돼지 같은 가축을 키워 팔고 해서 양식을 보탠다.

농민들도 올해 넘기기 바쁘다. 작년에 농사를 거의 못 지었다. 농민들이 올해 4월에 농사 지을 사람이 몇이나 될지 걱정한다. 농민들이 농사 안 짓고 장마당에 나간다는 말이 있다. 농민들이 장사를 안 해 보았으니 장사하다가 사기 당하기도 하고 그러다가 망하고 빚 때문에 달아나고 이혼하고 하니 농사 지을 사람도 얼마 없다. 그래서 농사철에 군대를 내보낸다. 직장에서 농촌동원 가면 먹을 게 없으니 오전만 하고 달아나고 일은 대충대충 하고, 이제는 농사도 군인이 짓는다. "산업, 전철을 군대가 다 맡아라. 파출소도 다 맡아라. 전기도 생산하고 철도도 운영해라" 한다.

1998년도부터는 정말 국가도 어렵게 되었다. 군인들이 나라도 지키지, 밭 지키고 철도 운영하고 공장 돌리고 그렇게 하겠다는 것이다. 군대 명령식으로 해서는 공장도 못 돌리고 분주소도 제 역할을 못하고… 왜 그렇게 됐는지 모를 일이다. 아무튼 1998년 1월말에 그렇게 군대가 다 하도록 정해졌다. 40살 이전

사람들을 다 군대로 불러모으고 전쟁 일으킨다고 마지막 발악이다. 간부들도 다 안다. 이렇게는 오래 못 간다는 걸 아는데 그저 위에서 하라니까 분위기를 조성하는 것이다.

원래 뙈기밭에 주식은 심지 못한다

1996년부터 텃밭과 뙈기밭을 다루는 것을 묵인해 버리면서 성시(城市)의 사람들도 텃밭을 가꾸게 되었다. 장마당에 나오는 쌀은 중국에서 들어오는 외화벌이 쌀하고 농촌의 텃밭에서 조금 생산되는 것을 내다 파는 것이다. 텃밭에서 생산된 것이 한 20% 정도 된다. 80%가 외화벌이 쌀을 먹는 것이다. 농장원들은 텃밭에서 생산된 걸로 장마당에 가서 자기 필요한 필수품을 산다. 옷이나 작업복도 사고 성냥, 가정도구, 소금도 산다.

뙈기밭에는 주로 콩, 옥수수, 감자를 심어서 식량을 해결한다. 원래는 뙈기밭에 남새를 심어 먹으라고 했는데, 지금은 식량사정이 곤란하니까 곡류를 심는다. 부잣집에서나 토마토 등 다양하게 심어 먹는다. 뙈기밭의 생산물은 적게는 50킬로그램에서 300킬로그램까지 수확하는 사람도 있다고 한다. 장마당에 나오는 농산물 중에서 개인 텃밭의 곡류가 20%라고 잡는 것도 하나의 예상인데, 실제는 어떤지 모르겠다. 식량난 오고서 많은 사람들이 산에 뙈기농사를 지어 그걸로 연명을 했고, 지금도 그렇다.

개인 뙈기밭하고 일반 농장 땅하고 수확량은 현저하게 차이가 난다. 농장에는 1~2톤이 나온다면 뙈기밭은 2배 이상 차이가 난다. 자기의 뙈기밭에다가는 똥도 퍼다가 주고 풀도 베어다가 거름하고 한다. 결국 농장에서 농사가 안 되는 것은 종자 때문이 아니라고 볼 수가 있다. 일을 못 해서 그렇다. 비료가 없어서 땅이 산성화되었고 농장원들이 창의성이 없어서 일이 안 된다. 한국에서 나온

책을 보니까 북조선의 농사를 일으키려면 조선에다가 소도 주고, 기름도 주고, 종자도 개량해 주고, 비료도 주고 해야 된다는데, 그런다고 북조선 농업이 일어서겠는가? 종자를 아무리 좋은 거로 바꿔 보라고? 김 안 매고 규정대로 밭갈이를 깊이 안 하고서 씨를 대충 심어 놓고 밭 관리 안 하면 어디 잘 될 것 같은가?

5. 의료체계

인민들에의 무상치료

우리는 원래 체계가 우수하다

인민들에의 무상치료

그전에도 진료소에 없는 약들이 가득했다.

진료소나 병원에서 질 좋고 비싼 약을 일반 인민들에게 어떻게 다 주겠는가?

비싸고, 진료소에 없는 약은 장마당에서 사서 먹었다.

최 근 의   유 행 병

결핵은 예방주사를 놓는다. 예방이라 할 때는 보통 애들 때를 말한다. 학교 때 두 번째로 맞은 게 결핵 주사이다. 이거는 주사바늘처럼 아프지 않다. 장티푸스와 홍역 주사는 무척 아파서 맞는 사람들이 앓는 소리를 냈다. 주사를 맞고 환자처럼 열나고… 대부분 다 앓는다는데 그래야 정상이라고 한다. 열 나고 심하면 침이 마르고 밥도 못 먹고 하니까 누가 맞으려고 하겠는가? 장티푸스 주사가 더 힘들다. 주사를 맞고 막 소리를 지른다.

결핵은 결핵요양소까지 가서 치료해야 된다. 이 요양소는 치료를 위한 것이 아니고 전염될 수 있는 환자들을 예방조치하는 곳이다.

소아마비 같은 것도 많이 걸리는데 1990년에 아버지가 아파서 입원을 했었을 때 그 병원에만 소아마비 환자가 70-80명 됐다. 따로 소아마비 병동이 있었다. 파상풍 주사는 옛날에, 인민학교 3학년 때에 맞았다. 백일해는 조그만할 때

앓았다. 인민학교 때, 한 학급 전체가 백일해에 걸렸었다. 한 학급이 40명 정도 되는데 다른 학급에서 먼저 시작되었는데 학교 전체로 전염되니까 애들을 회관 같은 데 가둬 놓고 공부시켰다. 콜록콜록 하면 전염되고, 요즘에도 있다.

파라티푸스는 그전에는 없었는데 1996년도부터 돌았다. 파라티푸스를 앓으면 약도 없는 조선 정세에서 살 놈들은 일어나고, 본인이 감안해야 한다. 이 병은 나았다가 또 영양이 약하면 걸리는데 3, 4번씩 앓는 것도 있다. 파라티푸스를 2번째 앓으면 좀 바쁘다. 머저리 되는 것도 많다.

콜레라로 죽는 사람이 많다. 여름에 많이 도는데 1995년도, 1996년도, 1997년도 매년 돌았다. 먹지 못하는데다가 내내 설사를 하니까 사람을 말려 죽인다. 이거는 예방주사라는 게 없다.

장티푸스에 많이 걸린다. 예방주사를 1년에 1번씩 전 인민들이 맞는데, 애들만 맞는지 어른들도 맞는지, 나는 예방주사를 맞을 때마다 달아나서 잘 모르겠다. 장티푸스 주사는 맞기만 맞으면 왜 그리 아픈지. 장티푸스 예방주사를 인민반에서는 동진료소에서 맞고, 직장에 다니는 사람은 공장분원에서 맞는다. 분원이란 게 공장 내에 있는 분진료소이다. 몇만 명 되는 큰 공장은 공장분원 말고 직장분원이라는 것도 있다.

암은 간, 위암, 폐암에 많이 걸린다. 암은 주로 못 먹는 사람들이 걸리는 것 같다. 간암이 비교적 많다. 술마시는 사람이 다 간암에 걸려야 되겠는데, 꼭 술 때문에 그런 것은 아닌 것 같다. 위암도 먹다가 못 먹으면 걸린다. 위궤양 환자가 많으니까. 폐암도 많다. 치질 환자는 따라다니며 보지 않았으니까 모르겠다.

사실로 말해서 지금 조선에서 제일 많은 병은 영양실조로 제일 많이 죽고, 그 다음 파라티푸스이다. 세 번째가 옴 환자들, 그리고 먹지 못하는 상태니까 피부병이 많다. 나무껍질 먹다가 변비로 죽는 사람도 많고, 풀독이 오른 사람도 있다. 이거는 피부가 까맣게 되고 피부가 흐물흐물 벗겨져서 밖으로는 다니지 못한다. 그 다음 심장병, 먹지 못해 심장이 약해진다. 콜레라는 여름에 많다. 음식을 잘못 먹었다가는 큰일난다. 여름에 또 대장염이 돌아서 설사를 한다. 물 때문에 걸린다. 여름엔 콜레라로 많이 죽고 겨울에는 파라티푸스로 많이 죽는다. 파라티푸스는 여름이고 겨울이고 계속 돈다. 그건 어떻게 하지 못한다. 잘 먹고 약 먹고 해야 하는데, 달리 어떻게 하지 못한다.

　파라티푸스는 4년째 돌고 있다. 식량 못지 않게 약도 필요하다. 간부들이 잘 먹는다 해도 전염병이니까 걸린다. 양반이라고 피할 수 있는 것도 아니고 상놈이라서 많이 걸리는 건 아니다. 약은 중국 약, 소련 약, 일본 약도 있다. 고국 방문자들이 돈은 못 보내도 약은 보낼 수 있으니까 그 가족들이 약을 내다 판다. 약국 같은 데서 뒤로 빼내 몰래 파는 약도 있으니 돈만 있으면 약도 얼마든지 구할 수 있다. 러시아약은 소련에 벌목간 사람들이 가지고 온다. 중국 약은 변방에서 밀수하는 사람들이 들여오는 것이다. 그래도 백성들이 돈이 있어야 약을 산다.

제 일 처 음 진 료 소 로 간 다

　사람들이 아프면 제일 먼저 진료소로 간다. 인민반에서는 동진료소, 로동자는 공장분원에 간다. 여기서 치료는 안 하고 의뢰서만 뗀다. 의뢰서에는 동진료소에서 '이 사람은 이렇게 아프다. 그러니까 구역병원으로 가서 검사를 받아보게 해야 한다'는 내용이 적혀 있다.

　동진료소에 왔다면 제일 처음에 검사를 한다. 어디가 아픈지도 물어 보고, 진찰 받은 내용을 작성하는데 각자 병역서가 있다. 기록 내용은 어디 어디가 아프다, 아픈 곳을 기록한다. 그리고 입원 대상이 아니면 보내고 증상을 들어 보고 좀 심각하다 싶으면 큰 병원에 보낸다. 급성병이나 갑자기 아프면 입원을 한다.

진료소에는 개개인의 접종카드가 있어서 우리집 식구가 3명이면 세대주 카드에 어머니 것과 내 것이 포함되어 있다. 그 접종카드에 개인에 대해서 큰 병원 갔다 하면 몇 월 며칠 날 무슨 병으로 며칠 간 입원했다는 기록을 하게 된다. 이런 기록은 그 사람의 체질이 어떻게, 어떤 진단을 언제 받았다는 것을 알게끔 해 놓았다.

진료소라는 게 조그맣다. 순간 임시 처방만 해 주는 수준이다. 여기서 진찰하고서 입원 대상이 아니면 약만 준다. 지금은 약이라는 게 없지만 원래는 약을 줬다. 열 나면 해열제, 소화가 안 되면 소화제 정도는 주었다. 진료소라는 게 병을 볼 줄 모르니까 환자가 어디 아프다 하면 그에 따른 의뢰서만 주는 것이다.

의뢰서를 들고 큰 병원에 가면 그 사람이 입원 대상인지 아닌지를 판단한다. 큰 병원에 갈 때는 개인 진료카드는 두고 의뢰서 종이 쪽지만 가지고 가서 제출한다. 그러면 일련번호를 적고 내과면 내과, 그런 식으로 한다. 이 의뢰서가 없으면 큰 병원은 못 간다. 의뢰서를 보고 접수를 해서 진찰한 다음, 입원 대상이 아니면 다시 진료소에 소견장을 내려보낸다. 이 사람의 병이 어느 정도니까 진료소에서 며칠 분 약을 먹이라고 한다.

큰 병원에 입원했을 때, 병원에서 밥을 먹으려면 식량정지를 떼어 가야 된다. 매 번 집에서 밥을 해 올 수가 없으니까, 내가 받을 배급의 양을 병원 식당에서 먹는 것이다. 식량정지는 자기가 다니는 직장에서 떼 준다. 아주머니들이 아파서 병원에 간다고 하면 세대주 직장에서 이것을 떼 준다. 공장기업소에 따라서는 배급소에서 식량정지를 떼 주기도 한다. 자기 배급량만큼 300그램이면 300그램, 500그램이면 500그램, 이렇게 떼 준다. 직장에서 식량정지를 안 떼 가면 병원에 입원해도 밥을 못 먹는다. 이 식량정지는 내가 15일날 입원하면 15일

분 정도를 떼 간다. 그리고 다음에 또 15일치를 떼고 그런다.

동진료소에는 의사나 간호사들이 그렇게 많지 않다. 12명 정도가 일을 한다. 진료소에 간호사는 없고 의사만 있다. 간호사가 간혹 있는 곳은 심부름꾼이나 같다. 진료소에도 12명 정도의 의사가 있으니까 다 자기 분야가 있다. 내과, 산부인과, 동의과. 동의과는 동의치료로 뜸질, 침 같은 것을 놓는다. 구강과, 외과, 약 제조실이 있다. 소아과 같은 건 없다. 우리는 무상치료니까 병원 가서 돈 내라는 그런 것은 없다.

진료소는 지금도 돌아가지만 담당 의사 1명에 여러 과가 있다. 약이 없으니까 그렇지 무슨 병이 걸렸다는 진찰은 해 주는데 사람들이 잘 안 간다. 진료소에도 약국이 있긴 있다. 전에는 무슨 약을 먹어야 하는지 처방도 해 주었고, 약도 주었다. 그전에도 병원하고 진료소에서 약 내줄 때도 장마당에 약 파는 사람이 있었다. 진료소에 없는 약들이 가득했다. 진료소나 병원에서 질 좋고 비싼 약을 일반 인민들에게 어떻게 다 주겠는가? 비싸고, 진료소에 없는 약은 장마당에서 사서 먹었다. 비싼 약들은 병원에서는 보이지도 않는다. 그전부터도 큰 병원에 가면 알약을 주는데 값싼 것들이었다.

진료소에서는 수술을 못 하고 큰 병원에서 수술을 해 주는데 약은 개인이 부담해야 한다. 수술할 때도 무지막지하게는 안 한다. 위급한 환자는 치료해 놓고 그 다음에 돈을 낸다. 장마당에서 약을 살 때는 진료소에는 없지만 어떤 약을 먹어야 된다고 이야기하면 약 파는 사람들이 바로 준다. 장마당에서 양약도 구하고 한약도 구한다.

인민들의 구급차는 구루마

갑자기 수술할 정도로 급한 환자가 생겼어도 진료소에 갔다가 병원으로 간다. 진료소는 24시간 한다. 오후부터 아침까지는 직일(당직) 의사들이 2명 있다. 환자가 너무 아파서 병원도 진료소도 못 간다고 하면 구루마에 실어간다. 그전에도 그랬다. 조선에 어디 택시 같은 게 있는가? 구급차는 큰 병원에만 있다. 급한 환자가 아파 못 걷고 하면 구루마에 태워 진료소까지 간다. 진료소에서 큰 병원을 가야 해도 큰 병원에서 구급차를 보내주는 게 아니다. 큰 병원 구급차라는 건 개인들을 대상으로 안 한다. 간부들과 생산현장에서 사고 났을 때를 대상으로 한다. 큰 병원이라 해도 5리 안팎이니까. 큰 병원은 구역마다 도시 중심에 있다. 1개 구역에는 진료소가 몇 개 있고 병원이 1개가 있다. 모든 구역마다 다 이런 식이다.

　병원에서 퇴원할 때는 진단서를 준다. '1일이면 1주일 있었다' 이렇게 써준다. 이 진단서를 직장에 제출해야 한다. 내가 입원한 기간과 진단서를 직장에다 낸다. 식량정지는 내가 오늘까지 병원에서 배급을 먹었고 내일부터는 직장에서 배급을 달라는 것이다. 내가 병원에 있는 동안 일을 못 했어도 로임은 받는다. 내 기본 월급에서 60% 정도를 받는다. 배급은 식량정지를 떼 가면 병원에서 배급을 타 먹다가 다시 그것을 들고 직장에다 제출하면 그 다음부터는 직장에서 배급표가 나온다.

　병원은 보통 2-5층이다. 한 층에 입원실이 10개 정도 있다. 의사나 간호사는 병원마다 인원 수가 다르다. 내과 병동에만 간호사 5명, 의사 5명 정도 된다. 병을 앓거나 병원에 갔다왔다 하면 병력이 자기 카드에 기록된다. 병원의 외래환자들은 주로 로동자들이다. 간부들이야 왕진을 간다.

　구역병원 위에는 시병원 있고, 도병원 있다. 시병원은 시에 하나가 있는데 약도 많고 간부들도 많이 온다. 시병원 건물 바로 앞에 사는 로동자라도 곁에 있는 진료소에 간다. 사는 거리에 상관없이 진료소를 통해서 절차를 밟아 올라가야 한다. 간부들은 큰 병이 아니더라도 시병원 가면 치료해 준다. 농촌에는 군병원이 있다. 군병원 갔다가 고칠 수 없으면 도병원에 가야 된다.

이빨 치료는 진료소 구강과에서 한다. 구역병원에도 구강과가 있다. 이빨 치료도 무상으로 한다. 우리는 금이빨 하는 사람은 없다. 개인들은 이빨을 해 넣자고 하면 자기가 해 넣는 곳이 있다. 진료소나 병원이 아니라 따로 이빨을 해 넣는 곳이 있다. 치과 의사들도 있고, 나이든 분들이 개인적으로 배워서 하는 곳도 있다. 개인적으로 배워서 하는 사람은 자기 집에서 한다. 돈을 주고 이빨을 해 넣는 것이다. 구강과에선 뽑아 주는 것만 한다. 침도 개인적으로 잘 하는 사람 있고 뜸은 침잡이가 다 같이 한다. 개인적으로 의료 행위를 하는 거는 이것 밖에 없다.

지금은 전부 바쁘니까 입원하는 사람이 없다. 병원에 입원하면 병원 의사한테도 돈을 먹여야 하는데, 의사들한테 음식도 주고, 약을 타려면 그래야 한다. 떡이나 과일, 고기라도 주어야 약을 잘 준다. 사람들이 자기들에게 잘 보이면 좋게 대해 주는 거고, 나쁘게 인식이 들어오면 손해고 그렇다.

우리는 원래 체계가 우수하다

지금은 병원이 엉망이다. 환자들이 입원하면 먼저 위생통과를 해야 한다.

환자를 목욕시키고 입원실복 입혀서 입원시켜야 되는데

지금 물이 없으니 깨끗이 씻지도 못한 위생복만 갈아입히고 그런다.

원래 체계로 이야기하자면 정말 우수한 체계다.

진료소와 종합진료소

농촌의 협동농장에는 진료소가 있다. 진료소장 1명, 간호원 1명이 있는 곳도 있고 의사 1명, 간호원 1명, 소장 1명이 있는 곳도 있다. 시내나 큰 리의 경우는 종합진료소란 게 있다. 진료소보다 규모가 크다. 시내에도 진료소가 있기는 있다. 공장이나 대학 내에 있는 것으로 여기에는 대개 의사 1명과 간호원 1명 정도가 있다. 또 큰 공장기업소에는 따로 병원이 있고, 그 공장병원의 분진료소가 있다. 리에 있는 진료소는 과가 나누어져 있지 않고 종합진료소에는 과로 나누어져 있다.

종합진료소에는 진료소장이 있다. 그 아래에 10-20명의 의사가 있다. 이 진료소장은 행정간부로, 기술을 지휘하고 총 사업을 지도한다. 일반에 있는 종합진료소는 작은 병원이다. 큰 곳은 침대까지 가지고 있는 곳도 있고 그 아래에 여러 과로 나뉘어져 있다.

종합진료소의 과는 내과, 외과, 구급과, 동의과(한의과), 방역과(예방사업), 결핵과, 치과, 구강과, 어떤 곳은 간염과도 있다. 구강과는 치료만 하는 곳이다. 좀 작은 종합진료소에는 치과와 구강과가 합쳐져 있는 곳도 하다. 그리고 이비인후과, 안과, 소아과, 산부인과가 있다. 산부인과에는 대개 조산원이 있어서 개인집에 나가서 해산하는 일을 도와 준다.

지금은 종합진료소에 의사가 10명이라 하면 내과 1명, 외과 1명… 이런 식으로 되어 있지 않다. 교대도 해야 하고 동원도 나가야 되니까 10개가 넘는 과를 무슨 과와 무슨 과, 이렇게 합쳐 놓았다. 종합진료소의 약국 중에 큰 곳은 조제실이 따로 있는 곳도 있는데 작은 진료소에는 조제실을 따로 만들 수 없으니 위에서 타 온 약을 준다.

이 종합진료소가 조선의 의료사업의 기초단위라고 말할 수 있다. 농민들은 진료소로 가고 도시 사람들은 종합진료소로 가는데 여기서 치료를 못 하면 상급 병원인 군이나 시병원으로 올려보낸다. 진료소 위가 시·군병원이다. 종합진료소는 동마다 있지 않고 몇 개 동이 합쳐서 1개씩 있다. 마을에서 가까운 곳에 있어서 그 주변의 환자들을 치료한다.

만약 자기 집의 관할병원 외에 다른 곳에 가면 원래는 진찰을 안 봐 주기로 되어 있다. 조선은 출생하면 관할구역 종합진료소에서 자신의 의료카드가 만들어진다. 다른 구역의 병원에는 그 카드가 없다. 체계는 우수하다.

구급 환자의 경우는 다른 곳에서도 받지만 일반 환자는 자기 구역에 가라고 한다. 시병원도 구급 환자는 방조해 주지만, 시병원에도 환자들이 많고 하니까 일반 환자들은 종합진료소로 먼저 가서 치료하라고 한다.

조선의 병원들

구역병원은 평양, 함흥, 청진 등 행정구역에서 구역으로 나뉜 곳에만 있다. 구역이 없는 곳은 구역병원 대신 종합진료소가 있다. 종합진료소에서 바로 시병원으로 올라간다. 시병원이라고 해서 시에 1개만 있는 게 아니라 지역에 따라 1개가 있는 곳도 있고 2개가 있는 곳도 있는데 보통 2개가 있다. 1병원과 2병원, 이런 식이다.

시병원은 행정 간부로 원장, 부원장이 있다. 부원장이 1명 아니면 2-3명 정도 있고 내과담당, 외과담당 내지는 약물담당 부원장이 있다. 시병원에는 의사가 보통 50-60명 정도 있고 100명까지 있는 곳도 있다. 각 과들이 다 모여 있다. 내과, 외과 외에 뢴트겐실, 실험실, 결핵과, 간염과도 있다. 그리고 약국도 있는데 크다. 약국은 제재실과 조제실로 나누어져 있다. 조제실은 처방을 하는 곳이고 제재실은 약을 만드는 곳이다. 그 외 진료과가 있는데 주로 도당, 시당급 이상의 간부들이 치료하는 곳이다. 그 외의 직위는 안 된다 하더라도 아버지, 어머니가 항일투사 가족인 사람들도 온다. 전에는 진료과에 찾아오는 사람이 전체 도내에서도 50여 명 정도밖에 안 되었다. 지금은 수백 명 정도가 찾아온다.

시병원과 비슷한 규모로 공장병원이란 게 있다. 큰 공장의 병원은 시병원보다 큰 것은 없고 비슷한 정도이다. 몇 명의 노동자가 있는 사업장에 공장병원이 있는지는 잘 모르겠는데 조선의 큰 공장, 기업소는 대개가 있다. 탄광, 광산에 주로 있다. 보통은 몇천에서 몇만 명 정도 되는 규모의 공장에 공장병원이 있고 그 아래 공장에는 진료소가 있다. 공장진료소 중에 큰 곳은 종합진료소 수준인데 대학교 같은 곳에도 있다.

진료소에서 군이나 시병원으로 오고 여기에서 못 고치면 도병원으로 올라간다. 작은 공장병원은 시나 군병원으로 올라가지만 큰 것은 시·군과 동급이니까 바로 도병원으로 간다. 시병원, 군병원, 공장병원은 거의 같은 규모이다. 그 안에 원장과 기술 일꾼들이 많고 적고 차이는 있지만 기본 모태는 같다.

시병원에는 뢴트겐실, 수술실, 실험실이 있고, 구급차도 준비되어 있다. 도병원에는 심전도, 내시경을 할 수 있는 시설들이 있다. 시병원 중 조금 규모가 큰 곳은 화학실험도 하고 위액검사도 한다. 종합진료소에는 안과가 없다. 시병원 이상에는 안과가 있다. 거기서 시력검사도 해 준다. 시력검사를 해 주면 안경은 개인이 구입한다. 안경을 파는 곳은 따로 있지 않고, 상점에 가면 안경파는 곳이 있다. 그렇다고 모든 상점에 안경 파는 곳이 있지는 않다. 없는 곳도 있다. 조선의 상점이 어디 제대로 상점 구실이나 하는가?

각 계층들이 이용하는 병원을 보면 군대에는 군대병원이 있고 보위부는 도보위부에 진료소가 있다. 도안전국에는 안전부병원이 있어서 안전원들을 치료한다.

도(道)병원은 도에 1개 있다. 도에는 도인민병원이 있고 도동의병원, 도산원도 있다. 도인민병원이 바로 도병원이다. 원래 도동의병원이나 도산원은 도병원 내에 있다가 따로 떨어져 별도의 병원이 된 것들이다. 도병원은 갈라져 나간 과 이외의 환자들을 치료하는 곳이다. 치료과목에는 내과가 있고, 소화기 내과, 소화기 외과 등등이 있고 외과도 복부 외과 등으로 나뉜다. 내과도 원래는 소화기과, 호흡기과, 내분비과 등으로 갈라 놓아야 되는데 평양 같은 데만 갈라져 있지 나머지는 다 나누지 못하고 같이 쓰고 있다.

도병원에 산부인과가 있었는데 그게 떨어져 나가 도산원이라는 새로운 병원이 되었다. 동의과 역시 도동의병원이 되었다. 중국도 같다. 도급에는 다 떨어져 나가 있다. 도동의병원, 도산원 외에 떨어져 나온 것이, 소아과가 떨어져 나와서 도소아병원, 구강과가 떨어져 나와 도구강예방원, 도결핵예방원, 도간염예방원이 있다. 결핵하고 간염은 예방원이라고 부른다. 그리고 49호 병원이란 게 있는데 정신병원을 그렇게 부른다. 도방역소란 것도 떨어져 나온 것 중의 하나이다.

도병원에는 내과 등 그 외에 각 부서가 남아 있다. 규모가 큰 곳은 더 많고 작은 곳은 조금 적고 그렇다. 도병원 내에 동의과가 있는 곳도 있다. 따로 동의병원도 있고 도병원 내에 동의과도 있는 것이다. 물리치료과, 뢴트겐과, 기초 진단과 등등, 이런 도병원에는 의사만 200-300명 정도 있고 수준이 높다. 주로 4년제 부의사 양성학교인 의학 전문학교쯤 다니던 사람들이 여기 와서 간호원을 한다. 도병원 밑으로는 의사 구실 하는 사람이 별로 없다. 또 의사질을 한다 해도 의대를 졸업해야 인정을 해 준다.

평양 적십자병원

도병원 위에 그 이상은 없다. 평양에 중앙병원이라는 것이 있기는 하지만 사실상 중앙병원이 없는 것으로 봐야 한다.

지방에서 환자들이 치료하다 낫지 않으니까 고쳐보겠다고 자꾸 평양으로 올라온다. 지방의 인민들이 찾아가는 평양의 병원 중에는 적십자병원이 있는데 사람들이 이것을 중앙병원이라고 부른다. 적십자병원은 원래 의료를 하는 곳이 아니라 의학과학원으로 의학을 연구하는 곳이다. 환자를 치료하는 곳이 아니라서 환자들이 와도 받으려 하지를 않았다. 그런데 항의가 들어온 것이다. "사람이 죽어가는 데 조선에서 제일 좋은 병원은 가 보아야 되지 않겠느냐?"는 것이다.

적십자병원에 가면 그 안에 병동이 있는 게 아니라 소화기라면 소화기연구소가 있고 심장병 하면 심장병연구소가 있다. 거기 원장은 전문 원장이 아니라 기술연구소장이 원장일을 책임진다. 한때는 조선의학과학원이었던 것이 소련에서 항의해서 적십자병원으로 이름을 바꾸게 되었다.

적십자병원은 조국 해방 시기에 소련 사람들이 와서 세운 병원인데 그때 적십자병원이라고 지어놓았다. 그것을 모태로 해서 과학원을 세운 것인데 본래의 건물은 조그맣고 그 주위에 15층, 20층짜리 건물을 가득 세워서 1개 병원씩 연구하는 용도로 썼다. 그러면서도 모태는 적십자병원이니까, 소련에서 "왜 우리가 세운 적십자병원을 막아버렸냐" 하고 문제를 제기한 것이다. 그래서 김일성 동지가 "적십자병원이라고 하면 어떻느냐? 연구만 잘 하면 되지" 하고 지시를 내려서 다시 적십자병원이라고 이름을 지었는데, 사실 내용인즉 의학과학원이다. 그래서 외래는 안 받았는데 병이 중한 지방 사람들이 "외래는 왜 안 쓰는가? 최고 좋은 병원에 가 보고 죽어야지. 안 가 보고 우리 애를 어쩌냐" 하니까 할 수 없이 환자를 받기도 한 것이다.

거기에 가 보면 구조가 큰 병원처럼 되어 있다. 외래도 1개 병원처럼 되어 있고 내과, 소아과 등 숫자상으로는 몇 개 안 되지만 1개 과가 병원으로 되어 있다. 구강치료도 구강병원에 속해 있다. 결국 백성들이 항의를 해서 치료를 하는데, 좀 까다롭다. 만약 내가 연구 대상을 맡아서 간염이면 간염 대상을 치료하겠다고 하면 중앙당의 비준을 받게 되어 있다. 이번에 간염에 대한 치료를 하겠다고 글을 쓰고 중앙당 비준을 맡는데 비준이 안 떨어지면 못 한다. 그리고 도병원에 의뢰를 해서 이런 환자를 데려가겠다고 하고 연구소들이 직접 내려간다. 연구대상이 안 되는 사람들은 진단을 해 보고 다시 아래로 내려보낸다.

조선에서 인민들이 일반적으로 접할 수 있는 병원은 도병원까지다. 도병원에서도 안 되면 적십자병원에 속한 결핵연구소, 종양연구소 등지로도 보낸다. 이곳에 가려면 진단서와 증명서가 필요하다. 병원 입구에 보위기관에서 접수를 해야 보내 주는데 접수를 잘 안 해 준다. 또 적십자병원까지는 올라간다 해도 별

수 없다. 그곳의 사람들이 진단이나 해 주지 병은 크게 못 고친다. 적십자병원에 있는 사람을 만나보면 "우리는 환자들 진료하러 지방에 내려가면 밤을 새도 한 군데도 못 고치겠다"고 한다. 왜 그런가? 그 사람들은 오직 기계진단이나 하고 기초진단이나 하기 때문이다. 의사들은 오랜 임상경험이 있어야 하는데 그 사람들은 오직 기기에만 의존하기 때문이다.

　보통 중앙병원이라 하면 평의대병원이다. 평의대병원은 평양의학대학병원으로 평양에서 최고의 병원이다. 적십자병원에서 환자를 잘 안 봐 주니까 평의대병원까지 가는 것이다. 평의대병원이 바로 중앙병원으로 평양 시민들은 구역병원에서 평의대병원으로 보낸다. 그 위에 적십자병원으로 경우에 따라서 치료도 하는 것이다.

　우리는 의사들이 많이 있는데 동의사, 양의사가 따로 분류되어 있다. 학교에서 양의사들에게도 한의사 공부를 시켜 주는데 수준 차이가 있다.

남산 · 봉화진료소

　평양이란 게 대상 환자가 얼마나 많은가? 대상들이 많으니 간부들이 밀려서 일반과에 가야 되니까 중앙당과장이나 중간 간부들이 자꾸 문제를 제기해서 정부병원이란 걸 만들었다. 거기도 대상이 있는데 일반적으로 중앙당급을 치료한다. 그리고 더 높은 간부들은 봉화진료소, 남산진료소로 간다. 이름은 진료소라고 하지만 안에 온갖 기술진들이 다 모여 있다. 이곳의 의사들은 적십자병원에 가면 원장질을 할 정도이다. 조선의 요원들이 다 모여 있다. 최고 간부들은 남산진료소, 봉화진료소로 가고 조금 낮은 간부들은 정부병원 가고 더 낮은 간부들은 평의대병원이나 적십자병원에 간다. 그전에는 이런 게 없었다.

당 조 직 이   세 긴   세 요

조선의 모든 조직에 당 간부와 행정 간부가 있는데 진료소 같은 곳은 작으니까 소장이 의사질하면서 당원일 때는 겸해서 당비서질을 한다. 시병원부터는 원장과 다른 정직으로 당비서가 따로 있다. 당비서는 정직이지만 원장보다 급수가 많이 낮다. 그러나 사람들 인식에는 당비서가 아무래도 높다. 원장은 행정지도를 할 권한이 있지만 모가지 자를 권한은 없다. 당비서는 급수는 낮지만 사람을 뗐다 붙였다 할 권한이 있다. 누구를 무슨 과로 보내고 누구를 과장으로 시키고 누구는 내과에서 외과로 보내고, 이런 일들을 당비서가 다 한다. 그러니 당비서에 붙어서 일하지 원장에게 붙자고 안 한다. 어쨌든 당비서가 하자는 대로 하게 되어 있다. 그러니 조선이 이 모양인데… 올라가면 올라갈수록 더 그렇다.

의료부분에서는 시병원 이상이 당조직과 행정조직으로 나누어져 있다. 종합진료소는 사람이 얼마 없으니 잘 해야 세포 1-2개가 만들어진다. 평의사 중에 당원이 세포비서질을 한다. 선거로 당비서를 추대하기도 하는데 이 사람은 평의사로 직위는 없지만 세포비서질을 한다. 시병원부터는 당 간부들이 있다. 세포비서는 말단 당비서이기 때문에 시병원부터 간부급에 속한다고 할 수 있다. 하여튼 당이 모든 걸 다 한다.

병원에 대한 총괄적인 행정지도는 당위원회에서 안 한다. 다만 당조직은 뒤에서 일처리를 하고 앞에 나서지 말라고 한다. 예를 들어 행정원장이 오늘 어디 동원을 간다면 그 행정원장이 앞장서서 끌고 나가라는 것이고, 당비서는 뒤에서 '어떻게 어떻게 하라' 하고 키잡이를 하라는 것이다. 그러나 사실은 군대도 그렇지 못하다. 당기구는 인사권한이 있고 행정기구는 인사권한이 없으니 행정기구의 말은 당연히 안 듣는다. 원장이 모임을 한다면 제 시간에 가는 사람이 없다. 그저 5분, 10분씩 늦게 간다. 그런데 당비서가 모임을 한다면 한두 명이 지각하지 나머지는 다 제 시간에 간다. 그것만 봐도 알 수 있다. 조선에 행정 일꾼이 대접을 못 받는다. 당비서 모임에는 조금 늦게 갔다가는 욕먹는 거는 둘째치고 자기의 자리를 유지하기도 힘들다. 원장도 회의 소집을 하고 지시도 내리지만 말을 안 들어도 인사권한이 없으니 어쩌지 못한다.

도병원의 서열도 행정직위는 원장이 높지만 권한은 당비서가 높다. 원래 원장이 더 높지만 현실적으로 권한이 당비서보다 적다. 그런데 이 2명의 의견이 잘 안 맞는다. 맞추는 데가 전혀 없다. 또 누구를 치료하느냐에 따라 직급에 상관없이 권한이 있게 된다. 원장이 있고, 그 아래 부원장이 있는데 도마다 다르겠지만 도병원에는 부원장이 5~7명 있다. 그 아래가 과장이다. 그 중 진료과장은 간부들을 치료하다 보니 서열상은 부원장보다 낮지만 실제 권한은 부원장과 비슷하다.

약초 채취

도동의병원의 경우 내과, 외과, 부인과가 있다. 산과는 없고 부인과가 있는 것이다. 그리고 침구과(침, 뜸), 민간요법과, 뢴트겐실, 실험실, 약국, 조제실, 제재실, 입원실, 진료과 이런 것들이 있다. 실험실에서는 그저 기초적인 혈액, 오줌 검사 정도를 한다. 동의병원 내에서는 그저 그 정도이다.

민간요법과는 민간요법을 연구하고 치료도 한다. 민간요법 책이 있어 그걸 보고 연구도 한다. 그러나 민간요법과에서 하는 일을 보면 반이 치료보다는 약초를 채취하러 간다. 봄, 가을에 보건 일꾼(의사, 간호사 등)들에게 사회동원 대신 약초 채취하는 것을 시킨다. 병원 근무를 교대로 하면서 약초를 채취하러 간다. 약초를 채취할 때 제대로 일하라고 지시하고, 당 방침을 전달하는 조직기획과가 있다. 채취하는 사람들이 모자랄 때는 민간요법과가 같이 동원되어 한다. 내과, 외과, 침구과는 환자가 많으니까 그렇지만 예방사업이라는 건 문을 닫아도 별일이 없으니까 같이 동원된다.

　이렇게 채취한 약초는 그전에는 다 위로 올라갔는데 요즘은 제 병원에서 쓰라고 한다. 전에는 약초 수매상이 오면 거기다가 이것저것 바쳤다. 이 약초는 도 약품공업소란 곳으로 올라갔다. 거기에 약품매매소가 있고 약품수매소도 있다. 전에는 보건 일꾼들이 약초를 채취하는 일은 없었는데 한 10여 년 전부터 시켰다.

　조선에는 사회동원이 많으니까 보건 일꾼의 사회동원에 문제가 제기된 것이 1970년대 쯤이었다. 총동원 되면 병원 문을 닫고 가기 때문에 환자들이 병을 치료할 수 없었다. 특히 농촌의 모내기 때에는 병원 문을 닫고 다 나갔다. 그때 환자가 병원에 가도 할 수가 없었다. 그러다 간부들이 아플 때 병원에 가 보면 병원 문이 닫혀 있으니까 "어째서 병원 문을 닫았는가?" "모내기 동원 다 나갔습니다" 모내기 동원이 하루 이틀이 아니니까 치료를 못 받아도 간부들도 할 말이 없었다. 그래서 간부들이 건의해서 그 뒤에는 모내기 동원에는 빠지고 모내기 하다가 앓는 사람을 치료할 때만 몇 명을 동원해서 치료하게 하고 다른 일은 동원하지 말라는 지시가 내려왔다. 그러다 병원에 약이 없으니까 약초를 캐 온 사람들에게 돈주고 약을 사야 되는데 남보다는 돈을 더 비싸게 주어야 했다. 그래 병원에도 돈이 없으니 보건 일꾼들이 약초를 캐러 다니는 것이다. 사회동원 가지말고 약초를 채취하러 가라고 한다. 채취도 하고 약초 심으러 가기도 하는 것이다. 다른 나라는 이러지 않을 테지?

　조선에는 보건 일꾼만 약초를 캐는 게 아니다. 약초채취대란 조직이 있다. 국가에서 조직한 것인데 이 사람들이 산에 가서 약초를 채취해도 제 먹을거리가 안 되니까 약초는 조금만 캐고 산에 가서 나무를 해서 판다. 약초를 얼마만큼 가져오면 얼마를 주게끔 되어 있는데 약초를 캐도 값을 많이 쳐주지 않으니 적당히 캐고서 나무하러 다닌다. 그러니 보건 일꾼들이 병원 문을 잠그면서 약초를 캐러 다닌다.

전에 김일성, 김정일 동지의 지시로 사회동원을 안 나갔었는데 이제는 보건 일꾼들이 부려먹기가 좋으니까 자꾸 부른다. 도로닦기, 1호 행사 등 많다. 농촌 동원에 가서는 일하는 대신에 농민들을 치료해 주기도 한다. 이 사람들이 치료 사업 요청을 하기도 하는데 이럴 때는 따로 또 사회동원을 나가야 하기 때문에 치료사업을 미룬다. 치료 못 하면 비판을 안 듣는데, 사회동원에 안 나가면 욕 들어먹기 때문이다.

각 병원에 사회동원을 지시하는 것은, 병원이 도급이면 도당이나 도행정위원회에서 회의를 한다. 그리고 사회동원을 어떻게 해야하는지에 대한 사상을 전달하고 어느 기관 몇 명, 어느 기관 몇 명 시키라고 지시한다. 그러면 동원위원회라는 조직에서는 기관별로 다니면서 사람들을 동원시키고, 안 나가면 따지고 기관 책임자를 욕한다. 그러기 때문에 안 나갈 수가 없다.

도행정위원회에 사회동원지부란 게 있다. 상설적인 기구는 아니고 시기에 따라 조직한다. 거기에 있는 사람들이 어디에 누가 몇 명 있는지 모르니까 어느 병원은 몇백 명, 어느 병원은 그냥 1백명, 이렇게 임의로 작성해서 로동분야를 떼어 준다. 그 로동분야에 한 사람이라도 더 동원해야지 안 그러면 안 되니까 병원 문을 닫고 나가게 되었다.

사회동원에서 제외되는 사람들은 9·27수용소 관리자, 당 검찰소 등에서 일하는 사람들이다. 이들은 극소수이라 인민들은 잘 모른다.

위 생 초 소

사람이 아프면 농촌은 진료소로 가고 도시는 종합진료소에 간다. 진료소에 가서는 접수 칸에 먼저 접수를 한다. 접수실에 가면 자기 건강관리부란 게 있다. 그거를 뽑아 가지고 의사를 찾아가면 되는데 지금은 그저 건강관리부 들고 갈 시간도 없이 1-2명 지키고 있는 진료소에서 줄서서 서로 먼저 보려고 한다. 여기서는 거의 기본적인 것만 한다. "내 감기 걸려왔소" 하면 옆에 보조하는 여자한테 "감기 진단 떼 주라" 그런다. 그리고 그냥 보낼 수 없으니 체온계만 대 보고 열이 없으면 물은 끓여 먹고 약은 뭐 먹어라고 한다.

원래 체계는 종합진료소의 의사들에게 담당 구역이 있다. 누구는 1-5인민반 누구는 6-10인민반, 이런 식으로 되어서 담당 의사가 아니면 진단을 안 떼 주게 되어 있다. 인민반을 담당하는 사람들은 전문의사는 아니고 간단한 검사 정도만 하는 의사들이다. 담당 의사가 담당 인민반 중에서 한 집을 정한다. 이곳을 위생초소라고 하는데 인민반 여러 집 중에서 깨끗하고 적당한 집으로 한다. 아주머니가 놀고 있는 집에다가 위생초소라는 간판을 달아 주고 사람들이 아프면 먼저 진료소에 안 가고 그 집에 쪽지 남기도록 되어 있다. 그리고 담당 의사는 아침마다 그 집에 출근하여 확인하고 치료해 주게 되어 있다. 그런데 지금은 병원도 문 닫는 정도인데 어느 누가 그걸 하는가? 이제는 환자들이 다 병원으로 가야 된다.

위생초소를 하라고 지시한지는 한 10년도 더 되었는데 잘 지켜지지 않았다. 그렇게 하려고 하면 의사의 노력이 얼마나 들겠는가? 오히려 위생초소라는 것이 의사들이 혼자 시간을 가지면서도 핑계를 대는 구실이 되었다. 근무하다가 개인 볼일 보러 나가면서 위생초소에 간다고 이야기한다. 환자들이 찾아오면 위생초소에 나갔다고 핑계를 댄다.

지금은 병원이 엉망이다. 환자들이 입원하면 먼저 위생통과를 해야 한다. 환자들 목욕시키고 입원실복 입혀서 입원시켜야 되는데 지금 물이 없으니 깨끗이 씻지도 못한 위생복만 갈아입히고 그런다. 원래 체계로 이야기하자면 정말 우수한 체계다.

진 료 와   응 급 환 자

진료소에서는 특별한 검사는 없다. 환자들에게 증상만 들어보고 청진기 대어보고 체온 재고, 4진 정도만 한다. 즉, 물어보고 청진, 들어보고 시진, 눈으로 보고 타진, 맥 등을 짚어 본다는 것이다. 약국이라는 것도 따로 독립되어 있는 게 아니고 병원이나 진료소 안에 있다. 진료소 안에 약이 있으면 의사가 바로 처방을 해 준다. 약국에서는 동의약과 양약을 다 같이 준다. 도병원부터는 동의약국과 신약국으로 나누어져 있다.

밤에 급한 구급 환자가 발생하면 종합진료소 같은 데는 수술을 못 하고 군·시병원부터는 수술을 한다. 병원진료실에서는 밤에도 입원환자를 돌보는 당직 의사들이 있고 구급과가 또 있어서 여기에 속해 있는 의사들이 교대로 밤 근무를 한다. 밤늦게 온 구급 환자를 구급과 의사가 혼자 처리하지 못할 때, 내과 환자면 내과 당직 의사를 부르거나 환자를 데리고 당직 의사한테 올라가기도 한다. 구급과에는 최소 4명이 있는데 보통 의사 2명 간호원 2-3명 정도가 밤새 근무를 한다. 약국도 밤새 문을 연다.

농촌에는 진료소 하나밖에 없으니 어쨌든 환자들이 진료소로 가야 한다. 그러나 시내의 사람들은 종합진료소가 수준이 낮으니까 잘 안 간다. 중한 환자면 가까운 시병원이나 도병원으로 간다. 절차를 안 밟고 병원으로 직접 찾아가도 대부분 다 진찰을 해 준다. 찾아오는 환자를 거부했다가 사망하게 되면 그 병원에서 책임지게 되어 있기 때문이다. 전에 한번은 의사들이 서로 '내과로 가라' '외과로 가라' 하고 미루다가 사고가 난 적이 있었다. 그래서 그런 조치를 취했다.

원래 중한 환자는 전화하면 바로 왕진을 하게 했는데 거의 왕진을 안 가고 대부분 환자들이 직접 병원에 간다. 환자의 집에서 오라고 해도 "지금 급한 환자가 있어서 자리를 뜨면 안 되니까 웬만하면 직접 병원으로 오라" 하고, 이 핑계 저 핑계 대면서 안 간다. 조금 높은 간부들이라면 무서워서라도 안 그러는데 백성들에게는 그런 핑계를 대는 것이다. 또 왕진을 가더라도 1-2시간 정도 있다가 오니 환자들이 답답해서 직접 찾아오게 되어 있다. 20년 전에는 구급차 타고 바로바로 나갔는데 지금은 휘발유도 없고 해서 안 나간다.

3-3, 15-15

상급병원과의 연계는 먼저 종합진료소나 진료소에서 처음 3일 진단하고 두 번째도 3일 끊어주다가 치료가 안 되면 군병원이나 시병원으로 올라간다. 갈 때 진료소에서 어떻게 치료해 달라는 '교환병역서'를 올리면 상급 병원에서도 역시 3일 떼고, 뒤에도 3일을 떼 준다. 그리고 6일을 또 초과하게 되면 담당과의 의사들이 과장을 중심으로 모여 의사협의회를 해야 한다. 꼭 의사협의회를 거쳐서 상급 병원으로 보내고 다시 내려보낼 때는 그 사람에게 얼마 동안 치료하라고 지시를 내리는데 그 기간이 15일을 초과하지 못한다.

도병원에서는 더 이상 상급 병원에 올려보내지 않고 도병원에서 15일 치료하고 초과하면 또 의사협의회를 거쳐서 15일 단위로 계속 치료한다. 상급 병원의 의사협의회에서 내려 보내준 사람도 다시 아래의 병원에 내려와서 치료를 하는데 15일을 넘지 못한다. 그리고 위에서 내려준 지시대로 15일 이내에 치료해서 낫지 못하면 또 다시 상급으로 올려보낸다.

도병원에 입원하려면 시병원에서 받아온 교환병역서를 가지고 접수시킨다. 진료소는 담당 구역 인민들의 건강을 책임지기 때문에 건강관리부가 있고 시·도병원 등의 상급 병원은 오는 환자들만 받으니까 교환병역서만 있으면 된다. 교환병역서를 접수실에서 접수시키고 내과나 외과 등으로 가서 진료를 받는다. 진찰을 해 보고 입원 대상이 되면 입원의뢰서라는 것을 또 쓴다. 입원의뢰서를 쓸 때에 식량정지가 필요하다.

직장으로 나오는 배급을 병원으로 보내는 것이다. 직장에서 떼 온 식량정지를 가지고 다시 접수창구로 간다. 거기서 접수하면 위생통과라고 입원복으로 갈아입고 입원실로 올라간다. 그때부터 입원접수한 사람을 대상으로 식사통계에 들어간다. 어느 환자에게 1달에 몇 끼 주는지를 챙기게 되어 있다.

식 량 정 지

노동자들은 집에서 앓다가 동네의 종합진료소에서 진단을 뗐다고 해도, 공장진료소가 있기 때문에 거기에서 아프다는 확인을 받아야 된다. 그 확인증을 받아야 식량정지를 뗄 수가 있다. 식량정지는 배급소에서 뗀다. 배급소란 게 식량공급소이다. 매 직장마다 배급표를 관리하는 사람이 한 사람씩 있어서 이 사람이 떼다가 준다. 만일 15일 입원한다고 할 때 제일 먼저 공장진료소에 가서 식량 임시 정지를 떼 온다.

이 식량정지는 너무 작은 공장에는 통계원이 다 처리를 한다. 오래 입원을 해야 하면 병원에서 입원의뢰서를 주니까 그걸 가지고 공장진료소에 간다.

심한 환자라서 직장에 식량정지 떼러 갈 시간이 없으면 먼저 입원을 시켜 놓고 다른 가족들이 식량정지를 떼어 오면 입원을 수속한다. 만약 15일을 입원했다하면 내 배급은 병원에서 타 먹었기 때문에 공장에서는 배급표가 나오지를 않는다.

국가식량배급정지증명서

대상자 성명

직위 및 직종

식량수배급수

다음에 의하여 식량배급을 정지하였음을 증명함.

(1) 정지한 이유
(2) 정지시간 년 월 일부터 년 월 일
(3) 정지하는 부양가족 명세

성 명	성 별	생 년 월 일	대상자본인 과의관계	비 고

(4) 새로 수배하려는 구역

년　　월　　일

직장명

직장책임자　　　　　　　　　인

식량배급취급자　　　　　　　인

급 수 와   로 임

조선에서는 의대를 졸업하면 의사자격증은 있지만 1년 동안 무급이다. 무급이란 급수가 아직 안 된다는 뜻이다. 그리고 1년이 지나면 6급 시험 칠 자격을 준다. 이 6급부터는 의사로 인정을 해 준다. 6급에서 3년 지나면 5급 시험 칠 자격을 주고, 또 3년 지나면 4급 시험 칠 자격을 주고… 그런 식으로 3급까지 올라갈 수 있다. 그런데 3급부터는 힘들다. 3급까지 올라가는 시험은 외국어 1개를 하고, 연구논문 발표를 1개 해야 된다. 2급 시험은 외국어 2개이고, 연구 발표 내용도 전문적이고 고급적인 내용으로 해야 된다.

3급도 3년 경과 후 2급으로, 2급도 3년 경과 후 1급으로 올라갈 수 있지만 대부분 3-4급에서 머물고 2급 이상은 박사, 학사, 교수 수준이다. 보통 4급이면 군병원 같은 데서 자기 혼자서 환자를 진료 할 정도이고 과장까지도 할 수 있다. 과장을 하는 것은 기술하고는 관계가 없다. 도병원 원장들도 기술이 뛰어난 사람이 하는 게 아니다. 의료기술이 뛰어난 사람을 원장으로 세우는 게 아니라 당에 충실한 사람이 올라간다. 부원장쯤은 기술 지도를 하니까 기술을 갖추어야 한다.

군·시병원에는 주로 4급 의사들이고 도병원에도 4급 의사들이 많다. 대부분 지방 의사는 4급에 머무른다. 의사들 중 제일 많은 부류가 4급 이하이다. 4급까지 가려고 해도 1년, 3년, 3년 해서 7년이 걸린다. 그 다음부터는 올라가기가 어렵다. 몇 급의 어느 의사가 어디에 근무하든지 관계없다. 3급 의사가 도병원, 시병원에 근무할 수도 있고 진료소에서 근무할 수도 있다. 하지만 도시의 종합진료소에는 주로 4급 아래가 많고 3급은 거의 드물다. 의학대학을 졸업하면 바로 6급, 5급으로 올라가고서 진료소나 시·도병원에도 가지만 과장 같은 간부는 못 한다. 간부는 기술 수준이 높아야 하고 3급은 되어야 한다. 도에는 1급 의사가 없고 평양에 가야 있다.

의대를 졸업하고 아직 급수가 없는 무급의 의사들은, 잘 모르겠지만 한 80원 정도의 로임을 받을 것이다. 6급도 거의 비슷하고 5급은 100~120원 정도, 4급은 130~150원 정도 된다.

의사들의 하루

의사들의 하루생활은 아침 8시까지 출근하면 월요일 날에는 총 조회라는 걸 한다. 밥하는 아주머니 등 일부만 빼고 그 병원에 있는 직원들이 몽땅 모인다. 큰 회의실에 위생복과 위생모를 쓰고서 모이는데 그 주에 할 일과 준비상황을 원장이 이야기한다. 당비서는 나오지 않거나 나오더라도 제일 뒤에서 구경만 한다. 그렇게 한 30분 정도 하고 각자 과로 돌아가서 또 회의를 한다. 누구는 무슨 일, 누구는 무슨 일 하면서 일을 나누기도 하는데 대부분은 자기가 할 일이 다 정해져 있다. 어떤 날은 사회동원에 나가는 사람을 추리기도 한다. 이런 일정의 진행은 과장이 한다.

점심시간은 12시부터 12시 30분까지 먹고 오후 준비를 해야 된다고 규정되어 있는데 보통 1시까지 먹는다. 밥을 싸 온 사람은 일없는데 집으로 밥 먹으러 가는 사람은 30분만에 못 돌아오니까 1시까지 걸리는데 간혹 과장이 점심시간에 나와서 지키기도 한다. 그래서 늦게 오는 사람 이름 공개하고 욕하고 하지만 제대로 안 듣는다.

퇴근시간은 보통 6시인데 매일 일 끝나면 일일보고를 하게 되어 있다. 사업 총화라고 한다. 의사들이 했던 일, 간호사가 했던 일을 과장에게 보고한다. 과장은 원장에게 보고한다. 저녁 6시에 마쳐도 사업총화를 하면 8시, 9시에나 퇴근한다. 그리고 1주일에 1번씩 생활총화가 있다. 생활총화는 각 조직이 요일별로 하는 날이 정해져 있다. 학습은 전 병원이 토요일 오후에 한다. 학습은 매주 하는데 동원은 안 나가도 학습에 빠지면 큰일난다. 강연회도 토요일에 한다.

의사들의 배급량은 조선로동자의 규정과 똑같다. 식량난 이후에 각 단위별로 식량을 조달하게 되었을 때 병원에서는 원장이 힘이 있으면 외화벌이를 조직한다. 외화벌이 하는 데 힘없는 여자들이 할 수 있는가? 그래서 힘센 사람들만 골라서 나무를 베러도 보내고 금을 캐러도 보낸다. 내과 같은 경우는 환자들이 많아서 문을 닫을 수가 없으니까 몇 개 과를 한데 모아서 꼭 필요한 사람만 남겨두고, 사람 적은 데만 문을 닫고서 외화벌이를 나간다.

의 사 들 의   외 화 벌 이

금이 난다는 고장에 식량을 가지고 가서 금을 캐는 사람에게 주고 금을 사오거나, 보건 일꾼들은 일을 할 줄 모르니까 금을 캐다가 다친 사람들을 치료도 해 주고 금을 얻기도 한다. 나무도 하러 다니기도 하는데 병원이라는 단위는 힘이 없으니까 외화벌이 하는 사람에게 붙어서 일을 하다 보니 차려먹는 게 적다.

병원에서 외화벌이를 제일 처음 조직한 때가 1980년대부터다. 그때부터 사회기관에서 조직하였다. 그런데 대부분 병원에서 일하는 사람들이 여자이니까 무슨 힘이 있는가? 세상 어디에도 아픈 사람이 없는 곳은 없으니까, 외화벌이 하는 데나 변방으로 가서 아픈 사람을 치료해 주기 시작했다. 그렇게 해 오다가 1990년 들어와서는 어디에 붙어도 식량을 구하기가 힘들어지니까 자체적으로 한 50명씩 조직해서 나무를 하거나 금캐는 일을 했다.

지금도 병원들이야 운영은 다 하고 있다. 진료소에 10명이 있다면 3-4명만 근무한다. 조회도 매일 한다. 시병원, 도병원도 아침 조회는 매일하고 조회하면 또 다 뿔뿔이 흩어지고. 원장이 의사들 보고 행방을 나가라고 허락한다. 행방을 다니는 사람과 병원에서 일할 사람을 나누었기 때문에 어떤 한 사람이 매일 행방을 나가겠다고 하지는 못 한다. 그러니 병원 문을 열기는 열었지만 닫은 거나 마찬가지다. 의사들 중에서도 장마당에 장사하는 사람이 많다.

약 국 장   회 의

약도 국가가격이 있다. 중앙에서 내려오는 아스피린, 페니실린은 각 병원에서 국가가격으로 사는 건 아니지만 사는 거나 같다. 각 병원에서 계획서를 가지고 중앙으로 올라간다. 그전에 며칠 동안 준비를 한다. 우리 병원에 아스피린 몇 개, 페니실린 몇 개, 무슨 약 몇 개, 의료기구는 몇 개… 필요한 항목을 다 쓰는데 종류가 많다. 우리 도에 아스피린 1천 박스 필요하면 1천 5백 박스 달라고 써 놓는다. 그걸 약국장이 가지고 중앙으로 올라가서 약국장 회의를 한다. 거기서 몇 개의 도끼리 합의를 해서 중앙의 생산량을 환자 수나 병원 규모에 맞게 분배한다.

체계는 그런 데 잘 안 된다.

여기서 돈은 지불하지 않고 서로 행표 거래를 한다. 우리는 돈 거래하는 것을 많이 제약했다. 그래서 돈을 거래하지 못하고 공장과 공장끼리 거래를 하면 행표로 하는 것이다. 행표를 사용하는 것도 복잡하다. 중앙에서 각 병원으로 1년에 필요한 경비 얼마를 내려보낸다. 우리 병원으로 1년에 1만달러를 쓰라고 계획이 내려오면 건물 보수 몇 달러, 약 사는 데 몇 달러, 또 어디에 몇 달러, 이런 식으로 행표를 작성하게 되어 있다. 이런 작성은 약국장이 하는 것이고 의사들과는 상관이 없으니까 의사들은 약을 받아온 것도 모른다. 약을 받아오는 것도 약국장이 하고 관리도 약국장이 하기 때문이다.

국가적으로 약값은 정해져 있지만 실제로는 쓰지 않는다. 약초에도 당귀 1

근에 얼마인지 가격이 매겨져 있다. 가격은 국가적으로 내려온다. 꿀 값, 감초 값, 당귀 값이 있는데 그걸 다 합쳐서 약 만들면 경우에 그 합친 가격이 약값이 된다.

약국장이 회의하러 가면서 기재하는 항목은 한 5백개 된다. 거기에는 약도 있고 의료기구도 있는데 대개 1달에 1번씩 회의에 간다. 대학병원의 약국 같은 곳은 6백종류쯤 된다. 대학병원은 도병원 수준이다. 종합진료소면 기재 항목이 한 10개쯤 될 것이다. 이 10개에는 약도 있고 의료기구도 있다. 약품 기재를 1달에 1번씩 하니까 이번 달에 없어도 다음 달에 있는 것도 있으니까 늘 똑같은 거는 아니다. 그러나 대개 링겔, 아스피린, 페니실린 등 사람들이 많이 찾는 약으로 신청해야 한다.

링겔의 국가가격은 얼마 하지도 않는다. 포도당이 10% 짜리, 20% 짜리, 40% 짜리 그런 것들이 있기는 하지만 링겔이란 게 소금물이다. 약품 가격은 약국 사람들이 잘 안다. 동의병원에서 보유하고 있는 약은 신약이 20-30종, 동의약은 5백종 가량 있지만 조제실에 내어놓은 거는 1백종 정도이다. 도병원은 신약이 1백종, 창고에 보관하고 있는 거는 1천종 가량 있다. 그것도 약국장이 잘 안 가르쳐 준다. 전에는 환자들이 약을 달라고 하면 의사들이 약국 가서 타 주었는데, 지금은 약이 없으니까 약을 달라고 해도 약국에서 '없소' 하고 말을 해 버리니 의사들이 약국에 가서 사정해야 한다. 전에는 의사들이 큰소리쳤는데 이제는 반대로 되었다. 환자를 치료하는 건 의사이고 약국에서는 환자를 받지도 않는데도 큰소리를 친다.

전에는 약사들보다 의사들이 직위가 더 높았고 심지어는 로임도 차이가 났다. 아무래도 병원에서 환자를 치료하는 게 의사이고 약국은 보조 부서인데? 이제는 약이 없으니 거꾸로 되었다. 병원 내에서 부정축재를 하는 거를 보면 약국에 있는 사람이 창고관리하는 사람과 짜고 장부를 조작하여 빼돌린다. 의사들이 약을 타러 오면 장부에 10개 줬다고 기록하고 주기는 7개 정도로 준다. 혹 의사들 중에 따지는 사람에게는 다음에 약을 타러 올 때 안 주니까 의사들도 그렇게 안 하고 잘 보여서 다음에 또 약을 타 간다. 그런데 의사들이 받아온 것 중에서 또 일부를 뗀다. 국가 전체에서 나오는 약을 인민에게 줘도 모자라는데 약국에서 떼고 의사들도 떼니까 인민들에게 돌아가는 것은 없다. 그래도 어쩌는가? 의사들도 먹고 살아야 된다.

평양의 정무원 안에 보건부가 있고 그 안에 약을 담당하는 부서가 있다. 거기서 도에 있는 약품상사에 지시를 한다. 상사는 2가지 일을 하는데 하나는 그 도에서 생산하는 약을 수매하고 또 하나는 자기 도에서 생산 안 되는 약은 다른 도의 상사나 중앙상사와 연계하여 약을 받는 수송체계를 담당한다. 중앙급에서의 제약공장이 있는데 페니실린공장도 있고 보건부 직속 공장도 있고 다양하다. 직할시에 있는 큰 병원 같은 경우는 제재실이 아니고 약공장을 가지고 있다. 도병원, 시병원의 제재실에서 만든 약은 위로 올려보내지 않고 직접 자기 병원에서 쓰게 되어 있다. 위에서 주는 약은 없고 환자는 찾아오니까 자체로 약을 만드는데 아스피린 같은 것은 위에서 받아 온다.

도·시병원에서 양약은 못 만든다. 도에 제약공장이 있기는 있는데 그 제약공장에서도 양약은 못 만든다. 기껏해야 주사약 정도나 만들고 양약은 중앙에서 다 받아온다. 동약관리국에서 동의에 들어가는 약 소재들을 채취하고 가공하는 생산 일을 하고 수입도 하고 그런다. 이 안에 동약상사, 도제약공장, 시군약품 공급소가 있어서 동약관리국의 지시를 받게 되어 있다. 관리국에서 도 제약공장에서 만든 약을 시에 있는 도병원, 시병원에 보내라고 지시한다. 1백개 만들었으면 시병원에 50개 보내라, 어디 몇 개 보내라, 위에서 요구하는 몇 개는 위로 보내고 대신 무슨 약을 받아 오고 이런 일을 한다. 동약관리국은 집행기관이 아니고 생산단위이니까 행정위원회의 보건국이 와서 검열하고 조직사업을 한다. 이제는 약도 없으니 각자 채취해서 쓰라고 한다.

지금도 조선은 무상치료제이기 때문에 전에도 약은 팔지 않았고 장마당에서 파는 거는 비법이다. 장마당에서 파는 것이 왜 비법인가? 병원에 약이 없으니까 밀수해서 들여온다. 제일 많은 게 중국 약, 그 다음이 소련 약인데 소련 약도 동구 유럽 나라 약이다. 스탈린 때 유럽 나라들끼리 경제공동체를 만들었다. 동유럽의 조그만 나라에게 어느 나라는 무슨 약 만들고 어느 나라는 무슨 약 만들어라, 이런 식으로 했다. 그리고 소련에서는 식량, 공업품을 보내주고 그랬는데 조선은 그때 가담을 안 했다. 그렇지만 소련에서 약을 받아올 수 있었기 때문에 동유럽 나라 약이 많이 들어왔다. 결국 장마당에서 파는 약들은 국가의 것을 누군가가 비법적으로 빼돌려 팔아먹는 것이거나 밀수로 들어온 것이다.

병원에 약이 떨어지고 나서부터 장마당에 약 파는 사람이 생겼다. 지금도 약은 꺼내 놓고는 못 판다. 시장에서 암거래를 하는 것이다. 병원에서 쓰는 약 종류가 지금은 몇 개 없다.

파 라 티 푸 스

전염병은 1류 전염병, 2류 전염병, 3류 전염병이 있다. 1류 전염병은 24시간 이내에 중앙까지 보고되어야 한다. 현재 조선에서는 전염병이 많이 돌고 있다. 전염병 중에서도 제일 많이 걸리는 질병이 파라티푸스이다. 이것은 소독을 안 하는 데 첫째 원인이 있고, 또 처음 파라티푸스를 앓을 때 감기 앓는 거랑 비슷하니까 좀 홀시한다.

파라티푸스는 정해진 철이 없어 1년 사시사철 다 걸린다. 파라티푸스는 소화기 계통으로 전염되는 질병이라, 물이나 음식물 같은 걸 통해서 걸린다. 원인이나 경로는 음식물이나 사람들이 오염된 옷이나 수건 등을 썼을 때 병이 전염된다. 오염된 음식물이나 오염물질을 통해서 균이 몸속으로 들어가고 그 균이 얼마 동안 잠복해 있게 된다. 이때 몸에 저항능력이 있으면 발병을 못 하고 저항능력이 없는 경우에는 발병한다. 예를 들어서 내가 환자인데 한방에 누워 잤으면 아무래도 옆 사람은 옮았다고 보아야 한다. 그런데 균이 피부에 접촉되는 건 괜찮은데 혹시 피속에 들어가면 병에 걸린다.

감기 같은 호흡기성 질환은 공기에 날아다니는 균이 옮겨 들어가서 병이 걸리지만, 파라티푸스는 아니다. 파라티푸스에 걸리지 않으려면 식기를 소독하고, 물을 끓여 먹고, 심한 경우에는 문 손잡이처럼 누구나 다 쓰는 물건들을 소독해야 한다. 조선은 지금 비위생적인 생활 때문에 그 병에 많이 걸린다. 수돗물도 제대로 나오지 않으니까 강물이나 깨끗하지 못한 물을 떠다 마시는데, 그런 물을 제대로 끓여 먹지 않는다. 원래 북조선 사람들이 물을 잘 끓여 먹지 않는 습관이 있다.

그리고 집이나 마을 주변도 깨끗하지 못하고 주변에 쓰레기가 많다. 그곳에 사는 파리가 매개물이 되는 것이다. 쓰레기장에 방치된, 병에 오염된 환자들이 쓰던 물건이나 대변에 파리가 앉았다가 그 균을 옮긴 음식물을 먹으면 바로 병에 걸린다. 우리도 예전에는 깨끗했으니까 그런 병에 많이 전염되지도 않았다. 그때도 파라티푸스 환자가 있기는 했겠지만 위생사업도 잘 되었기 때문에 그 같은 것은 병으로 치지도 않았다. 파라티푸스는 한 1980년대 들어오면서 서서히 나타나다가 요즘 들어서 갑자기 많이 발생하게 됐다. 그래서 물을 끓여 먹게 하고, 또 산성이 파라티푸스를 약화시킨다고 해서 식초를 많이 먹게 했다. 전에는 파라티푸스 예방약을 안 놓아 주었는데, 요즘에 많이 앓게 되니까 예방약을 만들어서 놓아 준다.

예방주사는 보건기관에서 전담한다. 진료소에서는 사람이 찾아오면 다 놓아준다. 조선의 보건체계에서는 종합진료소가 그 책임을 맡는다. 학교나 공장진료소는 조그마하니까 종합진료소의 지시를 받게 되어 있다. 예를 들어서 1개 구역 안에 대학교가 있다면 그 대학 안에 대학진료소가 있다. 하지만 방역사업을 할 때는 이 구역은 종합진료소의 담당이 된다. 작은 진료소에서는 종합진료소에 가서 약도 타 오고 보고를 하게 되어 있다. 예방접종은 보통 1년에 3번씩 실시하고 있다.

장티푸스, 파라티푸스, 콜레라는 예방주사를 맞아도 일시적으로 면역능력만 생기는 질병들이다. 그래서 이런 질병에 대해서는 매년 예방접종을 실시하지 않고 병이 발생했거나 재발생할 가능성이 있는 지역에서만 실시하고 있다. 종두 같은 것은 영원 면역이지만 파라티푸스는 그런 게 아니다. 예를 들어 지난 달에 내가 파라티푸스를 앓았다면 면역성을 가진다. 그렇다고 다시 안 걸리거나 그런 게 아니고 또 앓을 수가 있다. 병이 막 퍼지니까 예방주사를 안 놓을 수가 없다. 파라티푸스 예방약은 미생물이기 때문에 두고두고 쓰는 그런 게 아니다. 그래서 적절한 시기에 못 쓰면 병에 다 걸리는 것이다. 파라티푸스균을 위생한 것이다. 맞으면 한 1주일 정도 앓는다.

콜레라와 장티푸스

두 번째로 많이 걸리는 것이 콜레라이다. 콜레라에 걸리면 자꾸 설사를 하는데, 지금 조선 사람은 먹은 것도 없고 먹을 것도 없는 상황이다 보니까 걸리면 죽게 된다. 콜레라는 주로 늦은 봄부터 초가을까지 걸리는데 예방약으로는 장코왁찐이라는 게 있다. 장티푸스와 콜레라를 함께 예방하는 약이다. 이 예방약은 어린아이부터 어른까지도 다 접종해 준다. 콜레라도 영원 면역이 아니니까 어른 아이 가리지 않고 다 걸리는 병이다.

 콜레라 예방접종은 예전에는 해마다 실시했는데, 한 10년간은 실시하지 못했다. 그러다가 최근에는 또 폭발적으로 병이 발생하니까 전국적으로 다 놓지는 못하고 병이 발생하는 지역에만 예방접종을 실시하고 있다. 그런데 그것도 조선에 돈이 없으니 어렵다. 콜레라는 1996년도에 많이 돌았고 1997년도에도 돌았는데 이때는 조금만 돌았다. 1996년도에 콜레라로 사람이 죽기도 많이 죽었다. 먹지도 못하는데 계속 설사해 대니까. 이제는 조선 형편이 어려우니까 예방약이 없으면 못 놓는다. 링겔은 소금물이 기본인데 설사를 해도 링겔을 놓아 준다.

 그 다음에 장티푸스가 좀 돌았다. 이 병의 전염 경로는 파라티푸스하고 비슷하다. 병의 증세도 파라티푸스랑 비슷한데 파라티푸스보다 세다. 장티푸스는 치사율이 높고, 파라티푸스는 사망률이 높지 않다. 장티푸스가 일반적으로 해방전쟁 때 유행했다던 그 병이다. 나도 그 병을 앓았었다. 최근에 장티푸스가 유행한 때는, 어떻게 그 병이 생겼는지는 모르겠는데, 1997년도에 함흥에서 그 병이 돌았다. 함흥 쪽에서만 돌았었다. 사람들을 함흥 쪽으로 가지 못하도록 조치해서 병이 크게 도는 걸 막았다. 이 병도 계절이 없어 어느 계절에나 다 걸릴 수 있다. 그런데 보면 여름에 주로 많이 유행하고, 겨울에 유행하는 경우는 좀 적다.

결핵, 파라감기

 그 다음 질병으로는 결핵이다. 한 1970년대쯤 김일성 수령이 조선에서 결핵에 걸리는 사람이 없도록 만들겠다고 했다. 그래서 한 1976년까지 이 병이 거의 없었다. 그런데 이 결핵균이라는 게 아주 없어지는 게 아니고 조금씩 남아있다 다시 생겨난다. 결핵은 만성전염병이다. 결핵, 간염은 전염성이 적지만 만성

병이다. 결핵은 예방주사를 안 놓지만 결핵에 안 걸린 사람도 검진을 받아야 한다. 그 검진 과정에서 결핵균이 있는 사람은 페니실린 주사를 맞은 것처럼 반응이 일어난다. 그런 사람만 따로 마이신 같은 것을 주면서 치료를 한다. 1970년대에는 예방주사는 안 놓았지만 검진을 자주 하니까 잘 안 나타났다.

결핵병원이 따로 있다. 결핵과 간염은 전문화가 되어 있다. 도급 병원에는 내과에서도 호흡기 내과, 소화기 내과, 순환기 내과, 비뇨기 내과… 이런 식으로 나누어져 있지만, 따로 독립되어 있지는 않다. 조선에서는 간염과 결핵만큼은 없애려고 따로 떼어 놓았다.

일반적인 질병 중에서 많이 앓는 게 영양실조이다. 영양실조에 걸리면 기타 다른 질병에도 쉽게 걸린다. 지금 조선 사람들이 허약자가 많고 영양실조인 사람이 많아서 다른 질병도 함께 많이 앓는다. 영양실조로 인해 따라오는 합병증 중에서 제일 많이 걸리는 질병은 소화기계통의 병이다. 음식이 마땅치 않고 엉터리 식사를 많이 하기 때문이다. 소화기라고 해도 위병보다도 설사가 많다. 아동들의 경우에는 급성 폐렴을 많이 앓는다.

감기와 신경병도 많이 앓는다. 이것은 영양실조라기보다는 조선 사람들이 먹지 못하고 신경을 쓰다 보니까 앓게 된 병이다. 신경쇠약증, 신경과민, 심장병도 많다. 내가 여기 중국에 와서 보니까 이곳 중국에는 뇌출혈, 고혈압 환자들이 많았다. 조선에도 뇌출혈, 고혈압 환자가 있기는 하지만 이곳보다 많지는 않다. 조선에서는 뇌출혈, 고혈압 환자는 거의 간부층들이지 일반 노동자, 농민 중에는 별로 없다. 그런데 중국에는 농민들도 뇌출혈 환자가 많더라.

발진티푸스라는 병도 있는데 장티푸스와 비슷한 병이다. 발진티푸스도 장티푸스처럼 고열이 나는데, 열이 한 3일 정도 나면 몸에 빨간 점들이 생긴다. 이 병을 앓는 사람이 예전에도 좀 있었다. 병세가 장티푸스보다는 좀 경하고, 파라티푸스보다는 좀 중하다.

　　1997년도부터 조선 사람들이 파라감기에 많이 걸렸는데 그건 증상이 파라티푸스 같기도 하고 감기 같기도 하니까, 뭘 모르는 사람들이 엉터리로 지어 붙여서 파라감기라고 부르는 것이다. 원래 그런 병은 없다. 파라감기라는 것은 감기인데, 감기는 약을 쓰면 며칠 후에 떨어지는데 그 병은 안 떨어지고 열이 계속 나니까 파라티푸스 같은 감기라고 해서 파라감기라고 사람들이 부르는 것이다. 지식 있는 의사들은 그런 말은 안 쓴다. 그런 병명도 없다. 그런데 의사들 중에서도 뭘 모르고 파라감기, 파라감기 그렇게 이야기하는 사람들이 가득하다.

기 타 질 병

　　예전에, 한 25년 전에 소아마비에 걸리는 아이들이 있었다. 조선에서 소아마비 예방약을 못 만들어서 걸렸었다. 이질에 걸리면 설사하다가 코 같은 것이나 피가 섞여 나온다. 이거는 그래도 중국에서 약이 들어오니까 치료를 하는데 전염성은 크게 없다.

　　홍역을 앓는 아이들은 요즘 조선에서는 크게 없다. 홍역은 아이들이 크게 걸리는 질병인데 그거는 영원 면역이니까 앓지 않은 사람은 어른이 되어도 걸린다. 요즘은 아이들도 많이 안 걸린다. 볼거리란 말은 처음 듣는 소리이다. 우리는 풍진이나 디프테리아를 앓는 사람이 크게 없다. 파상풍 역시 예방주사를 놓는데 앓는 사람은 그다지 못 봤다. 전쟁 나면 언제 파상풍 주사를 맞고 전쟁에 나가겠는가? 그래서 군인들은 1년에 한 번씩 맞았지만 민간인들은 맞지 않는다. 지금이야 군대도 먹을 게 없어 굶어죽는 판이니까……

　　백일해라는 게 기침을 하는 것이다. 예전에는 좀 있었는데 지금은 없다. 피부병은 좀 있다. 옴을 앓는 사람도 있고 사람들이 풀을 많이 뜯어먹으니까 풀독이 올라서 피부병이 많이 생긴다. 특히 농촌 사람들이 피부병을 많이 앓는다. 농촌 사람들이 그전에는 피부병이 없었는데 지금은 피부병이 많은 게 그런 이유에서이다. 눈병도 그전에 비하면 많지만 크게 문제 될 정도는 아니다. 모든 게 비위생적이니까 많아졌다.

폐혈병은 몸에 상처를 입었거나 해서 폐혈균이 옮는 병이다. 그래서 그 병이 유행적으로 오지는 않지만 위험한 병이어서 환자가 오면 한 번에 페니실린을 몇십 대를 맞아야 사람을 살릴 수 있다. 기관지염에 걸린 사람은 많다. 감기에 많이 걸리는데, 감기가 잘 낫지 않아서 기관지염으로까지 발전한다. 특히 고산지대는 기후가 춥기 때문에 사람들이 감기에 많이 걸린다. 공장지대에서도 많이 걸리지만 그 비율은 잘 모르겠다.

조선에는 위염을 앓는 사람이 많다. 조선 사람들이 습관적으로 물을 잘 끓여 먹지 않기 때문이다. 그리고 또 조선 사람들이 생식을 좋아하는 데다 술을 좋아해서 과하게 마신다. 조선 사람들이 술을 마실 때 도덕 성인처럼 마시는 사람이 몇 없다. 대개 취할 정도까지 마신다. 그런 식생활 습관 때문에 위병을 앓는 사람이 많다. 아마도 10명 중 5명은 위병이 있을 것이다.

암에 걸린 사람도 최근에 보면 그전보다 많아졌다. 위암하고 간암이 많다. 여자들은 유선암에 많이 걸린다. 유선암이란 유방암 초기를 말한다. 치질을 앓는 사람도 많다. 치질이 많아 보이지 않는 게 다 숨겨서 그렇지, 옛날부터 치질은 많이 걸렸다.

사람들이 제일 많이 죽는 것은 어떤 질병보다 영양실조로 인한 설사이다. 물론 지금 가장 많이 앓는 것이 파라티푸스지만 사망률은 영양실조로 인한 설사가 훨씬 높다. 영양실조이다 보니까 기타 다른 병에도 많이 걸린다. 어쨌든 식량이 없어서 못 먹으니까 영양실조에 걸리는 게 사람들이 많이 죽는 가장 큰 원인이다.

식 량 난   전 의   질 병

식량난이 오기 전에 조선 사람들이 많이 걸린 질병은 소화기 계통의 병이 많았다. 산악지대는 감기를 비롯해서 이비인후과 염증, 고혈압, 관절염을 앓는 환자가 많았다. 고산지대에다 춥고, 또 산악지대여서 많이 걸리니까 관절염이 많다. 그런데 이런 병이 없어지고서 전염병이 오는 게 아니고, 기존에 있던 병도 계속 발생한다. 이제는 건강한 사람도 전염병에 많이 걸린다.

1970년대까지는 출혈열을 세게 앓았다. 출혈열은 쥐, 생쥐가 옮기는 것이다. 출혈열은 저지대가 아니라 고지대에서 발생한다. 북조선에는 산이 많고, 고지대가 많은데 한 해발 1천 2백미터 되는 높은 곳에 생쥐가 많았다. 왜 북조선에 출혈열이 발생하냐 하면 전쟁 때 미군이 세균 무기를 써서이다. 어쨌든 출혈열이 처음에는 이런 산골에서 발생하기 시작했다가 차츰 그 병이 발생하는 지역의 범위가 넓어졌다. 그래서 학생들을 동원해서 쥐를 죽이러 다니기도 했는데 그렇게 쥐를 죽이러 동원됐다가 출혈열에 걸려 죽기도 했다. 출혈열이 그만큼 무서운 병이다. 이제는 출혈열이 그닥 발생하지 않는다.

조선 사람들의 평균 수명은 한 75세이다. 원래 조선 사람들의 평균 수명은 1970년대 이전에는 62세였다. 그후에 공화국에서 발표한 자료에 의하면 평균 수명이 75세로 늘었다. 조선 사람의 평균 수명이 대단히 높은 편이다. 하지만 지금은 이런 것이 아무 의미가 없다. 지금은 다 굶어죽는 판인데? 조선의 의료체계가 훌륭하다고 UN 보건기구에서 찾아도 왔었다. 지금은 이 지경이지만 그 체계는 얼마나 확실한가?

진 단 서 떼 러 가 다

의사가 1백명 정도인 시병원이면 간호원과 입원실이 많으니까 입원실에 근무하는 직원을 다 포함하면 몇백 명 된다. 시병원에 침상은 한 200-300대, 작아도 1백대 정도는 있다. 지금은 1백대도 못 쓸 것이다. 전에는 200-300대도 모자랐는데 지금은 왜 그런가? 한 1970년대까지만 해도 병원에 입원하면 1달 정도 입원을 하는데, 퇴원할 때가 다 되어가면 환자들이 입원기간을 더 연장하려고 아는 사람을 다 동원해서 퇴원을 못 시키도록 의사에게 종용을 했다. 아는 사람이 부탁하고 자기 동무가 부탁하니 의사들이야 별 방법이 없다.

조선에서는 1주에 회진을 2번 한다. 진찰은 매일 나가고 환자들을 어떻게 치료하겠다는 판단을 하는 회진은 1주에 2번 하고, 그래서 퇴원할 때를 판단하는데 이 퇴원 시기를 환자들이 거의 다 안다. 병에 따라 입원기간이란 게 일반적으로 정해져 있지만 보통은 1달이다. 그러니 1달이 지나면 특별한 일이 없으면 퇴원시키려고 하는데 환자들은 온갖 방법을 동원해서 더 있으려고 하는 것이다. 퇴원하면 직장에도 나가야 되고 사회동원에도 나가야 되니까. 그런데 지금은 입원을 해도 약이 없으니까 반대가 되었다.

지금 진료소에는 보건 일꾼들이 쌀을 구하러 행방다니고 약초를 채취하러 가느라 교대 근무를 한다. 시병원, 군병원은 조금 낫지만 진료소나 종합진료소는 거의 문을 달다시피 하고 있다. 진료소가 수준이 지금 이 정도이니까 환자들 인식은 어떤가 하면, 어쨌든 아프면 자기 구역의 진료소로 먼저 가야 되니까 진료소로 오는데, 병을 치료하러 오는 환자는 1백명 중에 1명도 될 것 같지 않다. 그런데 왜 오는가? 진단서를 떼러 온다. 원래 진단서를 검열하는 조직이 도안에 있다. 의학 검열대라는 곳에서 수시로 내려와 검열을 한다. 진단서를 제대로 발급했는가? 안 했으면 왜 안 했는가? 치료사업은 제대로 하는가? 이런 것을 검열

했다. 지금은 이런 것도 없고, 마구잡이이다.

　　진료소에서는 진단서를 떼는 절차가 처음 3일 떼 주고 또 오면 3일 떼어 주고, 6일은 넘지 못 하도록 되어 있다. 6일 이상으로 치료를 하려면 상급 병원으로 가야 된다. 그래서 상급 병원에서 진찰을 해 보고 큰 병이 아닐 때는 다시 아래로 내려보내는데 '교환병역서' 라는 것을 떼 준다. '이 사람 병이 심하지 않지만 출근은 못 할 정도이니 며칠 집이나 진료소에서 치료하라' 이런 식으로 써 준다. 그렇지만 또 15일을 초과하지 못하게 한다. 보통 7-15일 정도까지 진단을 내려준다. 그것을 보고 진료소에서 치료를 한다.

　　진료소에서는 6일과 15일, 길어야 21일 동안 치료한다. 위에서 하라는 대로만 해야 한다. 이렇게 해서 치료를 못 하면 또 상급으로 올라간다. 그러면 위에서 또 받고 그러는데 지금은 치료받으러 가는 게 아니라 진단서를 떼러 간다. 진단서 떼서 직장에 제출하면 출근을 안 해도 시비를 안 한다. 그리고 진단서를 제출하면 배급표를 주기 때문에, 그래서 진단서 떼러 병원에 가고 그 다음은 일반적으로 주사를 맞으러 간다.

　　페니실린을 맞으려 해도 주사기가 있어야 되니까 약은 돈 내고 사더라도 주사기가 없으니까 병원으로 온다. 약은 못 줘도 주사는 놓아 준다. 진료소에서 6일 치료받는다면 그 진단서를 직장에 제출하면 6일 배급이 병원으로 나오게 되어있다. 그리고 요즘은 시병원에서는 내과가 제일 사람 많이 오니까 문은 안 열 수가 없으니 1사람만 남겨 놓는다. 외과도 1명만 남겨 놓는다. 그런 식으로 문 안 닫을 정도의 인원만 남겨 놓고 다 행방다니고 또 약이 없으니 진료소나 치료 방법이 거의 같다. 약이 조금 더 있다면 링겔, 아스피린, 페니실린 정도이다.

　　1980년까지만 해도 의사들은 환자 앞에서 "동무 치료하는데 무슨 약 있었으면 좋겠다. 그 약을 좀 구해 와라" 이런 말을 못 했다. 그때도 약이 다 갖추어져 있지 않았지만 말은 그렇게 못 했다. 약이 다 갖추어져 있지 못 하다고 하면 환자들이 소동을 일으키지 않겠는가? "병원에 있는 약 가지고 하지, 왜 자기 기술이 없어서 남에게 약 구해 오는 일을 시키는가?" 그런 소리 들으니 의사들이 말을 못 했다. 그런데 지금은 하나부터 열까지 다 없으니까 환자들에게 막 이야기한다. "너 무슨 약 구해 오라"고.

지금은 약 자체가 없다. 조금씩 있긴 있는데 많지 못하니까 1/10 정도를 병원에서 보장해 주고 나머지는 환자들이 자기 돈으로 구해 와야 한다. 병원에 입원하면 직장에서 식량정지를 떼어 가져가면 병원에서 식사증을 준다. 이것을 식당에 가져가면 밥이 나온다. 그러나 지금은 식사증을 갖다 줘도 식당에 쌀이 없지, 부식물이 없지, 그러니까 밥은 집에서 날라 먹어야 된다. 병원에서 밥을 해 줘도 환자에게 맞게 못 해 주니 차라리 집에서 쉬면서 보낸다. 먹는 것도 그렇고 따뜻하게 잠도 자야 하는데, 입원하면 밥도 없고 춥기도 하니까 이제는 진단서만 떼려고 병원에 온다.

조선의 보일러는 다 파괴되었다. 지금 돌아가는 보일러는 도안전부, 도보위부 밖에 없다. 어지간한 환자들은 병원에 오지도 않고 조금 낫기만 하면 퇴원시켜 달라고 사정한다. 의사가 "동무는 조금 더 치료받아야 되겠다"고 하면 환자들이 "나가서 외래 치료받겠다"고 한다. 전에는 입원하려고 많은 사람이 왔었는데 지금은 병원에 있으려고 하지도 않고 죽기 전에는 병원에서 치료 안 하겠다고 한다.

6. 북조선 중학교

우리 중학교 교원들

잊지 못할 교단, 학생들

학생들의 생활상

세 가지 색깔의 미래

우리 중학교 교원들

해보기 수업이란 교원들의 자질을 높이기 위한 방법으로 한 선생님이 교단에 서고,

다른 교원들은 학생이 되어 본다.

그런 과정에서 능력있는 사람들이 경험이 적은 사람들에게 알려 준다.

바빠도 그건 꼭 해야 된다.

학 교　건 물

　　내가 근무한 곳은 인민학교와 중학교 건물이 따로 있었는데, 전 조선이 다 그렇지는 않다. 대개 시내에 있는 학교는 인민학교와 중학교 건물이 따로 있지만, 농촌에 있는 학교는 나눌 형편이 못 된다. 인민학교와 중학교 건물이 따로 있는 경우에는 연구실〔수령님과 장군님〕도 그렇고 따로 두어야 할 것이 많다.

　　보통 학교 건물은 5층이다. 교실은 층마다 중앙을 중심으로 양쪽으로 5개씩 10개이며, 전체 교실 수는 50개이다. 그 중에 40개 정도가 학생들의 교실이고, 나머지는 수령님과 장군님 연구실, 음악실, 미술실, 자동차 실습실, 교장실, 분과실, 도서실, 사로청실, 소년단실 따위가 있다. 또 목수실과 자동차 차고, 운동기구를 넣어두는 체육기재실, 각 학급의 비품과 겨울 땔감을 넣어 두는 창고, 실험하는 화학실, 물리실, 전자기구에 대한 것을 배우는 전자 기계 실습실 따위가 있다. 그렇지만 다 배우지는 못 한다. 화장실은 운동장 한 켠에 있다.

대개 조선의 학교는 운동장 한 켠에 토끼사를 만들어 놓았다. 토끼사에는 사람이 살 수 있게 10평 정도의 넓이에 방이 2개가 있고 토끼우리가 있다. 전에 토끼를 200-300마리 길렀을 때에는 신임이 가는 한 학급이 전문으로 담당하고, 나머지 학급들은 먹이와 보초를 담당했다. 모든 학생들은 봄, 여름철에 아카시아풀을 뜯어다 말려서 저장해 놓는다. 1인당 풀을 얼마해서 바치라는 목표량이 있다. 또 저녁에 토끼우리를 습격하는 사람이 많아서 학급마다 돌아 가면서 보초를 선다. 한 학급마다 돌아 가면서 조를 짜서 토끼사의 방에서 자면서 밤새 토끼우리를 지킨다.

선생님들이 모이는 교원실에는 각자 책상은 없고 그냥 빙 둘러앉을 수 있게 의자는 있다. 기본 학습자료는 연구실에 있고, 교원실에는 성적부와 출석부, 건강관리부만 있어서 수업하러 갈 때 출석부를 가지고 가고 돌아오면 꽂아 놓는다. 선생님들은 각자 전공에 따라서 분과로 나뉘는데, 분과실에 개인 책상과 함이 있다. 책상 서랍에는 책이나 물건을 넣어 두고, 함에는 교편물이나 교재를 넣어 둔다.

시내에 있는 큰 중학교의 교원 수는 100-120명 정도이고, 리의 농촌에 있는 학교의 교원 수는 30명 정도이다. 농촌의 경우는 선생님이 적으니까 분과를 사회분과와 자연분과로만 나눈다. 자연분과에는 수학, 물리, 화학 따위가 있고, 사회분과에는 혁명역사, 역사지리, 국어 따위가 있다. 규모가 작은 학교일 경우, 중학교와 인민학교를 포함한 교원 수가 30명 정도라면 중학교 교원은 20명 미만이다. 그만큼 학생 수가 적다. 내가 근무한 곳에서는 학생 20-25명 당 교원 1명이 배치되었다.

행정 간부와 당 간부

교육에 관한 모든 것을 관할하는 곳은 중앙당(黨)교육위원회이다. 그리고 매 도(道)마다 도당위원회 안에 교육부가 있고, 도행정위원회 안에 교육과가 있다. 도당위원회 교육부에서 당의 방침을 내려보내면 도행정위원회 교육과에서는 당의 방침을 실행하기 위해 여러 가지 실무적인 대책을 전한다. 당 일꾼은 로동당의 지침과 방침을 행정적으로 수행할 수 있도록 지도하고, 이를 수행하는 것이 행정 일꾼이다.

도에서 시, 군으로, 그리고 그 밑의 구역에 내려가도 역시 당위원회 교육부와 행정위원회 교육과가 있다. 예를 들어 당의 방침은 교육부에서 내려오고, 그 방침에 따라 교육과에서는 교과서나 교육과정에 대한 모든 계획을 내려준다. 교장선생님은 교육과와 교육부에서 내려온 방침을 종합하여 학교에 당의 방침과 교육과정을 전달한다.

사무행정에서는 교장선생님이 제일 높지만 당(黨)적 차원에서는 초급당비서가 제일 높다. 한 학교의 제일 높은 당 간부는 초급당비서인데 그 밑으로 세포들과 그 세포비서들이 있다. 이 세포는 교원들의 당조직이다. 시내에 있는 큰 학교의 교원 수가 100-120명 정도라도 그 안에 당원들이 많지 않으니까 부문당비서가 없다. 우리도 1개 작업반처럼 구성되어 있어서 당원이 아닌 선생님들은 근로단체에 각각 소속되어 있으며, 30살 전까지는 청년동맹에서, 그 외에는 직맹에서 활동한다.

당의 방침이 내려올 때는 한 학교의 당 대표인 초급당비서가 구역의 당교육부에서 개별적으로 지시를 받고 전달하는 게 아니라 교장회의를 통해서 전체적으로 방침이 내려진다. 예를 들어 교장회의에 가면 교육부에서 당의 방침을 알려주고 뒤따라서 교육과에서 교육지침을 알려 준다. 한 가지 사안을 가지고 당적 방침을 알려 준 다음 거기에 따르는 교육지침을 연달아 이야기한다. 그래서 교장회의에는 교장선생님뿐만 아니라 비서도 같이 참석한다.

교장회의를 마치고 학교에 돌아와서 교원들에게 알려줄 때는 비서들끼리 따로 회의한 내용은 비서가 와서 알려 주고 교장선생님과 같이 했을 때는 교장선생님이 따로 일률적으로 알려 주는데 이때도 교원모임을 주최한다. 그때 필기할 내용은 필기하고 학습이 필요하면 교원들끼리 하고 학생들에게 교양하라는 내용은 아이들에게 알려 준다.

비서만 따로 하는 회의는, 특수하게 당의 방침을 전달할 때이다. 예를 들어 당의 방침과 김정일 동지의 말씀, 김일성 수령의 교시 중에서 특별히 교육부문과 관련 있는 내용을 전달할 때만 비서가 가서 듣고 온다. 교장회의는 보통은 1주일에 2번 하지만, 많을 때는 주에 3번도 한다. 방침이 변하면 그만큼 회의를 많이 한다. 부교장은 1명이다. 그 사람은 교육을 집행하는 사람이다. 시간표를 짜고 교원들에게 시간을 분배하고 학급담임을 관리하고 교장이 없을 때는 대신한다.

로 임 과   진 급 과 정

교원대학 3년을 마치면 인민학교 교원이나 유치원 교양원이 되고, 사대 5년을 졸업하면 중학교 교원이 된다. 사대를 졸업하고 교원이 되면 급수가 5급이다. 그리고 매 5년마다 시험을 칠 수 있고, 그 시험에 통과되면 1급씩 올라간다. 그때 시험과목은 자기 전공과 제 2전공, 한문, 외국어이다. 이렇게 해서 1급까지 가면 상급시험을 치를 때까지는 몇 년을 기다리는데 기억나지 않는다. 다만 1급과 상급은 대학교나 박사 칭호를 받는 사람들이 들어가고 중학교 교원은 5급에서 2급까지 있다.

중학교 교원의 로임이 부교장은 135원이고, 교장은 140원 정도 받는다. 교장은 급수는 모르겠는데 근무연수가 있다. 3급은 130원쯤이다. 4급은 120-125원이다. 4급이 되면 120원 받다가 1년 지나면 1원씩 올려받아서 5년 지나면 125원이 된다. 시험을 봐서 통과되면 더 올라간다. 5급은 105원이다. 목수는 58원쯤이고 경리와 운전수 역시 비슷하다.

　　인민학교 교원도 시험을 봐서 급수가 올라간다. 4급을 땄다고 해서 중학교 교원이 되는 것이 아니라 로임만 올라간다. 인민학교 교원에서 중학교 교원이 되려면 사범대 통신과정을 거쳐야 한다. 인민학교 선생님의 로임은 많다. 전부 5급이기는 하지만 로임에는 근무연수가 계산되기 때문에 중학교 교원보다 많이 받는다. 105원에서 출발하는 건 같은데 우리보다 로임을 더 많이 받는다. 인민학교에서 30년 복무한 사람은 1년에 1-2번씩 연봉급이라고 해서 1백원 또는 2백원씩 2·16이나 4·15때에 준다.

　　대학교에는 1급과 상급이 다 있다. 대학교 교원 양성은 사범대학을 졸업한 사람 중에서 우수하거나 특수한 사람들은 자기 대학에 남겨 두거나 다른 대학에 보낸다. 광산금속대학이나 농촌기술대학 같은 우수한 대학 졸업생들도 자기 대학에 남겨 두어 교원을 시키는 경우가 많다.

　　교원들의 남녀 비율을 보면 전체 30% 정도가 남자이다. 식량난이 생기면서 교원 자신들이 자긍심이 높으면 계속 학교를 다니고 낮은 사람은 안 다닌다. 일반 사람들 중에 어디서 배급이 나왔다 하면 "우리 선생님에게 먼저 주자"라고 하는 사람도 있지만 "선생은 무슨 선생, 우리도 다 같이 살기가 바쁘다"라고 이야기하는 사람이 가득하다. 그래도 전에는 자기 자식을 가르치는 선생이니까 남다른 게 있었는데 이제는 사회 전체가 어지러우니까 교원들이 대우를 못 받는다. 선생님이라는 권위가 있어야 애들을 교육하기가 좋은데 그렇게 못 되고 그저 애들 속에서 보람을 찾는다.

교 원 의   배 급

　교원의 표준 배급량은 700그램인데 실제로 받는 것은 580그램 정도이다. 배급에서 20%정도 떼는 양이 있기 때문이다. 그 배급도 1994년부터는 줄어들더니 제대로 받지 못했다. 중간에 드문드문 배급을 주기도 했다. 1997년도에는 봄에 파철을 수집해서 판 것으로 옥수수를 들여와 나누어 주었다. 자기가 사는 곳인 읍이나, 구에 수매소가 1개씩 있다. 이 수매소에서는 학생이나 직장원들이 모아온 파지, 고무, 공병, 파유리 등을 다 수매한다. 이런 게 결국은 외화벌이와 같지만 우리는 파철수집이라고 한다. 다른 학교도 마찬가지이다.

　원래대로 한다면 우리들의 배급은 경리한테 배급표를 받아서 교원 자신이 사는 구역의 배급소에서 탄다. 동(洞)마다 배급소가 있는데 거기에 가서 가족의 양까지 받아온다. 남자 교원은 가족 몫까지 나오고 여자 교원은 자기 것만 주는데 여자가 세대주라면 애들 것도 나온다. 직장에서 주는 석탄이나 땔감은 여자가 세대주라도 다 준다. 가을에는 배추, 무를 세대별로 준다.

　동별로 '식료공급(배급)카드'와는 별도로 구역에 하나씩 있는 '연료공급소'에 표를 가지고 가서 세대별로 연료를 타 쓴다. 직장에서 석탄을 받는 경우는 큰 기업소이다. 식료공급카드는 1년 동안의 배급이나 공급내용을 기록하게 되어 있다. 식료공급에는 야채는 들어가지 않는다. 이것은 기본적으로 인민들이 다 심어 먹었고 부식물로서 간장, 된장, 기름 등을 공급한다. 또 4·15나 2·16 등의 명절 때에 공급되는 사탕, 과자, 물고기, 돼지고기를 혹시 줄 때가 있다. 이 때는 인민반에서 표를 준다. 세대 당 표가 나오는데 배급 종류와 물량, 가격, 그리고 식료품 도장이 찍힌 표이다. 전에는 달마다 간장, 된장을 1인당 몇그램은 주었고 명절 때에는 세대 당 성냥 1갑과 기름을 주기도 하는데 지금은 그런 게 없다. 3달에 1번씩 간장, 된장을 좀 주는 정도이다. 인민반에서는 매년 가정에다 식료공급카드를 주면 개인집에서 이 카드를 보관하게 된다. 이 카드를 가지고서 식료상점에 가서 돈을 내면 대장에 올리고 부식물을 타 온다.

주택은 세대주의 직장에서 세운 아파트에서 산다. 남편이 비료공장에 다니면 남편이 소속된 직장에서 아파트를 배급해 주기 때문에 거기에는 원래 전부 같은 공장의 사람들이 산다. 그런데 집의 구조가 좋아서 집을 사러오는 사람이 많아지니까 지금은 직장과는 상관없이 혼합되어 산다. 우리도 본래의 집을 바꾸고는 땅집(개체집)으로 이사를 갔는데 돈은 받지 않았다. 우리는 그런 것을 할 줄 모르니까.

교직원

직원에는 경리와 목수, 그리고 자동차 운전수가 있다. 이 사람들도 전부 직원에 들어간다. 교직원이 5-6명 정도 있을 경우, 이 사람들도 때에 따라서 실습시간에 아이들에게 기술을 가르쳐 주기도 한다. 학교마다 차 1대가 있어서 자동차 실습시간이면 운전하는 법을 배워 주고, 농촌에 있는 학교는 뜨락또르를 배워 준다. 그래서 중학교를 졸업하면 모두 운전을 할 줄 알아야 하는데, 사실은 기름도 없고, 교육을 제대로 시키지 못한다. 그전에는 운전도 시켜 주고 교육도 좀 했다. 학교의 운전수는 후방사업도 한다. 지금은 기름이 없어서 못 다니지만 예전에는 어디 가서 나무도 해 오고, 그 외에 많이 쓰였다. 차종은 승리 58자동차로 2.5톤 짜리이다.

통신을 가르쳐 주는 학교도 있고 무전 치는 것을 가르치는 경우도 있다. 무전 배울 때는 '돈쯔 돈돈' 하면서 건반 누르는 연습을 많이 한다. 지금은 남녀 혼합 학교이지만 예전에는 여자중학교에서는 통신, 남자중학교에서는 운전을 가르친다. 근래에는 대부분 자동차 실습이나 전자기계 다루는 법을 가르친다.

경리는 구역의 행정위원회 교육과 교육기재공급소에서 학습물품〔학습장, 노트, 만년필, 물리 화학실험에 쓰는 실험기구와 체육 운동기구 따위〕을 타 오고, 양정과에서 교원들의 배급표를 타 오는 일을 담당한다. 또한 교원들의 로임도 타다 준다. 경리는 교원자격이 없으니까 수업은 못 하고 로임도 절반밖에는 안 된다. 목수는 학생들이 쓰는 책걸상이 부서졌을 경우, 그것을 고쳐 준다. 그래도 애들이 '목수선생님'이라고 불러 주면 좋아한다. 목수가 없는 학교도 있다. 우리는 수위라는 것이 없다.

교원의 일과

교원들의 생활은 수업이 기본이다. 수업은 중학교 1-3학년이 보통 하루에 6시간, 4-6학년은 7시간이다. 수업은 오전 8시에 시작해서 45분을 하고 10분씩 휴식한다. 3교시가 끝나고 나서는 업간체조를 15분 동안 한다. 점심은 집에 가서 먹고 오는 경우, 집이 먼 사람도 있고 하니까 12시 30분부터 2시 20분까지 1시간 50분이다. 밥을 싸 오는 사람들도 있고 집이 가까우면 통근하는 사람도 있다. 2시 30분이 되면 낮은 학년은 1시간 수업을 하면 3시 30분 경에는 수업이 다 끝난다. 그러면 1시간 동안 담임선생님과의 시간이다. 자기 학급에 들어가서 애들과 같이 있으면서 담임의 뜻대로 하는데 이 시간에 과외복습도 시킨다.

내가 담임을 맡았을 때는 내 전공과목이 아니더라도 하루 수업시간표를 보고 다른 과목에 대해 숙제검사를 하기도 했다. 물론 각 과목 담당선생님이 숙제검사를 하지만 나는 과목마다 책임 학생을 두고, 전 시간의 숙제검열을 시켰다. 또 어떤 날은 그날 배운 것을 잘 이해했는지 시험을 보았다. 그러려면 선생님 자체가 자기 과목 외에 다른 과목도 잘 알아야 좋다. 그렇지 못할 경우, 그냥 애들에게 열심히 하라고 고함만 친다.

교원들은 수업이 끝나고 4시 30분쯤 되면 어떤 날은 학생들과 농촌동원 같은 과외동원도 하고 1주일에 2번 정도는 분과모임도 한다. 분과모임에서는 1주일의 수업내용을 준비하고 토론도 한다. 변두리나 주변 학교에서는 봄, 가을만 되면 농촌지원을 자주 간다. 오후에 갔다가 그날 저녁에 오는데 가까운 주변농장에 간다. 동원을 가서는 4시 30분부터 1시간 30분 정도 일을 한다.

교원들은 월요일에는 학습과 총화시간을 갖고, 화요일과 목요일에는 분과모임을 한다. 이런 게 없는 나머지 요일은 교원들에게 교재를 연구하는 시간을 준다. 이전에는 밤 10시까지, 하는 일도 없이 저녁도 못 먹으러 가고 계속 남아 있었다. 퇴근시간이라는 게 정해지지 않았고 그저 무리하게 일을 시키고 별 보고 나갔다가 별 보고 들어왔는데, 퇴근시간이 조정된 그 이후로는 좀 편해졌다.

토요일은 2시간만 수업한다. 그리고 토요일은 소년단, 청년동맹의 날이라 생활총화를 할 때도 있고, 분단(학급)총회도 하기도 하고, 이야기 모임도 한다. 학급담임은 학생들과 같이 움직이고 생활총화를 하면 옆에서 앉아 지도한다. 아이들을 지도할 때는 청년동맹지도원의 지시가 담임에게 내려오면 그에 따라 한다.

일요일은 휴식인데 나 같은 경우는 오전에는 애들 일기장을 검사하기도 했다. 어떤 사람들은 집을 꾸미고 하는데, 그런 사람들은 교육에는 신경을 좀 덜 쓴다. 교육에 신경을 쓰는 사람은 집도 개판이고 먹을 것도 없고, 조그만 일에도 학교에 있고 싶어한다. 또 개별적으로 가정방문 계획도 세워서 가정방문도 한다.

교원들의 조직활동

교원들의 생활총화는 교수사업이 기본인데 주로 잘못한 것을 자아비판 한다. 수업에 들어가서 애들에게 주입식으로 교육했다는 것, 수업시간에 교편물을 이용해 능히 할 수 있는 것도 바쁘다는 핑계로 내버려두고 했다는 것, 그리고 학생교화 중에서 애들에게 관심이 없어서 학급에서 불미스러운 일이 벌어졌다는 것으로 자아비판을 한다. 그리고 개인생활의 자유주의에 대해 이야기를 한다. 자유주의라고 하면 "먼저 배급을 타려고 나가버렸다" 하는 것이다. 배급을 타는 것이 바쁘니까 근무시간에 먼저 달아났기 때문이다. 지각한 것도 자유주의이다. 이런 자기비판을 하고 나서 호상비판도 한다.

호상비판은 "아무개 동무, 이런 거 고쳐야겠다" 이런 식으로 상대방의 잘못된 것을 이야기한다. 원래 동지적 입장에서 비판하라고 하는데 우리는 어릴 때부터 사사롭게 하고 싶은 말을 막 하다 보니까 호상비판할 때, 속이 좁은 사람은 일어나 말로 받아치기도 한다. 이럴 때는 좋게 풀라고 중재한다. 나도 비판을 들으면 기분 나쁘지만 자신도 뻔히 아는 것을 비판하고 100% 옳지는 않더라도 그 중에서 1%만 옳은 게 있다면 '내 결함을 고쳐야 할 게 아닌가' 생각한다. 그래도 다른 사람 비판도 매주 1번은 해야 하니까 어떨 때는 할 게 없다. 또 비판할 것이 있지만 낯뜨거워 안 할 때도 있다. 우리 교원 같은 경우는 고등교육을 받았으니까 호상비판을 하다가 싸울 일은 크게 없지만 로동자와 농민들은 좀 싸울 수가 있다.

총화시간에 자신의 결함이 없어도 만들어서 해야 하니까 우리 세대주는 우스갯소리로 자주 하는 소리가 있다. 어쩌다 내가 아침 준비를 늦게 하게 되어서 우리 세대주가 출근시간이 늦게 되면 미안한 마음으로 "아침이 늦어서 어쩝니까?"라고 한다. 그러면 우리 세대주는 대수롭지 않다는 듯, "지각을 1번씩 해야 생활총화 시간에 할 말이 있지 않느냐?"고 이야기한다.

　1970년대에는 김정일 동지가 예술부문을 담당하는 사람들한테는 2일에 1번씩 생활총화를 하게 했다. 그 풍이 우리에게도 돌아서 우리도 한번 해 보자고 해서 2달 정도를 해 보았는데 2일에 1번 생활총화를 하려니까 결함을 만들어 낼 수가 있어야지?

　교원이나 로동자, 농민에 대한 강연회, 교육내용은 다 같은데 간부들의 강연은 좀 다르다. 수준을 조금 더 높여서 "간부들이 앞장서라"는 것이다. 2 · 16일 맞으면 김정일 장군님의 위대성에 대해, 4 · 15면 김일성 수령님의 위대성, 8 · 15 국경절이면 우리 조국이 좋다는 것을 강연한다. 강연은 교장이 하거나 초급당비서가 한다. 위에서 파견을 나와 강연을 할 때도 있는데 강연할 때 선생님들의 분위기를 보면 재미있다. 내내 같은 내용의 것을 교양하니까 들으면서 조는 사람, 어디 달아나지를 못 하니까 그저 "예" 하고 듣고 있는 사람이 많다. 1시간 정도를 하는데 강연을 빼지면 보충하라고 한다.

분 과 모 임

　교원모임은 보통 하루에 1번 하지만 없는 날도 있다. 사업총화와 같다. 식량난 전에는 교원 수가 100명이 넘었으니까, 모일 때 분과별로 모였다. 교원들의 분과는 ① 혁명역사분과 - 김일성 동지 혁명역사 ② 역사지리분과 - 조선역사, 세계역사, 조선지리, 세계지리 ③ 예능분과 - 음악, 미술, 체육 ④ 수학분과 ⑤ 물리분과 ⑥ 생화(생물 화학)분과 ⑦ 외국어분과 - 영어, 노어 ⑧ 국어분과 - 국어, 한문 ⑨ 기초분과 - 여학생 실습, 남자는 목공실습, 자동차실습, 전자실습이다. 9개의 분과가 있지만 각 분과마다 교원 수는 비슷하게끔 모아 놓았다. 수학은 인원 수가 적더라도 1개 분과로 만들고 예능분과는 음악, 미술, 체육까지 포함해서 1개 분과를 만든다. 1개 분과는 대체로 10명 정도이다. 분과모임은 학년은 달라도 같은 부분이니까 교재에 대한 토론도 하고 인민경제 부흥에 대한 말씀, 수령님 말씀, 장군님 말씀 등을 받았을 때 수업에 어떻게 이용했는가를 총화도 짓고 '해보기 수업'도 한다.

해보기 수업이란 교원들의 자질을 높이기 위한 한 방법으로 한 선생님이 교단에 서고, 다른 교원들은 학생이 되어 본다. 그렇게 하는 과정에서 능력 있는 사람들의 경험이 적은 사람에게 알려 주는 것이다. 바빠도 그건 꼭 해야 된다. 또 교수안을 작성을 하는데 다음 날 해야 할 교수안을 쓰고 교편물을 마련한다.

분과모임은 오후 수업이 끝난 다음, 1시간이나 1시간 30분의 시간을 주는데 그 시간에 어느 분과나 다 모인다. 식량이 곤란해지면서는 '업간체조' 시간에 모임을 하기도 했다. 이 시간이 15분, 20분인데 체육선생이 나가서 애들에게 체조를 지도하니까 이때를 이용한다.

가 정 방 문

가정방문을 하는 경우는 갑자기 학생들에게 문제가 생겼거나 학교에서 제기되는 문제 중에 학부형의 도움을 받아야 할 일이 있을 때이다. 학교에 와도 며칠 째 우울하거나 상태가 보통이 아닐 때, 혹 학교에서 영 피로를 느끼거나 기운이 없다든지 앓는다든지 하면 그 학생의 집에 찾아간다. 부모에게 물어 보고서 아이가 아플 때는 병원에서 약을 가져와서 빨리 낫게끔 하고, 가정에서 어머니가 아이에게 욕을 해서 기운이 없다고 하면 그렇게 하지 말 것을 당부한다.

학부형에게 도움을 받을 일이란 학급에서 자동차를 쓸 일이 있을 때 등등이다. 학교에서 땔감을 마련하기 위해 교원들이 학생들과 같이 나무를 해서 실어 내릴 때 차가 필요하다. 학교에서도 한 학급 당 1대씩 차를 내라고(빌리라고) 지시를 하니까, 학부형 중에서 운전수가 있다면, "학교에 이런 일이 있어서 차를 한 번 동원해야 하는데 학생 아버지가 다니는 직장의 차를 빌려줄 수 없겠는지" 하고 도움을 청하는 것이다.

최근에 학교 영도로 해서 가정방문을 갔었는데 어떤 아이는 부모를 잃고 실종되었고, 어떤 아이는 굶어서 일어나지도 못 하고 있었다. 한 집은 남편이 군대를 가 있고 그 아들이 학교에도 다니지 못하고 엄마를 도와 장사를 하고 있었다. 상과(수업)하다가 도망치는 학생도 있고, 학교에 간다 해도 배가 고파 상과효과가 별로 없다.

6 년 담 임 제

1970년대에는 인민학교 1반에 60-70명 가량이었고 1개 학년에 12반까지 있었다. 그 후로는 지역마다 다르지만 1개 반에 40명 정도이고, 농촌에 있는 학교는 그보다 인원이 더 적다. 옛날에는 남자중학교과 여자중학교를 갈라 놓고 장벽을 만들었는데 최근에는 이것이 나쁘다고 해서 장벽을 허물어서 혼합반을 만들었다. 한 학급에 같은 동네 아이들이 많으니까 남녀가 같이 공부하고 청소하면서 좀 멋적은 면도 있겠지만 같이 생활하면 좋다. 괜히 여자중학교와 남자중학교를 따로 두니까 여자 하면 별난 존재로 보고 남자 하면 별난 존재로 본다. 또 옛날에도 그랬지만 남녀가 서로 말을 주고받으면, "저 애들은 별난 애"라고 뒤에서 욕을 한다. '남녀가 좋아한다' 하고 우습게 생각한다.

학급 구성은 지역별로 구성한다. 즉 한 지역에 있는 인민반을 몇 개 묶어 그 지역에 사는 아이들로 한 학급을 만든다. 그러다 보니 그 지역에 잘 사는 사람들이 많이 살면, 그런 반 선생님에게는 차려지는 게 많아지고, 그렇지 않는 반 선생님에게는 차려지는 게 없다. 선생님들은 서로 잘 사는 아이들이 있는 반으로 가려고 애를 쓴다. 그게 선생의 복이다. 나는 그런 것에는 신경을 안 쓰니까 아무 데나 차려지는 데로 간다.

담임을 맡은 교원 중에서 보면, 부모가 찾아와서 잘 봐 달라고 하면 그 아이들은 더 잘 대해 주거나 간부를 시키는 경우도 있다. 부모들이 주는 것은 어쩌다 한두 번, 양말 따위다. 나는 그런 걸 못 받아봐서 잘 모르겠지만 애들이 죽 있는 데서 아무개 얼굴을 탁 쳐다보게 되면 벌써 '아, 저 애 부모가 열성이 있다' 하고 자연히 관심이 간다. 그러나 부모가 관심이 없고 학교에만 보내는 애한테는 자연히 관심이 안 가고, 그 애가 아무리 공부를 잘 하더라도 담임은 신경질만 낸다.

6년 담임제이다 보니 선생이 다방면으로 잘 알아야 한다. 학부형이 자기 아이가 중학교에 들어갈 때 "어느 선생은 아이들을 잘 가르치는 것 같은데 내 아이를 그 선생에게 맡겨주시오" 하기도 한다. 그게 사람 나름이다. 그러나 중학교에서는 과목마다 가르쳐 주는 선생이 따로 있기에 문제가 없다.

담임의 역할은 학급을 책임지는 것이다. 청년동맹, 소년단에서 하라는 것을 제대로 하도록 책임져야 하고 공부를 잘 하도록 만들어야 한다. 또 100% 출석을 하도록 만들어야 한다. 분과모임 전에, 학생들 수업이 끝나면 1시간 정도 담임교원이 학생들과 붙어 있는 시간을 준다. 그래야 하루 총화도 짓고 보충수업도 하고 담임이 갖고 있는 계획을 할 수 있기 때문이다.

애들이 공부하는 데 성적이 하나부터 열까지 똑같지는 못 하고, 배웠는데도 과목별로 모르는 게 있기 때문에 나는 이런 이야기를 한다.

"휴식시간에 떠들지 말고 변소 갔다 와서 전 시간에 배운 것을 잊어버리기 전에 숙제를 해라. 그리고 모르는 것은 마지막 시간에 집체적으로 토론해서 해결해라."

그런 체계를 세웠는데 뜻대로 안 된다. 자기의 선택이 아닌 의무교육이니까 공부를 하고 싶어하는 애들도 있지만 그렇지 않는 애들도 있다. 그래도 공부하기 싫어하는 애들한테는 담임이 들어가서 전부 앉혀 놓고 강제로 숙제를 시키고 안한 애들은 못 나가게 하고, 이런 식으로 독재를 좀 해서 버릇을 붙이면 이후에는 좋다. 애들의 보충수업이 끝나면 교원모임 종을 때린다. 전기 종소리가 4번 울리면 "교!원!모!임!" 하고 소리친다.

담임을 안 하는 사람이 있다. 그런 사람들은 보통 체육을 맡았거나 예능을 맡는다. 예를 들면 농구를 가르치면 농구소조를 운영해야 하므로 담임을 맡을 시간이 없다. 그런 사람들은 소조 운영을 위해 떨어져 나간다. 음악교원이나 그런 사람들은 수업은 해도 담임을 안 맡으므로 자기가 맡은 소조를 모아서 과외소조를 운영한다. 수학도 수학소조를 움직이는 교원이 있으므로 다 담임을 하지는 않는다.

1991년도에는 중학교의 한 학년에 15개 반도 있었는데 갈수록 줄었다. 15개 반이면 담임이 90명 필요한데 지금은 보통 6-8개 반이다. 지역마다 학교마다 다르지만 학급의 학생 수는 40명 좌우이다. 지금은 이 애들 중에 학교에 나오는 수가 한 20명 정도 되겠는지? 인민학교의 경우는 한 학년에 3-4반으로 줄어서 학습을 하는데 한 반에 10-15명 정도가 출석했다. 선생님들도 학급 수를 줄여서 나머지 선생님들은 장마당에서 장사를 하여 생계를 유지한다. 먹을 것이 없으니 선생님들 출근도 정지되고 학교도 쓸쓸하다.

교 원 수 첩

교원들이 쓰는 교원수첩은 선생들이 각자 만든다. 6년 담임제이므로 교원수첩은 한번 만들면 1학년 때부터 6학년까지 사용한다. 그 안에는 애들 성적과 애들 부모에 관한 것을 적어 놓고, 지역별 통계도 있다. 예를 들어 한 학급의 학생 수가 40명이면 '노동자 자녀 몇 명, 간부 자녀 몇 명, 군인 자녀 몇 명이다' 는 식으로 인민반별로 낸 통계가 있다. 또 조직부위원장 누구, 반장 누구, 책임자 누구 하는 애들 직위도 적고 학생들 키나 시력도 적는다. 신체적인 것은 같은 분기에 한번씩 재는 검사를 한다. 학생들의 개별생활에 대한 평가 이외에 학부형회의를 조직한 것을 기록하고 주 사업계획을 쓴다. '학교에서는 뭘 하는데 내 계획은 뭐다' 그렇게 기록하도록 되어 있다. 선생님에 따라서 아이들에 대해 별도로 작성하고 기록하고 싶은 것을 만들어 놓기도 한다.

모든 게 다 기록되어 있으니 그것을 펴면 '아무개는 어떻다' 하는 것을 알 수 있다. 그래서 모두 교원수첩을 만들고, 제대로 정리하도록 학교에서도 통제한다. 만약 학생에게 일이 생겼거나 애들 속에서 패 싸움이 생겼거나 할 때, 그 학생을 교양하라고 구역사로청에서 데려가면서 '해당 학생을 어느 만큼 어떻게 교양했는가?' 하고 교원수첩을 보게 된다. 교원수첩에 기록을 안 한 사람은 교양을 안 한 것으로 된다. 그것도 세심하지 않으면 못 한다. 어떤 교원은 교양일지라는 것을 따로 만들어서 매일 있었던 내용을 다 적어 놓는 사람도 있다. 학부형회의는 학기에 1번씩 1년에 2번 한다. 또 갑자기 일이 생겨 교양할 일이 있으면 부모들은 다 오는데 이때 못 온 학부모는 훗날 다시 와서 만난다.

교 원 의   방 중 생 활

교원들이 1년 중에 쉴 수 있는 날은 노동자와 마찬가지로 14일이다. 학생들이 방학이라 해도 교원들은 계속 출근해서 위에서 떨어진 일을 해야 한다. 일단 방학 중에 강습이 조직된다. 학생들의 방학은 여름은 8월 한달, 겨울은 1월 한달이고 3월에 학년 말 시험을 치고 10일 휴식한 다음에 4월 1일에 새 학년을 시작한다.

방학 때 교원들은 과목별로 강습을 조직하게 되어 있는데 시나 군에서 조직한 강습회에 교원들이 참가하는 것이다. 교재 범위에서 내용이 달라진 부분에 대해서 가르쳐 주고 수업 요령을 선생님들에게 교육해 준다. 국어면 국어, 혁명이면 혁명, 과목별로 모여서 한다. 매년 교과서의 내용이 달라지지 않지만, 어떤 것은 더 이상 가르쳐 주지 말라는 것도 있다. 교과서 편찬하는 곳에서 필요 없다고 생각되는 부분은 바꿀 수 있는 권한이 있다. 1990년 초에는 교원들에게 컴퓨터를 가르쳐서 학생들에게 교육하라고 교재도 내려보냈다. 방학 중에 강습이 없는 때는 교과과목에 변경된 내용이 얼마 없을 때이다. 그때는 학교에 출근해서 교수안을 작성해야 한다. 어쨌든 출근은 계속 해야 한다.

휴가날이 특별히 정해진 것은 아니다. 자기가 받고 싶을 때 받는다. 만일 내 휴가가 학기 중에 잡혔다면 다른 선생님과 수업을 조절하는 게 아니라 자기 진도시간을 다 늦추고 다른 수업을 늘린다. 주 1시간 짜리도 2시간 할 수 있고, 휴가를 오래 내지 않으니까 맞추어도 일없다. 휴가를 낼 때는 주로 가정에 일이 있을 때이며, 대개가 방학 때를 맞춘다. 식량난 전에는 휴가 때 놀지 않으면 휴가비란 것을 더 첨가해 주었다. 나는 결혼 전에는 놀 일이 없어서 휴가비를 계속 탔는데 결혼 후에는 일이 많아지니까 못 그랬다. 지금은 휴가를 내지 않아도 그런 게 없다.

94년에 처음 장사를 나서다

다른 직장이나 노동자들은 외화벌이를 해서 강냉이라도 바꾸어 먹는데 교원들의 생활은 어렵다. 교원이라고 특별히 더 주는 것은 없고 세대주가 직장을 다니면 직장에서 가끔씩 주니까 그렇게 살고, 교원 중에 세대주인 사람은 쌀을 구하러 다니기 바쁘다. 교원들의 행방은 1994년부터이다. 먼저 자기 친척집으로 다니다가 온성, 회령 국경변으로 다니거나 시내에서 물건을 사서 농촌으로 식량과 바꾸러 다니기도 했다. 맛내기(조미료)라든가 성냥같이 농촌에 필요한 것을 사 가지고 가서 강냉이나 감자랑 바꾸어 먹기도 했다.

나도 식량 바꾸러 농촌에 다닌 적이 있었는데 지금 생각하면 어찌나 힘들었는지. 농촌에서 장사를 하자면 호별방문을 해야 된다. 집집마다 다니면서 "이런 거 사겠습니까?" 하는 것이다. 도자기를 가지고 갔는데 아는 사람의 도움으로 국정가격에 사서 거기에다 값을 더 붙여서 팔아먹었다. 장마당에서 파는 것보다는 직접 농촌에 가서 식량이랑 바꾸면 더 많이 주니까 그렇게 했다. 식량과 바꾸자고 한 번 해 봤는데 다시는 못 할 일이다. 그래도 팔자가 죽지는 말라는 팔자인지, 먹을 거 떨어지면 또 조금씩 생기고 해서 그렇게 고생하지는 않았다. 옥수수 쌀 조금 생긴 거 가지고 죽이라도 며칠씩 끓여 먹고 그거 없어지면 또 학부형이 도와 주거나 아니면 어디 가서 꾸어서라도 주고, 그 덕에 살았다.

교원들은 학교 주변에 사니까 자연히 선생과 애들이 한 마을에 살게 된다. 식량난 전에는 명절 때면 학생들이 찾아오곤 했다. 그럴 때면 애들 집에서 물고기나 감자를 한바구니 가져 오고 어디 갔다 오면 식량이라도 2킬로그램 정도 갖다 주고, 또 뭐가 좀 생기면 애들 손에 쥐어서 선생님 집에 갖다 줬는데 요즈음은 아무것도 없다. 졸업한 제자들 집에 가서 얻어먹을 때도 있었고 얼마 전에는 제자의 도움으로 중국 옷을 넘겨받아 장사를 했지만 나도 이제는 밑천이 없어서 어디 다니지도 못 한다.

중국 옷장사를 했을 때, 오래 전에 가르쳤던 제자를 만났었다. 농촌에는 작업복으로 바지가 많이 요구되니까 바지를 가지고 갔었는데 어느 졸업생이 나를 알아보고 선생님 왔다고 반가와 했다. 물건은 제자한테 다 넘기고 호별방문을 안 해도 되었는데 그때 뭔가 교원으로서의 보람 같은 것이 느껴졌다.

잊지 못할 교단, 학생들

애들은 자기 자식처럼 곱다고 하면서 가르쳐야 한다.

코를 흘리고 때자국이 가득하고 단추가 떨어져 너덜너덜 해서 다녀도

'이게 정말 내 새끼구나' 하고 곱다고 생각하면 단추도 달아주게 되고 코도 닦아주게 된다.

밉다고 생각하면 끝이 없다. 애들이 미워보이면 교양을 못 한다.

반 갑 습 네 다 , 선 생 님

나는 어렸을 때부터 공부는 잘 했는데 마음이 어질어서 분단위원장이나 학급반장에게 말도 못 하는 머저리였다. 그러다 중학교 3학년 때, 선생님이 새로 오면서 내가 변화하는 계기점이 되었다. 영어를 전공하신 분인데, 내가 나서서 말은 잘 못해도 숙제나 공부를 열심히 한 게 선생님 눈에 띠어서 나를 예뻐했다. 그리고 아무것도 아니던 나를 내세워 주기 시작해서 꼬마담당위원을 시켰다. 내가 아이들한테 꼬마계획을 지시하는데, "학생 1명 당 토끼 2마리씩 언제까지 가져오라"고 시켰다. 그전까지는 평범한 아이들과 개별적으로 말하는 것도 못 했는데 대중 앞에서 말을 하라고 하니… 그때의 인상이 지금도 남는다. 그때 말이 어떻게 나갔는지, 아이들이 모두 둘씩 돼 보이고 와! 하고 나를 놀리며 쳐다보는 것도 같았다. 내가 말을 하고 내려오니까 선생님이 나보고 잘 했다고 하셨다. 다음 번에도 그렇게 총화 지으라고 하시던 그 아주머니 선생님을 지금도 잊지 못

한다. 그때부터 배짱이 달라지기 시작했다.

평소에 내가 공부를 잘 해서 수업시간에 계속 칭찬받고 시험을 쳐도 늘 만점을 받으니까 아이들이 '쟤, 공부 잘 하는구나!' 했지만 발표력이 없으니까 그때까지 이름이 없었다. 선생님 덕에 앞으로 나오기 시작해서 학교 졸업할 때는 대중 앞에 나서게 되고 다른 일도 두루두루 하게 되었다. 졸업할 때 그 선생님이 평정서를 잘 써 주었고, 그래서 대학에 입학하자마자 시험 점수랑 두루두루 보고서 나를 간부를 시키지 않았을까 한다. 대학 때 나는 사회에 나가 교원을 하게 되면 나를 내세우게 해 준 우리 선생님처럼 어진 선생님이 되겠다고 결심했다.

내가 처음 부임해 간 학교에서는 여학생들만 50명을 가르치게 되었다. 그 학생들 중에 마음이 어질지만 공부가 뒤처지는 아이들이 있었다. 그래서 농촌지원 갈 때면 그런 아이들에게 오락회를 진행하도록 시키고 하면서 자꾸 이끌었다. 그런 식으로 뒤처지는 애들을 내세웠다. 그때는 하느라고 했지만 당시에는 어떤 성과를 가져왔는지에 대해서는 느끼지 못했다. 그런데 얼마 전 식량을 얻으러 옷을 머리에 이고 농촌에 갔다가 제자 1명을 만났다.

내가 학교를 옮기고 나서 헤어진 지 10년이 넘어서 만난 제자인데 나를 보고는

"선생님 그렇게 보고 싶었는데, 겨우 만나게 됐군요. 어쩐 일로 찾아 오셨는지요?"

"내 살기 바빠서 왔지, 뭐."

"나는 선생님을 하루도 잊지 못했습니다. 아마 선생님은 나를 잊으셨을 겁니다. 지각이나 하고, 공부도 못 하고, 뒷자리나 차지하고. 그러니까 얼마나 미웠겠습니까? 욕도 많이 했을 겁니다. 그렇지만 나는 선생님을 잊지 못했습니다."

"어째서 나를 못 잊었는가?"

"나처럼 공부도 못 하고 뒷자리를 차지하는 것을 농촌지원 가서 오락회할 때 잡아끌어서 같이 앉혀 놓고 시킬 때마다 너무나 고마웠습니다."

"너, 그게 그렇게 잊혀지지 않니? 이제는 애 둘이나 있는데?"

"정말로 저는 한순간도 잊지 못했습니다. 그래서 선생님이 사는 곳을 누군가에게 얘기를 듣고 그곳에서 행방 왔다는 아주머니만 있으면 '이런 선생님을 모르는가' 하고 묻고는 했습니다. 그런데 모른다고 하더군요. 선생님은 어찌 사시는가 걱정을 했습니다."

그러면서 어떻게든 만나야 되겠는데 이제 겨우 만났다고 하면서 내가 가지고 간 바지를 대신 팔아 주었고 이것저것 챙겨 주었다. 난 그때, '교원이라는 게 훗날에라도 무엇인가가 보이는구나' 하고 생각했다.

항상 내 마음이 어질었고 우리 아이도 마음이 어질기 때문에 내가 교원질을 안 했다면 우리 아이들도 뒷구석만 차지하게 됐을 것이다. 우리 아이가 학교에 가면 "네가 선생님 아이구나, 너희 엄마가 아무개 선생이구나" 이러니까 우리 아이들이 어깨가 으쓱해지고 마음대로 접어들지 못하는 것이다. 그리고 '야, 우리 어머니 얼굴을 봐서라도 공부를 열심히 해야 되겠다' 는 생각을 아이들이 하게 될 수밖에 없다. 그런 측면에서 내 아이한테 영향이 있는 것이다. 그래서 내가 끝까지 교원질을 하겠다고 결심했던 것이다.

내 제자들 중에도 교원하는 애가 있다. 그 애가 나를 보고 그랬다.

"나는 선생님이 우리를 가르쳐 주던 방법을 애들한테 그대로 설명해 주고 있습니다."

"그때 배웠던 게 잊혀지지 않니?"

"잊혀지지 않지요. 선생님이 했던 게 똑똑히 생각나고 그대로 애들한테 가르치는데 애들이 이해를 잘 합니다."

"감사하구나."

"진짜 잊지 못하겠습니다."

그 아이는 그래도 공부를 잘 해서 학급반장 시켰던 앤데… 내가 기울인 정성이 어디로 가겠나 싶어도 그걸 받아 안는 아이들이 그만큼 다 이해를 하고 성장하는 데 도움이 됐구나 생각하니 감사한 마음이 든다.

군대가거나 대학 간 아이들도 찾아와서 이런 말을 한다.

"선생님, 선생님이 우리를 가르치고 욕할 때, 우리가 안 듣는가 했지요? 한쪽 귀로 듣고 한쪽 귀로 내보내는 장난꾸러기인가 했을 텐데… 중학교 대문을 나선 뒤, 전문학교나 대학교를 다니면서 다른 곳에서 온 아이들과 마주 앉아 공부하다 보니까 선생님이 하신 말씀이 더욱 생각납니다. 선생님이 그렇게 따라다니면서 잔소리하던 걸 이제는 다 이해합니다. 앉을 자리 설 자리, 공부를 어떻게 하는가, 모든 사생활의 구체적인 것까지도……"

나는 따라다니면서 잔소리를 하거든? 듣기 싫게 잔소리를 하는 게 아니라 농담으로도 하고 어떤 때는 우스갯소리로도 하고, 또 같이 놀면서도 여러 말을 한다. 이런 식으로 입이 아플 정도로 아이들한테 말을 많이 해 줬다. 그때는 장난치느라고 안 듣는가 했더니 졸업한 다음 우리집에 와서는 그런 말을 하는 것이다. 그러면서 "선생님의 교육이 우리 행동에서 나타나는 게, 옛날에는 스쳐들었지만 어쨌든 기억이라는 게 있죠. 이번에 맡은 애들도 잘 교양해 주십시오" 하고 부탁했다. 학생 때는 그렇게 애를 먹이더니 졸업한 다음에 이제 와서는 그런 말을 하다니, 어른스럽다.

어쨌든 애들을 자기 자식처럼 곱다고 하면서 가르쳐야 한다. 코를 흘리고 때자국이 가득하고 단추가 떨어져 너덜너덜 해서 다녀도 '이게 정말 내 새끼구나' 하고 곱다고 생각하면, 따라다니면서 단추를 달아 주게 되고, 먼지가 묻었으면 털어 주게 되고, 코를 닦아 주게 된다. 밉다고 생각하면 끝이 없다. 애들이 미워보이면 교양을 못 한다. 애들에 대한 애정이 있으면 다른 반 애들하고 같이 앉혀 놓았을 때, 자기 반 아이들이 아무리 초라하고 미워도 더 고와 보이고 애정이 없으면 남의 학급 애들보다 공부를 더 잘 해도 못 해 보인다. 애정이 없으면 담임을 못 한다.

무엇을 배우는가

조선의 교육목적은 사회적인 인간들을 다 중등지식인, 일반지식인이 되게끔 하자는 데 있다. 그러나 공부하는 학생이나 부모들은 "공부를 잘 해야 대학가지" 하고 말한다. 중학교를 졸업하자마자 대학의 추천율은 학급의 한 30%이다. 추천을 받았다고 다 대학에 가는 것은 아니다. 추천을 받았는데도 떨어지는 아이도 있으니까 실제 진학률은 30% 보다 덜하다. 대학 입학시험은 중학교 범위 안의 것을 가지고 치른다. 그 과정을 다 통달하고 거기서 조금만 더 보충하면 대학 졸업한 것만 하다. 그러나 그걸 다 통달하는 학생이 적다.

국어과목에서 가장 비중 있게 가르치는 것은 우리말이다. 국어시간에는 우리말을 어떻게 쓰고 표현하고 다듬는지에 대해 교육한다. 지역에 따라 사투리를 많이 쓰는데 표준 조선어를 쓰도록 강조한다. 지금 아이들은 부모 세대보다 사투리를 적게 쓰지만 그래도 사용하기는 한다. 교과에 실린 내용은 사상분석이나 내용분석을 하고 소설이나 시, 혁명가요 등을 예문으로 들어 그 내용을 분석한다. 시의 경우에는 '1연에 무슨 내용이다' 하는 식으로 분석한 뒤에 나중에는 시 짓기도 시킨다. 그리고 읽기를 시키면서 발음을 제대로 하게 하고 억양도 고쳐 준다. 한 제목, 한 과를 가지고 공부하는 시간이 몇 시간 안 된다. 문법을 가르치는 것은 매 학년마다 배우는 시간이 있다. 옛날 문학도 배운다. 외국 문학에 대해서도 분석하는 시간이 있다. 외국 문학은 사회적인 배경이나 의미 등을 분석하는데, 주로 소련 문학이 많다.

한문은 과목이 아예 정해져 있고 매 학년마다 가르친다. 주당 1시간인가 2시간인가 한다. 한문을 잘 한다. 그런데 다른 나라 글이라서 자주 쓰지 않으니까 그게 결함이다. 자기 이름을 한문으로 쓸 수 있는 것은 중학교 1학년만 지나면 다 한다. 애들이 자기 이름을 어떻게 한문으로 쓰는 거냐고 무슨 뜻이냐고 물어본다. 자기 이름도 쓰고 '김일성 대원수님' '친애하는 지도자 김정일 선생님'도 다 쓸 수 있다. 주소는 좀 지나야 쓴다. 중학교 6학년 정도면 주소는 쓸 수 있는데 공부를 안 하는 애들은 좀 헤맨다. 나도 지금 한문을 잘 안 배우고 안 써서 잘 모른다.

역사에는 혁명역사 ('위대한 수령님' '김정일 장군님'), 조선역사, 세계역사가 있다. 조선역사는 1주일에 1시간, 세계역사는 1시간, 혁명역사도 각 1시간씩, 그래서 역사시간은 1주일에 총 4시간이다.

혁명역사 시간은 반복해서 한다. 인민학교 1학년 때부터 "김일성 대원수님의 증조할아버지는 누굽니다. 할아버지는 누굽니다. 아버지 어머니 삼촌은 누굽니다" 하고 수령님 어린시절을 간단하게 죽 배워 준다. 그리고 중학교에 올라가서 1학년 때부터 3학년까지는 다시 혁명역사에 대해 배워 주는데 이때도 같다. 다시 반복하는 것이다. 그리고 수령님이 현재 사회주의 국가를 건설하기까지의 과정을 시기별로 나눠서 간단하게 배운다. 거기까지가 혁명활동이다.

그 다음 중학교 4학년 1학기부터 다시 혁명역사를 가르쳐 준다. 그전에 배운 내용이 반복되는데 그때는 구체적으로 배운다. 어떤 아이들은 아예 암송하고 있는 경우도 있다. 한국이나 중국은 수령이나 대통령에 대해서 그다지 크게 여기지 않지만 우리는 오직 수령님이다. 학생들을 대상을 하는 강연회를 만들어서 녹음 강연을 할 때가 있다. 녹음 강연에서 눈물이 날 정도로, 해설원이 막 울면서 해설하는데 수령님이 인민을 위해서 하신 일들을 들을 때면 어떤 아이들은 운다. '아! 정말 수령님은 우리 어버이구나. 어버이 수령님께서는 우리를 위해서 이렇게 하셨구나' 하는 것을 가슴에 스며들도록, 눈물이 저절로 나오게끔 만들어 놓았다.

수령님 서거했을 때 울기도 많이 울었다. 진정으로 전체 인민이 다 울었다. 정말 하늘이 무너지는 것 같았다. 수령님이 7월 8일 날 서거하셨는데 아이들이

"선생님, 대원수님이 돌아가셨대요."

"무슨 소리야?"

"방송에 나왔어요."

그 말을 듣고 교원모임에 갔는데 수령님이 서거하셨다는 말에 교원들이 울지, 교실에 가니까 아이들도 울지, 그만큼 수령님께서 인민을 위해서 일을 많이 했다는 걸 줄곧 교양받았기 때문에, 조그만 아이들 가슴속에도 어버이 수령님이 우리 곁을 떠났다고 생각하니까 눈물이 나는 것이다. 또 감정이란 게 없어도 눈물이 나게끔 돼 있다. 그러니 사상교육이 얼마나 중요한지 모른다. 야! 진짜 며칠이 뭔가? 백날이 되도록 동상에 찾아가 엎드려 울고 다음에 또 찾아가 우는 아이들을 보면, 어른들도 "너네가 무슨 세상을 알아서 울겠니?" 하면서 저절로 눈물이 나온다. 조선은 사상교양을 정말 잘 한다. 잘만 먹여 주고서 저렇게 사상교양을 하면 세계 최고이고 진짜 으뜸 간다고 생각한다. 그저 경제문제로 사람들한테 고통을 주니까, 그게 하나 결함이다. 수령님이 서거하셨을 때 전체 인민이 감정이 나서 울 때 보니까 '옳긴 옳구나' 하는 생각이 들었다.

사회과목은 역사와 지리이다. 지리에는 조선지리와 세계지리가 있다. 우리가 학생 때, 세계지리를 배울 때 보면 '다른 나라 이름과 수도 대기 놀이'를 했

다. 남한지리도 배운다. 남쪽 땅 어디에는 어떤 벌이 있고 어디에는 무슨 강이 있다는 등. 그래서 아이 때부터 남쪽에 벌이 더 많아서 곡창지대가 많다는 것을 안다.

수학은 기본적인 내용들을 전반적으로 다 가르쳐 준다. 우선 수의 개념에 대해서 배운다. 즉 자연수, 정수, 분수, 소수, 유리수, 무리수 등 수 범위에 대해서 죽 배운다. 1학년 때는 정수, 분수, 소수의 응용과 계산까지만 배우고, 2학년부터는 1학년 때 배운 정수, 분수에 대한 것을 다지는 단계로 들어간다. 그러면서 유리수, 무리수도 좀 들어간다. 2학년 말에는 인수분해도 배우고, 3학년 초에 분수식을 배운다. 4학년에 올라가서 무리식과 로그를 배우고, 5학년에 올라가서 지수함수, 로그함수, 삼각함수 등 함수에 대해서 배운다. 6학년 때는 정적분까지 올라간다. 정말 이 교육만 100% 잘 배운 사람은 대단한 지식을 갖게 되는 것이다. 그걸 다 하는 사람은 대학에 가는 것이다.

영어는 1주일에 2~3시간 한다. 처음에는 자모부터 시작한다. 그 다음에 단어를 배운다. 문장을 외우기도 하고 간단한 문장을 배우기 시작해서 마지막 6학년 때까지 문법을 다 뗀다. 영어도 교과내용을 제대로만 하면 마지막에는 외국사람처럼 말할 수도 있는데 그게 아이들한테 폭 들어가지를 못 한다. 나 같은 경우에도 중학교 때 영어를 배웠지만 간단한 문장이나 겨우 지을 수 있는 정도이지 회화를 할 수 있는 수준은 아니다. 나는 왜 그런지에 대해서 많이 생각해 보았다.

영어 듣기 연습은 녹음기를 틀어주면 영어문장을 듣고 또 따라 하면서 배운다. 영어가 1주일에 3시간이라 하면 듣기시간이 다 배정되어 있다. 한 과를 배우면서 쓰기, 외우기를 하고 그 다음 듣는 시간을 갖는다.

화학이나 물리는 실험을 해야 하는데, 안 해서 자꾸 욕을 듣는다. 교원이 자체적으로 기구를 만들어서 해야 하는데 선생님들이 아쓸하니까 잘 안 한다. 최근에 그렇게 되었다. 실험은 2인 1조로 이루어서 하게 되어 있다. 그래서 실험을 하려면 책상마다 실험기구를 놓고 해야 하는데, 그러자면 교원이 실험기구를 많이 만들어야 한다. 그전에는 다 있었는데 지금은 생산되는 게 없다.

우리는 컴퓨터를 수학에 포함시켜서 가르쳤는데 전면적으로 시작한 거는 1990년이다. 그렇지만 조선의 컴퓨터 교육은 전반적으로는 다 못 한다. 그저 컴퓨터 놓고 부호를 가르쳐 주고, 또 무슨 내용을 짜야 그게 컴퓨터에 들어가서 나온다는, 그 짜는 법을 가르쳐 준다. 우리 중학교에는 컴퓨터 1대가 있는데 이걸로 그 많은 애들이 다 못 쓰니까 마분지로 모조 건반을 만들어서 손으로 짚는 것을 먼저 배우고 나서 그게 승인되면 컴퓨터를 사용할 수 있게 한다.

컴퓨터는 애들 교육용으로 쓰이는 것이고 교원이나 경리가 쓰는 컴퓨터는 없다. 컴퓨터라는 게 인민학교에는 없고 중학교에서 시작한다. 1990년에 전국 중학교에 컴퓨터 1대씩 두고서 교육하라고 나왔을 때는 중학교 6학년부터 쓰게 했는데, 이번에 조치 나온 게 1학년부터 먼저 시키라고 했다. 선생도 컴퓨터를 쥐고 앉으면 모르겠는데, 그렇지 못하니 애들과 같은 수준이다.

수 업 내 용 에   혁 명 사 상 을   응 용 해 야   한 다

우리에게는 시청각교육이라고 해서 텔레비로 교육하기도 한다. 예를 들어 수령님께서 현지(현장) 지도하신 내용에 대한 교육이 있다면 그런 영상을 모시고 교육한다. 환등 필름 같은 것을 가지고도 한다. 혁명역사를 배울 때 많이 사용하고, 국어교육에도 사용할 수 있다. 이런 필름으로 교육하면 혁명내용이 들어가니까 수학도 시청각교육을 활용하라고 한다.

교육내용에 혁명사상을 담으라고 하면 제일 바쁜 게 수학이다. 어떻게 집어 넣어야 하는지 골이 아프다. 대체로 선생님들을 보면 응용문제를 할 때 집어넣는다. 예를 들어 어느 공장에서 무엇을 생산하는데 첫째 작업반에서는 무엇을 얼마만큼 생산하고 둘째 작업반에서는 또 무엇을 얼마만큼 생산한다는 응용문제를 내는 것이다. 그때 공장이 어떤 공장인가에 따라 사상내용을 넣는다. 예를 들어 신발공장이다 하면 수령님이 신발에 대해서 어떤 말씀을 하거나 지시를 하셨다는 내용이 있으면 그에 대한 자료를 보여 주면서 교육한다. "이 공장에서는 수령님의 교시를 받들어 이렇게 했다"는 식으로 모든 교육내용에 다 사상이 들어간다. 그러니 수령님 돌아가셨을 때 애들이 다 울지 어찌 안 울겠는가?

외국어의 경우 혁명사상을 집어넣는 예는 "나는 학교를 간다"를 영어로 배워 주는 시간이라고 하면 "학교는 누가 세워 주셨는가? 수령님의 배려로 교육도 다 무료로 한다" 이런 식으로 교양한다. 항상 '우리는 수령님밖에 없다'는 생각이 들 수밖에 없다.

물리의 경우는 전자나 그런 내용에 대해서 수령님께서 교시를 한 게 있으면 우리는 그런 교시를 예로 들어 가면서 "우리 수령님께서 이런 문제에 대해 이렇게 교시하셨다. 우리는 이런 걸 이렇게 발전시켜서 수령님 심려를 덜어드리자"는 식으로 교양을 할 수 있다. 모든 걸 다 이런 식으로 만들어서 교양한다. 화학도 그렇다. 가성소다에 대해서 배우는 시간이면 가성소다에 대한 수령님 교시를 인용한다. 어느 부문에나 수령님의 교시가 다 있다. 없는 부문이 없다. "수령님이 이렇게 말씀하셨는데 우리는 이 내용을 잘 배워서 앞으로 이런 부문의 발전에 힘을 써서 수령님의 심려를 덜어드리자" 비료에 대한 것은 더 하다. "논둑길을 걸으시는 수령님의 심려를 덜어드리자면 비료에 대한 걸 잘 배워서 앞으로 더 많이 생산해서 농업생산력을 늘리자" 그러니까 말만 잘 하면 아이들이 다 듣는다.

재능개발

학생들의 일기검사는 대체로 국어선생이 하지만, 나는 내가 직접 했다. 대학을 졸업하고 첫 발령된 학교에 계셨던 교장선생님이 교육을 잘 했던 분이다. 나 같은 경우는 거기서 배워서 그렇지, 여느 선생들은 그런 것도 모른다. "그게 무슨 효과가 있는가" 한다. 더러 다른 반 아이들 일기책을 뒤져보고서 "괜찮게 썼다"고 말을 해 주는데 그 담임은 검열할 줄 모른다. 일기라는 게 정서적으로 도움이 된다고 계속 쓰라고 하는데 버릇이 안 되어 못 쓴다.

난 처녀 때부터 일기를 쓴 게 지금은 책 한 권이 된다. 그 동안 집에서 놀면서 못 쓰기도 하고 안 쓰기도 했지만 옛날 일기를 읽어보면 재미있다. 우리집 애들도 '그 책을 뒤져보고 소설책인가' 하고 읽어본다. 일기 쓰는 게 버릇이 되고 나니까 중국에 와서도 내 사생활에서 잊지 못할 일, 특히 내가 가르치던 아이들 생각이 날 때, 글로 써 보고 싶은 충동이 일었다. 여기 와서 처음에 보름 정도는 써 보았다. 중국에 온지도 5개월이 다 되니까 어쩌다 마음이 고독할 때, 혼자 있게 되거나 심심하면 일기책을 들춰보고 그때의 심정을 쓴 걸 보며 눈물이 날 때는 울어도 본다.

교직에 있을 때는 아이들에게 요구하기를 1주일에 5일은 일기를 쓰라고 했다. 아이들은 일기를 검사하고서 선생님이 써 주는 말을 좋아하고 재미있어 했다. 졸업한 애들도 "선생님이 우리 일기장에 써 준 말, 우린 그거를 더 세게 읽었습니다"라고 하는 아이도 있고, 일기장에다가 내가 써 준 말대로 앞으로 어떤 것을 더 열심히 하겠다는 결심을 보이는 아이도 있었다. 아이들이 일기를 통해서 자기 생각을 쓸 수 있도록 만들어 주니까 재미있다.

일기에다 글을 써줄 때는 '아무개야, 이렇게 쓰는 게 아니다' 라고 막말로 쓰는 게 아니고, '아무개동무, 어떠했습니다' 이렇게 써 주니까 아주 좋아한다.

보통 "야! 자!" 하다가도 그렇게 하니까 아기자기한 맛이 있다. 또 나는 애들의 개성적인 손재간을 담아내려 노력도 해 보았다. "야, 군대 나가면 붓글씨를 잘 쓰거나 그림을 잘 그리면 벌써 헐한 곳에 둔다" 하면 남자애들 중에 생각 있는 애들은 그런 연습을 한다. 소박하지만 애들이 그린 것을 학부형회의 때 붙여놓으면 엄마들이 알아보고 "야, 저거 아무개가 그린 거구나" 한다.

아쉬운 것은 학생들의 재주를 능숙하게 키우지 못하는 결함이 있다. 어쨌든 보통 정도로, 어디 가서 뒤지지 않고 써 먹을 정도로만 해 주자. 어떤 학생이 붓글씨를 하는데 "야, 저게 멋있구나" 하는 명필 정도의 구체적인 교육은 못 하지만 "보기에는 좋구나" 하는 정도로, 일반적으로 쓸 수 있게끔 하자는 것이다. 손풍금을 하면 "어디 가서 독주는 못 해도 좋다. 반주할 수 있는 만큼만 해라. 그러면 너희가 사회에 나가도 써먹을 수 있다"고 교양한다.

그렇게 아이들 재주를 다 잡아내서 학부형회의 때 발표하면 부모들도 생각하는 바가 있게 된다. '아무개는 아들에게 저런 거를 해 주는데 나는 내 새끼에게 뭘 해 줄까' 부모가 이런 생각이면 아이가 어렸을 때부터 하나하나 교육을 하게 된다. 그렇게 정서를 좀 키워주고 그랬는데 식량이 미공급이 되니까 전부를 잃었다.

야, 내 지금 애들에게 죄를 많이 짓고 있다고 생각한다. 식량만 있어도 조국에서 그대로 교원을 하겠는데, 중국에 와 있다 보니 교육자로 끝까지 남으려는 결심을 버릴지도 모르겠다는 생각이 든다. 또 한편으로는 아무 데 있더라도 기어이 교육사업을 해야겠다는 생각이 있는데, 자기 작업에 대한 애착을 가지면 정말 힘들다. 그래도 애착이 없으면 정열 또한 안 나온다.

학생교복

학생교복은 지금까지 선물로 주었다. 1977년도에 처음으로 수령님이 전국의 어린이에게 교복을 무상으로 선물했는데 그때부터 2년에 1번씩 주었다. 1979년과 1981년도까지 선물을 주고, 그 뒤로는 공급제도가 나와 2-3년에 한번씩 애들 옷을 공급해 줬다. 이때부터는 돈을 주고 사야 되었다. 1993년 정도까지는 동복까지 주었다. 동복은 5년마다 준다던데 1998년에는 줄 형편이 못 되어 소식이 없다.

교복을 구매하는 방법은 먼저 학교에서 학생들에게 교복표를 나눠 준다. 애들은 그 표를 엄마에게 주고, 그리고 상점에 가서 사는 것이다. 상점에는 공급 명단이 있는데 내가 표와 증명서를 가지고서 상점에 가서 명단에 수표(사인)하고 교복을 받아 온다. 상점에 가서는 국정가격이 다 있으니까 그 돈을 내고 물건을 받아 온다.

의무교육이라지만 국가에서 지원하는 것은 하나도 없다. 그전에는 학기 시작할 때 학용품을 무료로 조금씩 나누어 주었는데, 요즘은 집에서 다 구입을 해야 한다. 우리 아들의 경우를 보면 교복을 3년에 1벌 나누어 주니까 애들이 커져서 옷이 맞지 않아 1년 정도 있다가 다시 사 입혀야 했는데 장마당에서는 교복을 팔지 않으니까 같은 천을 덧대어서 입혔다. 나라가 어려워지면서 3년마다 1번씩 옷 치수를 재어 놓고 그 해에 재료가 없어 옷을 못 해 주고는 치수를 잰 2년 후에 교복이 나오게 된다. 그러면 그 사이에 아이들은 몸이 자라고 옷이 작아서 무릎이 나온다. 요즘은 중학교에 입학해도 나라에서 옷도 안 내어주고 장마당에서도 팔지 않고, 아무렇게 입고 가면 학교에서 야단 맞아 애들이 질질 울면서 옷을 사 내라는데 어디 있어야 내지?

나도 자식들이 학생이다 보니 교복을 장만해 주어야 하기 때문에 얼마 전

막내아들 교복을 샀는데 1백원쯤 했다. 애들 3명 옷을 사는데 4백원 들었다. 한 꺼번에 못 사고 1백원 생기면 한 애의 것을 사고 또 50원이 있으면 절반만 사고, 그러니까 바지만 산다든지 한다. 어느 해는 사 보지도 못 하고 입던 옷이 있으니까 그냥 지나가기도 했다. 교복이 3년에 1번씩 나오니까 여자애들은 치마를 그냥 입을 수 있지만 남자들 바지는 인차(금방) 헤지기 때문에 사야 한다.

교복과 학습장은 공업품 상점에서 주고 교과서는 교육기재공급소에서 학교에 내려다 준다. 지금은 종이가 없으니 학습장의 공급은 파지를 수매해서 직접 공장에 갖다 주고는 찍은 것만큼 실어온다. 이 파지는 아이들에게 가져오도록 하는데 이 파지도 1킬로그램을 수집해서 갖다 주어야 얇은 80매 짜리 학습장 2-3권 정도를 준다. 그런데 파지 1킬로그램이 얼마나 무거운가? 그렇다고 어디 가서 가벼운 종이를 얻겠는가? 선생이 학생들에게 얼마씩 내라고 계속 야단치니까 길에서 주워 꼬챙이에 끼워 가져오는데 그런 파지가 별 쓸모가 없으니 애를 먹는다.

교과서도 종이가 없어서 파지를 수매한 것으로 재생해서 찍는다. 그전 교과서는 하얗고 종이의 질도 좋았는데 지금은 시커먼 종이에다 교과서를 찍어 놓으니까 애들이 책을 몇 번 보고 나면 헤져버린다.

또 교과서가 부족할 경우 그전 해에 쓰던 교과서들 중에 잃어버린 것을 제외하고는 다 바쳐서 보충해서 쓰고는 했다. 전에는 그렇게 해도 일없던 것이 지금은 파지로 교과서를 만드니까 아이들이 책 보기가 힘들다. 중국에서 수입해 온 종이는 다 로동신문을 만들거나 당에서 필요한 곳에 쓰인다. 그래도 인민학교 1학년 아이들은 위에서 교과서를 출판해서 내려보내는데 아주 새하얀 종이이다. 애들이 처음 글을 배우고 하니 그림도 선명해야 하니까 그렇게 해 주는 것이다.

담임 추천, 거수 선거

학급위원 선거는 거수로 뽑는다. 그 과정에서 선생의 의견이나 압력이 들어가지는 않는다. 먼저 담임이 '이번에 이런 아이들을 위원으로 했으면 한다'고 안을 작성한다. 담임은 아이들이 처음 입학하면 우선 두어 달 동안 죽 살펴본다. 인민학교 때부터 위원을 했던 애들을 위주로 우선 세워 놓고 '얘는 얘보다 못 하다' 생각되면, 이전에는 학급위원장을 했지만 이번에는 분단위원장을 시킨다든지 하고 다른 애는 또 어떻게 한다. 사람이라는 게 한번 간부자리에 붙였다가, 뗄 때에는 신중해야 하기 때문에 많이 연구해야 한다.

아이들이라도 그렇다. 어른도 간부에 있다가 뚝 떼어지면 허전한 것처럼 간부자리에서 떼어진 아이의 공부에도 지장이 있다. 또 학부형들 얼굴까지 생각해야 한다. '인민학교 때는 이러하던 아이를 내가 간부생활을 뚝 떼어내면 학부형이 어떻게 생각할까' 등. 아직 학부형에 대해서 잘 모를 때에는 인민학교 때의 담임을 찾아간다. 그래야 후에 말썽이 없다. 나는 한번 시킨 위원장을 졸업할 때까지 시킨다. 중간에 바꾸면 좋지 않다. 대체로 위원장 어머니가 자모위원장이 되어야 한다고 생각하는데 그건 열성이 많아야 하기 때문이다. 처음 1학년 때 위원을 선정하자면 부모도 고려하고 학생도 고려하자니까 골이 복잡하다.

이런 담임선생의 추천 안을 가지고 아이들이 투표를 한다. 담임선생님이 "분단위원을 뽑는데 집행부의 복안을 발표하겠습니다" 한다. 집행부라는 것은 선생님이다. 담임선생님이 복안을 발표하고 선거를 할 때 원래 인민학교 때 학급 일을 하던 아이를 시켜서 선거를 진행한다. 분단위원은 학급아이들이 40명 이상이면 교원까지 포함해서 분단위원이 9명이 되는데 대체로 분단위원을 6명 정도를 뽑는다. "자, 위원으로서 아무개를 위원으로 천거하는데 찬성하는 동무는 손을 드시오" 그러면 아이들이 찬성하면 손을 들고 반대하면 손을 들지 않는다. 재미있다. 반대하는 아이들은 없지만 1학년 때는 저 애가 괘씸하다고 손을 들지 않는 경우가 있다. 그러나 애들이 '다른 애들이 다 손을 드는데 나만 안 들면 선생님께서 나를 뭐라고 할까?' 하면서 무서워하기 때문에 거의 담임의 복안대로 된다.

학년이 올라가서는 선생이 아이들과 호흡이 맞지 않는 경우에 선생이 독단으로 막 했을 때에 아이들이 반대하는 일도 있다. 그때는 선생이 '아차, 나는 이들 앞에 마주 설 자격이 없구나' 하고 생각해야 한다. 벌써 아이들이 선생이 하는 데에 대해서 반대 의견을 가졌다는 것은 선생님의 말을 안 듣는다는 것인데 "야! 너는 어째 반대하니?" 이러면 곤란하다. 어쨌든 대체로 다 선생의 복안대로 된다. 1학년 때는 위원 시킨 애들이 제대로 못 하니까 선생이 계속 배워 주고 보고서를 써 주고 하면서 가르치고 다음부터는 제 스스로 하라고 검열도 한다.

세상에서 제일 힘든 게 교원이다. 자기 애 하나 키우는 것도 쉽지 않은데 다방면에 지식이나 재능, 능력이 많아야 하고 건강해야 한다. 내가 앓아서 학교를 하루만 안 나와도 애들이 벌써 달라진다. 영향이 많다. 아파서 못 나오면 애들이 먹을 거랑 막 싸들고 오기도 하고, 여자애들은 밥이랑 해서 싸들고 온다. 그럴 때 보면 '나도 애들 키워서 이런 게 보람이구나' 생각한다.

청년동맹이 하는 일

인민학교나 중학생들은 청년동맹의 통제를 받는데 학교 청년동맹의 임무는 그 학교 학생들의 회의, 사상교육, 표창 등을 담당하면서 당과 수령님의 충성동이, 효자동이로 만드는 것이다. 표창을 받는 애들을 보면 주로 모범적인 애들로 김일성 표창장, 소년 명예상 등을 받는다. 우리에게서 모범적이라는 것은 유치원 때부터 비가 오나 눈이 오나 하루도 빠짐없이 동상에 참배하러 가는 애들이다.

　요즘 중학교 애들은 술을 마시고 담배를 피우고 교원들 말도 안 듣는다. 불량 학생은 학교 청년동맹에서 따로 교양한다. 배급이 끊기기 전에도 불량 청소년들이 조금 있었는데, 불량 청소년들은 다른 애들보다 조금 더 똑똑한 애들인 것은 확실했다. 이런 학생들에 대해서는 여러 가지 제재를 가한다. 학교에서 불량 청소년 회의를 열고, 학생의 행동이 심하면 청년동맹에서 제거되기도 한다. 자격을 뺏기면 1년 정도 소년교양소로 보내서 교양을 받은 후에 다시 들든지 한다.

　또 청년동맹에서 하는 일은 중앙에서 학생들과 청소년조직에게 교양할 수 있는 재료를 주면 이것을 각 초급단체(한 학급)에 내려보낸다. 그것을 집행하고 거기에 따르는 중학교의 학교 분단총회라든지 소년단의 학교단총회를 집행하고 또 명절을 맞으면서 연합단총회를 집행한다. 또 좋은 일 하기 운동, 따라 배우기, 꼬마계획 활동, 토끼 기르기도 조직한다. 말하자면 학생들의 조직생활과 여러 가지 과외생활을 책임지는 게 학교 청년동맹과 소년단이다.

　이야기 모임이란 어른들이 하는 강연회와 같다. 아이들에게는 이야기 모임이라고 한다. 따라 배우기는 위대한 수령 김일성 대원수님 따라 배우는 학습회를 1달에 2번씩 한다. 그러니까 1주와 3주는 따라 배우기 학습회, 2주와 4주는 분단총회를 한다든지 다른 무엇을 한다든지 한다. 따라 배우기의 구체적인 내용은 이렇다. 위대성에 대한 내용이라 하면 김정일 장군님의 경우에는 '냉철하신 강철위원장이시다' 이런 제목으로 군사부문에서의 뛰어난 부문들을 학생들에게 설명해 주는 시간이다. 그런 식으로 교양한다. 수령님이나 장군님의 훈시도 배워 준다. 이것은 애들에게 이야기로 해설만 해 주는 것이다.

　좋은 일하기 운동이란 나무 심기, 토끼 기르기, 꼬마계획으로 폐품수집을 1

인당 얼마씩 내는 과제를 주어서 나라에 도움을 주는 활동을 하는 것이다. 소년단도 똑같다. 폐품수집이 있는데 종이파지, 파철, 신발끈 만드는 파고무와 파유리 등을 모아서 이것을 나라에 수매시킨다. 그리고 자기가 모아서 수매시킨 돈을 청년동맹 조직에 바치게 되어 있다. 예를 들어 내가 쇳덩이를 바치고 거기에 해당하는 돈을 받았으면 그것을 조직에 바치는 과제를 준다. 한 사람의 1년 할당량이 5원을 바치도록 과제가 주어졌으면 1년 동안 5원어치만큼 바치는 것이다. 그걸 꼬마계획이라고 한다. 토끼 기르기는 1년 동안 1인 당 토끼 몇 마리를 키워서 그 가죽을 바치게 되어 있다. 그래서 인민군대가 입을 외투 안에 털을 만들어 넣을 수 있도록 한다. 전국 어린이들이 다 한다. 전에는 많이 협조했었는데 지금은 제대로 안 되고 있다.

꼬마계획에서 거두는 게 많다. 산에 가서 뭐 캐 오라, 콩도 내라, 명주 내라, 쇳대 내라 등 내라는 게 많다. 나도 학부형이기도 하니까 어쩔 때는 골치가 아프다. 그걸 애들이 다 어떻게 내겠는가? 집에 돈 하나 없는데, 선생, 학부모, 애들이 다 고생이다. 겨울에 난로를 피우는 데도 애들에게 나무를 1미터 끈으로 5단 내라 한다. 부모들이 "어디서 구해 오느냐, 없다"고 하면 아이들이 할 수 없으니 친구들과 도둑질하기도 한다. 솔직히 학교에서 애들에게 도둑질하라고 부추기는 것이나 같다. 유치원부터 중학교까지 다 낸다.

학생들의 생활상

우리는 시험을 못 친다고 벌을 주는 일은 없다. 벌주는 일만 있으면 큰 야단이다.

애들을 때리면 안 되게 되어 있다. 애들을 혼낼 때는 가만가만 때린다.

병신 만들지 않을 정도로 때린다.

학 생 들 의   하 루

인민학교와 중학교는 동마다 하나씩 있다. 학생들은 걸어서 학교를 다니는데 한 5분에서 15분 정도 걸린다. 등교할 때는 학교 주변에 장소를 정해서 학급별로 모여서 온다. 대체로 줄을 서서 노래를 부르며 오는데 겨울에는 추우니까 모이지 말고 그냥 오라고 한다. 이것은 집체생활을 하도록 규율을 잡는 것이다. 중학교는 45분 수업으로, 아침 8시에 시작해서 대체로 5-6시간의 수업이 있어서 먼저 오전에 5시간을 치르고 오후에 집에서 식사를 하고 와서 1시간 수업을 치른다.

학생들은 8시에 수업을 시작하니까 아침 7시 30분이나 40분쯤에 학교에 와야 한다. 오자마자 수업을 하는 것이 아니라 모여서 아침모임을 한다. 줄을 서서 온 뒤에 운동장에 모여서 아침모임을 하고 줄을 서서 교실로 들어온다. 45분 수업 후에 10분의 휴식시간에 아이들은 변소에도 가고 다음 시간을 준비한다.

이 쉬는 시간에 선생님도 변소 갔다 오고, 다음 시간 준비도 하고, 짜투리 시간이라 그리 길지 않으니 바쁘다.

아침모임이라고 하여 아침에 등교해서 전체 아이들을 모아 놓고 교장선생이 애들한테 이야기를 한다. 아침모임은 하는 날도 있고, 곧바로 수업에 들어가는 날도 있는데 원래는 매일 해야 된다. 모임을 마친 뒤에는 행진을 하면서 교실에 들어간다. 이런 군대식의 분열행진은 토요일 날에 소년단, 사로청모임 때 할 때도 있고 아침시간에 모여 한바퀴 쭉 의식을 하고 들어갈 때도 있다. 분열행진을 할 때는 악대가 반주까지 하면서 분위기를 세운다.

학생들은 1달에 1번 생활총화를 한다. 4주에 1번, 마지막 토요일에 하고 나머지 토요일은 그 어간(사이)에 학습, 강연회를 한다. 그리고 총회를 하거나 동원을 조직할 때도 있고 여러 가지가 있다. 이렇게 하다 보면 토요일도 평일과 마찬가지로 끝난다.

3교시 마치고는 업간체조를 하는데 운동장에 나가서 반끼리 모여서 체조를 한다. 가만히 앉아서 공부만 했으니까 나와서 운동을 시키는데 아이들이 마지못해서 한다.

점심시간에는 다 각자 집에 가서 점심을 먹는다. 밥을 싸 오는 애들은 크게 없다. 교원들 중에 가정 부인들은 집에 가도 할 일이 많다. 아침에 밥 먹고 못 거둔 것을 집에 가서 거두어야 하니까 바쁘다. 원래는 아이들이 등교시간과 점심시간에도 줄을 서서 갔다 오기로 되어 있는데 시끄러우니까, 그냥 "빨리 밥 먹으러 가라" "내, 빨리 가야겠는데 왜 어물쩡거리느냐?"고 한다. 아침에 급해서 살림을 제뿌리고 달아 나왔으니까 마음이 급해서이다.

수업이 끝나고 학생들이 자기 취미에 맞는 소조에 들어가서 활동하는데 인민학교는 오전에만 수업을 하고 집에 갈 때도 있고 율동체조라고 해서 체조연습을 할 때도 있다. 배워서 몸매를 곱게 하라는 것인데 이렇게 연습해 두었다가 행사에 동원되기도 하니까 이런 것에 대비하는 것이기도 하다. 중학교 1, 2학년은 수업이 6시간 밖에 없으니 밥을 먹고 와서 1시간만 수업하고 소조활동에 참여하지 않는 아이들은 과외활동을 하기도 한다. 제일 잘 되는 소조는 음악과 수학이었다. 수학소조는 수학과 영어, 혁명역사를 가르쳐 준다. 그것을 다 해야 대학에 갈 수 있으니까. 6학년 졸업반이 되면 수학소조에는 공부를 잘 하는 아이들이 들어온다. 숙제는 많이 내 줄 때도 있고 외국어 같은 경우는 "몇 번 써 내라" 하는 숙제를 내 줄 수도 있다. 아이들이 시험치는 것은 싫어하니까 숙제가 크게 많지는 않다.

음악소조에는 기악이 있고 성악도 있다. 악대는 기악소조이다. 체육소조에는 종목별로 배구, 농구, 축구, 정구, 탁구 등이 있다. 물리소조는 물리실험을 하는데 교과과정에 나오는 실험을 주로 하고 화학소조도 같다. 폭탄물 같은 것도 만들어 본다. 대체로 소조라는 게 잘 운영되지는 않지만 과목별로는 다 있다.

소조활동은 수업이 끝나고 과외활동으로 매일 한다. 수업이 오후 3시 30분에 끝나고 그 후에 휴식을 좀 취하고 하면서 한 2-3시간 정도 하니까 소조활동을 끝내고 집에 돌아가면 보통 저녁 7-8시가 된다. 소조활동을 하는 애들은 농촌동원에 빠지니까 학생들이 다 소조활동을 하려고 하지만 자질이 없어 못 하고 인원의 제한도 있다. 소조활동을 할 수 있는 인원은 한 반에서 8명 정도이다. 어떤 학급에는 소조활동을 하는 학생이 없기도 하다. 소조담당 교사는 해당과목의 선생님 중 1명이 한다. 소조원은 학기 시작할 때 받는다. 그렇다고 1년이 지나서 소조원들을 새로 바꾸는 것은 아니다. 그저 하는 과정에서 취미가 없어서 저절로 나가는 아이가 있고 또 중간에 들어오겠다는 아이를 받아들인다.

운동 같은 경우는 아이가 당장은 잘 하지 못해도 체육교원이 아이의 체격을 보고 어느 것을 잘 할 수 있겠다고 판단해서 뽑아 시킨다. 이렇게 1개의 소조를 조직해서 활동하다가 학교를 대표해서 경기에 참석하기도 한다. 명절 같은 때 학교별로 운동회를 하면 소조활동을 하는 애들로 대표를 조직해서 경기를 한다. 음악이나 체육소조의 교육기재들이 그전에는 다 있었는데 지금은 없다. 국어, 미술, 음악 등의 창작활동을 하는 소조들은 다 수령님, 김정일 장군님을 찬양하거나 우리 조국의 통일에 대한 내용이다. 어느 것이나 다 그렇게 하고 무조건 거기에 다 복종하라는 것이다.

그림을 보고 사상성을 판단하는 것은 충성할 수 있는 내용의 제목을 달아 놓으면 사상성이 있다는 것이다. 일단 제목을 보고 그림과 맞아야 된다. 제일 먼저 사상성을 보고 질을 본다. 국어도 마찬가지이다. 흠모하는 내용을 본다. 중학생이 창작한 음악 중에 유명해져 라디오에도 나오고 한다. 이런 조직생활이나 소조활동은 일요일에도 학교에 나와서 한다. 내가 어렸을 때도 그랬지만 지금은 전보다 활발하지 못하다.

소조담당 교원들끼리는 따로 조직해서 서로 배우지 않고 다 제 혼자서 이끌어간다. 따라서 어떤 것을 잘 골라서 가르치느냐 하는 지도능력이 있어야 하기에 아무나 시키지 않는다. 소조담당 선생님도 아이들이 졸업할 때까지 계속 같은 사람이 담당한다. 이때 담당교원은 1명이 되기도 하고 2명이 되기도 한다. 알아 맞추기 소조도 따로 있고, 올림픽 경기처럼 경시대회를 하는 게 있다.

소조선생이 애들을 가르칠 때는 과제를 준다. 시험을 치면 전 내용을 다 배우는 게 아니라 이번 시험에 나오는 유형은 어떻다고 애들에게 가르쳐 준다. 교원들이 분별이 있으니까 아이들에게 이야기해 주면 애들이 연습하고 또 여러 번 경기에서 나오는 걸 보고 이번에는 무엇이 나올 거라고 점친다. 어쨌든 소조를 지도하는 교원의 머리에 따라 이기는가 지는가가 달려있다.

아이들의 방학은 별 게 없다. 방학이라는 건 논다는 거니까 겨울에는 스케이트 타기, 여름에는 수영을 한다. 동무들과 같이 노는 것도 있지만 주로 집에서 세게 논다. 학생 때에는 친척집에 가서 놀다 오기도 하고, 엄마와 같이 가기도 한다. 우리는 아이를 친척집에 많이 보냈다.

아줌마선생님이 만만

중학생 애들이 재미있어 하는 것은 과목마다 다르다. 이야기 시간을 좋아해서 선생님이 재미있게 이야기하면서 가르쳐 주면 좋아한다. 수학은 잘 하는 아이들은 좋아하는데 안 좋아하는 애들은 수업시간에 장난을 친다.

우리는 시험을 못 친다고 벌을 주는 일은 없다. 벌주는 일만 있으면 큰 야단이다. 애들을 때리면 안 되게 되어 있다. 애들을 혼낼 때는 가만가만 때린다. 병신 만들지 않을 정도로만 때린다. 나 같은 경우에는 신경이 날 때는 책상이 날아가기도 하는데, 안 때리고 교육한다는 것은 순 거짓말이다. 애들은 많이 때리는 남자선생을 겁내한다. 처녀선생도 무서워하는데 아줌마선생님을 제일 만만하게 본다.

예전에 우리 반에서 있었던 일이다. 애들이 말을 안 들어서

"야, 너희들이 너무 말을 안 들어서 남자선생님한테 맡기든지 처녀선생님한테 맡기든지 해야지 안 되겠다"

했더니 한 애가

"처녀 선생님한테 맡기지 마십시오. 우리 잘 하겠습니다."

"나발치지 마라. 너희들 아무리 생각해도 내 신경이 나서 다 내버리고 그만두겠다."

"선생님, 처녀가 때리는 손이 더 아픕니다."

"어째 더 아프니?"

"처녀는 아침 일찍 일어나서 세수하고 화장만 하고 해 주는 밥 먹고 학교에 오지만, 아주머니는 아침에 밥하고 빨래하느라고 손이 물에 젖어서 푹신푹신 하거든요. 그래서 처녀선생님이 때리면 더 아프다고요"
했다. 그 소리 듣고 웃다웃다 죽는 줄 알았다. 아이들이 그렇게 재미가 있다.

아이들을 때리게 되는 경우는 수업시간에 장난질 치면 신경질이 나니까 옆에 있던 지우개도 막 날아간다. 애들은 별난 장난을 다 친다. 공부하다가 옆의 아이를 못 살게 굴고 책도 빼앗고… 애타게 구는 놈들이 많다. 의자를 흔들흔들 하다가 넘어지는 거… 다 말하자면 끝이 없다. 여자들은 자기들끼리 소곤소곤 거리고, 그래서 고함 한번 지르면 쑥 들어간다. 애들의 일기를 보면 모여서 공부한다는 얘기는 하나도 없고 노는 소리만 적는다. 여학생이나 남학생이나 다 같다. 여학생들은 떠들지 말라고 하면 그냥 꽁 해서 말도 안 하는데 남자들은 "자, 하자" 하면 "예" 하고 한다. 여자들은 궁시렁궁시렁 하면서 애를 먹인다. 그 애들에게 더러 총각선생이 인기가 있기도 한다.

애들이 좋아하는 선생은 자기를 고와하는 사람이다. 애들에게 공을 들여서 그 심리를 알고 같이 호흡하면 좋아한다. 그렇지 않고 경계를 놓고서는 '나는 교원이다' 이러면 따라오지 않는다. 많은 선생들이 "나는 선생이다, 너희는 학생이다. 그러니 너희들은 나를 존경하고 따라와야 한다" 이렇게 하지 애들하고 같이 놀고 호흡하는 걸 싫어한다.

농 촌 동 원

농촌동원은 주변으로 가는 때도 있지만 봄과 가을에는 멀리 갈 때도 있다. 주로 함경도에서 국경쪽인 온성이나 종성, 황해도, 강원도 등 앞쪽으로도 간다.

한 시기에 많은 학생들이 움직이니까 한 지역으로 가게 되면 그곳에서 학생을 수용하고 배치하는데 여러 가지로 문제가 되니까 분산되어 멀리까지도 간다.

학생들이 농촌동원을 나갈 때는 교장이 시행정위원회 교육과에서 지시를 받고서 동원을 시킨다. 이런 것 말고도 군당, 시당 근로단체부의 청년동맹에서 지시를 내린다. '학생들을 동원해서 이런 것 좀 해 달라'는 지시가 오면 이것을 집행하는 것은 학교행정이다. 교무부장이 조직하든지 교장이 하든지 해서 학급담임들이 학생들을 이끌고 가서 일을 한다. 만약 도로 닦기 같은 걸 학교에서 조직하면 학생들이 집체적으로 나간다. 교장이나 부교장이 몇 시에 모이라고 한다. 학급담임은 학생이 다니는 데는 다 따라다닌다. 이런 동원이나 조직생활이 없는 날에는 수업을 마치고 공부를 더 시키는 학급도 있다.

학생 과외활동이 함북도 종성으로 농촌동원을 간다 하면 중학교 4-6학년의 전 학생이 함께 간다. 한 학년에 6개 반이라면 18개 반이 그 지역으로 가는 것이다. 가서는 작업반별로 갈라진다. 기간은 20일에서 1달 정도로, 5월 10일쯤 가면 6월초까지 한다. 떠날 때 집에서 돈이랑 세끼 분 밥을 싸 준다. 돈은 가다가 남이 맛있는 거 사 먹으면 너도 사 먹으라고 준다. 처음에는 엄마가 싸 준 도시락을 들고 기차를 타고 가니까 애들이 좋아하다가 막상 가면 그 다음이 고생이다. 기차표는 국가에서 몽땅 끊어준다. 잠은 개별 농촌집에서 이불을 보장해 주고 그 윗방에서 몇 명씩 잔다.

학생 1인당 부식물자와 쌀은 국가에서 대 준다. 부식물 값이 남으면 그거 가지고 소도 잡고 놀 때도 있다. 동원기간 중에 혹시 생일을 맞은 애가 있으면 모여서 노는데 나도 아이들이랑 술도 마셔보고 담배도 한 번 피워보고 하면서 같이 잘 논다. 쌀은 국가에서 주니까 국가배급소, 즉 양정에서 타 먹는다. 종성이면 종성양정소에서 식량을 나누어 주고 밥을 짓는 거는 농가의 어떤 집에서 식당을 운영하게 된다. 한 5-6집이 식당을 한다. 이 식당을 학생들이 이용을 하는데 전체가 한꺼번에 다 밥을 먹으면 사람이 많으니까 학급별로 먹는다. 아이들은 농촌동원 갈 때는 신나서 왔다가 한 1주일쯤 일하면 배가 고프고 부모 생각이 나니까 집에 가고 싶어한다.

애들이 하는 일은 강냉이 심고 벼 모내기 하고 김매는 것이다. 아침 7시에 일을 시작한다. 오전에 5시간 정도 일을 하는데 모내기 때는 중참으로 국수를 말아서 내놓으면 먹고, 점심 먹고 쉬었다가 오후 2시부터 어두워질 때까지, 한 5시간 정도 또 일을 한다. 가을에는 9월말에서 10월초쯤에 간다. 여학생, 남학생이 똑같이 일한다. 여학생 중에서 둘 정도만 식당 하는 가정집에서 밥하는 것을 도와주고 나머지는 다 농사일은 한다.

선생님은 농촌동원 시기에 학생들을 따라가서 조직을 해야 하니까, 특히 결혼한 여자 선생님의 경우는 생활에 영향이 오기도 한다. 그래도 가정을 다 내팽개치고 동원에 간다. 만약 부부가 다 교원이고 동시에 농촌동원에 가는 경우는 둘 다 가야 한다. 교원의 아이가 덜 자랐을 때는 학부형 집에 맡기거나 농촌에 같이 데리고 가기도 한다. 선생의 아이니까 대우를 받아서 집에서는 잘 못 먹어도 그런 데 가면 먹을 것도 잘 주고 한다. 이밥도 먹을 수 있다.

농촌동원에 간 사람들 중에 도둑질을 하는 사람이 있기는 하다. 주로 일부 공장기업소 사람들이고, 아이들은 그러질 않는다. 다들 어린애들인데 어떻게 그럴 수가 있겠는가? 그저 때되면 옥수수쌀이나 강냉이를 닦아(훑어서 볶아) 먹는 정도이다.

아이들이 농촌동원에 오면 농민들은 그 덕분에 놀게 되니까 좋아한다. 애들은 농사짓고 자기들은 지도농민이 된다. 농민들이 학생하고 같이 일하는 게 아니다. 또 같이 일을 한다고 해도 "야, 이거 이렇게 한다" 하고 서서 말만 한다. 교원보다 못 하다. 교원들은 애들이 불쌍해서 같이 일을 한다. 농촌동원만이 아니라 여러 가지 일에 학생들이 동원된다. 웬만한 일에는 어쨌든 다 학생들이 동원된다. 사회동원 나가는 걸 애들이 좋아할 턱이 없다. 그래도 시키는 일이면 그저 다 한다.

여기 중국에 와서 보니 부부간이든 서로 협력하여 숱한 땅을 일구는데 우리는 그렇게 못 한다. 집체농장이니까 일시에 사람들을 동원해서 그럴 수밖에 없다. 그래서 여기 와서 보고 '중국처럼 농촌 땅을 다 떼어주고 거기서 몇 %를 내라고 하면 되지 않을까, 그러면 농사를 더 잘 지을 수 있지 않을까' 이런 생각이 든다. 지금 북조선은 집체이기 때문에 건성건성 하고 공짜 술 받는 사람이 많다. 그러니 잘 될 수가 없다. 조선의 농촌에 가 보면 알 수 있는 일이다. 실제로 일하는 농민이 얼마 없다.

학생들이 가면 농민들은 논다. 그러기에 지도농민이라고 우리가 이름붙였다. 농민인데 지도농민이다. 학생들만 가면 밭머리에 앉아 지도만 한다. 학생들은 많이 다녀서 일을 잘 한다. 주로 하는 일은 영양단지 옮겨 심고 모내기도 하고 풀도 뽑고 김매기도 하고 가을에는 가을걷이도 한다. 벼도 베고 강냉이도 베고 옥수수도 들여넣는다. 학생, 군인, 직장인 등 조선의 한 해 농사를 모든 인민이 다 붙어서 하는 데도 식량이 없어서 이 난리다.

학생들이 길 닦는 거는 학교나 직장이나 도로 담당구역이 어디까지라고 나누어져 있다. 아스팔트길은 쓸기만 하는데 그 아스팔트길도 각 인민반별로 떼어놓았으니까 금방 작업하고 철수한다. 그런데 특수한 경우, 명절 전이나 손님이 오거나 그럴 때, 빨리 해야 되겠다고 하면 애들을 동원해서 해치운다. 특별한 경우가 아니라도 평상시대로 청소를 한다. 도로닦기를 할 때는 교장선생님에게 부탁이 들어오면 아이들을 동원한다. 그런 일들이 1달에 3-5번 있는 때도 많다. 겨울에 눈도 애들이 치워야 하니 고생이 많다.

학생들의 문화생활

봄, 가을에 산보를 간다. 수령님 말씀이라 무조건 간다. 수령님 말씀이 봄, 가을에 학생들의 등산을 조직하라고 했다. 산에도 가고 바다에도 간다. 부모들이 하루 잘 차려주니까 그런 데 갈 때는 애들이 좋아한다. 수학여행은 방학기간 중에 조직하기는 하지만 대체로 안 한다. 만일 가게 되면 보통 10-15일 정도이다. 혁명유적지 답사는 따로 간다. 전적지 답사는 위에서 지시가 내려오면 가는데 다는 못 가고 잘 하는 학급들이 추천되어서 간다.

애들을 위한 신문은 소년신문, 새날신문 같은 게 있다. 소년신문은 소년단원을 위한 것이고, 새날신문은 청년동맹 아이들이 보는 것이다. 로동신문은 당원들이 주로 보지만 로동청년보 등은 일하는 청년들이 본다. 도마다 도(道)일보가 있다. 우리는 배워 주기를, 다른 건 못 봐도 로동신문 사설만이라도 매일 읽으라고 한다. 그런데 1학년 애들이 사설이 뭔지 알겠는가? 소년단 신문은 한 학급에 2부 정도 주면 애들이 돌아가면서 다 보는데 신문을 보는 것도 여자애들이 덜하다.

애들이 읽을 만한 책은 구역이나 동에 학생도서관이 있다. 거기에 만화책도 있다. 내용은 다 사회주의를 우상화하는 내용이다. 외국소설의 경우는 사회주의에서 나온 것만 읽는데 그건 어른들만 보는 것이다. 연애소설 같은 건 전혀 없다. 그런 게 있으면 안 된다. 책방에는 아이들 교과서는 팔지 않고 주로 소설책, 아이들을 위한 만화책, 아동책, 정치경제학 등이 있다. 국가가 경영하고 보통 시에 2개씩 있다. 애들은 텔레비에 영화가 나오면 정신없이 본다. 만화영화인데 소년장수라든지, 연애를 다루는 영화는 외국영화에나 좀 나온다. 외국영화는 월요일

날에 하나씩 보여준다. 소련영화도 있고, 사회주의 국가에서 만든 것을 보여 준다.

우리는 문화재를 많이 보존한다. 그리고 현품이 없을 때에는 모조품을 만들어서라도 교양한다. 모든 사람이 다 관람하게 되어 있다. 애들한테도 전람관 견학을 시킨다. 역사시간에 배운 뒤 견학을 가서 "자, 이거 어느 때 배운 거다. 봐라" 하면 애들이 좋아한다. 자주 간다. 당원들 투쟁전람관에도 가서 간첩 놈들이 들어와서 행동한 것들을 형상으로 만들어 놓은 것을 본다. 그리고 위대한 수령님이 싸움하던 때의 모습도 다 만들어 놨다. 불이 켜졌다꺼졌다 하게끔 만들어 놔서 총을 쏘는 모습도 실감나게 해 놓았다. 꼭 만화처럼 만들어 놨기 때문에 애들이 가서 구경할 때는 좋아 죽는다.

환경보존 같은 것은 학생 때, 위생과 건강시간에 가르친다. 위생과목은 개체위생이나 환경위생 등 위생부분에 대한 게 다 들어가 있다. 1주일에 1시간을 배운다. 그냥 개념을 배우는 수준이지 시험을 치지는 않는다.

조선의 환경정책은 좋다. 집행을 안 해서 그렇지 다 좋게끔 만들어 놓았다. 우리는 아직 오염되거나 이런 건 없다. 흐르는 물을 그냥 퍼먹고 산다. 어떤 곳의 물을 못 먹느냐 하면 화학섬유공장 옆에 흐르는 물 같을 건 못 먹는다. 오염물이 나오기 때문에. 위생상 나쁜 오염물은 땅 밑에 커다란 관을 파서 바다로 나가기 전에 정화시키도록 해 놓았다. 우리 있는 데를 보니까, 두엄을 하느라고 땅 밑의 관을 파낸 적이 있었다. 그런데 완전히 시커멓게 썩은 것들이 나왔다. 거기에 화학물질이 있긴 있지만 그걸 밭에 뿌리면 그렇게 좋다고 하는데 그때 보고는 '야! 이런 게 있구나' 했다. 우리는 수도관이나 그런 관들을 모두 쇳대관으로 만들어 놓았는데 그게 다 삭아서 땅 밑에서 금이 가서 있었다. 그걸 보수 못 해서 지금 애가 날 것이다.

수돗물은 그냥 마신다. 공장을 만들 때 정화시설을 다 하도록 수령님께서 만들었다. 금강산이랑 묘향산 근처에 공장이 있었는데 그 공장 굴뚝에서 나오는 연기가 그 산들 공기를 흐리게 만든다고 그렇게 못 하도록 했다. 먹지를 못 해서 그렇지 인민과 환경을 위해 다 좋도록 해 놓았다.

세가지 색깔의 미래

요즘은 왠지 졸업하여 인민군대로, 대학으로, 사회로 나간 제자들까지도 그립다.

아마 변절한 이 선생님을 용서해 달라고 제자들에게 빌고 싶어서인지,

이렇게 조국을 배반하고 중국에 와 있는 나를 보고 정말 그들이 용서해 줄까?

진로교육이 따로 없다

　조선에는 지능검사가 없다. 모든 과목에서 다 지능계발을 하게끔 교육하라고 하는데 지능검사를 하지는 않는다. 성격검사도 담임이 총체적으로 다 알고 있으니까 안 한다. 수재들은 따로 '제1 고등중학교'에 모아서 교육한다. 도에 하나씩 그런 학교가 있다. 이런 학교는 학생들을 대학에 다 보낸다. 청진에 2개가 있다. 청진시내 아이들 대상으로 1개 있고 타 시도군(市道郡)에서 온 아이들을 대상으로 1개 있다.

　조선에서는 중학교 졸업할 즈음, 진로에 따른 교육과정이 없다. 그저 중학교를 졸업하면 일반적인 지식을 다 갖춘 사람이 되게끔 교육할 뿐이다. 그리고 대학에 가서 이과부문에 가겠다면 중학교 때부터 수학부문에 관한 걸 많이 교육한다. 대학시험 때 수학만이 아니라 혁명역사나 외국어 등 다른 과목도 동반돼야 하니까 그런 것도 함께 공부한다. 그러나 현실적으로 그런 아이들이 공작실

습이나 체육, 음악 같은 건 뒷전이다. 우리는 체육만 못 해도 대학에 입학 못 한다. 혁명역사만 특출나게 잘 해도 안 되는데 대체로 자연과학이나 수학과목을 잘 하는 애들이 사회과목이나 혁명역사도 잘 한다. 그런 애들이 공부하는 걸 보면 맹목적으로 외우지 않는다. 체계를 잡을 줄 알고 대비를 할 줄 안다. 수학을 못 하는 애들은 암송식 공부를 하기 때문에 잘 못 한다.

내가 대학을 다닐 때도 다른 학부 애들은 로작이나 정치경제학을 배우면 그걸 외우느라고 형편없는데 수학학부 애들은 외우는 법이 없었다. 책을 보고 문제를 쭉 보고 난 뒤에 이 문제랑 이 문제가 말이 비슷하다 하면 우선 그 두 개를 놓고 비교한다. 이 두 문제가 내용이 비슷한 것은 무엇이고 다른 점은 무엇인가? 이건 체계가 몇인데 이건 몇이구나 하고 체계를 외운 다음에는 생각을 해 본다. '아, 이런 체계는 처음에는 어떤 체계이고 그 안의 내용은 어떤 것이다' 그리고 보충할 생각을 한다. 이런 식으로 공부를 한다.

신체검사는 졸업할 때, 군대 나갈 때 하고 1년에 1번씩 '인민체력검정'을 한다. 나이별로 하는 게 있다. 달리기부터 높이뛰기, 멀리뛰기 등 이런 데 합격해야 하니까 훈련도 하고 과외수업도 한다. 달리기 100, 400, 800, 1500미터, 높이뛰기, 넓이뛰기, 등반봉 오르기, 수류탄 던지기, 단봉 던지기(어린아이들에게 수류탄 대신에 던지게 하는 것), 철봉으로 턱걸이하기, 여자애들은 팔굽혀펴기, 뜀틀뛰기를 한다. 장애물 극복하기도 있는데 이건 군복과 총을 메고서 가시길도 기어서 넘어가고, 담벽도 넘고 외나무다리도 건너고 한다. 모두 나이별로 얻어야 할 점수가 있다. 시기는 가을에 한다. 1990년대부터 애들이 못 먹으니까 크지 못한다. 요새도 키나 몸무게 검사를 하는데 제대로 하지 않는다. 애들은 공부할 궁리를 하지 않는다. 그저 멍하게 앉아 있다.

졸업을 할 때 대학에 갈 애를 담임이 추천한다. 대학을 가려는 준비는 없고 그저 6학년이 되면 "대학에 가려면 공부를 열심히 해라" 한다. 그리고 6학년 마지막에 1지망, 2지망, 3지망을 적어 내게 한다. 이 지망이라는 것은 군대, 대학이면 어느 대학, 사회면 어느 사회, 이렇게 세 가지를 희망에 따라 1, 2, 3 순위로 적는다. 위에서 "어느 중학교에서는 어느 대학에 몇 명, 어느 직장에 몇 명, 무슨 군대에 몇 명, 배정하라"며 추천서를 몇 월 며칠까지 내라고 하면 지망에 따라서 희망을 보고 뽑아서 애들을 잡아(배치해) 넣는다.

지정표가 없으면 대학에 못 가다

청진에는 대학이 많은데 제일 큰 대학이 광산금속대학이다. 아시아에서 하나밖에 없는 대학이다. 거길 가고 싶다면 1지망에 써 넣는데 만일 우리 중학교에 그 대학의 인원 지정표가 없으면 못 간다. 광산금속대학에서 그 구역에 몇 명을 할당하면 구역행정위원회 대학 모집과에서 어디와 어디 중학교에다 지정표를 배치해 준다. 해당 대학의 지정표가 없으면 그 대학을 희망하는 사람이 있다 해도 진학하지 못한다. 대학에서 청진시 수남구역에 있는 중학교에다 10개의 지정표를 주었는데 그 구역의 학교 수가 10개를 넘어버릴 경우에는 그 지정표를 못 받는 학교가 있게 된다. 또 대학 모집과에서 어느 중학교에 지정표를 하나도 안 보내게 해 버리면 학생이 아무리 똑똑해도 그 대학에 못 간다.

지정표가 있으면 지원자 중에서 성적이 높은 애를 보내는데 출신성분에 따라 결정하기도 한다. 전에는 출신성분을 세게 따졌는데 지금은 대체로 나쁘고 좋고가 없다. 전에는 출신성분이 나쁜 사람이 많았지만 지금 부모들은 다 조국해방 전쟁이 지나고서 태어난 사람들이라 나쁜 짓을 한 사람들이 없다. 그러니까 출신이 나쁜 사람이 대체로 없다. 여자들은 대학교에 가는 게 많지 않다. 여학생들이 공부가 달려 대학에 가지 않고, 졸업하자마자 사회에 많이 나간다. 대학

시험을 칠 때는 국어, 영어, 수학이 다른 과목에 비해 비중이 높지만 이것보다는 혁명역사 점수가 높은 사람을 합격시킨다. 대학시험을 몇 점까지 붙인다하는 게 있는데 그 점수는 매번 다르다. 우리는 5점이 기준이다. 시험을 쳤을 때 각 과목에서 받은 점수를 종합해서 합격 여부를 가린다. 광산금속대학에서 그 해의 시험에서 100명을 뽑는데 30점에서 합격을 가리겠다고 하면 30점 짜리들이 여러 명 있을 때 혁명역사 점수가 제일 높은 학생을 합격시킨다. 한 과목에 대한 점수가 높으면 종합점수가 올라가는 것뿐이고 대학시험치는 데는 별 관계가 없다. 그 애는 대학에 가서 그 부분에 대한 공부를 더 하면 된다.

시험은 과목별로 3-5개의 문제가 나온다. 이것을 가지고 60-90분 동안 시험을 치른다. 대학시험은 논술식인데 예를 들면 국어시험이라면 첫 번째 문제는 '피바다' 라는 제목을 대고 거기에서 나온 어머니 형상에 대하여 묻거나 또 어디에서 나온 위대한 김일성 장군님의 모습이나 연상에 대해 물어 본다. 중학교 때 애들이 수령님의 모습이나 연상에 대해 분석하는 걸 배운 적이 있다. 그 배운 걸 쓰는 것이다. 그 다음 두 번째 문제는 문법에 대한 지식을 알아 보는 문제가 나온다. 그리고 세 번째 문제는 뜻풀이를 하거나 글짓기를 하는 문제가 나온다. 내가 대학시험을 칠 때는 한 단어를 주면서 그걸로 짧은 글을 짓게 했다. 수학의 경우는 첫 번째는 응용문제, 두 번째는 계산문제가 나온다. 인수분해나 분수식이나 무리식 같은 것이다. 세 번째는 기하에 관한 것이 나온다.

대학에 가려고 따로 공부하는 아이도 있는데 그런 아이를 담당하는 게 수학소조이다. 수학만 하는 게 아니라 다른 과목도 한다. 어떤 아이는 수업보다 소조활동을 더 열심히 하니까 담임들이 싫어한다. 대학 추천을 받으면 해당 대학에서 입학시험을 친다. 거기서 떨어지면 공장에 간다. 남조선처럼 한 해 정도 공부를 더 하는 것은 없다.

대학을 졸업하면 어쨌든 남보다 좋은 조건에서 일한다. 대학을 나오면 기사 자격증이 주어진다. 그런 자격증이 있으면 남보다 로임이 높다.

군 대 와 사 회

대체로 남자들은 다 군대에 가려고 한다. 중학교 졸업하고 군대에 가는 경우가 한 70%이다. 나머지는 대학 아니면 사회에 나간다. 키가 작고 병이 있는 애들은 군대에도 못 가고 대학에도 못 가니 영락없이 사회에 나간다. 군대에 가려면 신체검사를 받는데 이는 졸업하자마자 구역에서 병원을 정해 주면 거기에서 한다. 여학생들도 군대에 가는 애들이 한 10% 정도 된다. 여자들은 졸업 후에 주로 사회에 나간다.

함북도의 학생들은 군 복무를 앞쪽으로, 강원도나 황해도 쪽으로 간다. 반대로 그곳 학생은 함경도 쪽으로 온다.

한 아이가 원래 중학교 졸업 직후에 키가 1미터 45센티로 작아 군대에 가지 못했다가, 누나와 살림을 합친 뒤부터 1년 사이에 키가 10센티 자라서 1미터 55센티가 되어 1998년에 군대에 가게 됐다. 여기 중국 아이들과 비교해 보면 12살이나 13살 정도이다. 친구들에 비해 키가 작은 편이 아니라 조선에서는 보통 키이다. 모두 잘 먹지 못해서 키가 자라지 않아 대부분 이렇다. 시절이 어려우니까 어떤 애는 학교 5학년 때 전학간다고 핑계 대고 군대에 안 가고 사회생활에 뛰어드는 아이도 있다.

사회진출에 있어 지망이라는 게 없다. 그저 제철이면 제철 같은 공장기업소에 무리로 배치한다. 무리배치라는 건 중학교를 졸업하거나 군대를 제대했을 때 같은 시기의 사람들을 한 군데로 무리지어 직장 배치하는 것을 말한다. 어떤 제철기업소에 1백명이 필요하다 하면 1백명을 보내 준다. 너희 학교에서는 우리

탄광에 몇 명 보내라 하면 그 수만큼 보내 준다. 대학을 지망했지만 자격이 못 돼서 대학에 가지 못한 아이들이 다 그런 데로 간다. 남자애들은 대개 군대로 가니까 여자애들이 주로 직장기업소로 배치된다. 이런 무리배치의 경우는 학교 때의 성적은 전혀 보지 않고 아버지 직장을 따라간다거나 그렇지 않은 경우에는 아무 데나 보낸다. 인원이 부족한 부문으로 학생들을 보내게 되어 있다. 학교 다닐 때 공부 잘 한 것은 단지 대학 진학에 관계한다.

돈에 대해 환상을 갖는 아이들

우리반 학생들의 집 수준은 다 비슷하다. 반원이 원래는 40명이었는데 22명, 23명 정도 나왔었다. 다른 반도 같다. 최근에는 한 학급에 30% 정도의 학생이 등교를 하지 못한다. 애들이 결석하면 선생들은 그 이유를 알아봐야 하고 학교에 나오도록 해야 한다. 학생들 집을 가 보면 부모와 행방 나가거나 장마당 나가고, 부모가 없는 아이는 어디 가서 빌어먹거나 아침밥 못 먹었다고 집에 누워 있다. 나머지 70%의 학생들 중에도 그저 어떤 날에는 안 나왔다가 이틀만에 학교에 나오기도 한다. 애들이 먹을 게 없고 부모가 없으니 방랑을 하는 것이다. 살기가 어려우니 혹간 자살하는 애가 있는지는 모르겠지만 자살을 하면 벌써 그 집을 사회주의를 배반한 집이라고 낙인찍히기 때문에 자살하는 경우가 없다.

우리는 아이 때부터 교양해서 그런지 크게 반항하는 것은 없었다. 체계를 그렇게 만들어 놨으니까, 제대로 교양하면 쉽게 무너지는 것이 아닌데 최근에는 조선 상황이 자꾸 힘들게 돌아가기 때문에 지금 애들이 점점 생각이 달라지고 돈에 대한 환상도 갖게 된다. 문제라고 생각한다. 형편없이 달라졌다. 아이들이 방랑하고, 배가 고프니까 학교에 안 오고 공부하기 싫어하고, 모든 게 부족하니까… 그게 제일 안타깝다.

우리 아이도 지금 중학생인데 "어머니, 어쩌겠습니까. 배고파도 우리는 참 겠습니다" "학교 갔다 오면 숙제도 잘 하고 어머니를 도와서 무슨 일이라도 하겠 습니다"고 생각이 빨리 들었다. 겨울방학 동안에도 동생이랑 눈이 펑펑 쏟아지는데 30-40리 되는 거리를 서너 시간 걸어서 산에 나무하러 갔다 오고, 장마당에서 강냉이를 사서 강냉이튀기 장사를 해서 5-10원씩 벌어보겠다고도 한다. 나도 못 하는 일을 말이다. "어머니, 내 먹을 것만 있으면 아무 거나 다 할 수 있습니다"라고 하는데 내가 이 중국에 와서 생각을 해 보니, 옛말에 애들이 일찍 철이 들면 부모를 잃는다고 했는데 우리 아이가 엄마를 잃자고 일찍이 철이 들지 않았는가 하는 생각이 든다.

남자들은 어떤지 몰라도 여자들은 정말 제 새끼를 버리는 게 어렵다. 아이들이 앞으로 살 수 있게 만들어 주는 게 에미의 의무인데… 야, 언제쯤 식량이 해결될지. 우리애는 어떨 때는 배고프면 말도 안 하고 우울해 가지고 장마당에 간다. 거기에 가면 없는 게 없는 데도 돈이 없으니까, 먹고 싶어도 가만히 쳐다만 보고 온다. 우리애들은 마음이 약해서 남한테 빌어먹을 정도까지 못 된다. 지금 우리애는 학교나 잘 다니는지…….

엉덩이춤과 교양소

학생들만 교양하는 교양소조가 청년동맹 산하에 있다. 학생들을 처벌하는 권한은 청년동맹에 있다. 교원은 그저 공부 가르쳐 줄 의무만 있다. 소년단 애들은 소년단에서 벌을 준다. 자기들끼리 모여서 엉덩이춤(디스코)이랑 막 추다가 처벌을 받기도 하는데 엉덩이춤은 무조건 처벌이다. 다른 나라 영화나 조선 영화 중에서 자본주의를 비판하는 내용 중에서 나온 춤을 보고는 호기심에 한 번 추어 보는 것이다. 주로 군대에 나갈 때에 역전에서 반 애들끼리 모여서 배웅해 준 다음에 노래를 부르고 춤추고 놀다 걸리는 것이다.

애들 때에는 다 그렇지만 서로 잘 지내다 싸우기도 한다. 패싸움은 좀 커서 중학교를 졸업할 나이쯤 되는 애들이 한다. 패 싸움을 하다 크게 다치는 경우도 있다. 칼로 찍기도 하지만, 이런 일은 드물다. 이런 애들은 대학도 못 가고 군대도 못 간다. 처벌이 대단해서 부모들까지도 직책에 못 올라간다. 이런 학생은 무조건 학교는 나오게 하는데 따로 불러놓고 교양한다. 수업을 받으면서도 교양하기도 하고 어떤 때는 수업을 빼먹으면서도 며칠 동안 교양하기도 한다. 구역까지 올라가서 교양하기도 하는데 이쯤 되면 그 학생의 앞길은 다 막힌다.

학생들은 화장을 못 하게 되어 있다. 한때는 머리를 기를 수 있게 해서 여학생들은 핀으로 머리를 묶고 다녔는데 최근에는 단발로 자르라고 했다. 학생들이 머리를 기르지 못하도록 우리들이 얼마나 단속하는지 모른다. 학생들 머리는 될 수록 짧게 하라고 하고, 머리를 약간만이라도 색다르게 하는 것을 제재한다. 우리는 어떻게 해서든 다른 나라 풍대로 못 하게 한다. 제 나라 식대로 하라는 것이다. 외국글씨가 써 있는 옷도 못 입게 하고 진바지(청바지)도 못 입게 한다. 이런 바지가 어디서 나오는지는 모르겠지만 장마당에 나온다. 요즘은 아래로 내려갈수록 좁아져서 몸에 붙는 쫄대바지가 유행하는데 장마당에서 입고 돌아다니면 못 입게 뺏는다. 학생들은 교복 외에 입지 말라고 하는데 멋을 내는 아이들은 교복이 멋이 없으니까 그런 옷을 입으려고 한다. 또 애들은 외국글씨 적힌 것을 좋아한다. 그런 게 돌기 시작하니까 우리는 못 입는다고 뺏고, 머리 긴 애들은 무조건 깍아 놓고, 그렇게 통제를 한다.

사 랑 문 제 는   예 술 적 으 로   풀 어 야   한 다

우리는 성에 대해 개방을 안 했으니까 중학교에서는 크게 이성문제는 없다가 중학교를 졸업을 하면 좀 나타난다. 선생들이 벌써 아이들이 5-6학년 되면 신경을 쓴다. 특히 농촌동원 갔을 때, 남녀 숙소가 다르니까 저녁이면 아이들이 자기 전까지 선생들이 숙소를 계속 돈다. 피곤해도 할 수 없다. 일체 모든 사생활까지 다 들여다봐야 하고 학교에서도 그렇게 하라는 요구가 있다. 그러니 얼마나 신경질이 나겠는가?

애들이 자기들끼리 모여 노래도 하고 그럴 때 김정일 장군 노래를 불러야 하는데 주로 '휘파람' 이랑 '도시처녀 시집와요' 이런 노래를 부른다. "김정일 장군님을 흠모하는 노래만 불러라" 하고 그런 노래를 못 부르게 반대한다. 그런데 애들이 그런가? 그런 노래가 더 좋은데? 우리는 그저 웃는다. 요새 아이들은 우리 때랑 다르다. 사회가 발전하니까 더 발전한 게 많다. 우리 때는 그런 노래를 부르고 춤을 추고, 그렇게는 못 했다. 내 생일 때 애들이 놀러 와서 막 엉덩이춤 이랑 추는 걸 보고 "야, 너네들 노는 것을 막자고 해도 못 막겠구나" 했다. 교장이 그런 걸 보면 큰일난다. 동네의 청년들이 배워 주기도 하니까 아이들이 신식 놀이를 다 잘 한다. 사실 일없을 때는 다 하는 건데, 그게 무슨 그리 큰일이라고. 잘못하면 자본주의 바람 들어올까 겁이 나서 막는 것이겠지만 말이다.

우리 성교육은 마지막 6학년 때 생물과목에서 종자개량에 대한 걸 배워 주면서 동물의 수컷, 암컷에 대해 가르친다. 여기서 정자, 난자에 대해서 가르쳐 주고 여학생 실습과목에서 여자들의 위생과 건강에 대한 것을 가르쳐 준다. 그리고 마지막 6학년 때 아이를 키우는 것까지 배워 준다. 그렇다고 남녀 성관계에 대한 것은 가르쳐 주지 않는다. 남자들에게도 이런 교육이 없다. 자기의 일기장에서도 그런 내용은 안 쓴다. 우리가 그런 교육을 안 하니까 졸업한 뒤에는 어떨지 몰라도 '그런 얘기를 하면 선생님이 나쁘다고 할 것이다' 하고 생각하는 것이다.

요즘 아이들이 예전의 아이들과 다르게 그런 방면으로 빨라지기 시작했다. 내가 그걸 왜 감촉하게 되었느냐 하면 우리 학급에 아주 곱게 생긴 남자애가 있다. 그 애가 성격이 좀 좁고 잘 삐치는 애였는데 여자를 좀 생각하는 것 같고, 그런 방면으로 좀 빨리 튼 것 같았다. 그래서 내가 그 애를 교양하느라고 우리집에도 데려와서 곁에 두고 자면서 얘기도 해 보고 그랬다. 얘기를 해 보니 6학년이었는데 남보다 빨리 발달했다. '내가 이 교육을 어떻게 할 것인가?' 하고 고민이 되었지만 차마 말로는 번지지 못하였다. 아무리 애라도 그렇지, 내가 아무 데서나 아무렇게나 번지면 아이의 인생을 망치겠는데? 내가 예술적으로 말하자고 고민한 것을 생각하면… 며칠을 전투했다.

가정에서 어머니가 하는 성교육을 일반적으로 보자면, 아주 구체적으로 가르쳐 주지는 않는다. 우리한테는 그런 것에 대한 책이 없으니까 애들이 따로 알 길도 없다. 나도 20세까지 남녀가 어떻게 사는지 몰랐다. 그래서인지 대학 졸업해서 사회에 나와서도 결혼할 생각이 없었다. 처녀 적에 동료 남자선생이 옛날 사람들 얘기를 하며 그런 얘기를 슬쩍 했었는데 지금 생각해 보면 그 선생이 나를 배워 주려고 했던 것이다.

조선에서 생각이 깼다는 것은 남녀관계에서 생각이 튼 애들을 보고 하는 말이다. 벌써 5학년 때 농촌전투 가서 크림이랑 선물했다가 발각된 애들도 있다. 옆의 학급담임이 남녀문제를 예술적으로 처리하지 못해서 한 애가 엇나간 일이 있었다. 참 똑똑한 애였다. 그 애 부모들이 로동자였는데 엄마가 참 어질었다. 애가 공부도 잘 해서 자기 절로 책도 많이 보고, 영어에 관심도 많이 두었다. 그 애는 늘 자기 친구들한테 혁명소설책이랑 보면서 "난 이 다음에 어떤 대상자를 만나면 좋겠다"고 말을 했다. 애가 빨리 튼 것이다. 그러다 곱게 생긴 여자애를 사귀고 싶어서 크림을 선물하고 편지도 하고 했는데 이 애가 이러는 거를 누가 알렸는지 담임이 사실을 알게 되었다. 이런 일은 담임이 예술적으로 처리해야 했는데 그만 같은 학급 애들에게 폭로시켜버렸다. 그러면서 애가 엇나가기 시작했다. 그 애는 여자를 계속 생각했다. 사랑해야 되겠는데 안 되니까 학교도 안 나오고 집에서 술을 마시고 타락했다. 끝내는 여자애 아버지가 반대하니까 그 아버지를 망하게 하겠다고 생각하고는 여자애 집에 밤중에 들어갔다. 여자애 집이 아파트 5층인데 베란다 사이를 넘어서 여자애 집에 침입을 해서는 아버지를 칼로 찔러 죽였던 것이다. 똑똑한 애였는데 15살에 감옥에 갔다.

 난 우리반 남자애가 여자애에게 관심을 가졌을 때, 그걸 예술적으로 교양하려고 무진 애를 쓰고 연구했다. 그런 사실을 공개해 버리면 애들한테 손가락질을 받고 놀림을 받는다. 특히 한 반에 자기가 좋아하는 여자애가 있는데 그러면 큰 망신이다. 난 그 애만 데려다 놓고 "너는 아직 어리다. 군대 갔다 와서 시작해도 늦지 않다. 될수록 참아라" 하고 교양한다. 여기 중국에 와 보니 개방이 되서인지 그런 말을 아주 자연스럽게 한다. 그러나 조선에서는 그런 데 대해서 말하는 게 제일 부끄러운 일이다. 어쩌다 농담하려고 해도 가슴이 두근거리고 남자들은 조금 하는 수준이지만 여자들은 대답도 못 한다.

 지금은 6학년만 되어도 다 짝이 있다. 못 사귀게 한다 해도 보면 다 짝이 있다. 어떻게 아는가 하면 졸업식 날에, 누구와 누가 노래를 부르겠다고 하면서 여자애와 남자애가 함께 나온다. 그럼 난 또 속으로 '애들 나이가 있으니 저 애들이 잘 맞겠는가?' 하고 생각을 한다. 그리고 우스갯소리로 "야! 너네 짝이 딱 맞는구나" 하면 여자애는 얼굴이 새빨개져서 웃는다. 나는 여자애들을 더 많이 중시하고 교양한다. "여자라는 게 앞으로 일생을 망치지 않으려면 행동을 어떻게 해야 하는지 똑똑히 알아야 한다. 남녀가 한 학급에 있는 이상에는 동무처럼 여기고 다정하게 지낼 수는 있다. 그러나 계선(경계선)은 벗어나지 말아라. 계선만 벗어나면 너는 네 인생을 망친다. 그것만 명심하고 너무 흐지부지하지도 말아라" 이렇게 여자만 따로 불러서 따로 교양을 한다.

남자들은 일반적으로 교양한다. 남자만 따로 앉혀 놓고.

"이 이마때기에 피도 안 마른 게 말이야, 어디서!"

"야, 선생님은······."

"야! 란 게 뭐야? 내 여자이기 때문에 보호한다는 거야?"

이러면 애가 눈치를 챈다. 그렇지 않고 딱딱 꼬집으면서

"야, 너 아무개랑 언제 어디서 뭐 했니?"

이러면 좋아하지 않는다. 비밀은 어느 정도 지켜 주면서, 어느 정도 고쳐 주면서 일반적으로 말하며 교양한다.

"야, 너희는 아직 물불을 모른다. 물인지 불인지 모를 때 한 발작만 잘못 들여놓으면 일생을 망친다. 그렇기 때문에 주의를 해라. 어느 정도까지만 해라"

하면 아이들도 생각하는 게 있다. 내가 후에 다시 불러서 물어 보면 애들이

"선생님 말을 듣기는 들었습니다."

"그 다음 어쨌니?"

"그 다음에 생각 많이 했죠, 뭐."

우리 조선의 여자애들은 보통 15살부터 생리를 한다. 그리고 20살이 되면 거의 모든 애들이 생리를 한다. 예전부터 그랬다. 여기에 와 보니 사회가 발전된 나라 애들이 생리를 빨리 하는 것 같다. 조선의 지금 상황에서 보면 애들 생리가 더 늦어질 것 같다. 나도 조선에 있을 때는 3-4달씩 생리를 안 하고는 했다. 여기 와서 음식을 제대로 먹으니까 제때에 생리를 한다.

그전에는 사회 처녀들 중에 미혼모가 드문드문 있었다. 그럴 경우에는 애를 떼어버린다. 최근에도 애를 떼서 강에다 버려서 애들이 꺼내 놓는 것도 보았다.

아이는 병원에서 떼 주는데 약을 먹고 떼는 경우도 있어서 약을 잘못 먹어서 죽은 아이도 있다는 얘기를 들었다.

남한 대학생들은 옷이랑 잘 입고 투쟁하네

학생들이 남한에 대해 '사람이 살지 못할 생지옥'이라고 생각한다. 남한은 가난하고 못 먹고 거지가 많고 깡통 차고 다닌다고 배웠고 지금도 그렇게 가르친다. 남한에 거지가 많다는 것은 공부시간에 가르쳐 주는데, 모든 과목이 다 그렇게 일관되어 있다. 지금은 다른 나라의 풍이 다 들어와서 아이들이 물이 드니까 '자본주의 풍'이 돈다는 식으로 가르친다. 나도 여기 중국에 오기 전까지는 남한이 꼭 그렇게 살고 있다고 생각했다. 그런데 중국 텔레비에서 나오는 한국 영화도 보고 한국 사진이 많이 있는 책을 보니까 그렇지 않은 것 같다. 사진에서 깡통 차고 다니는 사람이 나오지 않아서 그런지는 모르겠지만 거지는 찾아볼래야 볼 수도 없었다.

사진을 보고 남한에 대해 인식한 것은 외국풍이 들어와서 외국글자가 많다는 것이다. 그러나 인민이 곤란을 겪는 일, 정말 못 먹고 못 사는 인민이 일부 어느 구석에 있는지 모르지만 전반적으로 봤을 때는 생활수준이 괜찮다는 것이다. 중국 텔레비에 남한의 공장기업소가 돌아가는 장면이 나오는 걸 볼 때면 점점 생각이 별나진다. 조선에 있을 때도 텔레비에 남한 사람들이 파업투쟁하거나 데모하는 모습들이 나왔는데 사람들이 입은 옷들을 보니까 모두 좋은 것들을 입었다. 그런 걸 볼 때마다 나는 의문이 들었다. 남한 사람들은 아주 못 산다고 했는데 어떻게 저렇게 좋은 옷들을 입고 있는가? 모두 잘 사는 사람들만 나와서 데모하는 것인가? 하고 말이다. 애들도 의문스러워 "선생님 남조선 사람들은 다 깡통 차고 다닌다는데 저런 옷은 어떻게 입습니까?" 그럼 나는 '빌려 입었겠지,

뭐" 이러고 만다. 나도 의문인데? 텔레비에 어떤 때는 남조선 학생들이 데모하는 것을 보면 '옷이랑 잘 입고 투쟁하는구나' 하고 남조선을 스스로 해방시킬 수 있는 세력으로서 배운 사람들이 저렇게 행동하면 뭔가 되겠는데 하고 생각한다. 그런데 또 어째서 로동자들이 파업하는 건 없는가 하는 의문도 있다. 로동자들이 파업하는 걸 텔레비에서 보지를 못 했다. 벌써 나이 있는 아이들도 이렇게 생각한다.

또 학생들이 데모하는 거를 보면서 '남조선에는 우리 조국을 해방시킨 김일성 수령님 같은 지도자만 있으면 어떻게 하든지 데모를 해서 조국이 통일될 수 있을텐데' 라고 큰애들은 이 정도까지 생각한다. 그러나 그 다음에 어떻게 해야 실현될 수 있겠다는 생각으로까지는 흐르지 못한다. 전에는 남조선 동포는 우리보다 못 사니까 우리가 도와줘야 한다고 생각을 해서 남한에 수해가 나서 지원품이 갈 때 애들이 모두 좋아했는데 지금 미공급 시기에 남조선에서 쌀이 들어온다고 하니까 무슨 소리인가 하고 의문을 가진다.

남조선이나 UN에서 쌀이 들어 온 거는 애들도 어른들 소리를 듣고 안다. 그리고 유엔이 뭔지 물어 온다. "무슨 기구인가? 미국은 아닌가?" 이러면, 나는 "미국에 있는 미국 사람과 미국 놈은 다르다. 미국 놈은 남을 착취하는 놈이고 미국 사람은 우리처럼 마음이 좋은 사람이다" 그러면 "그럼 미국 놈이 우리나라를 치게 될 때 우리가 그에 대한 대응으로 미국 땅을 다 없애면 거기 사는 좋은 사람들이 죽지 않는가?" "너 죽고 나 죽고 해 보는 거니까 죽어야지" 이렇게 대답한다. 우리 어른도 의문 나는 게 많다.

미국에 대해서는 나쁘게 생각한다. '미국 놈은 우리 인민의 철천지원수이다. 통일이 안 되는 이유도 미국 놈들 때문이다' 그리고 경제봉쇄 한다는 것도 많이 교양한다. 그러니까 학생들은 '미국 놈은 절반 나쁘다. 조국통일이 아이 되는 건 미국 놈 때문이다' 라고 생각한다.

중국에 대해서는 사회주의 국가인데 개방된 사회주의 국가다. 자본주의로 될 수 있다는 식으로 교양한다. 소련은 무너졌다고 가르친다. 그리고 텔레비에서 무너진 사회주의 나라의 생활처지에 대해서 쭉 보여준다. 중국은 우리한테 강냉이랑 많이 보내고 중국에 친척이 있는 사람들은 돈과 물건을 지원받으니까 좋다고 생각한다. 애들도 이런 사실을 다 알고 있다. 장마당에 중국 상품이 많으니까, 좋은 것에 대해서는 좋게 생각하고 부러워한다. 중국 상품은 나진·선봉에 많이 들어오는 것 같다. 한때 중국 신발이 많이 나왔는데 한 달 신으면 망가지는 신발이었다. 조선에서 신발을 생산하지 못해서 그렇지 질이 더 좋다. 일본에 대해서는 '일본 군국주의는 다시 우리나라를 침략하기 위해서 악을 쓰는 놈들이다' 이렇게 생각한다. 장마당에는 일본 물건이 크게 없다.

우리에게는 혁명 전통이 있다

학생들은 노동당에 대해 '우리집은 당의 품' 이라고 생각한다. 당원이라면 높게 본다. 같은 교원이라도 실력은 없어도 당원인 선생님을 더 존경한다. '우리 당이 제일이다' 라는 걸 많이 교양한다. '우리 아버지는 김일성 원수님' '우리집은 당의 품' 이라는 노래를 아이 때부터 부른다.

학생들은 통일이 빨리 돼야 우리 인민이 잘 산다고 생각한다. 남조선에서 숱한 쌀이 들어와서 우리가 잘 먹게 된다. 남조선이 쌀은 많지만 미국이 들어앉아 있어서 북쪽으로 올라오지 못한다고 알고 있다. 텔레비에 군사분계선이랑, 콘크리트 장벽이랑 계속 나오니까 '저 장벽을 언제면 까부술까?' 하는 생각도 많이 한다.

군인들에 대한 아이들의 생각은 '우리 초소 우리 학교' 이런 운동이 있다.

우리 학교에서도 초소를 맡아 가지고 지원물자를 많이 보내 주었다. 초소 군인들은 학교에 필요한 자재, 즉 교편대나 빗자루 같은 거를 만들어 주기도 했다. 지나가다 인민군대를 만나면 인사도 하고, 군대에 대해서 영 잘 생각했다. 우리 막내 아들도 어릴 때 "어머니, 내 군대한테 인사했습니다" "오, 그래, 잘 했다" 인민군대는 나라를 호위하는 사람이기 때문에 만나면 "안녕하십니까?"하고 인사를 하게끔 유치원 때부터 교양을 한다. 예전에는 그랬다.

우리한테는 혁명 전통이 있다. 수령님을 따라 배우기, 대를 이어서 충성하기를 기본으로 한다. 혁명역사나 같다. 옛날부터 내려오는 풍습이라든가 그런 데 대해서 두루 교양이 들어간다. 이런 것은 특별히 따로 배정된 것은 아니지만 과목에 다 들어가 있다. 혁명역사, 조선역사에도 들어가 있다. 그리고 공산주의 도덕이라는 과목도 있다. 거기서 예절, 사회질서 같은 교양을 다 배워 준다. 과목들을 제대로만 다 교육할 수 있다면 훌륭한 사람을 만들어 낼 수 있다. 한국에서 나온 책을 읽어 보니까 모든 게 다 인민을 위한 내용이었다. 그리고 우리 조선의 고유한 옛날 전통을 살린다는 것도 있다. 그런 면에서는 우리랑 같다. 그런데 거기에 혁명사상이라는 걸 따로 놓지 않은 것이 우리와 차이다.

주체사상은 혁명역사 시간에 배운다. 창시일을 배우고, 철학적인 내용은 아주 간단하게 배운다. 주체사상이 무엇인가, 언제 나왔는가, 주체사상의 생활력, 주체사상이 어디에서 어떻게 발견되었는가 등 이런 것을 학생들의 나이나 시기에 맞게 가르쳐 준다. 그리고 대학에서는 어느 대학이나 학과에 관계없이 철학, 정치경제학, 로작, 혁명역사는 다 배운다.

황장엽씨가 망명한 것과 같은 일이 있으면 먼저 간부와 교원을 상대로 강연회가 열린다. 강연회에서 황장엽은 조국을 배신한 나쁜 사람이라는 교육한다. 그 사람의 죄행에 대해서 죽 강연한다. "장군님을 배반하고 갔기 때문에 조국을 배반한 나쁜 놈이다" 이런 교양을 학생들에게 하면 아이들이 묻는다. "그러면 그 사람은 그전에는 무엇을 했습니까?" "그 사람 그전에는 이런 일을 했고 장군님 선생님을 했다. 그런데 자기 권리를 생각하고 자기 위치에 대한 의심이 많았다. 그래서 이 자리에서는 자기가 더 이상 출세를 못 하겠다는 생각을 해서 조국을 배반하고 갔다"고 한다. 그러면 아이들은 그런가 하고 듣는다. 4학년까지는 잘 모르는데 5-6학년 되면 그런 걸 알자고 한다. 그리고 자기들끼리도 어른들 하는 소리를 듣고 얘기하기도 한다. 아래 학년 때에는 일반적인 단어의 뜻조차 모른다.

위에서는 모든 걸 획일적으로 교육시키라고 하지는 않는다. 사상만은 일률적으로 교양하라고 하지만 아이들의 개성을 살려 주는 교육을 시키라고 한다. 그런데 사실 그렇게 교육하기가 힘들다. 거기에 대한 보상도 없으니까 교원들이 '아, 내가 왜 이렇게 바쁘게 살겠는가?' 한다. 교원들 자신이 교원혁명가라고 생각은 하지만, 정말 자기가 맡은 아이들을 자기 새끼처럼 생각하고 달라붙지 못한다. 진심으로 아이들 교육에 나서는 사람이 몇 없다. 그저 일반적으로 학급 아이들의 규율이 있어 보이는 걸 더 좋게 본다. 그러나 나는 그걸 반대했다. 처음 교원일을 할 때부터 절대 교실 울타리에 아이들을 앉혀 놓고 문을 잠그는 정도로 교육을 시켜서 내보내지는 않았다. 주입식으로 교육을 시켜서는 아이들에게 유익하지 않다고 생각한다. 그래서인지 내가 졸업시킨 아이들도 제일 개방이다. 동료들이 나를 비판을 했지만 나는 속으로 '일없다. 애네들이 사회에 나가서 사람들과의 관계에서 자기 말을 척척할 수 있다면 상관없다'고 생각했다.

학생들 개성이 어떤 틀에 탁 잡히면 구석에 가서 있거나 하고 자신의 말을 못 한다. 그렇기 때문에 나는 절대로 그렇게 할 수 없겠다고, 내 자체가 마음이 어질게 살았기 때문에 내 경험을 생각해 봐도 그럴 수 없다고 생각한다. 그래서 애들을 교육시킬 때도 많이 신경을 썼다. 아이들이라는 게 자기 부모를 따라서 머리가 좋고 못 하고 하는 게 꼭 있다. '자, 너는 마음이 어질고, 몸도 약하고, 공부도 그닥 잘 하지 못하는데, 네 약한 몸에 어디 가서 말할 줄도 모르면 안 되지. 난 너에게 무엇인가를 심어줘야 되겠다' 이런 생각을 하고 아이들의 일기장을 통해서 나의 생각이나 의지를 주입시켰다. 그리고 책도 많이 보게 하고, 또 간부가 아닌 애들에게도 과업을 줘서 동무들 앞에서 발표도 하게 하는 등 노력을 많이 했다. 개별적으로 좀 하느라고 했는데 이런 나의 교육방침이 완전무결하게 완성은 못 됐겠지만 아이들에게 어느 정도 도움은 됐다고 생각한다. 왜인가? 개네가 사회에 나가서 하는 행동을 보면 그런 걸 느낀다.

내가 졸업시킨 애가 직장에서 어떻게 일하는가를 주변 사람에게 물어 보고는 하는데, 우리 세대주 직장에도 내가 졸업시킨 애가 있어서 물어 보았다. 그 애가 정말 공부도 못 하고 뒷구석만 차지하던 애였는데, 우리 세대주가 그 애에 대해서 "괜찮다더라. 말도 괜찮게 하고 작업반장이나 동료, 웃사람들과 지내는 것을 봐도 일없더라" 하는 것이다. 그때 나는 내 속으로 생각했다. '내, 저 애가 사회에 나가서 어떻게나 우울하게 살지 않게끔 하자고 중학교 때 애를 썼는데 그게 어느 정도 효과를 보았구나' 하고 신심을 가질 때가 있다.

사 는 이 야 기

조선에서도 잘 사는 사람이 있기는 한데 많지 않다. 장사 잘 하는 아줌마들은 돈을 잘 벌고 아이들한테 좋은 옷도 턱턱 사 입힌다. 조선에서 이밥을 먹는 사람은 한 30% 정도 될까? 장마당에서 밑천 든든하게 장사 잘 하는 사람들은 다 이밥을 먹는다. 한 20%가 강냉이밥을 먹고 살까? 그 나머지는 죽이나 풀을 먹고 살거나 굶어죽는다. 동네의 애 하나는 공부를 잘 하는 애였는데 아버지는 앓지, 어머니는 행방나간지 1년이 되었는데 돌아오지를 않지, 결국 누나 하나는 굶어죽었다. 집에 가 보니까 식장도 없었다. 땔나무가 없으니까 식장을 뜯어내서 불을 땐 것이다.

청진 쪽에도 주위 산에 나무가 없다. 작년에는 산불도 얼마나 많이 났는지, 어떤 노인이 남한 안기부 놈의 돈을 받고서 불을 냈다는 말도 돌았다. 나무가 남아있는 곳은 깊은 골 안에나 있겠는지? 사람 사는 데는 어쨌든 주위 산에 나무가 없다. 1-2시간 걸어 가야 나무가 있다. 겨울에는 전기가 안 들어와서 계속 등잔을 켰는데 농사철에는 전기와 수도가 그래도 나온다. 요즘은 공동묘지라는 것도 따로 없다. 그냥 산에 자리 좋은 데라든가 자리가 마땅치 않으면 남의 묘지 옆에 묻기도 했다. 우리 시아버지 시어머니도 1996년에 연속 사망되었는데 묘지가 부족해서 산기슭에 있는 과수밭 밑까지 내려와서 묻었다. 관은 세대주 직장에서 내줬다. 직장이 힘이 없으면 그것도 없다.

배급은 작년에도 드문드문 줬다. 그저 1달에 10일 분이나 5일 분을 주기도 했다. 학교에서 배급표를 주었는데 이제는 배급표 제도가 없어진다는 얘기가 있다. 예전에는 배급표에 타지 못한 양을 계산해서 배급카드에 죽 적어놓았었는데 이제는 밀린 배급량을 배급카드에다 적어넣지 않는다. 1달에 5일 분을 줬으면 5일 분만 적지 나머지 양은 적지 않는다는 것인데, 앞으로는 나머지 양을 계산해서 주지 않겠다는 것이다. 이때까지는 받지 못한 양을 다 적어놓았으니까 힘이 있는 간부들 같은 경우에는 그 나머지를 다 받아 먹었다. 이제 배급을 못 탄 나머지는 없는 걸로 하고서는 좀 낫다는 소문이 돌았다.

개방이란 것에 대해서는 다른 나라 사람들이 우리나라에 들어와서 같이 농사도 짓고 공장 일도 하는 것으로 생각하고 있었다. 한마디로 개방에 대해서 크게 알자고 하지는 않는다. 우리에게는 개방이란 말이 없다. 여기 중국에 와서 개방이라는 말을 많이 듣게 되었고 또 어디까지 개방되었구나 하는 생각이 들지, 조선에서는 그런 얘기는 전혀 못 들었다. 생각지도 못했다.

교 원 들 이   굶 어 죽 다

1994년에 우리 학교선생이 1백명 정도였다. 행방이란 것은 남편이 외화벌이 단위이거나 하면 평생 안 가는 것이고 제일 가난한 사람들이 다녔다. 보통 5-6명이 행방을 나가고 그들이 돌아오면 다른 사람 5-6명이 다녔다. 집에 끼니할 것이 없는데 학교에 나오기가 만무하지 않겠는가? 1995년도도 그런 정도로 움직였다. 그때는 못 사는 사람이 몇 명 정도가 바빴지, 나머지야 어쨌든 집안 친척이 있으니까 다 살기는 살았다. 지금은 절반 이상의 선생님이 없다. 그 사람들은 다 장마당이나 행방을 다니거나 하고, 학생들도 절반 이상이 안 나온다. 그래서 두반을 합쳐서 한반으로 만들어 수업을 하는데 정말, 형편없이 됐다. 전에는 과외복습도 빼먹지 않고 지도하고 그랬는데 지금은 그런 게 아예 없으니, 안타깝다. 이것을 어떻게 바로 잡아야 될지? 식량이 풀려야 해결될텐데, 이 애들은 커서 어떤 교육을 받아서 끝을 맺을까?

학교에 나오지 못하는 선생님들이 1994년도의 10%에서 3년 사이에 50%가 더 된다. 교장도 교원들 집에 방문해 봐도 나올 형편이 못 되는 것을 뻔히 안다. 교원들이 굶어죽는다. 1996년도부터이다. 그저 1-2명이 굶어죽기 시작했던 때였다. 그리고는 교원 남편이 또 죽고, 남편이 어쩔 방도가 없는 집은 교원이 움직이지 못하니까 그 집식구들은 모두 굶어죽는다.

교원들이 장마당에 다니기 시작한 것은 1996년에서 1997년 사이이다. 오전에는 학교에서 수업하고 오후에는 장마당에 나간다. 교원들은 장사할 줄을 모르니까 남이 해 놓은 꽈배기 같은 것을 넘겨 받는다. 학부형 중에서 만드는 집이 있는데 그런 물건을 넘겨 받아서 내다 팔고 거기서 떨어지는 값으로 식량을 사서 하루 이틀씩 산다.

이런 이야기가 있다. 어떤 애가 5학년 남자애인데 자기 담임이 장마당에서 빵을 파는 거를 봤다. 이 애가 생각이 깊었다.

'우리 선생님이 오죽하면 오전에는 수업하고 오후에는 저럴까'
생각하고서 자기 학급에 가서 애들에게

"야, 내일 전부 5원씩 가져오라!"

"어째 그래?"

"뭐 살 거 있다."

"뭐 살 거냐?"

"맛있는 거 사 줄게."

학급 애들은 그 애가 평상시에 조직사업을 잘 했으니까 그 말을 듣고 집에 가서 어떻게들 말했는지, 전부 5원씩, 40명이 모아서 2백원을 거두었다. 그 돈으로 엄마를 시켜서

"저기 우리 선생님에게 가서 빵 2백원어치 몽땅 사 오시오."
했다. 돈을 받아 쥔 엄마가 의심이 나서

"돈 어디서 났느냐?"
고 하니까

"우리 동무들 거다."

엄마가 가서 사온 빵을 애들 앞에 갖다 놓고 이야기하기를

"야, 내가 며칠 째 선생님을 봤는데 우리 선생님이 오전에는 수업하고 오후에는 장마당에 나가서 하루 국수 1킬로그램 값이라도 벌려고 다니면서 고생하는데 그 돈 가지고 이거 사 왔다."

그러니 애들이

"그 빵 우리는 안 먹겠다. 다시 팔도록 도로 선생님 갖다 드려라."

그래서 그 애와 책임자 되는 학생이 선생님 집에 갔다. 선생님이 그날 누가 빵을 샀는지는 모르고

'오늘은 빨리 팔리는구나. 누가 단번에 이렇게 많이 사 갈까?'

하고서 다른 날보다 빨리 팔고 일찍이 국수죽을 끓여 먹으려고 집에 왔다. 국에다 국수 넣어서 불려서 끓여 먹는 게 국수죽인데, 이것을 끓여 먹으려는 중에 애들 2명이 집에 찾아와 빵을 내밀면서

"선생님, 이 빵을 내일 나가서 다시 파시오."

"이게 어떻게 된 거냐?"

해서 아이들이 사실대로 말을 하니까 그 선생이 울지 않을 수 있겠는가? 애들을 붙잡고 막 울었다. 애들이 하는 소리가

"앞으로 경제가 어떻게 될지 모르겠지만 선생님까지 장마당에 나가는 거 보고 우리도 어떻게 해야 될지 모르겠다. 더욱 열심히 공부하겠다"

고 했다는 것이다.

나도 학생의 도움을 받은 적이 있다. 내가 담임을 맡고 있는 아이 중에 아버지가 군당 간부인 애가 있었다. 그 애가 3학년 때였다. 내가 아파서 오전 수업을 하고 오후에는 드러누웠다. 그 애가 위원장이었는데 학급반장하고 2명이 지시를 받으러 집에 왔다. 그래 나와 이야기하고는 우리집 큰애는 같은 나이니까 말을 못 하고 막내에게

"아침에 무얼 먹었니?"

"죽을 먹었다."

"저녁에 뭐 먹을 게 있니?"

"모르겠다. 엄마가 아파서"

하면서 부엌에서 이야기를 하는 것이다. 반의 간부 애들이 점심 때 나를 만나고 가더니 오후 3-4시쯤에 "선생님!" 하면서 여자애와 남자애들이 찾아왔다. 여자애들은 강냉이가루 조금하고 미역 마른 것과 젖은 것을 가져오고 무 절임 반찬을 가지고 왔다. 그래서 여자애들에게

"어떻게 왔니?"

"오늘 저희들끼리 생활총화 지을 때, 선생님이 아파서 저녁에 잡수실 것도 없는데 우리가 도와 주자! 그랬습니다."

이 애들이 왔다 간 다음 또 위원장 애와 남자 2명이 강냉이 10킬로그램을 자루에 지고 왔다.

"이거 어디서 난 거냐?"

"우리 어머니가 줍디다."

"너 총화시간에 무슨 이야기했니?"

"나는 아무 이야기 안 했습니다."

이제 13살인 어린 나이가 속이 깊으니 내가 눈물이 막 났다. 그 애를 교양한 지 만 3년이 못 되었는데 어디서 그런 생각이 들었나 싶었다. 그 뒤에 그 애 부모를 만나서 그 이야기를 하니까

"어쩌겠소? 아이가 갑자기, 도와줄 사람이 있다고 해서 내가 도와 줬소."

자식을 가진 부모들이 많으니까 그전에는 교원들이 모든 일에 우대를 받았다. 요즘은 교원들이 어렵다. 의무교육이니 교원들은 사표를 내면 안 되지만 현실적으로 어쩔 수가 없다. 배급을 탁아소, 유치원, 학교, 기업소, 당정기관 식의 순서로 준다. 물론 학교에 대한 배려가 기업소보다 낫다고 할 수 있다. 그런데 학교가 더 어렵다. 기업소는 기계가 어느 정도 돌아가서 운영이 되면 먹을 것을 자

체로 해결할 수 있고, 또 운영이 안 되는 경우에는 로동자들이 출근이고 뭐고 집 어치우고 살길을 찾아 떠나갈 수 있지만 교원들은 배급 외에는 아무것도 없기에 살길에 막막해진다. 교원이기에 당의 호소를 어김없이 받들어야 하니 쉽사리 식량을 구하러 떠나지도 못 한다.

최근에는 장마당에 장사하는 사람들도 제 돈주머니 채우는 재미에 선생이고 뭐고 없지만, 사는 게 좀 괜찮은 청진시내는 그렇지 않은 경우도 있다. 학부형들이 의논해서, 선생은 아침부터 저녁까지 애들 가르친다고 수고하는데 우리가 생각해 줘야겠다고 "학생 1인당 1달에 무엇이든지 1킬로그램만 도와 주자"는 것이다. 자기 생활에서 조금씩 절약하면 되는 것이니까 어떤 사람은 "나도 애들이 3명이지만 1달에 3킬로그램은 보장할 수 있다"고 했다. 내가 그 말을 듣고 그 학부형들 정말 생각 잘 했다 싶었다. 교원들도 행방 가서 그만한 양은 구하려 해도 못 얻는다. 애들에게도 그만큼 도움이 된다. 나도 한번씩 식량을 구한다고 어디 갔다 오면 수업이 엉망이 되어서 그것을 수습하기 힘들다. 하지만 선생이 계속 있으면 애들도 우리 선생님이 있기 때문에 학교가야 된다고 한다. 선생이 없으면 "우리 선생님 오늘 없는데요" 하고 학교에 안 간다. 그걸 봐서라도 학교에 계속 있어야겠다는 게 첫 감에 나타나는데 있을 수가 없다.

혼자 살았으면 좋겠다는 생각이 든다. 내 혼자서는 어디 가서 대충 얻어먹든 굶든 하면서 학생 애들에게 붙어 있겠는데, 가족이 있으니 그렇게 못한다. 국가적으로 풀지 않으면 교육이 바로 되지 못 한다.

그래도 가슴 속엔 조국이 있다

나는 교육을 홀시하면 나라가 망한다고 생각한다. 배우지 못하고 사회를 잘 모르는 사람이라도 그런 생각을 할 것이다. 늙은이들 소리를 들어 봐도 그렇다.

막소리에서도 그런 소리가 나온다고 "며느리를 2명 얻었는데 그래도 배운 애가 낫습데" 한다. 이게 무슨 소리인가 하면 "둘 다 아다먹기 식으로 상대방 관계없이 따다따다 하는 사람들인데 그래도 배운 사람은 이해하고 말하는데 배우지 못한 건 잔소리밖에 안 된다"는 것이다.

어쨌든 사람은 머릿속에 지식이 있어야 앉을 자리 설 자리를 알고 어디 가서나 사람한테 주체를 세울 수 있는 선이 있겠는데, 배우지 못한 사람은 그런 생각이 없다. 그래서 내가 아이들을 보고도 '너네 중학교 졸업해서 대학을 가지 않는다고 해도 중학교 범위에서 배워 주는 모든 내용은 다 머릿속에 넣어야 한다. 그래야 일단 사회에 나가서 사람들을 대할 때 다른 사람들이 '그래도 너는 배운 지식이 있고 머릿속에 어느 정도 있기 때문에 그렇게 한다'고 칭찬을 받는다. 그렇지 않으면 설 자리, 앉을 자리도 모른다. 너네 꼭 명심해라. 앞으로 사회에 나가서 내 말이 옳다고 생각할 때가 꼭 올 거다" 계속 그렇게 교육을 한다. 실제로도 그렇다.

내가 조국을 떠나 중국 땅에 온 지도 벌써 5개월이 다 되었다. 그리운 학생들과 헤어져 조국을 배반한 무서운 사람으로 되어버린 오늘 이 현실 앞에서 나는 할 말이 없다. 그러나 중국에 와서도 언제 한 번 학교와 사랑하는 학급 학생들을 잊은 적이 없다. 여기 중국땅에 있는 조선족 아이들이 학비를 바치면서 공부하는 모습을 보면서 내 조국의 교육제도에 대하여 더욱 가슴 뜨겁게 되었다. 무료교육이라는 그 어디에도 찾아볼 수 없는 이 교육제도에서 20년간 있으면서 해 놓은 일이 너무도 없는 것 같고 더 해 놓지 못한 것이 후회되어 안타까울 때가 많았다. 일생 동안 학생들과 살겠다던 결심을 실천하지 못한다고 생각할 때면 가슴이 아팠다. 잠시 생활을 유지하기 위하여 중국에 온 이 걸음이 과연 옳았는지 자책도 많다.

요즘은 왠지 졸업하여 인민군대로, 대학으로, 사회로 나간 제자들까지도 몹시 그립다. 아마 변절한 이 선생님을 용서해 달라고 제자들에게 빌고 싶어서인지, 이렇게 조국을 배반하고 중국에 와 있는 나를 보고 정말 그들이 용서해 줄까? 아마도 제자들은 '우리들에게 정의만 교육하던 선생님이 어떻게 그렇게 할 수 있었을까?' 하며 나를 용서하지 않을지도 모른다. 그러나 중국에 와서 새로운 결심이 생긴다. 나에게 동포애적 사랑을 준 여러 사람을 보며 앞으로 나는 어린 학생들 속에 심어 주었던 그 깨끗한 양심만은 절대로 버리지 않고 꼭 심장 속에 묻어 두고 살겠다.

조국이 고난의 행군을 겪고 있을 때, 편안한 안식처만 바랄 것이 아니라 남의 나라 땅에 있어도 내 조국은 잊지 않고 그 무엇이든 조국을 위해 한 몫 하겠다는 결심으로 살겠다. 조국통일이 되는 그날, 선참으로 달려가 후대 교육에 바치겠다. 조국에 있는 사랑하는 학생들도 기어이 고난의 행군의 승리자가 되어야겠는데 어떻게 힘과 용기를 줄 것인지? 학생 동무들, 용서해 다오! 이 선생님의 마음은 언제나 너희들 속에 있으니 버리지 말아다오. 앞으로 조국을 위해 무슨 일을 할까 연구하고 꼭 집행하겠다.

통일마당 ❺
북한사람들이 말하는 북한이야기

초판 / 1쇄 2000. 6. 17   2쇄 2002. 5. 10   3쇄 2004. 11. 10

펴낸이 / 김정숙
펴낸곳 / 정토출판
등록번호 / 제22-1008호
등록일자 / 1996. 5. 17

137-875 서울특별시 서초구 서초3동 1585-16
전화 / 02-587-8992
전송 / 02-587-8998
인터넷 http://www.jungto.org
E-mail / book@jungto.org

ⓒ 2000. 정토출판

값 13,000원

ISBN 89-85961-28-4
ISBN 89-85961-27-6 (세트) 03300